领导者

神话与现实

〔美〕斯坦利·麦克里斯特尔 等—著

乔爱玲—译

LEADERS

Myth and Reality

General Stanley McChrystal
Jeff Eggers *and* Jason Mangone

东方出版中心

图书在版编目（CIP）数据

领导者：神话与现实 /（美）斯坦利·麦克里斯特尔等著；
乔爱玲译. －上海：东方出版中心，2021.3
ISBN 978-7-5473-1578-1

Ⅰ.①领… Ⅱ.①斯… ②乔… Ⅲ.①企业领导学
Ⅳ.①F272.91

中国版本图书馆CIP数据核字（2020）第243796号

上海市版权局著作权合同登记：图字：09-2019-1021

领导者：神话与现实

著　　者　［美］斯坦利·麦克里斯特尔 等
策　　划　刘　鑫
责任编辑　刘　鑫　刘　军
装帧设计　Lika

出版发行　东方出版中心
地　　址　上海市仙霞路345号
邮政编码　200336
电　　话　021-62417400
印 刷 者　上海盛通时代印刷有限公司

开　　本　700mm×1000mm　1/16
印　　张　31.25
字　　数　402千字
版　　次　2021年3月第1版
印　　次　2021年3月第1次印刷
定　　价　78.00元

版权所有　侵权必究
如图书有印装质量问题，请寄回本社出版部调换或拨打021-62597596联系。

献给约翰·刘易斯（John Lewis）和约翰·麦凯恩（John McCain），

他们提醒我们，以勇气和担当行使领导责任的同时，

也有可能保持人性。

序　言

当我们尽完了职责，

我们在人世的路已走完，

望人们会说，"干得漂亮"，

愿你安息。

——西点军校

此书只有 8 英寸 ① 高，14 英寸宽，橙色的布质封皮已经磨损了。其中一些书页也被撕破了，但经过两个时间轮回的粗暴翻阅后，此书仍然保持着相当完好的状况。我算是太走运了。

1929 年，在田纳西州的查塔努加（Chattanooga），一个名叫玛丽的小女孩买下了这本破旧的儿童读物《给孩子的希腊神话》(*Greek Tales for Tiny Tots*)。20 世纪 50 年代后期，玛丽，那时她已经是我的母亲了，给我读了这本书。20 世纪 80 年代，我给我儿子读了这本书，最近我又给我的大孙女艾米卢看了这本破旧的书，这是她第一次看到这本书。

这项工作对我来说很特别。这本书通过简单的图画和简短的文字，讲述了希腊和罗马英雄的故事：忒修斯、赫拉克勒斯、尤利西斯、阿里

---

① 1 英寸 = 2.54 厘米。——编辑注

阿德涅等人，以及与自然、命运斗争，有时也彼此争斗的其他人。这是神话思维，但这些个人的故事（他们的英雄主义、远见卓识或天分往往还结合着顽强的毅力），是塑造那些令我产生了深刻共鸣的事件的主导力量。

当我能读更厚的书时，我母亲和我分享了罗兰、朱利乌斯·恺撒、威廉·华莱士和罗宾汉的故事书。我在小学图书馆里发现了专为年轻读者编写的传记。我还记得我在上二年级的算术课时，因读一本关于约翰·保罗·琼斯（John Paul Jones）的书被老师给抓住了，因为当时我太专注于这个故事了，以至于装不出在认真听课的样子。在后来的生活中，我得到了一套国际象棋，上面刻着一句名言："兵是棋局的灵魂。"不过，在我小的时候，历史对我来说似乎是另一种棋局，在这个棋局中领导者是王、后、象、车和马，他们在地位、权力和重要性上，都跟卑微的兵不可同日而语。

我早期接触的领导力课程不仅仅来自古代历史。我父亲是一名军人，当他第一次调防去越南时，我才十岁。虽说那时我还很小，但我通过阅读去理解我的父亲和我的国家所进入的地缘政治迷宫。我开始把正在展开的事件，首先看作是政治和军事领导者的行为——他们将成为成功的英雄人物，如果故事乖乖配合的话。事实上没有，但我当时却仍然这么认为。

西点军校是人们所熟悉的美国陆军军官学校的俗称，在 1802 年建于哈得孙河的一个风景优美的弯道处。在美国独立战争期间，它曾是大陆军最具战略意义的据点，因为它阻止了英国人进入纽约市北边的重要水路。1942 年 7 月，我的父亲，他本人就是一名职业军人的儿子，前往西点军校加入了军校学员队伍。30 年后，我也紧步他的后尘进入了西点军校。

西点军校喜欢提醒参观者，"我们所教授的许多历史都是由我们曾经教授的领导者创造的"，如今军校在颂扬美国以往领导者的作用的同时，也在为国家的未来造就军事领导人才。西点军校的使命之一，就是"教育、培训和激励军校学员，使每个毕业生都成为不负重任的、有品格的领导者"。

然而，在未来军人的经历中起主导作用的并不是使命宣言。从入学的第一天开始，学员们就完全置身于以往领导者所经历过的氛围中，这种切肤体验塑造了他们对领导者以及对自己的期望。身穿传统灰色服装的军校学员们行走于那些曾经身穿同样制服的先辈的印迹中。我住在潘兴兵营（Pershing Barracks），这个兵营是以一战时期美国远征军在法国的指挥官的名字命名的。当我去往以"西点之父"（他在西点军校成立之初为学校发展确定了航向）命名的泰尔大厅上课时，会经过一尊由青铜制作的乔治·巴顿肖像，他是一位极具进取精神的二战指挥官。著名军官的画像俯视着我们每一次进餐，永远不会让我们忘记西点军校存在的理由，即把我们塑造成领导者。

同时，会有人提醒我们，这一切与我们无关。我们的发展目标是经由延长西点军校的"灰色长线"，服务于国家的更大的目的。灰色长线这个词，是用来描述西点军校那些对学院和国家的理想保持着不间断承诺的校友的。

教给我们伟大领导者的信念和行为的，不是学者，而大部分是那些最近刚刚离开东南亚战场的年轻军官。我们倾听他们的战斗故事，羡慕他们的成就。我们钦佩他们的正直、勇气和责任感，我们学习按照他们教我们的方式注视、行走和表达。如果我们这样做了，就会有人告诉我们，当然我们也相信，虽说我们不一定能成为著名的领导者，但我们可以尽职尽责。我们相信，却从未公开猜测，我们中的一些人将会造就供未来学员学习的历史。

毕业后不久，就轮到我当领导者了，首先担任的是排长——一个为

20 世纪 70 年代美国伞兵部队效命的步兵中尉。尽管越南战争结束后的美国陆军深陷困境，但大多数军人，如同他们之前的几代人一样，以坚忍的耐心完成了他们的任务。像我之前的历代领导者一样，我在成为将军之前，先后担任过上尉（指挥 150 人）、营职军官（指挥 600 人）和团职军官（指挥大约 2 200 人）。

就在那时，我开始经历我在西点军校没有学习过的领域。在伊拉克和阿富汗的后"9·11"时代环境中，我花了近五年时间指挥联合特种作战司令部，这是一个由国家最精锐的部队组成的独一无二的特遣队。作为一个超过 50 岁的、早期领导模式的产物，我遭遇到这种新环境的挑战。我发现，在 21 世纪的科技战场上，指挥不仅需要传统的技能，还需要直观适应（intuitive adaptations）。

在整个军事领导生涯中，我始终保持着阅读习惯。我非常喜欢历史，经常读些传记，像乔治·华盛顿和乔治·马歇尔的传记，以及尤利西斯·S. 格兰特（Ulysses S. Grant）的回忆录。小说不时地出现在我的床头柜上，尽管这些小说通常都是些历史题材的，而且更多是军事方面的。我记得我曾被《决战葛底斯堡》（*The Killer Angels*）给迷住了。小说作者迈克尔·沙拉（Michael Shaara）让我觉得我自己就是葛底斯堡战役中的著名领导人的密友。

虽然我喜欢研究历史和领导者，但随着我的成熟，我自愿接受的领导理念跟我所读到的某些领导理念，以及我所经历的许多领导理念越来越不同。贵族战士罗伯特·E. 李输给了不起眼的"山姆"格兰特（"Sam" Grant）。托马斯·杰斐逊鼓舞人心的思想与他作为奴隶主的地位形成了鲜明的对比。关于盟军破译轴心国密码成功的新见解表明，曾被认为是上级将领指挥所获取的胜利，实际上却是其他因素综合作用的结果。

我发现，那些表现出全部正确特质的领导者们往往都不称职，而那些不具备传统领导特质的领导者们却往往成功了。我们在领导者身上寻求和赞美的事情，跟结果几乎没有什么联系。对领导力的研究越来越像对神话的研究，在我们如何谈论领导力和如何体验领导力之间存在着巨大的差距。

在 2010 年的秋天，这种关于领导力的神话思维变得更加个人化了。我承担起了写回忆录的任务，合作者是刚从耶鲁大学毕业的萨姆·艾尔斯（Sam Ayres），他后来参了军并在第 75 游骑兵团担任中士。由于没有保存记录或日记（为了避免保留机密信息），我不得不先创建一个长达数十年的人生时间表。

这个过程非常宝贵，却令人感到谦卑。当我们对事件进行拆解分析时发现，即使我的记忆是准确的，这些历史记录仍然还是令人惊讶地不完整。我经常不知道推动结果形成的实际行动、决策和戏剧性事件是什么。一旦我认识到，无数的因素和实际参与者往往比我对结果产生了更多的影响时，我做出的决定对于成功的贡献就不是那么令人印象深刻了。于是，我的回忆录将传达一个以我为中心的人物故事的想法改变了。我个人确实很重要，只是没达到我以为的那个程度。

这是最后一击，令我接受了这个现实——我以领导者为中心的世界观，在我有生之年越来越多地与令人不安的问题发生着冲突。

2013 年，作家兼记者戴维·布鲁克斯（David Brooks）在耶鲁大学做了一个题为"把普鲁塔克放在今天，他会写谁？"的演讲。这位公元 1 到 2 世纪罗马帝国时代的希腊历史学家，在他的《名人传》一书中为 48 个古代风云人物写下了传略，该书不久前还是几乎所有受过良好教育的读者的必读书。对于今天不太熟悉普鲁塔克的读者来说，提到他可能听起来有些自命不凡，但布鲁克斯的追问，即现代的普鲁塔克会选择书写哪些领导者，却令人着迷，对我来说，也不可抗拒且令人费解。

布鲁克斯的问题不妨换个问法："今天的领导力是什么？"领导者常常是被审视和研究的对象，但是我们中有太多的人，因为被关于领导力的表面特质的神话思维所诱惑，而没能看清现实。结果是，我们用于识别、培养和评估领导者的模式很不确定，或者是让人感觉不完整。我们凭直觉得知，领导力对于在现代世界取得成功至关重要，不过，我们却并不真正了解领导力的构成因素。

1905 年，阿尔伯特·爱因斯坦重新定义了我们考虑时间、空间和运动的方式。他推翻了牛顿物理学，不过他的狭义相对论也并不完整，因为这个理论没有解释加速度。在接下来的十年里，爱因斯坦在提出更全面描述我们宇宙的真实性的广义相对论之前，一直在苦苦挣扎。

我们缺乏相当于广义相对论的领导力，这种理论能够准确而全面地预测哪种领导品质和战略会导致成功。这种模式仍然遥不可及，远远超出了本书的范围，但朝着这个方向迈出一步是可能的。而第一步便是了解神话思维和现实的分歧所在。

作为本书作者，我们是带着实践者的经验和好奇心来进行这番努力的，我们知道这需要拥有更深的理解。我们每个人都从入伍开始。贾森·曼戈内（Jason Mangone）毕业于波士顿学院，在进入耶鲁大学研究生院前，他曾在伊拉克担任美国海军陆战队步兵军官，之后在"服务一年联盟"（Service Year Alliance）担任了两年主管，该联盟是一项旨在使每一个美国年轻人都能实现为国家服务一年的非营利性事业。杰夫·埃格斯（Jeff Eggers）是美国海军军官学校的毕业生，他曾担任海豹突击队军官，他的研究生学位是在牛津大学拿到的，曾服役于伊拉克和阿富汗的作战部队，还在白宫国家安全部工作过六年。而我在 2010 年离开军队时，已经穿了 38 年多的军装，从西点军校开始，直到指挥所有驻阿富汗的美国和北约部队。自从退休后，我一直专注于领导力的探讨，同时在耶鲁大学杰克逊研究所任教，还撰写了两本书。

在多年的领导工作中，我们每个人都拥有着成功、失败、教训和伤疤，但最重要的是我们带来了未解答的问题。我们都对领导力有着一种迷恋和热情，同时也有一种感觉，即尽管已经有这么多的学术研究，我们还是需要对领导力有更多的理解。

这本书是我们向关于领导力的一般理论迈出第一步的尝试。在布鲁克斯的问题的启发下，我们模仿了普鲁塔克的结构，概述了 13 位著名的领导者，分成 6 对，另将罗伯特·E. 李单独列了出来。像普鲁塔克一样，我们的每一个配对章节都以一段简短的引文开篇，在章节结束时再把两个被概述的领导者加以比较，希望这种并置的传略会揭示出领导力的复杂性，并为我们大多数人何以最终看到神话而不是现实，提供启示。读者会注意到，本书作者偶尔也会使用人称代词。在使用"我"的地方，大多是在每个传略之前的引文里，指的是我，斯坦利。在使用"我们"的地方，指的是所有的三位作者，也包括我自己。

这些传略都是经过精心挑选和撰写的，以使之具有教育性和阅读趣味。我们所选的人物并非都是好领导者，甚至不都是好人。有些人之所以能成功是因为他们很有天赋，有些人是因为他们非常投入，有些人则是因为运气，还有些人却从未真正尝到过成功的滋味。无论对与错，成与败，每个人都是形塑我们今天所看到的历史结果的一个重要因素。他们具有无可争辩的相关性，但他们还不是全貌。

我们特意地选择了 13 位领导者的经历作为观察领导力的视角。不过，他们并不是能以临床的冷静客观给予最佳观察的实验动物。他们的故事是人性化的，最好是去**亲身体验**它们，而不是心如止水地阅读它们。生活，以及解决危机，都不是为了成为一个有趣的案例。你应当自己走进角色的世界，走进领导者自己的经历中。

不要快速浏览文本找寻新的领导力清单。我们将用故事来挑战传统的领导力模式，但我们避免给出如何领导的指南。我们希望通过帮助破解一些常见的神话，为你和其他领导者创造出与现实互动，并以清晰的思维和谦逊的态度应对你们的挑战的空间。

最后，《领导者》一书本身不会让你成为一个伟大的领导者。因为此书不可能克服无力的价值观、自律的缺失或个人的蠢行。《领导者》一书不是要简化领导工作的挑战，而是要概述并强调领导力的复杂性。做到领导有方总是困难的，面对瞬息万变的环境，要领导有方只会变得更加困难。

不过，它并不是无法做到，而恰恰是必不可少。

——斯坦利·麦克里斯特尔将军（已退役）

第一章　神话思维

事物并非总如表象所示，

表象往往欺骗许多人。

——菲得洛斯（Phaedrus），罗马诗人，

约公元前 15 年至公元 50 年

公元前 49 年，朱利乌斯·恺撒通过"骰子已经掷下"[1]的戏剧性宣告，做出了一个重大的决定，他要率领他指挥的第 13 军团渡过卢比孔河（Rubicon River）。渡过卢比孔河非常重要，因为这条河是意大利和北边的高卢行省之间的界河，恺撒在那里担任总督。元老院担心他的权力越来越大，命令他解散他的军队，独自返回罗马。恺撒无视元老院的指令，决定返回，但不是为了屈从，而是为了反叛，于是，他与他的军团一起向罗马进发。恺撒率领军队进入意大利本土，使得自己无可挽回地成了叛国者。

尽管声名狼藉，恺撒渡河是一件相对平常的事，未来的统治者和他的军团成员只是涉过一条深不及膝的小溪而已。[2]尽管如此，这一行动还是让他与罗马元老院间的对立不可调和，从而使得"渡过卢比孔河"这个成语永远成为走上"不归之路"的同义词。

恺撒和他的军团如何向罗马进军的故事，在《名人传》一书的羊皮

圣像画风格的第一幅《华盛顿渡过特拉华河》。
(PHOTOGRAPH BY VCG WILSON/COBIS VIA GETTY IMAGES)

纸上保存了下来。此书是希腊传记作家普鲁塔克记录下的一系列著名人物的传略。普鲁塔克的记录还说，五年后元老院使恺撒成为"终身独裁官"[3]——"希望在经历了如此之多的内战和灾难后，一人主政能给他们一段喘息的时间"。然而仅在两个月之内，他就被暗杀了，而刀子就挥舞在同样这些元老中的许多人手中。正如普鲁塔克所解释的那样，恺撒的"自命不凡"和新头衔的"奢侈"促使这群人，包括恺撒的密友马库斯·朱尼乌斯·布鲁图，起意密谋反对他。[4]

今天，我们中间知道恺撒故事的人很可能不是从阅读普鲁塔克得知的，而是从莎士比亚的《朱利乌斯·恺撒》剧本得知的。诗人在讲述这一暗杀事件时说：恺撒挣扎着，直到他在诸多攻击者中看到了布鲁图，才意识到他背叛自己到了何等程度。临终前他说了一句众所周知、充满了凄凉的话："还有你吗，布鲁图？那么倒下吧，恺撒！"[5]

大约两千年后，另一位将军因渡河而出了名。特拉华河与小小的卢比孔河不同，是不能靠涉水渡过的，所以乔治·华盛顿别无选择，只能乘船渡河。《华盛顿渡过特拉华河》反映了这个场景，它是美国最著名的绘画之一。伊曼纽尔·洛伊策（Emanuel Leutze）在一张 21 英尺宽的画布上，捕捉到了美国建国之父和第一任总统的勇气。

恺撒和华盛顿之间的相似之处，超越了他们作为将军跨越的两条河流的相似处。正如莎士比亚通过抑扬格五音步的节奏再现了恺撒领导生涯的最后阶段一样，四个世纪后，剧作家林-曼努尔·米兰达（Lin-Manuel Miranda）也描绘了华盛顿领导生涯的最后一幕，他选择说唱的节奏，在关于亚历山大·汉密尔顿（Alexander Hamilton）的戏剧故事中夸张地表现了华盛顿的卸任。在莎士比亚借鉴了普鲁塔克《名人传》的地方，米兰达则在罗恩·切尔诺夫（Ron Chernow）的传记作品《亚历山大·汉密尔顿》中找到了灵感。

这部音乐剧以说唱歌曲《最后一次》而告结束。在这首歌曲中，乔治·华盛顿于 1796 年决定在第二个任期结束后卸任，却遭遇到了汉密尔顿的质疑：

> **汉密尔顿**：你为什么非要说再见？
> **华盛顿**：如果我说再见，国家将学会继续前进。我总要离开，国家却将不朽。[6]

米兰达后来说，他试图颂扬华盛顿的"人性"和"软弱"，因为他展现了一个领导者自愿放弃权力的罕见例子。[7] 在这位剧作家的戏剧中，华盛顿无私地将这个新兴国家的民主置于追逐权力之上，这的确是这位建国之父的领导遗风。

对于想要成为领导者的人来说，朱利乌斯·恺撒和乔治·华盛顿的大胆渡河，及其戏剧性结局的故事口口相传，既鼓舞人心，又令人生畏。不过，如果领导力真会像传奇故事暗示的那样，那么这些故事就会更有帮助。事实上，对于恺撒和华盛顿来说，领导力都并不那么简单。

历史将恺撒的"骰子已经掷下"简化为勇气和决断的宣示，不过这份声明也标志着一个深刻怀疑的时刻。普鲁塔克告诉我们，但通俗历史忘记的是，恺撒在靠近河边时曾"下令停止"，他"内心深处很是犹豫不决……他的意见马上东摇西摆"。[8] 在坚持继续前进之前，他在"意志最波动不定"的时候寻求过建议。然而，"停止""犹豫"和"波动"不是我们眼中的领导者该有的，也不是领导者寻求被人记住之处。我们愿意相信，真正高效的领导者不容易受到怀疑迷雾的影响——他们会果断行动，并直面后果。然而，实际上真正的领导者很少如这般行事。

所以，恺撒在临死之前说过的话，"还有你吗，布鲁图？"很可能是出于莎士比亚和其他伊丽莎白时代剧作家的戏剧性虚构。[9] 普鲁塔克版本的暗杀本身则是一个非常不同的戏份。

当恺撒第一次遭到袭击时，他并没有发出可能令他载入史册的惊呼，而是更符合常理地夺过那把图谋不轨的匕首，试图阻止自己被刺伤。他没有叫布鲁图，而是大声喊叫："可恶的卡斯卡，你在干什么？"之后的搏斗更是一件令人尴尬的事，伟大的恺撒，为了躲避袭击者的刺杀而扭动着身体；袭击者们在行凶过程中最终刺伤了彼此。"有人说，恺撒奋力抵抗其他所有人的攻击，为了躲避刺杀，他不停地移动着身体，还大声求救，但当看到布鲁图拔剑相向时，他用衣袍蒙住脸，不再做任何挣扎。……那些密谋者因为抢着刺杀同一个人，有许多人竟然互相刺伤了。"[10]

莎士比亚戏剧的焦点是他这出戏的两个主要角色间的紧张和冲突，而普鲁塔克的叙述则集中于恺撒在暴力死亡过程中的举止行为上。

事实上，普鲁塔克和莎士比亚都不知道究竟发生了什么，我们也不知道。但我们别无选择，只能用他们的描述来诠释事件。传记作者和剧作家都尽其所能地以自己的方式捕捉复杂性。哎，我们却选择性地记住了恺撒大胆地渡过了卢比孔河，然后在说出他可能从未说过的那句名言后死掉了。

把传记作家和剧作家的历史版本放在一起对比，我们发现恺撒的领导力并不像人们通常所记住的那般英勇。华盛顿也是如此。

白宫西厢接待室里悬挂着一幅洛伊策画的《华盛顿渡过特拉华河》的复制品。这幅画的所在之处是白宫工作人员带领宾客去参观时最喜欢停留的地方，宾客们对这幅画的一系列历史错误饶有兴趣：特拉华河从来没有这样结过冰，河面比这宽多了，船走错了方向，船上悬挂的旗帜弄错了时代，等等。但最有趣的事实错误是船本身。据说，华盛顿使用的不是洛伊策所画的摇摇欲坠的捕鲸划艇，而是一艘配备了火炮的 60 英尺的平底驳船，后者是军队在冬季夜间渡河的更好选择。

此画是莫特·肯斯特勒对华盛顿渡河的更写实的现代描绘。
（FROM THE ORIGINAL PAINTING BY MORT KÜNSTLER, *WASHINGTON 'S CROSSING* @ 2011 MORT KÜNSTLER, INC.）

2011 年，在纽约历史学会（New-York Historical Society）展示了一幅完全不同的渡河画作，画上包括平底驳船。这幅画是艺术家莫特·金斯特勒（Mort Künstler）受托马斯·R.索齐（Thomas R. Suozzi）先生委托创作的，后者告诉他：“我不赞成现有的这幅画作。另一幅画很棒，但没有展示出真实的故事。”[11] 除了那只船，洛伊策和金斯特勒的版本之间最显著的区别是华盛顿本人。原作中的将军身体笔直地站在小船上，看起来像是在向前冲刺，他的重心被抬高了，悬在一座小小的冰山上。重新绘制的画作中，华盛顿仍然保持着站立的姿势，但他在小心翼翼地保持平衡，画作中可见他的右手紧紧地抓住身旁的大炮来稳定自己。

金斯特勒的作品不仅纠正了历史失真，还修正了我们在描述领导实践时常犯的一个关键错误。的确，夜晚行舟，保持平衡是人的天性，因为人的平衡是不完美的。很少有真正的领导者，更别说军事将领，会冒险出现在划艇上，还拒绝支撑，好像在为子孙后代摆造型似的。然而，少有观察者会觉得华盛顿在冰冷的水面上——还是在夜晚——直立于小船上的样子很奇怪。恰恰相反，我们常常以为，以这样荒谬的手法表现出来的英勇领导能力才是正常的。

米兰达把华盛顿描述成一个无私到不肯接受王冠的国家缔造者，这种说法也是一种扭曲。现实比理想化的故事复杂得多。正如切尔诺夫所述，在华盛顿辞职时，他“正忍受着背部疼痛、不良义齿和风湿病的折磨；来访者注意到了他憔悴、忧心忡忡的样子”。[12] 毕竟，美国的建国之父也是人。华盛顿当然是受到公民统治原则的驱使，但他也已经身心疲惫。

快速浏览对两位领导者的这些不同叙述，我们不仅得知了关于领导者本身的大量信息，也得知了同样多的讲故事的方法。传记作者通常会讲述领导者的个人故事，强调他们决策的意义。不足为奇的是，那些从传记中汲取大部分领导观念的领导者，学会了调整自己的叙事框架，从而使自己保持在中心位置。他们给自己也给他人讲述的故事，正以一种我们人类在复杂世界中渴求的方式产生误导；传记将人类集体系统的复杂性，简化为更易于管理的个体元素。

剧作家的视角则常常不同，他们专注于个人*之间*的关系，尤其当这些关系包含冲突或喜剧因素时。传记作者倾向于帮助读者**了解**领导者的特质，而剧作家则让戏迷们**体验**这位领导者周遭关系的戏剧色彩。

事实上，我们既渴望传记作家，也渴望剧作家。作为个人，我们欣赏传记作家对演员的关注；作为社会动物，我们则喜爱剧作家对他们之间关系的戏剧性描述。然而，这两类讲故事的人都参与形塑了环绕领导力的神话思维。传记作家助长领导者中心主义，剧作家（或画家）则放纵了领导者浪漫主义。在这两种效果之间，我们所构想出的故事模糊了追随者的角色，并错误地将复杂的结果归因于单纯的个人：恺撒的伟力既塑造又终结了他的帝国，华盛顿则打赢了独立战争并建立了美国。

实际上，有关领导力的经验教训，并不是我们最自然而然地从传奇故事中获得的。卢比孔河的故事提醒我们，真实的领导者会经历疑惑不定的折磨，并与他人协商讨论。同样，特拉华河的教训也并不是说，优秀的领导者乐于承担不必要的风险。一个真实的领导者在被刺伤时可能一句简短有力的台词都不说，他可能只是静静地死于内出血。当一个真实的领导者放弃权力时，他可能是在坚持民主原则，也可能只是因为身心俱疲。

众所周知，"领导力"是一个难以定义的概念。正如《巴斯领导力手册》（*The Bass Handbook of Leadership*）所指出的那样，"通常，一次为期两天的讨论领导力的会议，先要花去一天的时间来争论领导力的定义"。[13] 巴斯还指出，领导力研究专家约瑟夫·罗斯特（Joseph Rost）

在他查阅的 587 份出版物中，找到了 221 种给领导力下的定义。[14]

当然，很少有领导者会如此关注对定义的争论。依我们的经验，大多数人认为，领导力是支配一个**群体**走向某种既定**结果**的过程。这一定义意味着，领导力是一个人驱使团队朝着目标前进的过程，在这过程中领导者最重要，因为他们指引人们达到终点。也许更糟的是，我们对领导力的理解遵循了一个一贯但始终有局限的模式：我们研究了领导者个人，从而将领导力仅仅理解为领导者的行为。

关于领导力的神话思维的根源是——对领导者的过度关注。多年来，人们通过研究为什么某些领导者会取得令人羡慕的结果，而其他领导者却不能，来寻找领导力的秘密。对领导力研究不利的是，我们很少关注高层领导者周围的人。我们假设领导者控制了整个过程，低估了追随者和形势背景的作用。此外，我们假装领导力是受目标驱动的，认为只要通过关于有效领导力的正确公式，就可以取得良好的**结果**。我们错误地认为，在一个领导力实例中发生的事，可以在另一个领导力实例中复制出来。

当与领导力实际运作的现实发生抵触时，这种对领导力的共识便呈现出三个神话，对此我们将在本书的最后两章中进行更详细讨论：

> **公式神话**：在理解过程的尝试当中，我们努力将领导力规整成一个静态的清单，而忽略了领导力与背景紧密相关，并总是依赖于特定环境的现实。
>
> **归因神话**：我们把太多的因素归于领导者，有一种片面的、聚焦于领导者本身的"隧道视野"，忽视领导者周围的团队的作用。我们因之相信领导力就是领导者的所作所为，但在现实中，导致结果的因素远远不止领导者个人。
>
> **结果神话**：我们以为，领导力是推动群体走向结果的过程。

在某种程度上，言之有理，但远不止如此。在现实中，领导力所描述的更多是领导者象征了什么，而非他们实现了什么。富有成效的领导力，需要追随者在他们领导者所代表的事物中找到目标感和意义感，例如社会认同或某种未来机遇。

这种关于领导力的神话思维的威力和流行程度，堪比宗教或浪漫故事——这些神话似乎普遍存在，并与我们作为人类的存在密不可分。它们反映了事物本应如何，与我们在实践中发现它们如何这两者间的脱节，然而我们却心照不宣地忍受这种脱节。例如，企业高管们经常提到领导力的重要性，但当要求他们列出业务面临的威胁时，他们通常只会列出一些外部因素，而很少将自己的领导力列为风险因素。[15]

在某种程度上，我们之所以忍受这种神话思维，是因为它起到了一种有益的功用。正如宗教一样，领导力通过精心构造一个有助于令我们周围世界具有意义的故事来提供价值，即使在我们无法理解时。当事情进展顺利时，领导力提供了一个确定因果关系的框架，同样，当事情进展不顺利时，领导力也提供了一个确定责任的途径。而正如浪漫故事一样，领导力吸引着我们的注意力，俘获了我们的想象力，激发着我们并不总是理解的情感。

尽管有这种功用，神话思维往往会使我们误入歧途，给社会带来不利的后果和风险。当我们接受神话思维的时候，我们的领导力模式就会变得不那么有效，于是，我们便构建精心设计的过程来选择、评估和培训那些延续现有弱点的领导者。危险的是，我们在创造并维持对领导者的错误期望。在一些情况下，精明的领导者利用神话思维来装扮自己，同时腐蚀他们所领导的机构的成功。在另一些情况下，神话思维遭到揭穿，这导致人们对领导力的失望和怀疑。

所以我们可能会问，为什么我们要忍受这种神话思维，领导力又该如何重新定义呢？它真的是一个过程，抑或更多是一种特质？领导力在人类系统中的作用是什么？为什么它从一开始就看起来如此必要？

在现实中，也在这本书的各篇传略里，我们看到领导力远远不止于结果；它同样涉及复杂的人类群体如何优化它们的合作，以及个人如何找到生活中的意义和目的的象征。这种优化和意义感，来自一系列不断变化的变量之间的相互作用，而这些变量远远超过了领导者个人的范畴。领导力是领导者和追随者合作产生的，出现在渴望获得它的显要和魅力型领袖，以及需要它的富有雄心者和畏惧者之间。

关于领导力的神话思维纠缠在使人成为人的二元性中，由此我们发现了作为社会集体的一部分的价值，和作为自主个体的价值。作为人类，我们有能够想象未来和非现实事物的认知天赋，于是会体验到事物应该是什么样，以及在人类体验中是什么样之间的某种分离。而另一方面，事物从来就不全然是我们所希望的那样。也许领导力也没有什么不同，我们总是倾向于希望从中得到比它所能提供的更多的东西。

1777 年末，著名的横渡特拉华河一年后，当时仍是将军的华盛顿派遣亚历山大·汉密尔顿上尉前往纽约州北部评估局势。[16] 1778 年初，这位值得信赖的副官到了宾夕法尼亚州福吉谷（Valley Forge）的冬令营地与华盛顿重新会合。

对汉密尔顿来说，这是一个忙碌的冬天。除了在北边的调查外，他还帮助他的总司令起草了一封信给大陆会议，其内容是关于军队近乎绝望的状态。[17] 由于旅行和寒冷，他感到身心交瘁，在酣战中，他的一方又面临失败，因此，他通过回顾过去，把注意力集中于未来。

当天结束时，在与其他几个人合住的一个房间里，汉密尔顿在一张小桌子旁坐了下来，然后从包里拿出一个封面上印着"州炮兵连工资簿"字样的破旧小笔记本——他在 1776 年 8 月第一次使用这个笔记本时正指挥那个纽约炮兵连。不过，笔记本以及笔记本的主人，已经转向了更重要的事情。他把这个有了新用途的笔记本放在桌子上，翻到最近一次笔记结束的地方，准备好羽毛笔，然后把注意力转向一部 1 700 年前的著作：普鲁塔克的《名人传》。[18]

在 1777 年至 1778 年的冬天，汉密尔顿躲在福吉谷，他在笔记本的边缘写下了大量关于《名人传》一书的笔记，分析了神话中雅典和罗马的创始人忒修斯和罗慕路斯，以及斯巴达和罗马的立法者莱库古（Lycurgus）和努玛（Numa）的故事。阅读《名人传》是当时的一种风气，而且还会再持续 150 年。西奥多·罗斯福就在胸前口袋里放了这么一本书。"我读这部便携本差不多有一千遍了，"他说，"但常读常新。"[19]普鲁塔克的这部作品可见于马基雅维利的佛罗伦萨法庭上[20]、约翰·亚当斯总统的信中[21]，以及在蒙田、孟德斯鸠、卢梭和爱默生的藏书及著作中[22]。直到 20 世纪初，普鲁塔克关于著名希腊人和罗马人的传略仍是领导者的标准参考书。

普鲁塔克是一位希腊作家，生活在公元 46 年到 120 年前后。他在《名人传》中写了 48 位领导者的传略，将有着共同的经验或特质的希腊领导者和罗马领导者，如忒修斯和罗慕路斯组合成对。普鲁塔克组合成对的，或者是"平行"的生平事迹，通常都是以一个讲述他的动机的非正式介绍开始，接着是一个希腊人和一个罗马人的"生平"，最后以对两者生平的比较结束。其中有四个人的生平没做配对。本书模仿普鲁塔克的结构，包括了 13 位著名领导者的传略，分成 6 对，另外 1 个传略则单列。像普鲁塔克那样，我们这本书的每一章都以一段引文开始，以对两个接受分析的领导者的比较结束。

普鲁塔克写的是古代传记，不是历史。他更感兴趣的是"他是哪种人？"这个问题，而不是"他做了什么？"[23]他专注于个人的品格问题。普鲁塔克的目的是研究美德，以便供人模仿。在对《伯里克利传》的介

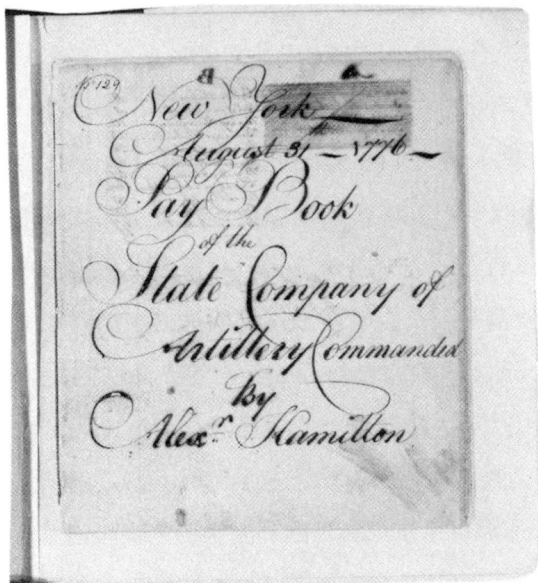

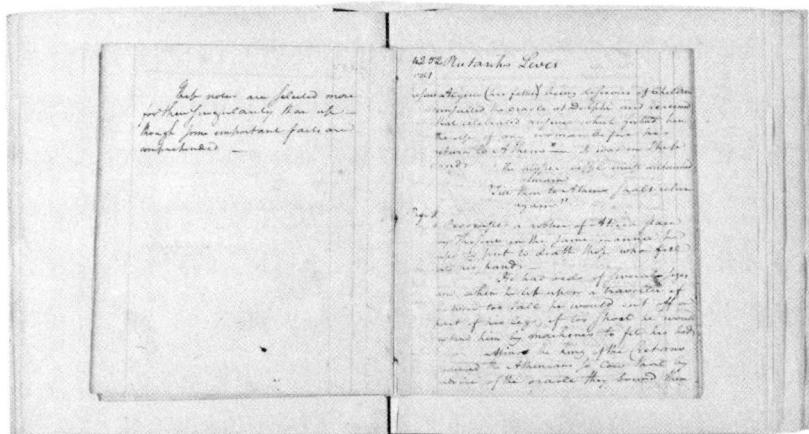

汉密尔顿笔记本的封面，和他关于普鲁塔克《名人传》的第一页笔记。

（美国国会图书馆，MANUSCRIPT DIVISION, ALEXANDER HAMILTON PAPERS）

绍中，他如是写道：

> ……美德，通过对其行为不加修饰的陈述，就可以显著影响人们的思想，使人立刻产生对德行的钦佩，并希望模仿其实施者。……良好的道德是一种实际刺激，它一出现，就会立即激发一种实践的冲动；不仅模仿我们之所见能够影响我们的思想和品格，仅仅了解它就能为我们提供道德目标。因此，我们认为花时间和心血来撰写名人的生平事迹是合适的。[24]

虽然我们撰写的这本书在组织结构上与其相似，但我们的意图却不同。我们提供了对那些领导者的描述，重要的是，还提供了他们的背景和环境，希望这些故事有助于更深入地理解领导行为的含义，以及我们通过领导力所表达的含义。普鲁塔克问的是："他是哪种人？"而我们从一开始便问："她是哪种领导者？"

为什么普鲁塔克选择比较的写作手法，尤其是他把希腊人和罗马人配对比较的确切原因，至今争论不休。[25]但我们的意图和方法则显而易见。本着这种精神，我们再向读者提供一些初步说明。

其一，与普鲁塔克不同的是，我们没有用任何形式结构，比如一个希腊人与一个罗马人，来选择配对的领导者。我们也不是为了先入为主的目的而选择他们，片面地挑选那些能够有力支撑我们试图证明的论点的人。相反，我们的选择过程是渐进式的，大体是自然推动的，只应用了几个简单的标准。我们首先是想要寻找一组有阅读趣味的领导者，从他们的故事中，我们或许可以对领导力的现实情况有所了解。

其二，与普鲁塔克大体限于分析演说家和军事将领不同，我们在选择过程中的约束要少得多。并非出于有意设计，我们的六类领导者——狂热者、创始人、权力掮客、天才、改革者和英雄——包含了几种不同的领导类型。这并不是说我们认为领导力和政治领导力是一回事，或者说领导一个事业相当于领导一个初创企业。确切说，我们采取了这样一种开放的方法，是因为我们希望更多地了解广义的领导力，而不是进一步细分已经支离破碎的相关研究领域。

因为这样做，我们使任务变得更加困难，因为这种广度反映了这样一个挑战——领导力往往是一个定义不明确、松散的交叉学科。归根结底，这种广度反映了领导力的迁移性，以及如何和在何处实施领导力的问题；这是一种无处不在，但又难以确定的东西。当然，还有其他方法可以将领导力划分为不同的类型和种类，不过，本书感兴趣的是，通过所述类型和种类的领导力引发出的相应神话思维为何如此流行。

其三，鉴于人类历史上著名的领导者之多，从中选定 13 个领导者并非易事。我们纵览了数百位可能有资格的候选人，搜寻一个在多个方面具有代表性的群体：职业、地区、性别、种族等等。不出所料，我们发现女性和少数群体在"领导者正典"中的代表性很弱。最后，我们选择了能够在领导方式方面提供最大多样性的领导者，同时始终铭记，领导力的历史在很大程度上是父权制的历史。

其四，普鲁塔克希望他选择的领导者能提供一个可供效仿的榜样，或者说，即使在他选择不道德的典型时，也是为了教我们"避免极端的野蛮作风……"[26]读者会注意到，我们把令大多数人憎恶的领导者也纳入了其中，因为我们相信不道德的领导者身上也有很多可引为教训的东西。这样的领导者一直都在行使着领导的权力，并且还将继续如此，所以我们的研究必须认真考虑这个现实。我们很想相信，好的领导者总是品德高尚，但不道德的领导者的领导力，可能和最令人钦佩的领导者同样有效。

最后，对普鲁塔克的一个主要历史批评是，他以单一的道德标准，而不是在各自时代背景下评判千年历史上的领导者。普鲁塔克通常是在下列情况下才考虑背景，即当它关系到一个英雄多大程度配得上他的成功时，或者用他的话说："他们的最大成就是出于好运，还是出于他们自己的深谋远虑和行为方式。"[27] 我们的观点是，有效的领导力与行为紧密相关，而不一定涉及道德，因此我们把环境视为一个核心的决定因素，它决定该领导者是否被人铭记或颂扬，其间关涉的远不止道德操守这一条。利用一种个人行为来讲述一个变化的故事，牺牲了对网络、团队作用和背景约束的理解。因此，我们对领导者个人的依赖是有条件的。

不过，采用这种方法有着明显的讽刺意味。如果领导力不仅仅是领导者行为的集合，那么如何能将 13 位领导者的肖像集合起来，生成一幅有用的全景呢？只要可能，我们就从追随者的角度看待我们的领导者，并且对他们身处的环境和背景的作用特别敏感。但不可否认的是，要走出领导者中心主义的陷阱很困难，即使对于试图重构领导力，使之不那么以领导者为中心的作者也是如此。最终，这本书就成了对领导力为何会如此的探究。

我们之所以说"最终"，是因为推动我们的研究的基本问题，在我们写书时发生了变化。普鲁塔克在写他的《名人传》时，记下了自己的动机转变，告诉读者："我刚开始写传记时是为了别人的缘故，不过我发现自己竟然笔耕不辍，原来是为了自己而不能自拔。……"[28] 这本书的每一位作者都起步于以自我为中心的动机——我们希望能够解释我们所亲身体验的领导力。我们是带着一个简单的问题来开始概述这些领导者："他们是如何领导的？"随着时间的推移，我们开始探索更具启发性的问题，例如"他们为什么会成为领导者？"和"到底是什么情况使得这种领导方式卓有成效？"

我们确实得出了一些结论，甚至在本书的最后一章中提出了一个新的领导定义，该定义力图廓清前述领导力定义的一些嵌入式假设

（embedded assumptions）。我们认为三个神话之所以棘手并非偶然，因此我们在倒数第二章和最后一章中又回头剖析这三个神话，以重申领导力的神话与领导力的现实之间的差距。

阅读普鲁塔克的《名人传》激发了我们以亲身经历来勾勒领导力的本质。不过，这也让我们看到了这样一个事实：仅凭领导者个人永远不足以理解因果关系。为此，我们把针对领导力的视角焦点转移到领导者所在的生态系统上，而领导者在这个生态系统中只是一个组成部分。我们努力将这些领导者的行为置于他们所面临的混乱现实的背景中，并坚持认为，神话因素较少的领导力模式不能是规定性的，我们应该在人类状况的变异性和二元性的背景下描述领导力。

因此，我们对领导者个人的依赖是有条件的，因为利用一种个人行为来推动一个变化的故事，牺牲了对网络、团队作用和背景约束的理解。领导行为更多是属于系统中反馈循环的一部分，而不是处于指挥链的顶端。的确，通过更现代的复杂适应系统（complex adaptive systems）的视角，人们可能会更好地理解关于领导力的古老神话思维——在复杂适应系统中，追随者和背景的相互作用以及领导者远见的独到作用，都同样重要地导致了结果。

虽然更好地理解领导力必然会减少对我们的领导者的依赖和期望，但他们仍然是不可或缺的。的确，领导者关系重大，只是其作用方式不像我们通常认为的那样。

第二章　大理石人：罗伯特·E.李

无论我们多么平凡，在我们所有人身上都隐藏着一个谜，我们和其他人都无法理解它。我们称之为个性，这是一个意义模糊的词，含义却甚多——勇气、常识、机智、坦率、决心、自制，以及许多其他的特质。这些特质没有一个能够公开表现出来，除非时机合宜，环境有利。我们中大多数人的生生死死都在地牢里，而谜也会与我们一同死去；少数人会逃脱这一命运，大都是出于偶然，随后，如果我们的个性强烈，我们完成了一些值得完成的事情，那么谜多半就会变成神话。于是，我们就不再是真实的我们，而是成了我们永远不可能成为的样子——迎合大众心意的样子。[1]

——J. F. C. 富勒（J. F. C. Fuller）少将

画像

2017年的一个星期天早上，我取下了他的画像，到了下午，它就进了后街，与其他垃圾一起等待被运到当地垃圾填埋场进行最后掩埋。英雄的终结不该如此。

这幅画像没有什么货币价值，实际上也就是一张印刷品，上面做出了笔触好显得真实些。但在40年前，这幅画却是一位年轻的陆军军人妻子送给她中尉丈夫的礼物。那时，（镶框）画像价值25美元，这笔钱需要我们竭力压缩预算中的其他需要。

罗伯特·E.李将军穿着南方军制服的威严肖像，曾是我的宝贵财产。我在离卡斯蒂斯－李公馆（Custis-Lee Mansion）不远的地方长大，在美国内战百年纪念日开始时，我还只是一个易受影响的七岁男孩。在西点军校，李，这位近乎完美的学员、美墨战争的英雄、西点校长，最后是南方邦联的北弗吉尼亚军团的指挥官，投下了一个久远的无处不在的阴影。后来，我从佐治亚州的本宁堡（Fort Benning），再到华盛顿州的刘易斯堡（Fort Lewis）军营，这幅画都反映了我对领导力的迷恋，还表现了责任和无私的服务。

虽说这只是一个男人的肖像，但对许多人来说，这幅肖像还唤起了更广泛的观念和情感。因为就像沐浴在落日余晖中的景物一样，罗伯特·E.李的阴影呈现出夸张的尺寸，当美国内战的影响越来越退入更趋温和的历史光辉之中时，他的阴影还在稳步扩张。

围绕着李和他所服务的事业生长出了一种神话思维。对于许多人来说，李的品质和成就已经够令人印象深刻了，他甚至可以与上帝相媲美。我一开始所了解的李正是这个形象：一位缺点和失败都消失了的领导者，这个非常人性化的人物被重新塑造成一个二维的英雄，其阴影已经使他本人也黯然失色。

不过，随着时间的推移，人们又重新审视了这个神话。李的遗产的阴暗面，以及我办公室里的画像，现在传递出了关于种族和平等的观点，我不想与之有任何联系。该来的还是来了。

这可不是一个简单的决定。近150年来，李一直都是人们研究和钦佩的对象，这不仅是因为他的技能，还因为他是坚忍献身于责任的象征——他认为"责任"是"英语语言中最崇高的一个词"。[2]虽然我可以理解并欣赏南方邦联最著名指挥官的形象所唤起的对于奴隶制和不公正的本能联想，但这不是我那时的联想。[3]我读到过并基本上相信温斯顿·丘吉尔的描述："李是有史以来最高尚的美国人之一，也是战争史上最伟大的领导者之一。"[4] 1936 年，美国总统富兰克林·罗斯福在为李的雕像揭幕时致辞说：

> 我们全美国人都认为他是一位伟大的领导者，一位伟大的将军。但是，同样，我相信，在整个美国我们都认为他的另一个角色远比这些更重要。我们认为罗伯特·李是最伟大的美国基督徒之一，也是最伟大的美国绅士之一。[5]

具有讽刺意味的是，我在 63 岁的时候，也就是李将军去世的那个年龄，我得出了结论，我错了。在某种程度上，我是错在李作为领导者的角色上，但更错在李作为一个象征所传达的信息上。虽然我迟迟没能

罗伯特·E.李的军装照，30多年来挂在我和安妮居住过的多个军营里。
（PHOTOGRAPH BY BUYEN LARGE/ GETTY IMAGES）

理解到这一点，但美国社会的一个重要组成部分，仍在遭受奴隶制影响的许多人，自始至终都深知这一点。

尽管如此，当我回想起普鲁塔克，并开始从著名领导者的视角来思考领导力的个人旅程时，我知道假如没了李，我选择的任何名单都是不完整的。这不是因为李是最聪明、最有权势或最成功的领导者，而是因为他的故事对我本人来说是私人化的。我过着军人的生活。我也走过类似的路，经常沿着与他同样的路径走下去，试图掌握领导的艺术和科学。像李一样，我品味过成功的喜悦，也知道失败的苦楚。通常，我有意识和有时无意识地用以衡量自己行为的榜样，都是作为军人的罗伯特·E.李。

将李纳入领导力研究，会带来曲解、争议甚至愤怒的风险。当普鲁塔克写下罗马将军科里奥拉努斯（Coriolanus）——他征服沃尔西人（Volscians），后来又率领着他从前的敌人对抗罗马——的传略时，这深化了他对美德的研究。同样，研究李也为我们提供了一个加深对领导力的理解的机会。这是一个有意识的选择：从我认为自己最了解的领导者开始，并以一种全新的、清晰的眼光看待问题，同时还加入我毕生的个人经验，这种经验塑造了我对领导力的想法并使之成熟起来。

大多数人认为李是个男子汉，是个领导者。他的外表、举止、勇气和显而易见的沉着，反映了几乎最理想的领导力特质。不过，在明亮的光线中很难看清楚事物的真面目。与大多数人相比，李的形象要么是呈现在一片过誉的目光中，要么就如最近，被蔑视的阴影所笼罩。

通常，很难将领导者跟在他或她身边生长起来的神话思维区分开来，李也不例外。当我们更仔细观察时，李的真实故事就推翻了神话。我们把他当作南北战争戏剧中的主角，但那场战争的许多结果则是其他因素综合作用所导致，而非他的行动所导致。至于他的品格，在某些方面，他是个好人；在另一些方面，他又是一个坏人。但这不应构成我们对他的领导力的解读。领导力本身既不好也不坏。恶毒的领导者正如我们所判断的那些好领导者一样，出现的频率令人惊讶。最好用是否有效来判断领导力。那么，李是否有效呢？在很大程度上是肯定的，但在很多方面又不是。

十字路口

"我一声令下……"[6] 更为年轻的那个将军坚定地说，一切便成了定局。

这两名男子，一个是 56 岁的罗伯特·E.李将军，另一个是 39 岁的托马斯·乔纳森·杰克逊（Thomas Jonathan Jackson）将军，后者在南北战争开始以来得了个外号叫"石墙"（Stonewall），他们骑马抵达后，讨论了当天的战斗情况，并为第二天制定了计划。

我对这个场景记忆犹新。1869 年，来自圣赫勒拿岛的移民埃弗里特·B.D.朱利奥（Everett B. D. Julio）在一幅油画中对他们的会面作了浪漫的描绘，一幅黑白的印刷版就挂在我曾经就读过的那所弗吉尼亚小学的一个非常显眼的地方。照片中，身穿整洁制服的两个将军正骑在马背上，似乎摆出了一副战斗的架势。一条实际上并不存在于钱瑟勒斯维尔（Chancellorsville）地面上的独特的山脊线，使得画风变得戏剧化起来。

战争很少是这样，那时的战争也不是这样。两位将军在木板路和火炉路交会处，那是密林地带的泥泞道路的一个不起眼的交叉路口，恰当地说应称之为"怀尔德尼斯"（Wilderness，字面意思为"荒野"）的地方，下了马，然后夜晚相会。[7] 他们就在另一个交叉路口的南面，后一个路口有一个雄心勃勃的名字"钱瑟勒斯维尔"——以那里的一座孤零零的房子命名，这座砖瓦房由钱瑟勒家族所拥有。[8]

当时是 1863 年 5 月 1 日星期五，那天下午华盛顿特区附近的气温

埃弗里特·B. D. 朱利奥 1869 年画作的一份印刷版，画中描绘的是李将军和杰克逊在钱瑟勒斯维尔战场上最后一次会面时的情景，此画虽然浪漫，但整体而言并不准确。一份复制件曾悬挂在弗吉尼亚州阿灵顿的"石墙"杰克逊小学里，我小学一至四年级都在那里就读。

曾达到华氏 74 度（约 23.3 摄氏度）。[9] 但随着夜幕降临，寒意也渗透到森林里，追上了那些因先前太活跃而没有及时注意到气温变化的士兵。[10] 刚刚下过雨后的地面很潮湿，士兵们匆忙地把雨衣套在了军装外面。经历过无数次战役的老兵的关节，在阴冷的夜晚空气中变得僵硬起来，帽子盖住了满是汗水的头发。潮湿的羊毛军服保留了一部分温度，也掩盖了因久穿不换而产生的污渍和气味。正如战时的普遍情况，这些人看起来让人感觉比实际年龄大得多。

讨论是在诚恳的气氛中进行的。前几天的战斗打得十分惨烈，却没有分出胜负来。他们两人像拳击手一样，小心翼翼地试探着自己的对手，寻求着胜机。在他们交谈时，一位他们熟悉的、穿着及膝长靴的骑兵指挥官，30 岁的 J. E. B. 斯图尔特（J. E. B. Stuart）将军，从黑暗中出现了。三位将军大约在那个时候才得知敌人的侧翼很脆弱，随后经过进一步侦察，很快就找到了一条穿过茂密森林到达那里的路线。[11]

　　对于罗伯特·E.李来说，整个局势的黯淡状况就如同周围黑暗森林的反映。北军的波托马克军团自 1862 年 12 月在弗雷德里克斯堡（Fredericksburg）战败后，经历过几个月的相对消沉，在新的指挥官"战斗乔"（Fighting Joe）胡克（Hooker）少将的率领下经过整编后，正向南面推进。李的任务是阻止他们，而作为对联邦军在他侧翼行动的回应，他之前已经把他数量处于劣势的军队分离出一部分来，派遣了大约 12 000 名士兵（占他部队总人数的 20%），这使他只能够调动剩余的部队来对抗胡克的 70 000 名士兵的主力。[12]

　　此刻，在夜色笼罩的交叉路口处，他需要决定是否要再次拆分他那为数不多的部队。[13]杰克逊和李讨论了这一冒险的选择。李问杰克逊，后者要在侧翼冒险部署他的多少部队。杰克逊的回答很简单——把自己所有的部队都部署在那里。[14]

　　出于他的本性，李接受了他信任的部下的主意，决定只保留两个师，大约有 14 000 名南方邦联军队士兵，来面对胡克指挥的整个部队。这是一场赌博，赌他可以坚守足够长的时间，让杰克逊现在的分离部队在绘测不良的林间道路上强行军 14 英里 ①，赌杰克逊的攻击可以成功。如果胡克军队在中午时分发动猛烈攻击，撕裂了李的防线，灾难就有可能发生。失败可能会终结南方作为一个羽翼未丰的国家的存在。

　　他们违反了传统的军事教义，面对一支由一位经验丰富、好斗的指挥官领导的优势敌军，居然还两次把装备差、供给不足的部队给拆分开了。[15]如果将军们获胜了，这个决定会让他们被贴上大胆无畏的标签。

　　第二天，这场战争的第 750 天（未来还有 711 天），打得十分艰难。正如战争中的常态，事情从一开始就发生了偏差。当杰克逊的军队行军时，联邦军对李将军部队已进一步削弱的战线的压力，几乎造成毁

---

① 　1 英里相当于约 1.61 千米。——编辑注

灭。杰克逊的纵队在行军伊始就已经晚了，在运动中又早早被联邦军发现了。不过，命运还是微笑了，到了傍晚时分，南方邦联的部队，跟在一群惊恐万分的野生动物后面，冲向了联邦军的奥利弗·O.霍华德（Oliver O. Howard）将军的第九军，于是大功告成。杰克逊的步兵在钱瑟勒斯维尔使联邦军的右翼溃败，这次胜利超越了此前一连串的战场成就，它似乎证实了李的非凡军事天才的故事。正如里士满的《每日电讯报》（*Daily Dispatch*）在钱瑟勒斯维尔之战结束时的阐发：

> 李将军的迅速行动把（扬基佬）给击溃。……星期六和星期天是南方邦联历史上最辉煌的日子之一，胜利的光辉无论在数量上还是在规模上，都是史无前例的。[16]

这一场景，以及其中的各位演员，都很好地融入了对于英雄主义和牺牲精神的叙述。李将军这位有着雪白的头发和胡须，带着慈祥面容的高尚贵族，为不修边幅、拥有沸腾激情的杰克逊和年轻、风度翩翩的斯图尔特提供了一个冷峻的衬托。两年前，李违背誓言放弃了联邦军队的指挥权，不情愿地拿起武器来保卫他心爱的弗吉尼亚；他是胜利的鼓舞者和设计师，而他热情的副手杰克逊，则是让他们的敌人显得卑微的致命一击。他们保卫了自己的州和新成立的国家，抵御了外来侵略者，并曾取得胜利。[17] 就像是一场悲剧，这是并肩战斗的战友的最后一次碰面。傍晚，在胜利后，杰克逊负了伤，他忠贞的妻子守在他的床边，8天后他英勇地死去了。[18] 李指出，杰克逊的死亡所造成的损失是十分严重的，让他失去了"右臂"。[19]

那天傍晚会面的将军们都是些久经沙场的军人。他们都是西点军校的毕业生，都曾在内战前的美国军队中获得过殊荣。随着时间的推移，他们注定要达到几乎神话般的地位。在未来的一些年里，雕像和油画激增。李和杰克逊出现在 1925 年版的半美元钞票上；一款二战坦克以 J. E. B. 斯图尔特命名；美国陆军将以李将军命名一个军事设施。1960 年，我在"石墙"杰克逊小学开始接受教育，后来为华盛顿-李高中将军队参加体育比赛。作为军人，他们早已死去（只有李将军在战争中幸存了下来，不过五年后他也去世了），但正如英雄通常那样，他们的精神依然在延续。

从 1942 年到 1944 年，李的传记作者和忠实的崇拜者道格拉斯·索撒尔·弗里曼（Douglas Southall Freeman）出版了他的权威著作《李将军的副官》（*Lee's Lieutenants*）。这部对李的多名军队指挥官的三卷本研究，已成为 20 世纪美国军事领导者必备的专业读物，我记得我还是个孩子的时候就翻阅了我父亲的那套。

弗里曼在三部曲的开头提出了一个问题："男人能否始终如一？"[20] 用这个问题来问罗伯特·E.李和他的著名部下时，它是很有启发性的。在许多方面，李将军都相当可靠地体现了他为自己设定的标准，尽管他的一些选择令人困惑不解。在不断地寻找规则来管束自己的行为上，李将军坚持着他认为适合自己的价值观和责任——作为一名军人、丈夫、父亲、基督徒、美国人、南方奴隶主和弗吉尼亚人。

钱瑟勒斯维尔之战结束后 109 年，在矗立于西点军校战利品之角（Trophy Point）的英雄纪念碑的倒影下，我像李、杰克逊、斯图尔特和其他人一样宣了誓。从我穿上军校学员的灰色制服的第一天开始——这套制服在其间没有什么变化——我就下定决心要成为一名领导者。当时的想法很简单，但后来我才发现还有很多生活和领导力方面的知识需要学习。

新兵总是期望，并在某些方面寻求艰苦和不时出现的危险；然而生活中不可避免的复杂性才永远是最严酷的现实。最终，经过西点军校训练出来的钱瑟勒斯维尔英雄们成了南方邦联遗产的象征。但他们也背叛了我们的共同誓言，拿起武器反对自己的国家，在战斗中杀害曾经的同志——这一切都是为了捍卫一个最终致力于维护奴隶制（这在道德上站不住脚）的事业。

完美学员

罗伯特·E.李率领军队在钱瑟勒斯维尔取得胜利的38年前，美国独立战争英雄亨利·李（Henry Lee，绰号"轻骑兵哈里"）的18岁儿子进入西点军校，开始了他的军人生活。正如我在1972年跟随他的脚步进入西点时发现的，他从来没有真正离开过西点军校。一幅身穿美国陆军蓝制服的西点校长李上校的肖像，让我和我的同学们想起了他在南方各州脱离联邦前31年的服役经历；以他命名的巨大花岗岩兵营，讲述了我所选择的职业将关于他的记忆摆放到了何种独特位置。

在许多方面，这种崇敬是一种奇特的结果。1780年，本尼迪克特·阿诺德（Benedict Arnold）将军密谋背叛他的军队和他的国家，把同一个西点，当时是控制着至关重要的哈得孙河的战略要塞，拱手让给英国人，他从此受到了无情的谴责。其他将军，如艾森豪威尔、麦克阿瑟和巴顿，都被做成了雕像，并供人研究，但李却保留了供人仿效的殊荣。我和许多其他年轻的领导者一样，尊敬他坚定不移的尊严、坚忍的承诺和勇敢的领导力，并让这些品质掩盖了他领兵对抗他曾发誓要保卫的国家的现实。这位天生勤奋、自律的李学员，生长在弗吉尼亚州的亚历山德里亚，这里距离乔治·华盛顿的弗农山庄园大约有十英里的距离，第一任总统关于责任的遗产无所不在。年轻的罗伯特十分清楚李氏家族在弗吉尼亚社会中受人尊敬的地位，对那些拥有这个有名的姓的人来说这意味着一种贵族义务。

这位思维敏捷的年轻人钦佩自己父亲在大陆军的服役经历，但从小就避开了老李身上对财务和家庭的不负责任。[21] 李聪明、英俊，愿意接受西点军校严格又常常琐碎的纪律，他在四年的军校生涯中，创造了零记过、学业成绩令人羡慕的罕见记录。[22] 更重要的是，他似乎将西点的校训"责任、荣誉、国家"所体现的价值观都给内化了。当时，同校的学员，包括许多未来的战友和战场对手，给他们富有魅力但又严肃的伙伴起了个"大理石人"的绰号，仿佛预见了他在自己生命的最后十年，以及他死后的头 150 年所扮演的角色。[23]

工兵军官

　　1829 年，刚刚毕业的罗伯特·E. 李以工兵中尉的身份进入了只有6 332 人的美国陆军[24]，他加入的是当时最受尊敬的军种[25]。但当时是和平时期，几乎没有什么机会获得荣耀。在他职业生涯的头 17 年里，他致力于加强美国漫长海岸线的防卫以抵御外来入侵，以及改善至关重要的密西西比河的航运的任务。虽然李十分清楚，与他父亲的战斗功绩或拿破仑·波拿巴的战场驾驭相比，他的任务所能带来的荣耀显得黯然失色，不过李曾在西点军校学到过，他的工作是一项需要以技能和勤奋来完成的任务。

　　李于 1831 年与玛丽·安娜·卡斯蒂斯（Mary Anna Custis）结了婚，新娘是乔治·华盛顿的妻子玛莎·卡斯蒂斯·华盛顿的曾孙女，这桩婚姻加强了他与弗吉尼亚及其贵族阶层之间已经牢固的心理和情感联系。[26] 富丽堂皇的阿灵顿庄园俯瞰着华盛顿市，成了他的家。当李没被派去执行军务时，他把注意力集中在了他不断扩大的家庭上。

　　这位年轻的军官已成长为一名领导者。李为人庄重，彬彬有礼，对其他人来说，李所表现出的沉着的专业精神和自制力，是他的许多同僚根本无法做到的，他们经常借酒浇愁，排遣和平时期部队中被派驻荒郊所产生的孤独感。出于本能的自律，李扮演了一个他为自己设定的角色。他崇拜的那些人（比如华盛顿）的范例，他从自己社会圈子继承的

价值观，他读过的历史，以及他在西点军校的潜移默化，塑造了他想要
成为的，以及他想要把自己铸造成的领导者的形象。

美墨战争英雄

按大多数标准衡量，1846 年开始的美墨战争都是在两个不匹配的
对手之间发生不幸、不必要和不公平的冲突。像许多人一样，李也为这
些现实问题感到痛心。但若说战争一开始这位 39 岁的上尉就全然不高
兴，也是令人怀疑的。军人痛恨战争是不言而喻的，但那些已经经历过
战争的军人才更能有此体悟。事实上，从事这个职业的大多数成员都暗
自渴望能有一个在战斗中考验自己的机会。对一些人来说，这是获得晋
升或荣誉的希望；而在大多数情况下，这是一种向他们自己，也向他
人证明自己无愧于军人身份的微妙需要。我和我的军中同僚几乎都对
1983 年的格林纳达，1989 年的巴拿马，甚至 1990 年的萨达姆·侯赛因

年轻的罗伯特·E. 李。他出身高
贵，严守纪律，聪明伶俐，他在
内战前的职业生涯集中在他对美
国各地工程项目的监管，在墨西
哥战场上的勇气，以及对西点军
校的领导工作上。
（BETTMANN/CONTRIBUTOR）

占领科威特没有什么鲜明的观点，不过，绝大多数人还是企盼在战场上露一手。李自然也会有同样的感觉。

然而，就像他的未来对手尤利西斯·S.格兰特一样，李对战争的感觉是矛盾的。[27] 在墨西哥，李不是在参加一场他希望他的国家参加的战争，他写道："我们欺负了（墨西哥）……为此我感到羞愧，因为墨西哥是个弱国。"[28] 然而，由于本能、教养和教育，像军人仍然会做的那样，为了追求他视为自己使命的目标，他在精神上对更为广泛的政治进行了分割。

就实际战场而言，与墨西哥的战争是一项复杂的较量，李先前建造沿海防御工事的经历与他的新角色几乎没有什么相似之处。李不用再监督工人吃力地在美国海岸泥泞的土壤中沉桩了，而是身处异国他乡，参与一次在当时来说快速而危险的军事行动。对于所有的军人来说，在经过实际考验之前，在战斗中的表现是一个很大的未知数，李也不例外。他知道父亲的富有勇气的声誉是不会自动传递给他的，和平时期的熟练能力也不能完全预示战时的能力。但李被分配到温菲尔德·斯科特（Winfield Scott）手下担任一个享有声望的职位后，他发现战争很适合他。无论是在敌人的火力下确定部署火炮的地点，还是在夜间侦察以确定攻击敌人的最佳路线，李都表现得很出色。

在 1847 年 4 月塞罗戈多之战（Battle of Cerro Gordo）之前，李被派去侦察一条穿过群山的小路。[29] 执行任务时，他逼近到离正在"八卦"的墨西哥士兵只有几英尺远的地方。好几个小时里，李静静地、一动不动地躺倒在一根圆木下，直到夜幕降临，他才得以逃离并返回自己的军队。

他差点被俘虏了，但他找到了一条有可能让美国军队包抄敌人的路线。在他把发现反馈给斯科特将军之后，原定的计划改变了，决定由一组"工兵"开辟出一条穿越这片荒凉之地的小路。[30] 随后，好斗的戴维·特威格斯（David Twiggs）将军麾下的一支军队，在李引导下沿这条路线行进，对墨西哥防御者发动奇袭。

这是一个聪明的计划，但特威格斯那些纪律不严的士兵动静如此之大，他们失去了奇袭的机会，一切都失控了。墨西哥人开始在山顶上集结，急躁的特威格斯突然发出命令要"把他们都送进地狱里去"。[31]美国人占领了墨西哥人的阵地，但在试图攻占塞罗戈多的下一个制高点时，发现自己被炮火给压制住了。李迅速做出反应，部署了三门轻型火炮来减轻特威格斯士兵的压力，把他们从某种被屠杀的境地解救了出来。满怀感激之情的特威格斯和其他见证了战况的高级军官，在战报中对他在这场严峻考验中所表现出的"无畏的冷静和勇敢"赞不绝口。[32]对于军人来说，传奇就是从这样的英勇事迹开始的。

李在墨西哥的表现确立了他的声誉，在军方眼中他是一名有天赋的专业人士，在一些人看来，他是一名从冲突中脱颖而出的最令人印象深刻的军官。他作为一名工兵的卓越能力，他在战火中的勇气，以及那种经常出现在战斗考验中的引人注目的领导力，令他的信誉与日俱增。即使那位令人敬畏、可能有点自负、绰号"吹毛求疵的老家伙"[33]，指挥数量占优的军队在一次辉煌战役中夺取了墨西哥首都的温菲尔德·斯科特少将，在他的电报中也经常提到李[34]，认为他是"我在战场上见过的最优秀的军人"[35]。这一成就很了不起，但不大可能是真实的，因为李是作为参谋提供建议、解释和执行命令，而不是担任指挥官。尽管如此，这确认了他在军队里是一个值得关注的人。

南方人

李于1848年从墨西哥返回后，军队很快就恢复了和平时期的文化和规模，这意味着名誉上校李又恢复了他的正规陆军军衔上尉，继续担任战前在美国海岸线修建防御工事的角色。他也回到了自己的家庭，现在这个家庭包括四个儿子、三个女儿和他的妻子；回到了哺育他的弗吉尼亚社会，他仍然感受到了一种把他拉向那里的引力——拉向他的家族遗产，他最早的忠诚，以及关乎他如何定义自己的那些非常熟悉和根深蒂固的东西。

不过，他仍然穿着军装，1852年他担任西点军校的校长，1855年晋升为中校，并调往骑兵部队。[36]他被任命为驻地在得克萨斯的第二骑兵团的副指挥官，这意味着再一次与留在阿灵顿的家人分离，但他在与科曼切人（Comanches）的交战中的战时服役，使他有了更大的晋升机会。

1857年，他的岳父乔治·华盛顿·帕克·卡斯蒂斯（George Washington Parke Custis）去世了。后者是阿灵顿庄园和弗吉尼亚州其他几处收入可观的地产的所有者，为了处理家庭事务，李不得不延长离队休假时间。他的这段时间不仅仅是用来执行卡斯蒂斯的遗愿和遗嘱。这些奴隶庄园经营不善，债台高筑，这位职业军人发现自己在南方贵族（他们也作为庄园主和奴隶主而广为人知）中扮演着积极的角色。[37]

对于19世纪上半叶的文化来说，奴隶制一直是一个敏感议题。这个议题导致了经常引起争议的讨论、政治角力和不时出现的暴力，正如1859年发生的那样，当时罗伯特·E.李中校受命领导合众国军事行动，镇压约翰·布朗在弗吉尼亚州哈珀斯费里（Harpers Ferry）流产的废奴主义起义。[38]从出生起，李就非常熟悉奴隶制。他父亲的老指挥官乔治·华盛顿是李所崇拜的人，华盛顿在56年的有生之年里一直蓄奴（他庄园里共拥有317个奴隶），在他妻子玛莎死后，他也只让他完全拥有的123个奴隶获得了自由。[39]虽然李氏家族缺乏大量的财富，但从童年起，李就是建立在奴隶所有权基础上的文化的一部分。

关于奴隶制的问题，李的声明自相矛盾，不过，他的总体记录却是清楚的。李在理论上多次表示反对奴隶制，但实际上他反映的却是哺育他的社会的传统思想，并积极支持奴隶制的"特殊制度"。在加入南方邦联之前，李就痛恨废奴主义者，随着内战的持续，他的感情变得更加坚定。在林肯总统发布《解放奴隶宣言》后，李写道：

> 鉴于敌人兵力大增，他所宣布的野蛮无情的政策，使我们要么成功要么生不如死，如果我们要使我们家族的荣誉免于受玷污，我们的社会制度免于遭到破坏，我们要尽一切努力，用一切手段，来填补和维持我们军队的建制，直到上帝仁慈地保佑我们独立为止。[40]

早在 1859 年，李本人如何对待奴隶就成了一个公开讨论的问题。尽管在 150 年后关于他殴打奴隶的指控已无法得到证明，但指控的真实性无疑并非要害。* 李是一个以奴隶制为基础的社会和经济体的积极参与者，他为捍卫奴隶制进行了激烈的斗争。李是一个南方人，旨在把他说成反对奴隶制的那些努力，与他的实际行为是背道而驰的。

"最大的错误"

> 虽然我很想做正确的事，但我不愿意

---

* 1859 年，《纽约论坛报》(*New York Tribune*) 刊出指控，李殴打了他的一些逃亡奴隶。1866 年，由其中一名奴隶韦斯利·诺里斯 (Wesley Norris) 提供的一份关于殴打情况的报道，发表在一家反奴隶制报纸上。关于李如何对待奴隶的全面讨论，见 Elizabeth Brown Pryor, *Reading the Man: A Portrait of Robert E. Lee Through His Private Letters* (New York: Viking, 2007)，第 16 章。关于李是否殴打过他的奴隶的问题，Pryor 得出的结论是："韦斯利·诺里斯的证言是在 1866 年给了一家反奴隶制报纸，这是关于这一事件的几个报道之一。……李的几代狂热追随者都在质疑它的真实性，他们企图令我们不由得认为它是一个苦涩的前奴隶的夸张咆哮。除了一件事：其所有的事实都可证实。"

在南方或北方的命令下做错误的事。

——罗伯特·E.李的信件摘录，1860 年 12 月

1861 年 4 月 20 日，刚刚获得提拔的罗伯特·E.李上校递交了从美国陆军辞职的申请。美国陆军是他进入西点军校 35 年来一直任职的机构。"你犯了一生中最大的错误，我担心会是这样。"斯科特将军，自美墨战争以来一直都是他的导师，如是告诉他。

这场围绕着李选择放弃他曾宣誓效忠并为之献身的军队和国家的戏剧，成了广泛分析和辩论的主题。在某种意义上，这有助于我们界定李这个男人，不过只能做部分的界定。在伊拉克和阿富汗，我们的敌人代表了我所反对的运动，但我逐渐意识到，一个理性、有道德的人为何可能从与我截然相反的角度看待事物，而站在他们的立场上，我也可能会持那种观点。尽管这可能会让人感到不舒服，但大多数军人都明白，美国军队的事业可能并不比我们的敌人更正确。

对于领导者来说，这可能是异常复杂的。无论是出于强烈的信念、责任感还是其他目的，一个领导者可能会为了其他人视为不道德的事业而工作、从政或战斗。但是，事业的道德效力并不注定领导行为的成功和有效性。出众的领导者有可能为糟糕的事业服务，而糟糕的领导者也有可能代表着最高尚的努力。

就罗伯特·E.李来说，尤其难以做出判断，部分因为他死后出现的偶像化传记，但也因为不管是有意还是无意，李描绘了一幅关于他潜在动机的有些矛盾的画面。

李曾被授予指挥南北战争中对立双方士兵的权力——这是美国历史上的一个普鲁塔克式时刻，如果有过这种时刻的话。忠诚的观念和责任的义务对军人来说是神圣的，他不可能轻率地做出选择。李，虽然本能地寻求让自己试图体现的价值观尽可能简单化，却发现自己处在相互角

逐的道德和责任的复杂冲突中。加入弗吉尼亚，最终加入南方邦联的决定，导致了李的余生都在试图合理化的种种矛盾，而崇拜者则试图忽视它们或为之辩解。

通往李的致命决定以及美国内战的混乱和屠杀之路是漫长的。南北之间不断增长的压力不是突然爆发出来的，而是几十年来日益积累所致。经济发展和州权问题沸沸扬扬，不过这场争论的最终焦点是关于奴隶制，随着劳动密集型的棉花种植作为巨大财富来源的兴起，奴隶制成为南方经济模式的基础。虽然奴隶制在一个以自由和人的权利为理念的国家引发了道德矛盾，但废除奴隶制将从根本上颠覆南方社会。南方的每个人都知道这一点，而很少有南方白人喜欢这种前景。

对于南方腹地各州多数人来说，最后一根稻草是 1860 年 11 月来自伊利诺伊州的共和党总统候选人亚伯拉罕·林肯的当选，和 1860 年 12 月 20 日南卡罗来纳州投票脱离联邦（南方偏北和边境的八个蓄奴州没有把林肯的当选视为脱离联邦的理由）。[41] 尽管从所谓期待已久的解放到有关生死的悲剧，全国各地对脱离联邦的观点各种各样，但对于像罗伯特·E. 李中校这样的军人来说，当时他在得克萨斯州的梅森堡（Fort Mason）指挥着美国第二骑兵团，当务之急是领导和谨慎管理一大批军官和士兵，他们每个人都在选择忠诚于他们的州、他们的国家还是可能出现的新邦联方面受到了挑战。[42]

在查尔斯顿，脱离联邦不是一个伴随着喧闹的庆典而结束的单一事件，而是一个持续数月的过程。面对这种全新的局势，没人知道它是一场长达数年的悲剧的第一幕，还是仅仅是轻蔑的南卡罗来纳人不满的短暂一季。在偏远的梅森堡，李试图尽可能地维持秩序和正常状态，但来自外部事件的压力正威胁着要扭曲或破坏军人之间长期以来的忠诚和纽带，从而打击大约 80 年前美国建立的基础。

随着压力的增加，李读了爱德华·埃弗里特（Edward Everett）的

《乔治·华盛顿的生活》(*Life of George Washington*) 一书，仿佛在向美国第一任总统寻求指导，他花了这几个月的时间沉思自己的责任所在。是否像他曾宣誓的那样，他的责任所在是美国这个国家，或者更主要是美国军队？抑或他应该效忠于诸如与他所钟爱的弗吉尼亚州那样的旧关系，如果弗吉尼亚州脱离联邦、倒向南方的话？对于李来说，这一选择不可能完全是政治分析的产物；他并没有这样做。家庭、友谊，以及他与哺育他的土地和社会的内在联系，都进入了他的权衡范围。

　　埃弗里特的巨著并没有使抉择变得容易些。华盛顿的遗产似乎再次向李确认了他即将做出的决定的重要性："如果他能看到他付出的巨大努力遭到的毁灭，他的伟大精神该有多么的悲痛。"他在 1 月 23 日如是写道。[43] 然而，这段时间的独自沉思带来的问题可能比答案还要多，当他外面的手下向他们的领导者提出问题时，他的回答必须保持模棱两可和专业严谨。

　　事件日益迫使李和其他有类似矛盾心态的军人采取行动。1861 年 1 月 9 日 [44]，也就是脱离联邦三周后，南卡罗来纳州军事学院，即所谓"要塞"(The Citadel) 军事学院的学员向一艘联邦汽船"西部之星"(Star of the West) 开了火 [45]，这艘汽船正试图重新补给并加固位于查尔斯顿港的由联邦控制的萨姆特堡 (Fort Sumter)。战争的步伐加快了。2 月 1 日，随着得克萨斯州投票脱离联邦，危机变得更为严重。在罢免联邦主义者州长萨姆·休斯敦 (Sam Houston) 之后，得克萨斯州加入了南方腹地其他六个蓄奴州，组成了美利坚联盟国（也称邦联）。[46]

　　尽管战争还没有开始，但美军驻梅森堡的部队正处在潜在的敌对地区，这里对于每个指挥官都是一个微妙的位置。不过，当李接到"亲自"到华盛顿特区报到的命令时，他无须再为如何与他的部队一起应对这种不确定性而犯愁。[47] 具有讽刺意味的是，在途中，身穿蓝色制服的李被武装脱离分子短暂扣留在圣安东尼奥，他们宣布李是"战俘"，迫使他放弃行李，不再前往首都。[48]

事件很快就迫使他做出个人的决定。尽管李认为脱离联邦是一场悲剧，但他向朋友、直言不讳的联邦主义者和废奴主义者查尔斯·安德森（Charles Anderson）承认，他认为他"对弗吉尼亚的忠诚应该优先于理所应当的对联邦政府的忠诚"。1861 年 3 月 1 日，"尽职尽责"的李抵达阿灵顿，希望根据弗吉尼亚的决定来指导他的选择。

然而，弗吉尼亚还没有决定是否要加入南方邦联。[49] 弗吉尼亚的选择，以及另外三个南方偏北的州，阿肯色州、田纳西州和北卡罗来纳州的选择，似乎取决于围绕被围困的萨姆特堡的快速变化事件的动向，以及以林肯总统为首的美国政府是否有意愿和能力缓和南方人的担忧——在共和党政府统治下奴隶制还有无未来。

李显然坚定了忠于弗吉尼亚的信念，只是在等待南方这个人口最多也最有实力的州做出决定。他在 3 月 28 日接受了成为美国陆军上校的升职，发出了一个有些令人困惑的信号。

4 月 4 日，弗吉尼亚州拒绝了脱离联邦的提议[50]，但在 4 月 15 日林肯总统要求召集 75 000 名士兵平息南方日益加剧的叛乱之后，弗吉尼亚州的观点发生了转变[51]。弗吉尼亚州脱离美国的行动启动了，州立法机关有条件地批准了该州脱离联邦。[52]

4 月 18 日上午，林肯总统在此背景下，要求备受尊敬的李继续忠于联邦。应战争部长西蒙·卡梅伦（Simon Cameron）的要求，老弗朗西斯·普雷斯顿·布莱尔（Francis Preston Blair Sr.）亲自向李施加压力，要求他指挥正募集来镇压叛乱的联邦志愿军。林肯提出让李成为联邦军队的一名领导者是个精明之举。这位新总统知道李有军人的才能，但他也敏锐地意识到让李这个弗吉尼亚人领导联邦士兵的文化意义，而随着李的名字和弗吉尼亚倒向南方邦联的双重影响成为另外三个州脱离美国的临界点，这个不祥的预感成了真。林肯谨慎地使用中间人来提供这一邀请，以避免如果李拒绝联邦的提议，给他的政府带来尴尬，这被证明是有道理的。李拒绝了"他让我指挥军队的提议……尽管我反对脱离联邦，不赞成战争，但我不能参加对南方各州的入侵"。[53]

随着李的立场明朗化，温菲尔德·斯科特告诉他，他现在必须正式辞职。4月20日，星期天，李在亚历山德里亚基督教堂做礼拜时，注意到了那些参加礼拜者支持战争的情绪，并为此表示担忧，不过，在当天的晚些时候他还是提交了从美国军队辞职的申请。

弗吉尼亚州的决定是在一个月后作出的。在1861年5月23日的公民投票中，有128 884名弗吉尼亚人投票赞成脱离联邦，投票赞成留在联邦的只有32 134人。李，这个弗吉尼亚人，现在成了南方邦联的人了。

尽管许多历史学家认为李对弗吉尼亚的忠诚，以及随之的为南方邦联而战的决定，是业已注定的，但证据和人性表明这个决定实际上是多么困难。李的忠诚仍然存在冲突。他写下了大量关于他的爱国主义和对国家的信念的文字："除了荣誉之外，我已做好为维护联邦而牺牲一切的准备。"[54]但在更为根本的层面，李是以责任来定义自己的。从早年起，李的行为、勤奋和自愿牺牲的精神，就植根于履行他为自己设定的责任，以及满足他人的期望。这是他精心设计和有意计划的形象。这不是一个虚假的刻画，而是非常准确地反映了人的本质。对李来说，当他感到属于他义务所在的不同制度和价值观发生冲突时，折磨就来了。这是他有生以来第一次，不能同时履行他业已做出的所有承诺。他仅仅将自己的决定系于自己的家乡弗吉尼亚所选择的道路，这实质上就是把自己一生中最重要的道德决定交给了他人的投票。很快，他就会发现自己在支持美国历史上最大的邪恶——奴隶制，而且他不仅是在对抗，最终还试图摧毁他曾珍视的某些制度和理念。

1861年4月22日，李接受了弗吉尼亚军队的指挥权，虽然极有可能与美国对抗，他还是在里士满的州议会大厦内完成了手续。琼-安东尼·乌东（Jean-Antoine Houdon）创作的乔治·华盛顿的标志性雕像，就收藏在同一座建筑里。在李还是弗吉尼亚州北部的一个男孩的时候，就走过了华盛顿曾走过的同一条街道；李的妻子是华盛顿的继曾孙女；李的岳父在他位于阿灵顿庄园的地产周围收集了华盛顿的遗物；李在梅森堡考虑他的忠诚时，还翻阅了华盛顿的权威传记。1861 年在弗吉尼亚州议会里，李完全是站在了他的英雄的阴影里。当他被任命为弗吉尼亚军队的指挥官时，州代表大会主席甚至还交给了李一把华盛顿的剑。[55] 接受这把剑，意味着李终究要致力于撕裂自己的榜样终其一生创立的国家。

南方邦联

1863 年，一位英国军官请了三个月的事假，离开了他所在的部队——冷溪近卫团（Coldstream Guards）——去南方邦联旅行。进入得克萨斯州后，亚瑟·詹姆斯·里昂·弗里曼特尔（Arthur James Lyon Fremantle）中校向东行进，后来加入了向北进入宾夕法尼亚州的北弗吉尼亚军团，最终还参加了葛底斯堡战役。弗里曼特尔回到伦敦后出版的日记，反映了一位职业军人的观察结果，不过，他对军团指挥官毫不掩饰的盛赞引人注目：

> 李将军几乎肯定是我所见过的他这个年龄段最英俊的男性。他今年 56 岁，身材高大，肩膀宽阔，体格健壮，仪态端庄，一看就是个不折不扣的军人；他的举止彬彬有礼，很有尊严。在各个方面他都是个完美的绅士。我想没有人的仇敌比他少，也没有人会受到如此普遍的尊重。在整个南方，所有人都一致认为他是一个近乎完美的男子汉。[56]

身穿南方邦联军官制服的李。经过一番为内战中的哪一方而战的苦苦挣扎之后，李最终选择了为弗吉尼亚、南方邦联及其奴隶制度而战。
（PHOTOGRAPH © CORBIS/CORBIS VIA GETTY IMAGES）

当弗吉尼亚决定加入南方邦联时，李在军事上紧随其后。但直到1862年5月31日，他的美军前同僚约瑟夫·E.约翰斯顿（Joseph E. Johnston）将军在"七松之战"中受伤后，他才被提升到他最著名的角色——北弗吉尼亚军团司令。[57]李的最近一个角色，是给另一位西点军校毕业生南方邦联总统杰斐逊·戴维斯当军事顾问。不过在战争的第一年，备受吹捧的李几乎没有做出什么可值得炫耀的事。他在西弗吉尼亚输掉了一场小规模的战斗，他曾经因监管南方的大西洋海岸的大规模野战工事而被称为"黑桃王"。[58]在崇尚勇猛骑士文化的一支军队和一个社会里，从容不迫的专业人士是不会自动受到尊重的。

然而1862年6月下旬，李刚指挥三周，就发动了一系列类似铁锤的攻击，被称为"七日战役"，致使在乔治·麦克莱伦（George McClellan）少将指挥下的一支数量占优的联邦军从威胁南方邦联首府里士满的阵地败退。[59]这场快节奏战役执行得并不完善，南方军的伤亡惨重，但它结束了该市在近期遭受的威胁，削弱了北方对麦克莱伦的信心，并使 55 岁的李站到了南方将领中的前列。从它开始的一系列成就使他在美国军事领导者中获得了特殊的地位，而他在那个地位上一待就超过了 150 年。

在此前长达 31 年多的时间里，李在美国陆军中只获得了上校军衔，随后却在战场上指挥北弗吉尼亚军团长达三年之久。最后，他输了。但是 1865 年 4 月在弗吉尼亚州的阿波马托克斯法院（Appomattox Court House）投降之前，他率领补给不足的军队经历了一系列的战役和战斗，其中包括一些熟悉的名称，如第二次奔牛溪（the Second Bull Run）、安提坦（Antietam）、弗雷德里克斯堡、钱瑟勒斯维尔、葛底斯堡、怀尔德尼斯和彼得斯堡（Petersburg）。李和他的主要副手一起，连续击败了先后由五个将领指挥的更强大的敌人，赢得了令人印象深刻的战术胜利记录。

这位曾经被嘲讽地称为"李奶奶"的将军，因其勇猛和愿意承担战场风险而名扬四海。在一个连高级指挥官都不得不亲自置身于极端的生命危险之中，以观察和指挥作战行动的时代，个人的勇气令人钦佩，但也不足为奇。而指挥官身上不那么常见的勇气，则是在不确定的情况下冒着失败的风险采取大胆行动。正如我在伊拉克和阿富汗所发现的那样，比起敌人的火力，领导者更害怕的是承担失败的责任。对一些人来说，他们竭力保护自己的名声，总体来说，谨慎和胆怯比身体上的懦弱更为常见。李则没有这样的名声。他的一位前炮兵指挥官，爱德华·波特·亚历山大（Edward Porter Alexander），曾经这样描述李："他应该叫'李大胆'才是。"[60]

李在战场上的成功令北方敌军极其不安。正如拿破仑的敌人通常对他们击败拿破仑的能力缺乏信心那样，李及其主要副手的声望，成了南方邦联在实战中的巨大助力。格兰特将军对他的军队过分高估传奇中的敌人而感到沮丧，他曾说：

> 哦，我实在是听腻了关于李打算做什么事的话了。[61] 你们中的一些人似乎总是认为他会突然翻两个筋斗，在我们的后侧和两翼同时从天而降。[62] 回去继续指挥吧，还是试着想想我们自己要做点什么，而不是李要做什么吧。

即使在当时，把作为领导者与作为神话的李区分开来就很困难，直到今天，评估他作为一名军事指挥官的战绩和效力仍是无穷无尽的学术研究和争论的主题，这也对战争本身产生的激情构成了挑战。在客观层面上讲，尽管他多次取得了战术性的胜利，但南方邦联的总体战略和李向北方的两次大规模攻势都失败了。1862 年，在安提坦之战中，对马里兰州的入侵被击退；次年，对北方的攻略在宾夕法尼亚州的葛底斯堡达到了高潮，也预示着南方邦联最终的军事失败。

李作为一名职业军人的能力是有充分根据的。但实际情况是，虽然南方邦联的许多不足，是由物质限制以及南方邦联与各州政府之间的尴尬关系造成的，但是认为北弗吉尼亚军团的纪律性和效率无法适应环境要求的报告也令人信服。在大规模军队的时代，一支军队多么出色地实施后勤、战场卫生和医疗行动等平凡职能，或处理人事、休假和法律要求等事务，与战场上的辉煌同样重要（并且现在仍然如此）。[63]

李的最著名批评家之一，退休的英国少将 J. F. C. 富勒，直接把责任归于这位将领，他认为："没有充分认识到行政是战略的基础，对日常事务缺乏兴趣，憎恶行使权威，都导致他的军队处于半饥饿状态，也是其散漫和纪律松懈的主要原因。"[64] 历史学家们对富勒批评的有效性存在分歧，但在整个战争期间，只能从个别州获得供给、脆弱的交通网络以及他个人的疏忽，使得李的部队捉襟见肘，而没有具备应有的效力。

罗伯特·E.李
一生中的重要地点
1807–1870

重要地点
及事件

战斗

哈里斯堡

兰卡斯特

宾 西 法 尼 亚

约克

葛底斯堡
(1863)

威斯特敏斯特

马 里 兰

黑格斯敦

安提坦
(1862)

弗雷德里克

温切斯特

哈珀斯渡口
(1859)

巴尔的摩

阿
巴
拉
契
亚
山
脉

谢
南
多
亚
河
谷

阿
勒
格
尼
山
脉

蓝
岭
山
脉

利斯堡

波托马克河

华盛顿
特区

安纳波利斯

阿灵顿庄园
(1831–1861)

第二次奔牛溪之战
(1862)

沃伦顿

亚历山德里亚
李童年时代的家
(1810)

切
萨
皮
克
湾

钱瑟勒斯维尔
(1863)

库尔佩珀

弗雷德里克斯堡
(1862)

华盛顿学院
(1865–1870)

夏洛茨维尔

怀尔德尼斯
(1864)

斯波齐尔韦尼亚
法院
(1864)

波托马克河

斯特拉福德府邸
李的诞生地
(1807)

弗 吉 尼 亚

詹姆斯河

里士满
接受弗吉尼亚
军队的指挥权
(1861)

七日战役
(1862)

西点

阿波马托克斯
法院
李投降处
(1865)

纽
约
河

纽克镇

林奇堡

彼得斯堡

詹姆斯河

彼得斯堡之围
(1864–1865)

诺福克

萨福克

西点校长
(1852–1855)

弗吉尼亚

美 国

详图

北 卡 罗 来 纳

N

W   E

S

大西洋

墨 西 哥

墨西哥湾

美墨战争
(1846–1848)

太平洋

加勒比海

20   0   40 英里

0   40 千米

Gene Thorp 制图

　　具有讽刺意味的是，备受指责的乔治·麦克莱伦，作为联邦军波托马克军团的指挥官两度成为李的对手，则相反地以其过于谨慎、缓慢的行动而闻名。当然，他还是一位天才的军训专家、组织者和管理者，他的品质深受士兵们的赞赏，他因此而奠定了波托马克军团后来成功的基础。

　　李的卓越领导力所留下的遗产，核心是他与关键下属之间的关系。像詹姆斯·朗斯特里特（James Longstreet）、乔治·皮克特（George Pickett）和约翰·贝尔·胡德（John Bell Hood）这样的著名人物，更不用说杰克逊和斯图尔特了，他们一起创造了一幅由最亮的明星领导的英雄星座的画面，他们为捍卫南方的权利进行了无畏的斗争。事实上，与大多数军队一样，南方邦联军事领导层的能力和互动的问题，比这幅画面显示的更大。尽管许多南方指挥官吹嘘自己的美墨战争经验，但大多数指挥官当时仅仅是参谋人员，除了杰斐逊·戴维斯"总统"外，没有谁担任过野战高级指挥官。

　　意志坚强的，甚至顽固的不同个性，在一个充满膨胀的期望和政治压力的环境中不完美地融合在一起了。在这些充满了挑战的环境下，李充分地利用如此之多军官才干的能力无疑令人印象深刻。对待像"石墙"杰克逊这样在行动自由的基础上才能充分发挥作用的指挥官，李下达宽泛的"任务式"（mission style）指令（即下属被告知他们需要完成的任务，而不是如何完成任务）的指挥方法，是非常成功的。但对于没那么自信的指挥官，这些旨在提供灵活性的笼统命令（有时含糊不清）导致了问题。在指挥官和局势相互适应的情况下，像杰克逊在钱瑟勒斯维尔，结果是极佳的。在其他情况下，正如理查德·尤厄尔（Richard Ewell）中将未能在葛底斯堡的第一天战斗中占领具有决定性意义的墓地山（Cemetery Hill），李不愿意明确而直接地发布指令带来了痛苦的后果。

随着时间的推移，以及人才与经验从他的军队消耗流失，李被迫调整他授予下属的自主权。但他发现，领导一些天赋不足的指挥官令人沮丧。据报道说，葛底斯堡之战后，李大声叫嚷道："如果'石墙'杰克逊能在葛底斯堡，我就可以赢得一场伟大的胜利。"[65]

也许比李作为指挥官的能力更重要也肯定更有趣的，是由这个受过西点军校教育的弗吉尼亚之子周围的氛围所代表的现象，这种现象一直延续到今天。

李似乎没有经过多少努力，就在有生之年成了一个举世无双的形象。他决定性的勇气，加之令人印象深刻的外表、显见的虔诚以及一种慈父般令人心安的风度，造就了一个与南方寻求英雄的骑士文化完美契合的人物形象。这绝不是偶然。虽然李从不自我推销，但自律的李却决心要展现出无私的服务和一种有节制、有尊严的风度的综合特质，这点跟南方关于高尚品格和领导力的理念非常吻合。重要的是，对于李和南方人来说，这个形象也反映了对乔治·华盛顿的记忆。

李在北弗吉尼亚军团里特别受人尊敬，这一事实值得进一步认真思考。尽管他的老兵们面对物质匮乏——士兵们经常赤脚行军，走过长得令人难以置信的距离——品尝到了战争中一些最引人注目的胜利，在李将军手下服役的前景却也可怕而致命。李的队伍即使在打败了他们的联邦军敌人之时，也会血流不止。在他的指挥生涯中，北弗吉尼亚军团的每个步兵都有 67.7% 的概率在战斗中伤亡或死于疾病。[66] 对于 1861 年加入李的军队的人来说，74.4% 的步兵会死于疾病或遭受伤亡，而对于 1862 年加入的人，这一比例则高达 83.1%。

一般来说，没有什么比不必要的损失更能削弱士兵的支持了，然而无论是在他的军队中，还是在丈夫、兄弟和儿子阵亡的民众中，李在冲突期间和之后很久都始终深受欢迎。在评估作为领导者的李时，注意到这一点极有吸引力，即他为何能在那些承担最高代价的人中始终拥有忠诚。

大理石人

1865 年 4 月，罗伯特·E.李将军穿上了他剩下的最好的一套军装，骑上他那匹名叫"旅行者"的马，到弗吉尼亚州的一个小村庄阿波马托克斯法院会见他的西点军校校友和美墨战争老兵，尤利西斯·S.格兰特将军，讨论李将军部队的投降条件。[67]

他们在建造于 1848 年，并为威尔默·麦克莱恩（Wilmer McLean）所有的一所房子的客厅里相遇。经过简短的叙旧谈话后，庄重但又极度不安的李将军，要求像往常那样身穿溅满泥浆的联邦士兵制服的格兰特直奔会面目的——投降条件。格兰特坐在一张小桌子旁，为李现已战败的邦联军队起草了慷慨的条款，让他们回归家乡，开始漫长的重建家园和生活的过程。当这一切完成后，格兰特陪着李将军走到战马跟前，战败的李将军，蹬马上鞍挺直腰板坐定后，冷静地策马一路小跑着回到他忠诚的队伍中。

格兰特后来如是总结了他的感受：

> 李将军当时的感受如何，我不得而知。但我却清楚自己的感受，收到他的来信后我原本非常高兴，现在却感到悲伤和沮丧。我对一个战斗了那么久、那么勇敢，并为了一个事业遭受那么多苦难的敌人的垮台百感交集，但一点都高兴不起来。[68]

这次会面不仅结束了内战，还开启了李将军的传奇的下一篇章。

尽管李没有出席，但在不久之后的正式投降仪式上（此时按照传统，被征服的一方会把武器和他们珍视的战旗放在胜利者

的脚下），葛底斯堡的英雄、缅因州未来的州长乔舒亚·张伯伦
（Joshua Chamberlain）少将，要求他的士兵向他们曾经的敌人立正、
敬礼。[69]

对于李来说，除了打道回府之外，就别无他事了。南方被摧毁了，对
于李的家族来说阿灵顿庄园从此一去不复返了，那块土地被划归一个美国
陆军要塞使用，最重要的是，被划归阿灵顿国家公墓，成为无数在冲突中
丧生的美国老兵的最后安息之地。李不得不选择一个新的家和一种新的生
活。李接受了担任弗吉尼亚州列克星敦的华盛顿学院（即后来的华盛顿与
李大学，我的兄长就是从那里毕业的）院长的邀请，他在那里一直待到
1870 年去世，李与他的坐骑"旅行者"，直到今天都安葬在那里。

不久之后林肯总统遇刺，所有敌对行动停止，南方开始了一个被称
为"重建"的困难时期。解放奴隶和扩大投票权，再加上战前的经济遭
到破坏，使南方进入了一个动荡的时期，后来随着时间的推移逐渐稳固
为一个以白人为主导的社会，从而将前奴隶的真正自由或机会均等推迟
了一个世纪之久。虽然战争失败了，但在许多曾经的脱离主义者看来，
他们的地位在和平时期得到了稳固。在阿波马托克斯会谈后直至死前的
五年里，李对战争持有坚定的观念，却拒绝撰写回忆录，并谨慎地控制
自己的公开表达，保持自律直到生命的终结。

李在战后做了什么，并不比"失败的事业"（Lost Cause）的神话思
维出现重要。南方旨在维护奴役其他人类的权利的战争，被改写成为捍
卫他们维持自己生活方式的自由，和保卫建国一代的成果的斗争——这
就是他们的定义。随着目标的重新定义，战争本身也被重新叙述，即一
群为数不多、供给不足的英雄，进行了一番勇敢而坚忍的战斗，直到被
工业化的北方大军打败。正如历史学家和民权活动家 W. E. B. 杜波依斯
（W. E. B. Du Bois）所一针见血地指出的那样：

我们正处于这样的人领导下，他们为了维持现在的和平，引
导未来的政策，不惜扭曲以往的事实。[70]

尽管罗伯特·E.李从未寻求过这个角色，在其有生之年从未参与
其中，他也谨慎地避免政治言论或争议，但没有一个领导者比他更适合
"失败的事业"的叙事。杰斐逊·戴维斯的性格过于尖刻，杰克逊的性
格有些古怪，詹姆斯·朗斯特雷特加入过北方强加的战后政府。相比其
他任何人，李这个贵族英雄，这个有操守的南方爱国者和坚忍不拔的战
士，无论在性格上还是在人格上，都更符合这一榜样角色。在李去世很
久之后，他成了这场运动的象征。几十年过去后，李的名字和肖像传播
开了，呈现了观察者想要的一切信息和意义。

细思这个人和这个神话

随着时间的远逝，在情感和阴影中，我们该如何评价罗伯特·E.
李——这位我曾被灌输应当仰慕的领导者呢？这位品质受人尊敬的军
人，跟他为维护奴隶制和分裂国家所做的努力之间的矛盾是显而易见
的。但除此之外，作为一位领导者，他到底有什么与众不同呢？我们该
如何评判任何一位领导者？我们所挑选的这些领导者和英雄，又能向我
们透露些什么？

对我，就像对其他许多人来说一样，评价李尤其困难。从一个角
度看，他的形象太高大了，关于他的记忆太受尊崇了。在他去世四年
后，来自佐治亚州的南方众议员本杰明·哈维·希尔（Benjamin Harvey
Hill），热情地赞扬了这位来自弗吉尼亚州的军人：

他是一位没有仇恨的敌人，一位不会背叛的朋友，一位不残
忍的军人，一位从不欺压人的胜利者，一位没有怨言的罹难者。

他是一位没有恶习的公职人员，一位没做过坏事的公民，一个没人责备的邻居，一个毫不虚伪的基督徒，一个不使诡计的男子汉。他是恺撒，却没有其野心；他是腓特烈，却没有其暴行；他是拿破仑，却不自私；他是华盛顿，却不求回报。[71]

但从另一个角度来看，由青铜制作的骑在马背上的李将军——就像许多雕像所刻画的那样，貌似领导着南方成功地抵制了平等和变革——模糊了我们的评估能力。我们知道的现实是，这些形象不能准确地反映这个人或这个领导者，不过，神话思维压倒了理性。

就罗伯特·E.李而言，神话思维尤其强大。他所塑造的自律、尽责的军人人格——不搞阴谋诡计，严格忠于以上帝和他自己的荣誉感为起点的等级制度，再加上对战争的非凡天赋——展现了最为传统的领导

李被同僚和追随者称为"大理石人"，他呈现出一种冷静而有教养的人格，引起全国范围的共鸣，特别是在内战结束后。随着时间的推移，大理石、金属、油漆等许多材料被用来重新塑造他的面貌。
（PHOTOGRAPH BY HANK WALKER/THE LIFE PICTURE COLLECTION/ GETTY IMAGES）

模范。只有当我们揭示出他的缺点，或发现他的失败时，这个形象才变得更近于现实，更加令人信服——更接近我们已知的领导者。当我们承认，即使是最杰出的领导者也不是推动事件发展的首要因素时，神话思维就变得漏洞百出了。

当我们审视领导者时，有时会凝视着他们发出的伟大光芒，有时则会注意到一个阴暗的灵魂，我们才会明白那个形象很少是现实，明白神话不等于领导者本人。他们往往令人印象深刻，有时也会令人失望，但我们希望，他们会永远光芒四射。

第三章　创始人

世界上大多数重大进步
都是由那些对自己至少有一点
非理性自信的人取得的。

——约翰·加德纳（John Gardner）

小公主长着一头金色的长发，样子很迷人。当她把手伸进我的手里时，会抬起头来用她那双富有魅力的棕色大眼睛看着我。当她害怕的时候，会紧紧地依偎着我；当她兴奋的时候，她的话来得非常之快，让人无法完全理解。我爱她，同样重要的是，我爱她的想法，还爱她改变了我看待自己的方式。

只有孙女才会这样对待你。当我们穿过成群结队在迪士尼世界四处走动的人群时，我意识到我只是一个普通人，是诸多把孩子们带到主题公园的父母和祖父母之一。这些人，在很大程度上为的是心满意足地看着孩子们开心地微笑，或惊奇地凝视。

游乐园不是最近的发明。巴肯（Bakken）游乐园，位于哥本哈根北部，在1583年就已开业。但今天，有个人的名字不仅成了沉浸式公园体验的代名词，还成了那一类书籍、电影、玩具、服装，最重要的是，那种怀恋的代名词——关于我们从未经历过的冒险，以及我们从未拥有过但希望拥有的生活。华特·迪士尼用钢笔和墨水、砖块和灰泥、胶片和想象力建立了一个帝国。

创始人就是那些创造的人。他们不在边缘修修补补，也不逐步改进现有的事物。相反，他们从整块布景开始构思和创建，同时担任着建筑师和工程师的角色。在通常情况下，他们的使命是去想象、设计和创建，而这些任务需要远见、政治技巧以及将梦想付诸现实的意愿。从统计上来看，其中大多数人都失败了，而那些有时成功的人，承认运气或机缘是两个最大的因素。不过，却有一条共同纽带把这些人联在一起，而这条纽带可不仅仅是由某个想法加好运所构成那么简单。它是一种对愿景的坚定不移的承诺。

曾在红十字会做过救护车司机的华特·迪士尼，在年轻时就开始了他的创意之旅，在他26岁时，他与别人共同创造了标志性的米老鼠。那家将以他的全名命名的公司，是在他那持之以恒的雄心壮志和开阔想法的基础上一步一步建立起来的。没有什么是确定无疑或上天安排的，尽管迪士尼从二战后美国的经济繁荣中受益，但他的成功远非盲目的运气所致，总之，迪士尼的企业发展起来了。

在寻找与"原型儿童"配对的另一位创始人的过程中，我们选择了"原型成年人"。可可·香奈儿引发争议的历史，她那标志性的香水，以及无处不在的"小黑裙"，都在召唤我们从迪士尼的永恒童年的纯真，进入成年期，这对于我们大多数人来说，就像公主和蟾蜍一样充满幻想。

虽然帝国可以从梦想开始，但它们都是在艰苦的工作中锻造出来的，从达尔文式的不提升进化，就灭亡消失的过程中产生的。在激烈竞争的环境中，可可·香奈儿和华特·迪士尼取得了如此大的成功，以至于两家以他们的名字命名的公司在创立一个世纪后仍在蓬勃发展，两个创始人都成为他们品牌不可磨灭的组成部分。

为这类领导者中的任何一个工作，并不总是，或者说，通常并不令人愉快。但对他们来说，吸引人才从不困难。通过选择香奈儿和迪士尼，我们本想通过有趣的故事来探索这些创业领导者。但随着探索进行，我们遭遇了一个更多是关于一般意义上的领导力，而不是关于建立一个成功公司的特殊领导力的问题：如果领导力那么依赖于"人"，为什么那些把他们的使命凌驾于追随他们的"人"之上的领导者，还能如此大地激励我们？

重点参考书目

- 尼尔·加布勒（Neal Gabler），《华特·迪士尼：美国想象的胜利》（*Walt Disney: The Triumph of the American Imagination*），New York: Random House，2006。
- 朗达·K. 加勒利克（Rhonda K. Garelick），《法兰西小姐：可可·香奈儿与历史的脉搏》（*Mademoiselle: Coco Chanel and the Pulse of History*），New York: Random House，2015。

华特·迪士尼

> 你可以设计和创造，也可以建造世界上最美妙的地方。但你需要人来让梦想成真。
>
> ——华特·迪士尼

1937 年 12 月 21 日，星期二，在经历了近三年的负债制作后，华特·迪士尼迄今为止最具雄心壮志的项目，即将在洛杉矶富丽堂皇的卡塞（Carthay）圆形剧院向星光熠熠之城（Tiseltown，指好莱坞）的精英们揭幕。他领导了世界上第一部动画长剧《白雪公主和七个小矮人》的制作，这项努力被好莱坞的大部分人戏称为"迪士尼的荒唐事"。[1]

年轻的华特·迪士尼，以他毕生的个人特色向美国公众演讲，这幅照片中，他在向他们介绍他即将推出的开创性电影《白雪公主和七个小矮人》。

这样一来，华特巩固了自己作为一个反传统主义者的地位，但同时也几乎毁了他作为创新者的已颇具影响的声誉。[2]

华特身穿西装，肩上搭着一条白色的围巾，奋力穿过了媒体的围堵。36 岁的他仍然保持着苗条的身材，留着标志性的光滑的细胡子和整齐分开的深色头发。一对浓重的眉毛嵌在他那已经皱起的前额。眉毛是他管理时最喜欢的武器之一；它们向他的发际线弯曲所表示的怀疑，已经击碎了许多反叛的动画师的意志。[3]

当晚，华特侧身好莱坞上流演员、导演和评论家之中，与他的密苏里州工人阶级出身截然不同，俨然成了一个年轻美国贵族的体面形象。尽管晚上的气氛很喜庆，但当他大步走上红地毯时一脸严肃，俯身行礼时，还为自己的努力会得到怎样的回报而感到忧心忡忡。人群中一位评论家后来写道，华特看起来像要变成电影中的第八个小矮人，显得非常紧张。[4]

他陷入了一种怀疑的情绪之中：《白雪公主》的成功取决于观众与动画人物产生情感联系，就像他们与活生生的人类一样。那天晚上剧院里没有人知道，华特也不知道，这是不是可能。影片制作过程中的延迟和修改成本高昂，在身心上都给华特带来了沉重的压力——如果首映式不顺利，随之而来的便可能是破产。

就在那时，一位电视台记者在现场大声宣布："现在，这就是我敢肯定你们都想见的那位先生，这就是华特·迪士尼，《白雪公主和七个小矮人》的创造者……"

华特听到有人在谈论自己，不动声色地朝声音的方向望去，他那剑一般的眉毛本能地向上竖立了起来。[5]当他发现自己正盯着一台美国全国广播公司（NBC）正在直播的摄像机时，他咧着嘴粲然一笑压住了焦虑。毕竟，全国的追随者都在注视着他，他希望追随者眼中的他，比那些更了解他的人眼中的他，更自信、更幸福、更愉快。

"我想工作的地方"

每一个领导者所表现出的人格，都和他或她的私底性格之间有一道天然的缺口。对华特来说，这是一道鸿沟，他非常清楚这一点。就像他曾经对一个朋友所说的那样："我不是'华特·迪士尼'。我会做很多华特·迪士尼不会做的事。华特·迪士尼不抽烟，但我抽。华特·迪士尼不喝酒，而我喝。"[6]

华特·迪士尼是个男人，但人们更普遍地认为他是一个品牌。我们中的许多人都是伴随着他那惊人想象力的产儿长大的，这些产儿包括米老鼠、七个小矮人、小鹿斑比和匹诺曹，此处仅举几例。我们参观过他的游乐园，看过他的电影，和以他的名字命名的庞大公司的所有产品。

创建这家公司的那个人，不由自主地去给他永远都不会遇到的后世带来娱乐。

到了《白雪公主》首映时，华特已经是 20 世纪最伟大的创意人物之一了。他具有无可辩驳的创意能力，在 1937 年《白雪公主》首次亮相之前的十年里，他就亲自开创了动画领域。虽然华特不是人们所说的迪士尼创意机器的唯一齿轮，但他从来都是具有决定性的那个。每当工艺、技术或创意障碍阻挡了华特娱乐观众的愿景时，他都会围绕这些障碍拿出创新性的解决方案，让他的动画师和"故事王"大吃一惊，使他们以及那些将卡通片仅仅视为电影的预映短片者，立刻心服口服。

1928 年，时年 26 岁的动画师华特成为第一个成功地让声音与动画同步的人。他努力的成果是长度七分钟的《蒸汽船威利》(*Steamboat Willie*)，这是标志性角色米老鼠的首次亮相（他与密苏里州的同乡乌贝·伊沃克斯［Ubbe Iwerks］共同创造了米老鼠，并亲自配音[7]，一直到 20 世纪 40 年代中期[8]）。在制作这部片子的过程中，他雇用的配音管弦乐队演奏的音乐很难与屏幕上的动作保持同步，所以华特在电影中印上了一个弹跳球来充当临时节拍器。[9]美国观众**听到**卡通米奇的鼓槌在卡通奶牛的牙齿上敲出《稻草堆里的火鸡》这首古老的美国民歌时，惊叹不已。[10]

华特取得的第一次巨大成功，在不断扩大的动画世界中赢得了越来越多欣赏者的喝彩。[11]全国发行的系列剧《糊涂交响曲》(*Silly Symphonies*)是继《蒸汽船威利》之后发行的，第一部是一个怪诞的短剧《骷髅舞》(*The Skeleton Dance*)。这部动画片在经济上很成功，一下子就引起了全国动画师们的注意。[12]约瑟夫·巴伯拉（Joseph Barbera，后来是《杰森一家》《史酷比》和《摩登原始人》的创作者）后来回忆，他在纽约剧院观看《骷髅舞》的情景时曾自问道："你是怎么**做到**的？你究竟是怎么做到的？"[13]迪士尼工作室后来的资深动画师之一阿特·巴比特（Art Babbitt），也在纽约看到了这个短片，他立即辞去了工作，申请在加利福尼亚与华特一起工作。当他看到卡通骷髅与音响效果同步跳舞和嬉戏时，他"知道那就是我想工作的地方"。[14] 在《糊涂交响曲》第一部上映之后的几天里，华特在他的名册上增加了几位知名艺术家。[15] 到了 1929 年 8 月，迪士尼的工资单里有八位动画师。1930年 7 月，随着这些新人才的加入，华特的工作室发布了第一部全彩动画片——据报道，这部动画片的成功促使山姆·高德温（Sam Goldwyn）开始计划制作第一部彩色常规电影《绿野仙踪》。[16]

迪士尼召集了一小群世界上最好的动画师，他们蜂拥来到华特身边，不是因为他提供了丰厚的薪水，甚至也不是因为他知道如何画画——按行业标准来衡量，他只是一个普通的插画家。[17] 他的动画师来这里是因为他们目睹了他的工作室能生产什么，他们想成为他们领域最前沿的一部分。

在迪士尼之前，卡通只有几分钟长，不过是"填充物"而已，严格地讲，只能作为给电影观众的一段预映的娱乐片而已。华特对动画片能够实现比之强大多少的表现能力，有着远见卓识。

1934 年的一个黄昏，华特给每个要员 50 美分作为晚餐补贴，然后让他们马上到他工作室片场的礼堂里集合。[18] 他知道自己的计划对他们来说将是一个强行推销，对他日益壮大的粉丝群体来说更是强行推销。为了让他身边最亲近的员工加入，他计划展示出自己的愿景和激情。

在礼堂里，华特在他的高级员工面前表演了一个古老的德国民间故事，包括唱歌的小矮人、一面魔镜和一个有毒的苹果。他扮演着这些角色，以不同的身体姿势、穿着不同的服装跳跃，跟着歌曲唱歌，解释他想要他们帮助他讲述的故事情节。

迪士尼的叙事歌谣《白雪公主》就是这样起步的。

对于在场的艺术家来说，这是一个具有确定性的事件。华特的主意标志着某种新的，并且定义某种电影类型的东西。谈到华特充满活力的表演中的气氛时，一位动画师回忆道："我们都非常兴奋，对这个项目充满了热情，以至于我们都没怀疑它是否能完成。……如果华特认为有一种方法可以做到，我们最好还是找到一种方法来把它做到。"[19] 不要介意没人拍过动画电影，也不要介意需要 200 多万幅图画来制作它，以及可能需要发明新技术来实现华特的设想。[20] 他们的领导者很兴奋，也令人惊奇，礼堂里的追随者们也都感觉到了这一点。

迪士尼工作室的组织文化

在华特的整个职业生涯中，随着迪士尼公司规模的扩大，他那充满激情的嬉戏既可能激励人心又可能使人发狂。在最佳的情况下，它是创造性兴奋的源泉；在最糟糕的情况下，它又是计划的障碍。每当头脑更冷静的同事，比如他那古板的哥哥和商业伙伴罗伊（Roy），或贷款人，对突然出现在华特头脑中的新决定提出合理的问题时，他很少理睬他们。当华特陷入了一个特殊的想法时，他的嘴简直就闭不上了，这真是令人沮丧。在与华特一起前往圣巴巴拉（Santa Barbara）的一次为期几天的短途旅行中，员工戴维·汉德（David Hand）经常骑着马从他身边逃走，以躲避他对汉德工作状况的无休无止的漫谈。[21]

然而，迪士尼传记作家尼尔·加布勒（Neal Gabler）用类似于"激励着一群忠诚的、有时狂热的追随者的救世主式人物"的膜拜术语，描述了华特在其最初的员工中所受的崇拜。[22] 用"救世主式"这个词来描述尤其恰当。每当他的一个项目面临着外部的怀疑和极大的风险时，他就会以一种战斗的精神进行斗争，而紧随其后的便是接二连三的财务成功和关键性的认可。作为一个领导者，他有着奇迹创造者的所有表征。

此外，华特像个教派领袖，很早就通过魅力和展现关怀赢得追随者的热诚信任。他在走廊里问候员工的孩子们，并邀请动画师在他家里吃烧烤。[23] 那些在《白雪公主》之前与他互动过的人——其中有许多人最终会对他后来的领导方式产生怨恨——也证明了他能够激励他人达到新的创造力水平。迪士尼是他们共同的催化剂，员工们注意到，他可以让"你发挥出一些你不知道已存在于你自己身上的东西，你发誓你不可能做到的事情"，迪士尼会"用'我们'而不是'我'来解除人们的武装"。[24]

除了使用包容性语言之外，他还对员工在工作中的完成情况表现出热情。当华特对一个像《白雪公主》这样的项目感到兴奋时，为了工作室的创意过程，他经常会放弃物质上的关注。在后来的一次采访中他回忆道："当我有点做实验的钱时，我做的第一件事就是把所有的艺术家送回学校。……现在我们在应对的是动作，是连续的运动、连续的事物，这你知道的……所以我们必须建立一所自己的学校。"[25]

华特还将自己的自由资本用来为艺术家购买新家具和创意空间，并聘请建筑师和教师等外部专家传授新技术。后来在迪士尼乐园的建设过程中，华特向一位持有深重怀疑态度的员工讲述了他的财政哲学："我和你都不用担心任何东西的贵贱。我们只用担心它是否足够好。我的理论是，如果它足够好的话，公众会为它回报你的。"[26] 他把卓越的创意置于成本控制和利润创造之上，最大限度地满足了他早期的动画师。

竞争对手的工作室只向艺术家提供季节性的工作，根据具体项目雇用和裁减他们[27]，华特则不同，他与艺术家签订的是长期合同——实际上就等于给了他们一个类似于终身就业的机会，很少解雇员工，让员工觉得自己是"家里人"[28]。肯·安德森（Ken Anderson）在《白雪公主》时代就开始了他将近半个世纪的迪士尼生涯，后来他解释说，华特"对你会为他工作多长时间、工作的目的以及诸如此类的事情都有一整套准备"。[29] 一旦一个艺术家为他工作，华特就会努力解决其后顾之忧——这是一个会使其以热情的奉献来回报的姿态。许多参加过《白雪公主》创作或参加过华特的研讨会的人都热情地接受了这种文化："我们周六和周日都在工作，我们喜欢这么做，一切都是新鲜的！"[30]工作室早期的普通成员分享了他对拓展动画领域的热情，因此都很好地接受了华特的领导方式。

这一做法使得一种富有成效的"无政府状态"在迪士尼工作室占据了主导地位。工人们被允许制定自己的时间表，也没有加班费。[31]然而，根据安德森的说法，他们"始终都在那里"一直工作到晚上。

这种组织文化并不代表华特亲近左翼信念，而是让赚钱的目标服从于更大的艺术目的。[32]华特不想只是简单地得到观众的好评。他有一个大胆的设想，即创造出一些全新的娱乐方式，一些公众甚至不认为可能的方式。他在给同事的一份备忘录中如是写道：

> 动画的首要任务，不是描绘或复制现实中的真实动作或事物，而是以漫画的手法表现生活和动作，是在屏幕上描述出观众早已驰骋想象的事物，是使我们在生活中都曾想到过或是以各种形式向自己描绘过的梦幻和神奇想象成为现实。也包括用漫画的手法表现生活中的真实事物，或者是对我们今天所想到的事物加以梦幻化。[33]

华特的激励性目标是实现自己的想象。他相信可能的事物总是能战胜现实的事物。他知道这是一种集体的努力，但他赖以实现这一目标的组织文化，却收获了华特只留给自己的利益：公众的赞誉和荣誉。虽然华特在讨论工作室的创意产出时可能用到了体现集体意义的"我们"而不是"我"，但当涉及写到他的作品里和作品上的独特身份时，他则表现得相当自私。与行业标准背道而驰的是，很少有迪士尼的艺术家被列入他们制作的产品的摄制人员名单，而华特的名字却被突出地显示出来。[34] 而且每当华特得到印象，他的动画师因其作品而有点过于自恋时，他就会施以严厉打击。

其中一个例子发生在 1934 年，华特把肯·安德森叫到他的办公室里。[35] 华特对他劈头盖脸地说："你需要在这里弄明白一些事情。这里是**华特·迪士尼**工作室。如果你自己想出名的话，那你他妈的最好现在就离开这里，因为我们这里销售的是'华特·迪士尼'。这并不是因为是我的缘故，而是因为这是工作室的名字。"

迪士尼坚持，只有他本人才可以为工作室的成果接受公众赞誉，这让那些和他共事并成就斐然的动画师深感沮丧。但在这些傲慢自大的宣泄中，华特也试图诉诸集体利益。他执着的目的是不惜一切代价，开拓新的娱乐形式。他的早期员工分享了这一愿景，对他们来说，他的执着是一种催化剂。

创新

1934 年至 1937 年期间，华特工作室里反复上演这么一幕：

华特坐在潮湿的小储物间里，拿着放大镜，面前摆放着动画胶片（"cels"），一丝不苟地审视着《白雪公主》的进展情况。几位动画师——通常是他的一些"老人"，比如莱斯·克拉克（Les Clark）、马克·戴维斯（Marc Davis）和米尔特·卡尔（Milt Kahl）——站在他身后期待着。该团队把这个检查室称为"小囚室"（Sweatbox），里面既没有空调，老板还不停皱眉。[36] 他们的老板对细节要求很严格，还会毫不留情地说出他认为不合格的地方。[37] 同时，他从来没有因为别人眼中的"好作品"而赞扬过他那些艺术家。华特的员工也从来不记得华特曾经直接赞扬过他们。[38]

负责监管世界上最伟大的动画师团队的华特，现在正在寻找新的方

华特从一个项目到另一个项目，不断地提高他的艺术和叙事标准。他不懈地努力改进他工作室里有才华的艺术家的作品。看到低于标准的动画，华特经常会扬起眉毛表示不赞成，再加上一句不露声色的批评。对于可以接受的画作，他则默默不语。这里，我们看到的是比前一张照片年长一些的华特在监控《睡美人》的故事进展。

（PHOTOGRAPH BY GENE LESTER/GETTY IMAGES）

法，为《白雪公主》取得突破性的成功保驾护航。他有许多责任，但最重要的责任是故事的生成、动画管理，以及通过新的方式来提高电影对观众的影响力。华特的观点是，这方面的才能对他的项目结果的重要性，远远大于他最好的动画师所能产出的。[39]

工作室制作了《糊涂交响曲》和"米老鼠"系列，它们超越了观众的期望，也随之提高了观众的期待，《白雪公主》也需要获得如此殊荣。以前已完全通过审查的内容不再符合华特的标准了，因此他放弃了大部分动画师的作品。[40]

例如，华特在《糊涂交响曲》系列的短片《三只小猪》（*The Three Little Pigs*）中尝试了个性化的角色形象后，便对《白雪公主》的故事实施了严格的控制。[41]他坚持要做的一个关键改变是[42]，有名无实的小矮人（在最初的德国民间故事中是没有身份的[43]）要有七种不同的性格，这七种不同的性格须集中表现不同的人类特征。迪士尼的赌注是，观众会在情感上与每一个动画角色联系在一起，这取决于每个小矮人都要有一个独特的但又相互关联的个性。米老鼠也许能让观众发笑，但华特现在想要的是能让真人哭泣的主要角色。

为了达到这个目的，每个小矮人都被赋予了体现其特征的名字，并配以歌曲向观众传达相应的情感。还有许多最后没有采用的备选名字，诸如"讨厌鬼""贪吃虫""爱偷懒""热心肠"和"不老实"之类，以及根据这些特征勾画出的相关小矮人，它们能够共同反映出华特希望观众可以识别的人类特征的多样性。[44]同样，在为《白雪公主》编写的25首歌中，最后上映的只有8首。

华特永远在听取艺术家们的新观念，并优先考虑纳入好的新想法而宁可牺牲制作进度。例如，当一个动画师让"糊涂蛋"（Dopey）在一个场景中跨出笨拙的一步，以便与其他小矮人同伴保持一致时[45]，华特决定这个动作应当成为"糊涂蛋"的特征，并将其融入他走进的每一个场景中[46]。同样，华特认为小矮人"开心果"（Happy）应该是第一个说话也是说话最多的人，而小矮人"瞌睡虫"（Sleepy）应该是最后一个在谈话中做出反应的人。[47]华特经常中断正在进行的工作流程，以解决他认定的特别优先事项。用艺术总监戴维·汉德的话来说："华特对组织的细节一点都不在乎。他因为命令某个人，或一群人马上去做其他事情，而带来很多麻烦。"[48]

这些决定激怒了许多为他工作的艺术家，他们常常不得不回过头重新制作旧的场景，或者是停止进展中的方案，来迎合老板的那些不可预知的突发奇想。[49] 即使在这段时间工作室的人力有了稳步增长，单就完成"糊涂蛋"跨步的重新制作也需要数名员工花六个月的时间。[50] 然而，尽管这让那些有过如此经历的人感到沮丧，但迪士尼对于创造引人入胜的故事和激发共鸣的角色的直觉是不可否认的——他的完美主义由此成为他的早期员工认为他如此令人信服的关键因素。按照迪士尼艺术家沃德·金博尔（Ward Kimball）的说法："他是工作室里最会讲故事的人。……（就天赋而言）甚至没有人能够接近他。"[51]

华特还利用《糊涂交响曲》系列作为新动画技术的试验场。特别是，他构思了一项名为"多平面摄影机"的发明，这是一种 14 英尺高的金属装置，可以将不同的彩色玻璃片叠放在一起拍照，从而形成分层图像。[52] 华特对赋予《白雪公主》的森林场景以真实景深很感兴趣，因此他要求他的机械师设计这种装置，以作为向电影提供维度的一种手段。多平面摄影机的第一次使用是在拍摄《糊涂交响曲》系列的短片《老磨坊》(The old mill) 时，摄影机通过分层拍摄，生成了沉浸式的自然场景。这项新技术的效果在拍摄短片的开篇时表现得非常突出——一棵树上闪闪发光的蜘蛛网，背景则是一座虚化的磨坊。

但这些高标准并不是免费实现的。工作室及其创始人陷入了财务困境。为了继续给《白雪公主》提供资金，华特甚至抵押了"米老鼠"；他的主要贷款方，美国银行，要求华特把他所有卡通短片的知识产权（包括这只传奇"老鼠"）作为抵押，才肯进一步贷款给他的工作室。[53] 尽管华特面临着越来越大的财务难题，或者说是他的贷款方对他缺乏信心，但在电影制作过程中他并没有表现出太多的烦恼。正如他后来在一次采访中所说的那样："我们把家庭财产，我们拥有的一切，都用在了《白雪公主》的身上。事实上，我认为银行家比我更睡不着觉。"[54]

然而，有一个和华特关系密切的人可能会更睡不着觉，那就是他的哥哥罗伊。罗伊职业生涯的作用最终是，针对工作室长期危险的财务状况对抗华特，控制他兄弟的冲动风格留下的烂摊子，并为成长中的公司提供一种组织结构支撑。1966 年华特死于肺癌后，罗伊接管了迪士尼帝国，令其更接近我们今天所认识的这家巨头公司。早期的内部人士把他描述为一个唱反调者，一个"典型的、吝啬的、马基雅维利式的商人"，唯有他才可以指望推翻工作室的许多创意观念。罗伊和华特之间有一种在工作室里玩有趣的猫捉老鼠游戏的倾向。老板不在的时候，罗伊会潜入华特的动画师办公室，恳求他们降低成本，紧接其后便是华特试图当场抓住他哥哥，把他给踢出去。[55]

但到了 1937 年 12 月，与即将上映的《白雪公主》相比，对工作室的管理和监督的这些组织层面的担忧，在员工们心目中已无关紧要了。这部片子会失败吗，会不会像大多数好莱坞人预期的那样，成了真正的"迪士尼的荒唐事"？抑或它会是一部全新的、具有启示性的艺术作品，会创造出一种全新的电影类型？

华特，作为站在剧院里的"第八个小矮人"，最初焦虑不已。不过当电影达到情感高潮，白雪公主紧张不安地躺在那里，身边围着一群脸色忧郁的小矮人时，他周围的真实生活场景舒缓了他的担忧。华特听到了在座观众的哭泣声。

评论界对这部电影的反应可以说赞不绝口。《新共和》杂志宣布它是"这个国家真正的艺术成就"之一；《纽约时报》将其视为从 20 世纪 30 年代末正在军事化的世界的一种极受欢迎的逃离，将其描述为："……犯罪正在发生，仇恨正被煽动，暴乱正在酝酿……在迪士尼开始施展魔咒并且魔法奏效之时，这个世界消失了。"[56]令华特更为满意的是，世界各地的普通观众们都被电影所激起的各种情感深深触动，从不祥的森林场景中的恐怖景象，到小矮人唱着"嘿嗬"时的欢乐，再到白雪公主假死时的悲伤。[57]这部电影一直保持着销售纪录，直到 1939 年《乱世佳人》上映。[58]华特因《白雪公主》，再加上象征着同名小矮人的七个小人偶，而获得了奥斯卡终身成就奖，因为他实现了"一项令数百万人着迷的重大银幕创新，并为动画电影开创了一个伟大的新娱乐领域"。[59]

华特通过他的远大抱负再次改变了娱乐世界。

扩张、不平等与冷漠

从《白雪公主》发行所获得的意外之财，偿还华特的债务绰绰有余，也使"米老鼠"摆脱了被美国银行控制的阴影。这部电影从全世界带来了 800 多万美元的收益，华特现在可以为他的工作室投资了。[60]

《白雪公主》的片子是在亥伯龙（Hyperion）制作的。这是一座以它所在的街道命名的不起眼的单层建筑，外墙用灰泥粉刷。[61] 对于一个正在竭力永久性地进军电影行业，并且每年都有两到三部故事长片的惊人目标产量的著名工作室来说，必须从头开始建造一个更适合的综合设施。[62] 于是，1938 年底在伯班克（Burbank），一个占地 51 英亩 ① 的新园区开始施工了。[63]

新园区的动画大楼设计得尽可能干净和高效：一套定制的湿度控制系统避免了艺术家的画作被弄污或开裂，而密封窗则阻挡了粉尘颗粒进入室内。[64] 由于同样的原因，地毯和窗帘一概不得使用；每个艺术家的办公室都有一扇朝北的窗户，可以提供不炫目的光线。[65] 为了保证绘画颜料黏度的最佳状态，室内温度将维持在华氏 74 至 78 度（约 23.3 至 25.6 摄氏度）之间。[66] 此外，动画大楼还建造了健身房、按摩室、理发室和蒸汽室各一间[67]，尽管一些艺术家最初无法使用其中的一些设施[68]。《白雪公主》影片取得了成功，但美国银行对迪士尼工作室的财务前景仍然持有怀疑态度。它最终还是提高了华特的信用额度，但坚

---

① 1 英亩相当于约 0.404 7 公顷。——编辑注

持要求，如果工作室倒闭了，新建的动画大楼要可以轻轻松松地改建成医院。[69]

华特的所谓管理"共产主义"的各个方面都保持了完整。例如，他安排了一名穿制服的工作人员昼夜 24 小时地为艺术家送去事先备好的餐饮。[70]在伯班克施工期间，一名员工走进华特的办公室时，发现老板正在拆卸他的椅子，试图为他的动画师们设计一把更舒适的椅子。[71]

不过，当像《匹诺曹》这样的新电影诞生在伯班克，并令爱慕的公众交口称赞，工作室的发展也永远改变了它的文化。新的伯班克设施现在能容纳 1 000 多人，没有亥伯龙旧址那种"摇摇欲坠的居家感觉"。[72]不出所料，华特竭力要与他的员工维持过去那样的关系。[73]

虽然华特一直很难共事——他对工作室所有创作过程的执着控制对其早期的成功至关重要——但伯班克的低层级艺术家和技术人员并没有像亥伯龙的老兵那样，清楚地看到他反复无常的行为带来的运营回报，或是喜欢上他的个人魅力。与之不同的是，他们看到的这个领导者既事必躬亲又拒人千里之外，既笑容可掬又专横跋扈，这最终形成一股力量使华特与他们保持着距离。

新的伯班克动画大楼的布局无助于纾解人们对华特领导作风的感知。他的私人办公室现在与工作室的制作区位于完全不同的楼层上。迪士尼的传记作者尼尔·加布勒说，他也停止了与员工间的社交活动，他的公众名声已经达到了顶峰，他不知道别人真正"想从他那里得到"什么。[74]无论怎样，他在一个有 1 000 人的公司里的行为和关系，永远都不可能和只有 30 个员工的时候一样。奇怪的是，现在，务实的罗伊倒更有可能在伯班克井然有序的走廊里与工作室的工作人员打成一片。[75]

在"后《白雪公主》时代"的迪士尼的新环境中，没有什么能比伯班克的看门人角色更能反映这种日益冷淡的动态了。这个穿制服的雇员不仅担任着办公室警卫的职责，还成了岗哨，向员工们提醒华特的心情。如果老板到来时样子看上去很暴躁——也许只是皱着眉头，或者对"早上好"的愉快问候没有任何回应——门卫会传递一个信息，那就是华特穿着"熊皮西装"，提醒员工们当天避免和他们传奇式的老板交流。[76]

华特的资深动画师，他的"老人"[77]，此时得到了按行业标准算是很好的酬劳——足以负担多辆汽车以及配住家佣人的豪宅[78]——但对支持他们工作的大多数员工们来说则未见得如此。一些所谓的"墨水女孩"（女助理美术师）、设备技术员和初级动画师的收入，比失业救济金还要少。[79]与《白雪公主》时代的"老人"不同，这些员工不愿意在没有加班费的情况下通宵达旦地工作，却急切地想要得到像其他大型工作室那样的标准薪酬结构。

不过，华特建立了自己的一套奖励制度。尽管他很少称赞艺术家的工作，但他确实会为他所认可的创造性贡献给予报酬。例如，华特会因故事作者写进故事的每一个"插科打诨"，一次性给他们几美元的奖金。[80]这是一种随意的精英管理方式。华特的施舍没有什么常性，依赖于他对业绩的偶尔扭曲的感知，所以许多员工都认为这种做法完全不公正。有时他会因为改进一项制作流程而给某些员工发放奖金，但几个月后才发现，得到奖金的那些人实际上竟然是些**反对**改变制作流程的家伙。[81]

同样的专断行为在伯班克的工作室也在上演，只是现在发放的是股票，而不是小额奖金而已。1940年，华特和罗伊将公司上市以筹集资金，并为工作室的员工划定了一部分股权。[82]不过，股权仅仅取决于华特的判断，当一些员工得到了股票，而另一些员工却一无所得时，结果便是不同层级之间的嫉妒和愤怒。[83]

而华特仍然不愿意将员工列入电影摄制人员名单——继续背离承认普通员工贡献的行业规范。[84] 大多数迪士尼员工都完全感受不到推动《白雪公主》制作时的令人陶醉的创造性狂热。对他们来说，华特的风格，尤其是他拒绝将低级别员工列入摄制人员名单（从而损害了他们潜在的就业前景），是不可接受的。

然而到了 1941 年，除了这些机制上的摩擦，华特内心发生了一些更深刻的变化。在此之前，他的发展轨迹遵循了一个一致的模式：从一个突破性的成功迅速转到另一个突破性的成功，从为动画片配音，到采用全彩动画，再到开发世界上第一部动画故事长片。对于一个不断开拓新的娱乐领域、没有耐心面对冷冰冰的组织的人来说，一种适于制造更多的同质化产品的企业氛围是极其枯燥乏味的。这对他的"老人们"来说是显而易见的。其中一位"老人"回忆到，华特曾经那么具有感染力的热情，已基本消失了。[85]

伯班克的门卫越来越频繁地发出警告："老板穿着熊皮西装。"

背叛

1941 年 5 月 28 日，华特的办公室日记中写着一个简单的条目："罢工——早上 6 点钟——就在今天。"[86]

那天早上，伯班克园区的金属大门被一大群造反的员工给围了起来。罢工者举着抗议的标语牌，这些牌子利用了他们相当高超的技能——米奇、唐老鸭和杰明尼蟋蟀（Jiminy Cricket）的愤怒形象，在他们的创造者乘车经过他们去上班时，对他怒目而视。其中一块牌子上有一幅真人大小的米奇画像，愤怒地指着画室的方向，米奇手里也拿着一块标语牌："迪士尼老爹对他的艺术家们不公平。"

一进办公室，华特像往常一样忙活起来——表面看来比大多数人近期见到他时都要快乐。但到了下午，他便在办公室里来回地踱起步来，面前摆放着那天早上他下令拍摄的罢工者个人的照片，他抽着万宝路烟，嘴里咕哝着："我还以为他不会反对我呢！这个杂种。"[87]"没有他我们也没问题。"[88]所有人加在一起，多达 700 名员工，其中大多是初级美术师和技术人员，包围了他的工作室，要求承认他们的工会，这直接地威胁到了迪士尼的良好声誉和热情的公众形象。[89]

起初，他被支持工会的走廊流言给激怒了，所以他解雇了那些似乎在散布流言的员工。[90]为了避免罢工，他做出了最后一搏，在 1941 年 2 月向全公司发表了两次长达近三小时之久的露骨的演讲，试图劝告工作室的员工们避开工会化的危险。对于许多迪士尼员工来说，这是他们亲眼见到华特讲话最久的两次。

他把全体员工聚集在伯班克的礼堂里，开了一个关于他的律师让他说什么话的玩笑之后，用一种表现其自我意识的语气开始说："我对卡通媒介有着固执的、盲目的信心。……决心向怀疑者显示动画配得上一个更好的地位。它不仅仅是其他节目的某种'填充物'，也不仅仅是一种新鲜玩意儿，它可以成为业已发展起来的奇幻艺术和娱乐中最伟大的媒介之一。"[91]

接着，华特的演讲从一件糟心事，跳到另一件糟心事，并对不同的牢骚加以反驳。他为自己的冷漠辩解，说他不喜欢在工作室里"跟任何人太亲近"，因为他认为这会对他的员工的士气造成"危险和不公平"，而且他也不会允许员工中的"马屁精"获得优势。[92]尽管华特承认大多数员工的工资都很低，但他声称这主要是因为持续的财务困难，并指出他本人的薪水已经减了 75%。[93]他还否认工作室存在着阶层分化现象，并补充说，现在，伯班克所有的娱乐设施都向每位员工开放了。

这两次演讲可能发生于华特在"后《白雪公主》时代"的职业生涯中最具挑战性的时刻之一。虽然在深入观众情感核心方面无与伦比，华特对成百上千名员工却非常缺乏感同身受的能力，而这些员工现在对他工作室的成功恰恰至关重要。他2月份发言的讲稿后来删除的部分，他很难大声说出口；他试图亲自上阵讨好并向伯班克的全体员工解释自己的动机，这反映出他是多么地想把他们留下继续工作。

他不会让自己看起来像是在道歉，因为他不是在道歉。华特在贫困中长大，白手起家，为了这种艺术形式，他经常把自己置于财务困境之中，因此他把员工的不满归因于他们固有的个人弱点。他愿意承认，作为他们的老板，他曾冷漠而没条理，但他不能容忍不忠诚，尤其是那些他为之提供——不，是创造了——工作的人的不忠诚。在他看来，为他工作不是一个饭碗，而是一种特权，威胁要动员起来反对他，是一种出格的背叛。因此，他讲话中谦逊的家长式语气，混合着施惠者的屈尊俯就口气。"我对你们很多人的第一个建议是，"他责备道，"先把你们自己的事情做好。……如果你不像你应该的那样进步，不要抱怨和咆哮，而是去做些什么。……太多人喜欢自怜自哀。……别忘了——强者幸存，弱者淘汰，这是宇宙的法则，我他妈给不了理想主义计划瞎掰的，没有什么能改变这个。"[94]

当华特意识到自己正在失去听众时，他开始做出惩罚性的威胁，包括禁止支持工会的员工在他的游泳池里游泳。[95]总体来说，他希望逆向愈合工作室内部分歧的大胆尝试失败了，员工的消极反应使一家报纸声称，华特的演讲事与愿违地促使了他的员工集结起来成立工会。[96]华特最终解雇了同情工会的资深动画师阿特·巴比特，这一事件成了此后毁灭性罢工的最后催化剂。

罢工持续了不到两个月，其和解方案对工作室文化造成了永久性的改变。一种更符合罗伊的组织哲学的结构化和专业性的文化，在伯班克诞生了。这一新标准的显著标志是，终于安装了穿孔打卡考勤机，来跟踪伯班克员工的进进出出。[97]和解方案给迪士尼带来了标准的企业管理制度，这是华特本人曾抵制的。

对华特来说，这是一个极其痛苦的时刻。后来，他写信给一位朋友说，他（在他看来）为自己的员工提供饭碗，结果他们把他给妖魔化了不说，还抛弃了他，这让他深感沮丧和困惑："我愿意牺牲我所拥有的一切。……谎言、扭曲的半真半假的事实，印在了公开印刷品上就不容易遗忘。我被称为'老鼠''黄狗雇主'和'劳工的剥削者'。……最重要的是，我被指控财源滚滚。这点是伤害最大的。……我所拥有的每一件该死的东西都与这个事业有关。……我简直厌恶死了。"[98]

六年后，华特将向美国众议院"非美活动委员会"作证，称这次罢工是针对他的一个左翼大阴谋的一部分。[99]是他让这些摄影师、"墨水女孩"和作家在行业领先的工作条件下就业，渡过了艰难困苦时光。因此，华特深感困惑：他为他们做了那么多，多年来他为他们的职业承受了那么多风险，他们怎么可能反对他呢？对他来说，唯一说得通的解释就是外部的政治操纵。*在华特为自己的工作室的改头换面忧伤不已的同时[100]，他成功地为美国在第二次世界大战中做出的努力制作了宣传片和教育片，其中一部是获得奥斯卡金像奖的《元首的真面目》（*Der Fuehrer's Face*）[101]。

地球上最快乐的地方

具有讽刺意味的是，华特和他的工作室员工之间的精神争执却给世界带来了更大的欢乐。这场丑陋和公开的分道扬镳迫使华特最终创造出

＊　罢工后，他的名声再也没有得到真正恢复。即使在今天，许多人仍然认为华特是恶毒的反犹主义者。加布勒质疑这是否应当，指出了他对犹太慈善机构的捐赠，华特的犹太雇员（其中许多是迪士尼的批评者）如何针对这项指控为他辩护，以及他获得了洛杉矶犹太公民奖。一些人（包括加布勒）的结论是，这些谣言部分是由那些组织反对华特的人传播的。见 Gabler, *Walt Disney: The Triumph of the American Imagination*，pp.455—58。

了后来广为人知的"地球上最快乐的地方"。

　　华特从管理一个运转不灵、人事臃肿的工作室的痛苦经历中推悟出了很多道理，于是在 1952 年 12 月成立了一家他可以完全控制的企业实体。他将其命名为"WED 公司"——取自他全名的首字母——其企业认证信息显示该公司将参与"游乐园的设计……以及具有娱乐节目、娱乐活动和教育性质的其他产品"。[102] WED 也是一家个人独资公司，可以对外授权使用华特的名字。华特亲自从工作室挑选员工为他在 WED 公司工作。

　　约翰·亨奇（John Hench）是那些"被盗走"的人之一，他记得华

华特沉迷于迪士尼乐园设计和建设的方方面面，几乎没有任何细节或决定不在他的考虑范围内——尽管这张图片只是显示他在展示公园建筑的草图，但在最后期限临近时，他还会亲自帮助画出游乐设施。每当华特忙于"激情工程"时，这就是他的自然状态。

（PHOTOGRAPH BY HULTON ARCHIVE/GETTY IMAGES）

特在伯班克他的办公桌旁停下来，对他说："我想要你在迪士尼乐园工作，你会喜欢的。"[103] 亨奇照办了。老工作室的一些人认为华特的新冒险有失鲁莽（尽管罗伊并不完全反对这个主意），因此华特又不得不为自己不断膨胀的成本筹集资金。[104] 他正在重新打造他以往成功的秘诀——一个拥有丰富技能和创意激情的小团队，再加上一个雄心勃勃、史无前例，也可能不切实际的创意愿景。身居这个基本组织构架的顶端，华特可以奋力实现他那古怪的执念了。

他考察了 40 处地点后，在阿纳海姆（Anaheim）选定了一块 160 英亩的土地。[105] 他要求 WED 的设计师让迪士尼乐园的建筑稍微小一些，这样客人就会下意识地感觉此刻的自己比现实生活中的自己更高大。[106] 他亲自上阵，与工人们一起赶工，帮忙给景点喷漆，以便在最后期限到来之前完成任务[107]，他还在饮食帐篷里与他们一起吃热狗[108]。当一个工人建议在一个叫作童话乐园（Story Land）的景点使用"雕花"玻璃而不是更精细的彩色拼花玻璃时，华特抗议道："瞧，能让迪士尼乐园与众不同的……是细节。如果我们失去了细节，我们就失去了一切。"[109] 他很快就习惯了住在公园里——睡在迪士尼乐园主大街消防站楼上的一套带有家具的公寓里，即使在迪士尼乐园向公众开放之后他还住在那里。[110]

在迪士尼乐园的建设过程中，有过许多这样的时刻——单是这就够写一本书了。它们的共同特点是，华特又一次被他所构思的一个宏伟设想所完全吸引，他决心控制细节，并达到至臻至美的状态。WED 的员工们是他为这个项目精选的团队，后来被人们戏称为"幻想工程师"。[111]

不过，只有那么一群人可以告诉华特并且令他信服，他的痴迷是否值得。

于是，在 1955 年 7 月 17 日，华特再次向他们——美国公众——呼吁。数以百万计的美国人在家通过电视观看了美国广播公司（ABC）转播的乐园开幕式，华特现在的形象，已经与他参加 1937 年《白雪公主》在卡塞圆形剧场的首映式时大不相同了，有些人可能还记得当年那一幕。[112]

在摄像机镜头前，他脸上的双下巴开始显现了出来，他的肩膀一直下垂着，显得无精打采。胡子还在，眉毛和他那迷人的微笑都还在——不过，他富有魅力的公众形象已不再是风度翩翩的娱乐业新贵了，而更像是一个和蔼可亲的年老邻居。他现在已经是一个邻里的"华特大叔"了，他将融入美国大众的精神世界里。他很好地化身为这一典型形象，在冷战早期，这位华特大叔所体现的旧时的美国风格是有强大吸引力的。当华特在得到电视转播的迪士尼乐园开幕式上发表演讲时，他那前卫风格的颤抖的声音暴露出了他的心声，华特像往常那样渴望着美国公众：

> 欢迎来到这个快乐之地的所有人。迪士尼乐园就是你的家园。在这里，年长者可以重温过去的美好回忆，在这里，年轻人可以感受未来的挑战和希望。迪士尼乐园致力于曾缔造我们国家的理想、梦想和确凿的事实。……希望它能成为全世界欢乐和灵感的源泉。[113]

这些不朽的话语至今还刻在迪士尼乐园的一块铜牌上，含蓄地请求公园的客人——他最庞大的追随者——成为华特的成就的最终仲裁者。毕竟，他们的观点永远是最重要的。

可可·香奈儿

> 本性平淡无奇。效仿更加有趣。
>
> ——格特鲁德·斯坦（Gertrude Stein），转引自查理·卓别林
> 《我的自传》（My Autobiography）

"带有女人体香的女人香水"

1921 年冬的一个黄昏，在戛纳的一家餐馆里，可可·香奈儿坐在埃内斯特·博（Ernest Beaux）对面。博留着一头深色的精心梳理过的头发，是个英俊的男人。香奈儿身上穿的裙子是她按照自己的身段设计的，穿在她那苗条的身上很是优雅大方。这是一个熟悉的场景——香奈儿经常去法国南部，通常都会有极具魅力的人陪伴左右。对她来说，这样的晚餐既是工作又是玩乐：香奈儿总是在示范和推销一种生活方式，一种可以通过她设计的衣装来获得的生活方式。不过，今晚，她还要发布一款新产品。

这是法国最精英化的度假胜地之一在一年中最繁忙的时节。在两人周围，上流社会的潮流引领者们正在熙熙攘攘地忙碌着，香奈儿的手指小心翼翼地按下了她手中的喷嘴。

80 种不同的香味离开了香水瓶，与地中海的空气融为一体。路过的人可能会停下来想，那是一种什么香味？

这是香奈儿 5 号香水，这种香水将长期位列世界上最受欢迎的香水之一。在 1921 年的那个夜晚，这种香水还没有出售。香奈儿策划了一个阴谋，不动声色地向时尚女性喷洒新型香水，以便为这种新型香味制造轰动。她还邀请了世界上最著名的调香师之一，香奈儿 5 号的发明者，博加入其中。他们成功了：博回忆说，"效果是惊人的。[114] 每当有女人经过我们的桌子，就会停下来闻一闻。我们假装没注意到"。这既不是香奈儿女士的第一次，也不是最后一次，利用社交目的的出游来推广香奈儿品牌——两个香奈儿最终会合二为一。

当时，37 岁的香奈儿是一位著名的时装设计师和女装商人。法国各地的女性都试图模仿她身穿宽松的衣服、裸露着大腿，头戴平顶硬草帽的风格。今天，香奈儿 5 号是标志性的香水，不过在 1920 年，香奈儿要将自己的时装世界与香水世界融合在一起的决定，几乎是史无前例的。

此外，她还希望通过这一前所未有的举措推出一种前所未有的香水，它要比当时常见的有着装饰华丽的瓶子和过于浪漫化的气味的香水，如"地中海桃子"（Mediterranean Peach）或"华尔兹之梦"（Waltz Dream），更加现代。与之不同，她想要的是"一种带着女人体香的女人香水"[115]，而不是一些花香的调制品，后者让人联想到过时的维多利亚时代，她刚刚摆脱了其一层又一层的布料和紧身胸衣。自从一个朋友给了她这种香水的配方以来，她一直都在琢磨这种香水，这至少也有两年的时间了——这种香水据称是凯瑟琳·德·梅迪奇（Catherine de Medici）① 身上携带的。[116]

为了寻找这种难以捉摸的气味，香奈儿聘请了埃内斯特·博，他们的相识是可可的国际化社交生活的结果。20 世纪 20 年代初，俄罗斯大公德米特里·帕夫洛维奇·罗曼诺夫（Grand Duke Dmitri Pavlovich Romanov）是香奈儿的情人。大公靠着可可的补贴生活，他是 1917 年布尔什维克革命后少数流亡在巴黎并靠香奈儿发薪水的几个俄罗斯精英之一。[117]当香奈儿开始考虑制作香水时，德米特里大公把她介绍给了博，博的家族在第一次世界大战前就在为罗曼诺夫家族制作香水。[118]

博正是香奈儿实现她的新型香水愿望所需要的人。他是香水行业的前沿人物，也是世界上最早将醛这种化合物（能增强自然香味的合成成分）加入香水中的人之一。[119]博的任务是将香奈儿神秘而具有开拓性的愿望转化为实际产品。[120]"我想要一种带着女人体香的女人香水，"她说，"一种人造香水。我坚持人造，就像一件衣服是人工制作的一样。我是个时尚手艺人。我不要山谷里的玫瑰或百合花香味，我要的是一种复合型的香水。"[121]

---

① 1547 年至 1559 年期间的法国王后，以残酷闻名，也是时尚引领者，据说开启了法国的香水产业。——编辑注

虽然创造出一种闻起来既要"像女人"又要是"人造"的产品，可能是一项看似很困难的任务，但香奈儿正是那种博想与之共事的人。香奈儿不仅美丽而聪明，还富有而著名。作为一个老板，她的性情可能古怪而苛求，但她彻底改变了女性的时尚。对博而言，加入她的轨道意味着他可能会参与到香水领域的革命中，而且还有可能在这一过程中变得富有。香奈儿有这种吸引力，她也知道这一点，后来她说她以"弥达斯女王"①而闻名。[122]香奈儿此时已成了一种人们很难对她说不的人。

在合作了几周后，博向香奈儿交出了十小瓶香水，标签号是1到5，20到24。她选择了第5号小瓶，她的幸运数字，这种香水今天的名字就来源于此。[123]她选择的香水实际上是博在第一次世界大战毁掉他的生意之前，专门为俄罗斯皇室制作的一种香水的新版本，这种香水混合了花朵之类的自然元素与人造醛。[124]

这种香水从一开始就很畅销，以至于博的生产几乎跟不上趟了。[125]为了寻求帮助，香奈儿在1923年联系了她的一位经营巴黎最大百货公司之一的朋友，泰奥菲勒·巴德尔（Théophile Bader）。这位朋友又把香奈儿介绍给了皮埃尔（Pierre）和保罗·韦尔泰梅（Paul Wertheimer）兄弟，韦尔泰梅家族是当时世界上最大的香水制造商之一。香奈儿坚持要保持对自己时尚业务的完全控制，让韦尔泰梅家族建立了一个新的实体香奈儿香水公司（Parfums Chanel），该公司后来将继续出售香奈儿的其他几十种香水。韦尔泰梅家族为香奈儿香水公司出了全部资金，以换取该公司70%的股份。[126]泰奥菲勒·巴德尔获得20%的股份作为中间人费用，并且还担任分销合作伙伴。香奈儿本人则持有该公司10%的股份，同时负责控制哪种香水可以在香奈儿名下销售。

不管可可·香奈儿的生意状况如何——在她半个世纪的余生里大

---

① 弥达斯（Midas）是希腊传说中一位以巨富著称的国王。——编辑注

落大起——她总是把对创造性的控制放在一切事情的首位。她虽不总是香奈儿公司（House of Chanel）或其旗下各子公司的主要所有者，但她却是这个品牌不可磨灭的精神。[127] 而这种安排恰到好处地适合每个人。例如，韦尔泰梅家族为他们的新公司及其所有产品选用了她的名字，那时香水不是由时装设计师制造的，更不用说以时装设计师的名字命名了。

其他人也坚持把香奈儿放在业务的中心。在 1921 年香奈儿 5 号的第一个广告中，整个场景都是用中性色调绘制的，除了中间一个穿着浅蓝色直筒低腰连衣裙的女人。她的皮肤是桃色的，双颊呈淡淡的粉色，嘴唇是广告中唯一的一点红色。她的头向左上角倾斜，在左角处画了一只矩形香水瓶，香奈儿 5 号。[128] 中间那个光彩夺目的女人无疑就是可可·香奈儿。

这是一个典型的惊艳型广告。无论做什么，香奈儿都会使用聪明、稳健、偶尔带有开创性的商业策略。对香奈儿 5 号也没有什么不同：她创造了一个具有创新性的产品，开展了一场精彩的营销活动，组建了一支伟大的团队，包括世界上最好的香水制作者、最好的经销商和最好的生产商之一。她出售香奈儿 5 号的决定也是一笔好生意——这让她的香水和品牌向更广泛的公众敞开了大门。

值得注意的是，促销香奈儿 5 号的广告，更多是宣传了可可·香奈儿，而不是正在销售中的实际产品。从任何角度看，可可·香奈儿这个人对于可可·香奈儿这个品牌都是不可或缺的。许多领导者示范的是行为，以便使他们的追随者能效仿这种行为，因为领导者确信这些行为是实现某些目标的最佳方式。对香奈儿来说，效仿并不仅仅是一种手段，而且是目的。她示范了一种生活方式，让别人来效仿。她成了人人都想成为的人，这也是所有人——她的投资者、客户、员工和可可自己——所期望的。人们不仅仅是在购买一种产品，他们购买的是一个特定女性的想法，连同一种特定的生活方式，以及与这种生活方式相适应的特定时尚，等等。因此，她的香水广告自然而然就使她成了关注的焦点。女人想要的不是闻起来像香奈儿 5 号，她们想要的是闻起来像可可·香奈儿。

要做好这一点，需要一种自我价值感和对他人的认同感的矛盾结合。如果可可想要每个人都像她一样，她首先需要了解其他人想要什么。香奈儿的领导力的故事，关乎的是历史、人际关系、创意过程，以及使一个女人将自己的个人风格转变成世界各地女人艳羡之物的那些怪癖。

"谁见过可可？"：香奈儿的崛起

在香奈儿去世五年后出版的一本书中，法国作家、外交官、香奈儿的朋友保罗·莫兰德（Paul Morand），披露了他与可可的一系列谈话的记录。其中，她回忆起她自己童年的一些片段："我们到了我姨妈家。……我母亲刚刚去世。我的两个姐妹被送到一个修道院。我，因为最理智，被托付给了那些远房的姨妈。……"[129] 在同一本书的后面部分，莫兰德写道，香奈儿说她的父亲"去了美国"以及"没有回来。……我们再也没有得到他的只言片语"。[130]

香奈儿在此书中和其他大多数地方的回忆都是编造出来的。她从不公开谈论自己的童年，即使是她最亲密的知己也只听到了她希望他们听到的童年版本，而这些版本通常都是虚构的。到了晚年，她甚至为了让她兄弟对她的成长过程保持沉默而给他们支付封口费。[131]

在《法兰西小姐·可可·香奈儿与历史的脉搏》一书中，传记作家朗达·加勒利克（Rhonda Garelick）拼接出了香奈儿成长过程的真实情况。历史书上叫可可的这个女人原名加布丽埃勒·香奈儿（Gabrielle Chanel），1883 年出生——不是像她通常所说的那样出生在奥弗涅

（Auvergne），而是在其西北约 200 英里处的索米尔（Saumur）。[132] 她一贫如洗：她的父亲是个流动小贩，有条件的时候，她那 20 岁的母亲会竭力跟随他在农村四处走村串户，经常找一份厨房女佣或洗衣店的工作干。[133] 加布丽埃勒在六个孩子中排行第二，家里共有三个女孩和三个男孩（她最小的弟弟在六个月大时就死去了）。

加布丽埃勒的母亲死的时候确实很年轻——当时加布丽埃勒才 11 岁——不过，在母亲去世后，香奈儿家的女孩们没有像可可经常声称的那样跟着姨妈过，而是都去了奥巴辛（Aubazine）镇的一家修道院。[134] 加布丽埃勒被丢到修道院后的确再也没见过她父亲，但他没有去过美国。[135]

香奈儿离开奥巴辛修道院后，又做了几年缝纫女工，便和她的姨妈阿德里安娜（Adrienne，她只比加布丽埃勒大一岁，倒是更像姐姐）一起搬到穆兰（Moulins）镇的一个小公寓里。傍晚，加布丽埃勒是当地俱乐部的伴唱歌手，负责招待驻扎在附近的军官。在曲间休息时，她也会自己唱歌，这就是她成为可可的原因——可可是香奈儿从俱乐部的常客那里获得的绰号，他们听她唱流行小调，如《公鸡喔喔啼》（*Ko-Ko-Ri-Ko*）或《谁见过可可？》（*Qui-qu-a-vu-Coco*？）。[136]

其中一位常客是富有的前骑兵军官，艾蒂安·巴尔桑（Étienne Balsan）。大约在 23 岁时，可可就成了巴尔桑的一个姘妇，一名交际花——一种高端妓女，或者说是一个被包养的情妇。在当时的法国精英中，把这样的女性列在他们的薪水单上是很常见的。[137] 对于像可可这样年轻、贫穷、未婚的女性来说，这是一条通往稳定生活的道路。可可发现自己身处一个她总有一天会成为主角的社会圈子：在巴黎相当有名的交际花阶层，而为那个时代引领时尚潮流的正是这个阶层。[138] 香奈儿在巴尔桑的庄园罗亚利欧（Royallieu）住了大约六年的时间，那周围都是些法国的贵族和他们的情人。[139] 白天很悠闲，夜晚都是聚会。巴尔桑把大部分时间花在马匹上，周游全国参加比赛。

香奈儿曾经说过："当我去参观比赛时，我从来不会想到我是在亲身目睹奢华的消亡，19世纪的消逝，和一个时代的终结。"她声称，这是"巴洛克风格的最后波澜，那种华丽的装饰把身材都给吞没了。……女人只不过是用来展示财富、蕾丝、紫貂、龙猫和过于珍贵的材料的由头而已。"[140]

香奈儿苗条、稚气的身材根本不适合这种"巴洛克风格"，而且她对骑马比看马更感兴趣。她不穿蕾丝或龙猫裙，只穿戴一些看起来很优雅但又很实用的服饰，比如传统上只属于男性的骑乘服装，以及为了防风而压低的平顶硬草帽。

来罗亚利欧参加时尚聚会的女人们逐渐欣赏起她的风格来。巴尔桑知道她渴望的不仅仅是交际花的生活，便鼓励香奈儿为朋友们做帽子。这就是可可·香奈儿事业的起点——制作实用而优雅，并且真正适合女性头部的帽子。最终，业务大为增长，使得巴尔桑允许可可把他在巴黎的公寓用作店面和工作室。

大约是香奈儿在罗亚利欧开始小生意期间，她遇到了一个男人，后来被她形容为："我生命中最大的幸运。……他塑造了我，知道如何发挥我的独特之处，并且不惜一切代价。"[141]亚瑟·爱德华·"男孩"卡佩尔（Arthur Edward "Boy" Capel）是一个独立奋斗的爱尔兰贵族，在1908年到1918年期间一直都与可可保持着关系。与巴尔桑的罗亚利欧交往圈子中的大多数男性不同，卡佩尔靠工作谋生。虽然他从家族继承了一笔财富，但他自己也做起了一桩很大的生意。随着可可爱上了这个"男孩"，她进入了一个适合她的自我感知的世界，在这个世界里，懒惰是不受崇拜的。

加之，卡佩尔也支持她。在经济上肯定是这样的，但他还展现了一位关切的导师的坦诚。香奈儿开始赚点小钱后，发生了一个小插曲，她记得当时对卡佩尔说："生意做得很棒。做生意很容易，我唯一需要做的就是开支票。"卡佩尔当时正在负担她的费用，并维持她的银行账户，便告诉她说："哦，那很好。但你还欠着银行的债。……银行之所以贷给你钱，是因为我存了有价证券作为担保。"[142]"男孩"的这一直截了当的回答最初刺痛了她，但不到一年的时间，香奈儿就减少了她的开支，自己也有了偿付能力。卡佩尔对香奈儿的批评其实并非严厉的指责——这是一个建议，因为他把可可当成一个独立自主的女生意人，一个值得支持和给予建议的人。

到了 1910 年，可可已经离开了罗亚利欧，她和"男孩"在巴黎基本上是完全生活在一起了。同年，"男孩"资助香奈儿从巴尔桑的巴黎公寓，搬到她第一个真正的巴黎总部。在坎彭街 21 号（此地距离后来的香奈儿旗舰店仅有几步之遥），香奈儿不再局限于做帽子，她开始做服装了。[143] 1913 年，在卡佩尔的鼓励下[144]，香奈儿在诺曼底的度假胜地多维尔（Deauville）开了第二家店面，他们在那里一起度过了夏天[145]。在第一次世界大战期间，"男孩"还帮助她在西班牙边境附近，比斯开湾的比亚里茨（Biarritz）镇上开了第三个店面——对于有能力逃离这场可怕战争的欧洲人，这里是一个偏远的偷安之地。

卡佩尔帮香奈儿扩大业务，为她的运营提供资金，并为她招了第一批员工，他还将她介绍给了后来有助于她的崛起的社交圈。香奈儿是一位优秀的女商人，但从一开始，她就在不断发展的生意中扮演起一个创意总监的角色——在她后来的职业生涯里，她一直坚持着这个角色。对可可来说，这意味着可以制作她喜欢的服装，而这一点很适合她所生活的时代。"我对我的新职业了解多少？"她曾经这样问自己。和以往一样，她也会自己来回答自己的问题：

一无所知。我甚至不知道还有裁缝这回事。我对我即将在服装业掀起的革命有什么想法吗？什么想法都没有。一个世界即将结束，另一个世界就要诞生。我处在正确的位置；有个机会在召唤，我便抓住了它。我是随着这个新世纪长大的：因此，我成了告诉世人这个世纪的服饰风格的人。所需要的一切就是简约、舒适和整洁：无意中，我提供了所有这些。真正的成功都是必然发生的。[146]

在 20 世纪初，摆脱旧时代的气候已渐渐成熟，此前上层社会女性深受限制，原因不仅在于她们沉重的衣服。香奈儿已经做好了准备，她不仅要创造出女性愿意穿的衣服，而且要展示她们在穿上这些衣服后的生活方式。

棉织物

1914 年，香奈儿告诉纺织品生产商让·罗迪耶（Jean Rodier），她想买下他全部的平针织面料（jersey）库存。他很惊讶，但还是同意了。罗迪耶原本打算把这种低档布料用来做内衣，即使在那时，连男人们也会认为这种布料"太粗糙了"。但当香奈儿要求他生产一种新的机织布料时，他拒绝了，理由是战时物资稀缺，以及他对针织棉布能否做成高级时装出售有怀疑。[147]

香奈儿将证明他错了。1916 年 5 月，巴黎的"风潮时装"（dress of the hour）就是"香奈儿的绣花针织服装"。[148]香奈儿不是第一个发明宽松女装的人，但她却设法把罗迪耶的平针织面料重新定义为奢华面料。[149]许多年后，香奈儿的创意总监卡尔·拉格费尔德（Karl Lagerfeld）更直截了当地描述了她的创新："平针织面料是男人的内衣材料，在那些日子里，它更令人震惊，因为女人不应该知道男人穿内衣。香奈儿居然用它们制作女装。"[150]

对于香奈儿看似不合理的收购而言，这是极佳的下手时机。香奈儿通过直觉先人一步地感知品味的变化，然后再根据自己的直觉迅速采取行动，使自己成了她那个时代的女性代表。这就是她从事业一开始就建立的成功模式。

第一次世界大战加速了已经在颠覆女性时尚的历史力量。在香奈儿之前，"女人们满身上下都是衬料、吊带、紧身胸衣、鲸骨、门襟、假发和胸罩"。[151]有时，衣服如此之臃肿繁琐，以至于需要两个人努力才能穿上。香奈儿回忆道："1914 年……她们（妇女）的臀部、腿上，到处都被捆绑着。……因为她们吃得很多，所以很胖。……她们不想这个样子，所以把自己捆绑了起来。紧身胸衣把脂肪推到了胸口，藏在衣服下面。"[152]层层叠叠带来的不便是常态。

但随着第一次世界大战爆发，情况发生了变化。在整个欧洲，即使是上层社会女性也不得不在丈夫离家的时候去工作。香奈儿所擅长的既实用又优雅的服装因此就成为必需。正如 1931 年《纽约客》(New Yorker) 的一篇文章解释的那样："她把小混混穿的套头毛衣放进里兹（Ritz）酒店，采用了挖掘工人的围巾，使女服务生的白色衣领和袖口变得高雅，让王后穿上了机修工的外衣。"[153]

当香奈儿创造针织服装时——相比前些年精心设计的其他服装，这种面料原本只能做成内衣——她也加强了对一种新的体型的重视。当谈到人体的重新发现时，她毫不掩饰地说："通过发明针织女装，我解放了身体，丢掉了腰部的禁锢，创造了一种新的形体。为了符合这种形体，我所有的顾客，在战争的帮助下，让自己变得苗条了，'苗条得像可可'。女人们为显露她们苗条的身材来找我买衣服。"[154]

到了第一次世界大战快结束的时候，她已经成了一个偶像。正如她比亚里茨分店的一位前雇员回忆的那样："你不得不看着她中午才到达，从她的劳斯莱斯车里出来的还有一个司机和一个男仆。她看上去像个女王。"[155] 她是巴黎、多维尔和比亚里茨镇上的热门人物。但她不仅仅魅力四射，她还是一位成功的企业家。她从巴尔桑公寓里一家简陋的帽子店起步，到现在在法国的三个最时尚的城市里都有精品店。她干得很出色，足以用自己的钱买下一栋别墅，她雇用的员工大约有三百来号人。[156] 她仍然与"男孩"卡佩尔保持着关系，卡佩尔在战争期间成为法国总理乔治·克列孟梭的顾问。在社交上，香奈儿开始与全球的上层人士打成一片。

购买如此多的便宜棉质平针织面料，是香奈儿在第一次世界大战期间做出的众多商业决策之一。这是一个特别值得纪念的决策，因为它的风险如此之大，还因为它如此巧妙地象征着香奈儿在塑造时尚女性新形象方面所起的作用。如果失败了，历史也许不会记得可可。但她成功了，到了 1916 年，香奈儿的套装售价约为 7 000 法郎（相当于今天的 3 700 美元）。[157] 商业模式本身就是基于一种形象。虽然服装的价格通常是基于其材质和工艺的复杂程度，但那些愿意花数千美元去购买一套棉质平针织面料女装的人们，实际上是在花多余价钱购买香奈儿设计所特有的高雅。

香奈儿原本可以满足于成为那个时代最重要的设计师——她当然就是那个时代最重要的设计师。但现代女性需要一个象征，于是香奈儿自然而然就承担起了这个责任。在某些方面她是一个私密的人，例如她生活中没有人知道她成长的真相——而承担起"象征"的角色，意味着她的个人生活、公共生活和职业生活都融合为同一个可可。"我没有抛头露面是因为我需要设计服装，我设计服装是因为我抛头露面了，因为我在过这个世纪的生活，是第一个这样做的人。"她说，"在我之前，女装设计师就像裁缝一样躲在自己商店的后面，而我则过着一种现代的生活，我分享着那些穿我所设计的服装的人的习惯、品味和需求。"[158]

展示的生活

房间很颓废。光滑的地板上覆盖着毛皮[159]，家具上覆盖着精致的装饰，"窗户上奢侈地挂着有点被虫蛀的豹皮"[160]。法国最著名的女演员之一塞西尔·索雷尔（Cécile Sorel）此刻正在塞纳河岸的家中举办晚宴。除了其他名人，巴黎艺术的主要女赞助人米西娅·塞特（Misia Sert）也出席了这次晚宴。

塞特被称为"巴黎女王"，除其他盛誉外，她还因将"俄罗斯芭蕾舞团"①带到了巴黎（新世纪最著名的文化现象），以及成就了文森特·梵高和伊戈尔·斯特拉文斯基等男子的职业生涯而闻名。[161]在索雷尔的晚宴上，米西娅发现自己被一位"留着一头漆黑头发的年轻女子"迷住了，她"浑身上下散发出一种令我无法抗拒的魅力"。[162]安

可可·香奈儿，大约在 1928 年。
（PHOTOGRAPH BY FPG/HUTTON
ARCHIVE/GETTY IMAGES）

---

① 1909 年创办于巴黎，被认为是现代芭蕾之源。——编辑注

静地坐在桌子对面的是可可·香奈儿，她就是她所创造的风格的原型。[163] 她身上穿的那件款式简单、风格优雅的连衣裙，是专为她那健美的 5 英尺 3 英寸身材（她通常体重在 103 到 105 磅① 之间）定制的，刚好露出了一抹她在这个季节呈现出古铜色的皮肤，在 1916 年的这个傍晚，她还穿了一件特别漂亮的外套。

晚餐后，米西娅设法坐在可可旁边，开始了一段长达 30 年之久的友谊。[164] 虽然她们的关系后来会带有残酷的色彩，但却始于大方。聚会快结束时，可可注意到米西娅喜欢她那件"迷人的红色天鹅绒毛皮大衣"，她便脱下来，赠给了米西娅。[165] 塞特回忆道，她那个姿态"非常漂亮，以至于令我痴迷，我甚至除了她什么都不想了"。

对香奈儿来说，这种明显的大方是司空见惯的，因为让巴黎的潮流引领者穿上她的衣服对生意是有益的，况且她还是慷慨地把衣服赠给了合适的人。虽然香奈儿生意中的有些方面可能会保持一种锱铢必较的状态，但她的冲动恰恰相反——"可可"越多，越好。在她后来的职业生涯中，在大型百货公司兴起期间，她因拒绝起诉销售香奈儿仿制品的低端品牌，而遭到了一些时装设计师同行的抵制。[166]

效仿，不是她在坎彭街 31 号的工作室能够要求别人做的。为了让别人效仿，香奈儿是不得不过一种值得别人效仿的生活，这是时装设计师尚未做过的事。正如米西娅在 20 世纪 40 年代所写的那样：

> 如今，时装设计师不仅受到了四面八方的邀请，而且几乎是唯一操办能令人趋之若鹜的奢华派对的人。因此很难想象，香奈儿小姐在战争（第一次世界大战）即将结束，沙龙的大门为她打开时，是获得了多么巨大的特权！当然，这是没有先例的，也许

---

① 1 英尺约为 30.48 厘米，1 磅约为 0.454 千克。——编辑注

是许多巨变的先兆。[167]

　　米西娅·塞特和其他人之所以受到香奈儿的吸引，其原因有很多。米西娅认为香奈儿的魅力、风格和美貌是让她感觉自己"被迷住"的特质。但是，就像人们被香奈儿的风格所吸引一样，反过来说，她也需要像米西娅这样的男男女女们，让她进入一个值得钦佩和效仿的社会场景。根据加勒利克的说法，当可可在索雷尔的晚宴上遇到米西娅时，可可"已经是魅力十足而富有了，她渴望进入艺术圈的最高层次。而米西娅恰恰代表了这个圈子令人眼花缭乱的顶点，是进入这个圈子的机会"。[168]通过米西娅，香奈儿与当时世界上最著名的一些男性，包括芭蕾舞演员迪亚吉列夫（Diaghilev）、作曲家斯特拉文斯基和巴勃罗·毕加索，变

香奈儿与温斯顿·丘吉尔和他的儿子伦道夫（Randolph），
在威斯敏斯特公爵的一处庄园里。
（PHOTOGRAPH BY HULTON ARCHIVE/GETTY IMAGES）

得亲密起来。她以迷住米西娅的同样方式迷住了其中每个男性。[169] 毕加索曾经说过，香奈儿，"比欧洲任何女人都更有理智"。

从直接意义上讲，成为上流社会的一部分对香奈儿的生意很有好处。香奈儿通过她的社交关系，签约为芭蕾舞、戏剧，最终为好莱坞制作服装，她同时渗透到了上流社会和大众文化中。但是在她制作的令人惊叹的漂亮衣服之外，可可·香奈儿这个女人从 1916 年前后到二战爆发之间，一直过着一种东奔西走、跨越国界、衣着讲究和高端波希米亚式的生活。

通常，香奈儿身边总会有个有趣的男人。尽管"男孩"卡佩尔在第一次世界大战后娶了另一个女人，但他和香奈儿一直在来往，直到他1919 年死于车祸。从那时到第二次世界大战结束，香奈儿曾与几个男人交往，其中包括一名流亡的俄罗斯皇室成员（前面提到的罗曼诺夫）、一位作家、一位音乐家、一位欧洲首富和一名纳粹高级间谍。可以肯定的是，她过着奢侈的生活，而不是一成不变的正常生活。这种生活让她的旅行足迹遍布西欧各地，穿梭于晚宴、聚会和官邸之间。即使这样，她一直在制作服装。

这些关系中保持时间最长的是与休·理查德·亚瑟·"本多"格罗夫纳（Hugh Richard Arthur "Bendor" Grosvenor），第二代威斯敏斯特公爵，当时欧洲最富有的人。从 1924 年到 1929 年，可可在公爵的各个庄园里成为引人注目的明星。在这段时间里，香奈儿的设计包括进了羊毛、粗花呢、菱形花纹布和其他受本多启发的东西，就不奇怪了。[170]

公爵的朋友中有温斯顿·丘吉尔。20 世纪 20 年代中期，他在这位公爵位于法国的一处乡间别墅度过了一个周末，之后给妻子写了封信道："著名的可可出现了，我非常喜欢她。本尼（Benny，本多的爱称）遇到过的最能干、最和蔼可亲、个性最坚强的女人。白天，她精力充沛地打猎，晚饭后乘车去巴黎，今天正忙着在无数的时装模特身上试穿和改进服装。"[171]

丘吉尔在写给妻子的信中对香奈儿的评论只是顺带提及，但他的观察是敏锐的。他用一句话概括了香奈儿的生活的基本内容：她一边过着一种有趣、充满活力、富有魅力、充满渴望的生活，同时也花了大量心血来制作漂亮的衣服。如果她不在巴黎，那么她的时装模特儿——女性模特，当可可在她们周围配置衣服，她们得按照要求连续站立几个小时——就得到她那里去。

1930 年，也就是说，她与本多的关系结束后的那一年，香奈儿成功地建立了她的时尚帝国：那年她交纳了 1.2 亿法国法郎的税金，据报道说她在伦敦存有 300 万英镑。她有 2 400 名员工在五个不同的工坊为她工作。[172] 尽管香奈儿有那么多钱，那么多员工，和迷人的生活方式，香奈儿还是继续保持着原来作风，亲力亲为地设计所有服装。正如丘吉尔所注意到的那样，无论她在做其他什么，她总是在工作。

退休

1936 年，紧随席卷欧洲的混乱，法国各地的工人举行罢工。当年 6 月 19 日《纽约时报》的头版有一则来自巴黎的快讯，开头是：

> 加布丽埃勒·香奈儿曾凭借直觉，奠定了自己在时尚界的领先地位，这位著名的服装师如今又以同样的直觉，在法国社会主义浪潮面前采取了大胆行动。她提议将公司转交给员工，而不是与他们就工资和工时达成协议，她说，在目前的经营状况下，她无法保证能够履行诺言。[173]

香奈儿从不按常理出牌，面对罢工，她提出要把整个公司卖给她的员工，但她的员工没有这种资本。结果，香奈儿的商店很快就重新开张了。

不过，不到三年，香奈儿再次关闭了香奈儿公司。而这一次的关闭似乎将是永久性的。1940 年当德国占领法国大部分地区时，可可突然关闭了香奈儿公司，导致 2 500 名员工意外失业。在二战期间可可生活在被纳粹占领的巴黎。为了去里兹酒店的套间，她不得不在酒店前门的一个纳粹标志下面走过，在这段时间里，她和一名纳粹高级情报官员有染。

在战争中期，她还试图利用雅利安化法律从韦尔泰梅兄弟手中夺取对香奈儿香水公司的控制权。[174] 韦尔泰梅兄弟在德国占领之前逃离了法国，搬到纽约城。作为犹太人，这对兄弟被禁止拥有作为法国公司的香奈儿香水。尽管她从原来的交易中致富，但她对自己在以其名字命名的公司中只持有少数股权深怀不满。更令人沮丧的是，韦尔泰梅家族还在没有与她协商的情况下开设了香奈儿香水的美国办事处。不过，香奈儿却输了。这对足智多谋的兄弟，在逃离前就将一位与之关系密切的非犹太人确立为名义所有者，并最终赢得了这场法律纠纷。

在欧洲处于战争期间，香奈儿除了与一名高级纳粹官员过着奢侈的生活外，还参与了一个按尽可能有利于德国的条款与英国媾和的阴谋。根据加勒利克的《法兰西小姐》中的具体叙述，香奈儿甚至还前往柏林就有关计划听取了指示。这种电影情节般的阴谋是不太可能成功的，对于这点，批准这项任务的德国官员肯定也是知道的。该计划代号为"模特的帽子"（Modellhut），在希特勒不知情的情况下获得了德国情报部门首脑的批准。其打算是利用香奈儿与温斯顿·丘吉尔的关系，在纳粹官员海因里希·希姆莱和英国首相之间建立一条秘密渠道。可想而知，因为丘吉尔没有回应香奈儿的接洽，这个计划失败了——丘吉尔甚至都可能根本就没收到香奈儿转给他的信。[175]

当时法国没有人知道"模特的帽子"这一计划，但他们确实知道香奈儿与一名党卫军军官之间的关系。随着法国的解放，其他被指责为"通敌者"的法国妇女面临着公开的羞辱，但香奈儿却避过了经常演化为暴力的羞辱，她于 1944 年逃离法国搬到了瑞士。九年之后她才回来工作。当那一刻到来时，跟她有过交集的所有人最终都欢迎她重返他们的生活：她的员工、韦尔泰梅家族和她的客户。

"只有小姐"

到 1953 年，香奈儿在坎彭街 31 号四楼的工作室已被一层灰尘覆盖。70 岁的可可住在大约 400 英里之外瑞士的豪华酒店和别墅里。她关闭她的时装公司已有 14 个年头了，从法国完全消失的时间也已长达九年之久。

若说第一次世界大战帮助香奈儿打造了香奈儿公司，那么第二次世界大战则让它分崩离析。从 1939 年到 1953 年，她在巴黎的商店只卖香水。[176] 虽然她在旺多姆广场（Place Vendôme）的那家旗舰店一直完好无损，但可可·香奈儿、她的员工和她设计的服装却消失了十多年之久。不过后来她回忆道："在我心里我从来没有退休过。"[177]

香奈儿远远地观察着巴黎的时尚发生了哪些演变，或者说，在她看来，如何倒退了。这位时尚界的女掌门人满腹狐疑[178]，特别关注年轻的男性新贵克里斯汀·迪奥（Christian Dior）的动态[179]。

迪奥在 20 世纪 40 年代后期的颓废设计，是为了向香奈儿试图终结的那个时尚时代表示致敬。迪奥用大蓬裙取代了香奈儿的及膝功能性连衣裙，用紧身胸衣代替了她的雅致腰带，还出售笨重的帽子，而不是让香奈儿在早期一举成功的那种简约型帽子。与香奈儿不同的是，他的时尚并不是为了让人复制。

"这真是一场革命，亲爱的克里斯汀！"《时尚芭莎》（*Harper's*

一款香奈儿套装，大约 1969 年。

(PHOTOGRAPH BY JAMES ANDANSON/ SYGMA VIA GETTY IMAGES)

Bazaar）杂志的总编辑说，"你的衣服看起来很新潮！"[180] 在香奈儿看来，迪奥的设计并没有任何"新潮"之处，不过是几十年前的时尚的最新复制品而已。"他不是在打扮女人，"她说，"他是在装潢女人！"[181] 香奈儿认为自己目睹时尚已衰落成了她所称的"一个笑话"，于是决定重新开启自己的工作室。

在《法兰西小姐》一书中，加勒利克专门刻画了香奈儿的员工在可可卷土重来时的反应。尽管 14 年前他们被突然解雇了，但香奈儿的员工却无法抗拒她。"我们都非常兴奋！"玛农·利茹尔（Manon Ligeour）说，她 13 岁时就开始为香奈儿工作了。露西夫人（Madame Lucie），香奈儿战前的领班，在香奈儿关闭店门后的几年里，原本已与其他前雇员一起开了一家自己的商店。甚至她也"立刻抓住机会回到了可可身边，把自己的店面关掉了"。[182]

香奈儿从世界和她周围人那里吸取了灵感。但工作室才是她真正做出令她大放异彩的事业的地方，她工作十分努力。《纽约客》在第二次世界大战前的一篇文章中回忆道，"每年"香奈儿都"不仅要打败她的竞争对手，还要打败她自己——后者要难得多"。[183]

早些时候，她重新设想过套头毛衣，仅仅是简单地把男式套头衫从中间剪开，然后在上面钉上纽扣而已。后来，她利用在法国里维埃拉（Riviera）乘坐游艇的空隙，加上了服装首饰："用巴洛克风格宝石制成的长项链……如此一来，威尼斯和拜占庭的影响并驾齐驱，再加上威斯敏斯特公爵的英国和迪米特里大公的俄罗斯。"[184]她让珍珠深受欢迎——正是她脖子上所戴的——还创造了"黑色小连衣裙"。在她这样做之前，黑色甚至根本不流行。她曾经说："我强行推广了黑色；至今黑色还很盛行，因为黑色会把周围的一切都比下去。"[185]"香奈儿套装"（Chanel Suit）是现代女装的典范，它从膝盖正上方剪下，也是首度将外套上的纽扣扣在真实纽扣孔里。此外，她使得粗花呢和平针织面料成了宠儿，使双色鞋变得时尚起来，使简约、宽松的服装成了标志。

她完全发挥了她的创造力，因为相比她生活的任何其他方面，她把主要精力用于待在工作室里工作，亲力亲为制作衣服和配饰（并且指导其他人这样做）。旅居结束，从瑞士流亡归来后，可可主要住在她巴黎的两个家里。她位于坎彭街31号三楼的公寓，和街对面里兹酒店的套房，都令她在身体上与时装商店保持着密切的联系。

坎彭街31号的那栋楼被分成了四层。一楼用来销售产品。二楼大部分空置，用来展示时装。香奈儿的公寓位于三楼，该层的其他空间用来办公。香奈儿的设计工作室在四楼。一位香奈儿模特回忆，在这里，

"熟练工人将丝绸镶嵌上成百上千颗小珍珠和水钻珠，将手工制作的蕾丝镶板拼成雪纺，（以及）用细不可见的针脚，对准定做的小巧纽扣孔缝上纽扣"。[186]

香奈儿的工作室里存在一种等级制度，可可位于最顶层。[187] 最底层的是学徒或女裁缝，他们渴望达到高级水平。香奈儿的得力助手，工作室领班，是第二把手，负责监督裁缝和模特等人。但香奈儿才是至高无上的。香奈儿说："在其他地方，他们允许有 50 位领班和副领班。在我这里，只有'小姐'。"[188]

每当香奈儿要去工作室时，女裁缝都会接到通知。通常是在下午，电话响了，发出了警报声。一名员工在门前喷洒香奈儿 5 号，其他员工则排起队来迎接可可的到来。在穿过她自己制造的香水的迷雾之后，她那些打扮酷似的员工们——根据要求，员工们统一身穿香奈儿制服（"同样的

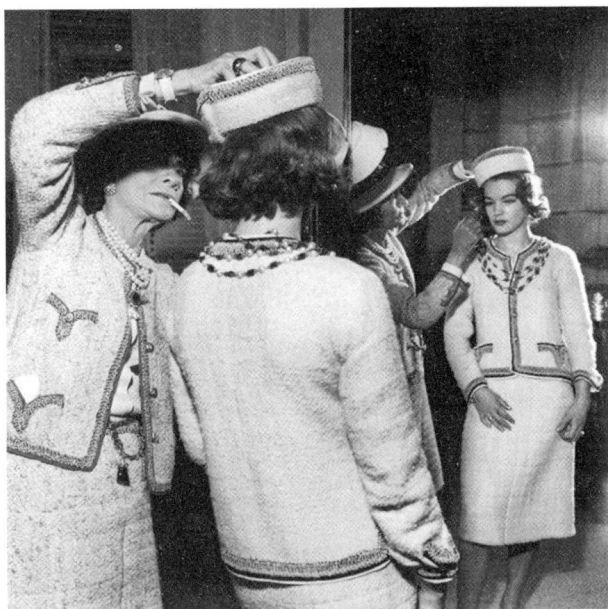

可可·香奈儿在她的工作室里工作，大约在 1960 年。
（PHOTOGRAPH BY BOTTI/GAMMA-KEYSTONE VIA GETTY IMAGES）

白色衬衫、米色和黑色相间的香奈儿鞋，以及蓝色或黑色套装"）——如果不符合她的标准，可能会被从队列里叫出来，甚至被解雇。[189]

香奈儿的模特，奥迪勒·德·克罗伊（Odile de Croy）公主在接受采访时告诉加勒利克："我经常模仿她。……我可能根本就不会穿不属于香奈儿风格的衣服。"[190]此外，香奈儿也期望她的员工像她的顾客一样，忠于可可·香奈儿的"理念"——每一款衣服的设计都要她满意。她后来告诉她的朋友保罗·莫兰德："'不要出售这件衣服，'我有时会告诉我的员工，'因为它不是我设计的。'"[191]

香奈儿从未接受过时装设计方面的正式培训，她认为"没人可以在纸上或在裁剪台上，或从其他任何途径分辨出一件衣服会是什么样子，唯一的办法是根据它要采用的材料"。她在制作衣服时从不使用素描。与之不同，她要求一位高级设计师拿出一种"粗糙的轮廓"，并将设计图别在时装模特身上，让她们一站就是长达数小时的时间。还有一个例子，她向身后的一个女裁缝扔出一个发夹，沙哑着嗓子喊道："我就算是用这个把布料别在一起也比你缝的效果好！"[192]

在工作室里度过的日子与香奈儿其他时间奢华的生活完全相反。有时她连续站着工作九个小时，一刻也没坐下过，在模特身上别衣料，指导裁缝，当着她们的面把她们的设计图撕个粉碎，如果设计达不到她的标准的话。[193]安·蒙哥马利（Ann Montgomery）是香奈儿在20世纪50年代复出后的模特，她回忆说："很难忍受小屋里的单调乏味的日常工作。"[194]

虽然作为一个老板，她有时可谓慷慨大方——在人生的早期，她让各种各样的员工在自己和情人的庄园里度假[195]——但她也很残忍，难以捉摸。她经常选择喜欢的人，然后再让她的员工互相竞争。她让模特们一站就是几个小时，批评员工的外貌，散布谣言，并限制员工可以与她讨论的内容。"我这个人从不轻率。我有老板的灵魂。我对一切都很认真。"香奈儿曾如是说。[196]然而她也专横无礼：可可要求员工们按照她的时间发挥作用。如果她在最后一分钟决定了什么，或是即兴独白几个小时，员工们都得留下来倾听。"她让人筋疲力尽。"造型师兼助理丽露·马昆德（Lilou Marquand）回忆道。[197]

然而，当香奈儿召唤她的员工回到落满灰尘的四楼工作室时，他们来了。1954 年 2 月的头几天几夜，即香奈儿 15 年来的第一场时装秀之前，几个经过精心挑选的员工和几个模特，跟香奈儿一起通宵达旦地待在工作室里。可可亲自检查每一件衣服，她这一丝不苟的做派即使在她年老的时候也一直保持着。几个漫长的整晚，她的时装模特会

> ……表现出应征者般的顺从。她们不得不忍受着无休无止的穿穿脱脱，还一句怨言也不说。她们太了解香奈儿了，香奈儿对她们的抗议是充耳不闻的，对她们和裁缝的疲劳也是不予理睬。香奈儿一次又一次地解开一件外套，剪去袖孔的缝线，然后用别针一点一点地重新别起来，她做的所有这些都是被一种近乎恶魔般的冲动给缠住了的结果。她自始至终都会对一切事物表现得绝对漠不关心，唯一关注的是创造过程，一个通向完美的过程。[198]

1954 年 2 月 5 日，她的第一场服装秀是灾难性的。《世界报》（Le Monde）的一篇评论写道："天哪，也太丑了吧！"但是大西洋彼岸的《纽约时报》声称："香奈儿的精神经由创造即将到来的秋季款式而广为人知。"[199] 她的设计理念恰好符合了美国女性的需求：休闲型和实用型的服装。

皮埃尔·韦尔泰梅在 2 月 5 日的服装秀后面见了香奈儿。这是一次看似奇怪的拜访，因为在第二次世界大战期间，香奈儿曾为控制香奈儿香水而与他争斗过。不知怎的，两人竟然冰释前嫌了。"我想继续下去……并要赢得比赛。"[200] 香奈儿在首秀失败后这样对韦尔泰梅说。他

相信她会赢的。1954 年 5 月 24 日，他提出买断香奈儿的标志、她的时装店和她所有的一切。作为回报，他将支付香奈儿余生的所有开支，而可可将保留完全的创意控制权。

虽然以一张空头支票提供的经济安全性可能是她晚年要考虑的一个因素，但更关键的是，这笔交易符合可可的头等大事。她的生活方式很重要，但她需要控制以她名义创造的东西。香奈儿接受了这笔交易，并且一直都在做衣服，直到 1971 年去世。

诱惑

1946 年，群山环绕的瑞士寒风刺骨，圣莫里茨酒店（St. Moritz Hotel）里却灯火辉煌，在那里香奈儿向保罗·莫兰德讲述了她自己的人生故事。在夜谈之后，莫兰德记录了香奈儿所说的一切。莫兰德在香奈儿死后把这些笔记整理成一本书，取名为《香奈儿的诱惑》（ *The Allure of Chanel* ）。

这是一部很特别的作品，虽说书中的内容是由莫兰德的一系列回忆构成的，用的却是香奈儿的口吻。"书里没有我写的东西，"他在引言中写道，"全是坟墓那边的一个鬼魂干的。这个鬼魂在不停地狂奔，那是她的正常节奏。诱惑，是地地道道的诱惑。"[201]

可可·香奈儿去世半个世纪后，如同那家她在 1910 年作为一家帽子店创办的著名公司的醒目标志，她似乎依然活着。香奈儿精品店是以她在里兹酒店的套房为蓝本打造的，珠宝和香水则是以她的形象为基础创造的，女人们仍然效仿她的外表和风格——虽然有些不明就里——穿着她设计的黑色小连衣裙和合身的套装。

"我会成为一个非常糟糕的死人，"莫兰德这样写道，以香奈儿的口吻结束他的书，"因为我一旦被埋在下面，就会变得焦躁不安，我只想回到地面上来，然后再一切重新开始。"[202]

企业家精神与自我

要理解企业家，首先要理解少年犯的心理。

——亚伯拉罕·扎莱兹尼克（Abraham Zaleznik）

那位此前无人知晓的铁路开发者从合同中获得了"完整、完全、不受干扰、不受约束和不受限制的控制权与监督权，不受本合同其他各方的阻碍和妨碍……"[203]这个合同十分极端，即使与美国强大的铁路巨头们为人熟知的咄咄逼人策略相比，也是如此，因为这里的"本合同其他各方"是这个未来巨头的妻子和两个女儿。

1948年，华特·迪士尼这位毕生的铁路爱好者，要求他的律师起草文件设立虚构的"华特·迪士尼 R. R. 公司"，然后有了这份搞笑的合同。[204]他想通过这种不同寻常的方式，说服家人允许他在加利福尼亚州霍姆比山（Holmby Hills）的新家修建一条可实际使用的铁路。

就像对他如此热情地关心的其他事情一样，华特迅速地把精力投入最要紧的细节中。[205]火车头是按"中央太平洋铁路"173号机车仿制的。华特学会了如何使用金属板料，这样他就可以亲自建造它的前照灯和烟囱了，他还让人把19世纪80年代的报纸按比例缩小后，放在每节车厢的报纸架上。他炸开了一条90英尺长的弯曲隧道使之进入他的地产范围，令这趟旅程更加有趣，他还要求他的秘书保护他不受项目成本的影响，以确保他仅仅关注体验的质量。最终的结果是建成了一条完美的八分之一比例大小的蒸汽机车铁路模型，并将其命名为"卡罗伍德-太平洋"铁路，在华特位于卡罗伍德大道（Carolwood Drive）的住宅周围不停喧嚣。他喜欢"穿上工作服，戴上机师帽子，接送女儿的朋友或鸡尾酒会上的客人。……"

不论是迪士尼为在家待客而走这种彻底的极端，还是香奈儿朝完完全全的陌生人喷洒香水来判断他们的反应，这两位创始人都在成名的道路上做过我们大多数人会觉得奇怪的事。不过我们经常发现他们的行为很有趣，而不是对其产生反感。两位创始人都很古怪，但是他们富有创造性和强迫性的完美主义，是其个性的积极一面，而这种个性也可能会同等专断。

部分因为迪士尼和香奈儿两人都是非常独特的个人，他们都给至今仍以他们的名字命名的品牌留下了不可磨灭的印记。因此，人们很容易把他们公司的成功归因于创始人的能力或资源。事实上，像许多其他成功的创始人一样，他们只是拥有足够的洞察力和能量去击倒第一块多米诺骨牌，继而幸运地触发了连锁效应。

香奈儿脱颖而出的时候，女人们正被束缚在不舒服的紧身胸衣里，头上硬顶着 20 磅重的装饰性帽子。[206] 香奈儿自己也承认她的时机是何等幸运："我处在正确的位置；有个机会在召唤，我便抓住了它。我是随着这个新世纪长大的；因此，我成了告诉世人这个世纪的服装风格的人。所需要的一切就是简约、舒适和整洁：无意中，我提供了所有这些。"[207]

虽然可可·香奈儿在正确的时间拥有了正确的洞察力，但要抓住机会，她还是必须制作衣服。从一个非常特别的念头开始——观看赛马的女性更希望像她那样舒适和时尚——她获得了自信去追求雄心勃勃的目标，即让整个社会的女性像她那样去看，去感受。

迪士尼甚至在第一次尝到成功滋味之前，就想改变一代人的娱乐方式。1937 年他在《白雪公主》中取得的突破性成功并不是三年筹划的成果，而是超过十年的动画创新积累的成果。华特在 1923 年制作的电影《爱丽丝梦游仙境》(Alice's Wonderland) 开创了真人表演与动画相融合的先例。1928 年发行的《蒸汽船威利》是第一部将声音与动作同步的动画片。一年后，《骷髅舞》又用以滑稽风格同步声音和动作的一整部动画片来进一步展现了这一成就。1930 年，卡通片《群鱼乱舞》（*Frolicking Fish*）首次引入了现实化的连续动作。两年后，《花与树》（*Flowers and Trees*）作为他的第一部彩色动画发行，而他在 1937 年发行的《老磨坊》影片里则第一次使用了革命性的多平面摄影机。

回顾过去，迪士尼在令他名声大振的为期三年的项目启动之前，就已经在铺设技术路线。但它也揭示了一个雄心勃勃和顽皮的艺术家，是如何在动画制作已成熟到利用色彩和声音的奇迹来改头换面的时刻，异军突起。关键可不仅仅是运气有其作用，尽管事实可能如此。我们也有一种天生的偏见，认为最终成功的东西，就是成功的"正确"公式。然而，这种归因在构建这种公式时忽视了背景和机会所起的作用，也不可能考虑到成千上万志在成为美术师和动画师，却未受传记作者关注者的教训。

当然，通过运气、技巧和持之以恒，迪士尼和香奈儿都在各自的突破时刻后突飞猛进。对于迪士尼来说，突破时刻是《白雪公主》，而对于香奈儿来说，则是她在第一次世界大战中和之后的一系列成功。对于这些成功的创始人来说，当大量的公司决策日积月累突破临界点，成长的阶段就一定会到来。此时，创造性和创新性的天才必须学会依靠他人来维持愿景，尽管创始人可能会自然地或许也不无道理地认定，他或她的判断对于公司的成功是必不可少的。

迪士尼和香奈儿都陷入了这种"创始人困境"（Founder's Dilemma），最终决定把他们的大部分时间和精力用于制造具体产品，而不是管理一家公司。华特把大部分日常事务都委托给了他的哥哥罗伊。尽管香奈儿在第二次世界大战期间曾为公司的控制权而战，但她最终还是把自己的生意让予韦尔泰梅家族。与待在董事会会议室相比，这类企业家在工作室、车库、车间或实验室中可能会更快乐些，正如我们的两位创始人显然是把专注于卓越创造力置于其他一切之上。

例如，迪士尼最成功的项目《白雪公主》和迪士尼乐园，突显了华特在关键工作当中的核心作用，他对细节的微观管理到了极致的程度。香奈儿过着光彩夺目的生活，但她的另一面却是流血的手指和在她工作室里的长时间工作，那里的人们对她的印象就是专横。最后，两位创始人对卓越创造力的承诺意味着，为迪士尼或香奈儿工作，就有机会颠覆自己的行业，并创立一些新的和持久的东西。但日复一日，推动每个公司的卓越创造力的能量，同样可能会让人感受到烦躁、困惑和彻头彻尾的羞辱。

虽然香奈儿和迪士尼是创业型领导力的典型案例，我们也可以通过对时机的把握和他们的创造能力的背景来较好理解他们的成功，但我们仍然对他们通常粗暴的个性所具有的吸引力感到困惑。的确，他们的领导作风的现实情形，并不是我们想要教授或模仿的。

不过，虽然这两位领导者可能无法很好教会我们如何去领导，但他们确实为我们追随他人的原因提供了教训。迪士尼和香奈儿都把人视为实现他们目标的手段。二位都不是天生的无情无义之人，但他们最终更关心的是产品，而不是他们的员工。这场领导力当中的经典斗争，在军队中被称为"我们的使命还是我们的人"何者至上的两难境地。对于迪士尼和香奈儿来说，他们的公司只是创造他们想要的东西的一个手段，或者说工具。但是最终，他们的追随者大体还是愿意忍受这一点。

如果你想在 20 世纪早期颠覆女性时尚，为香奈儿工作就是你的最佳选择。同样，如果你想颠覆大众娱乐，你最终会为那个不切实际的创意大师工作，他会为最困难的细节而苦恼，只为确保他的铁路模型令客人觉得有趣。如果你选择为迪士尼工作，你可能也会因为工资而罢工，其结果是你的老板可能因此而给你颜色。

我们似乎愿意追随那些把使命放在首位的领导者，因为我们都会权衡，而生活却很少是简单或理想化的。我们希望在工作中感到快乐，但运动员也希望获胜，士兵希望在战斗中幸存，商人希望发达。这么说并不是为了给那些个性刻薄的成功领导者找借口。仅仅是说，对未来怀有一个令人信服的愿景的领导者，并不都有友好的个性。当被迫选择时，我们有时会认为领导者的愿景比他们的领导方式更重要。更广而言之，如果一个领导者正给予我们孜孜以求的东西，我们并不总是关心他们是如何办到的。

第四章　天才

卓越的天才不屑于走旧路。

他探索迄今无人涉足的领域。

——亚伯拉罕·林肯

夏日的阳光刺眼，周边谈话声嘈杂，尽管如此，我还是在专心致志地观看着。投手身体向后摆动，脚趾抵着橡胶垫，然后向本垒板猛扑过去，同时手臂向前抢去，直到从他手中飞出一个 5 盎司 ① 的球体。这个球体的中心是一块软木，软木的外面由一英里长的麻线紧密地缠绕着，其最外面用白色的牛皮缝合。棒球以略高于每小时 90 英里的速度飞驰。

在球离开投手伸出的手大约 55 英尺的地方，一个戴着头盔的击球手以浅蹲的姿势站立，一根 34 英寸长的纽约白蜡树料加工制成的木头球棒，举在他的脑袋后面，他展示出一副准备击球的样子。击球手的眼睛微眯着——他像这样击打过很多次了。

大约 4 秒后，要么是击球手挥棒击中了快速移动的球体，要么是接球手的手套里发出沉闷的撞击声，表明他没有击中球。在球离开投手伸

---

① 1 盎司相当于约 28.35 克。——编辑注

出的手仅仅几英尺，也就是仅仅几分之一秒钟之后，击球手就必须要判断出球的运行轨迹（以及球此刻的任何旋转），并决定挥杆的准确时机——在球还有一半的行程才到达本垒的时候就要开始挥杆，这看起来是不可能完成的挑战。

在这种情况下，回应很迅速，人群中集体发出喘气声，然后一条线腾空而起，又划出弧形越过左场围栏。又一个本垒打。这位强击手绕垒慢慢地跑着，对自己的成绩表现得几乎无动于衷。

我观看着比赛，对这一壮举钦佩不已，这并不是因为我不了解这项运动或击球的动作。我打了很多年的棒球，击球无数次，并且偶尔能击中球。但我从来没有像这样击中球。我永远不能像这样击中球。我参加过这个运动，这意味着我能体会到这项任务的难度，并因此增加了我对精通击球技巧者的敬畏。对我来说，它代表了一种我永远也无法达到——不过可以钦佩——的技能水平。这位 23 岁的球员从未受过大学教育，但我仍然觉得自己见证了一个天才。他赢得了我的尊敬。

我们每个人都有可以发展成专业能力的不同才能，但远远高出它们之上，还存在本质上不同的各类天才。除了有用的天赋，或天生的聪明之外，还有将天才与其他人区分开的掌握惊人技能的才能。在他们的特定领域，无论是在狭义上还是在广义上，天才可以做到我们大多数人做不到的事情。

但这就会让他们成为领导者吗？

天才和领导力的交集，是一个奇特的空间。杰出的哲学观念、科学突破和伟大艺术的情感力量影响着我们的态度和行为，然而，这些突破背后的天才往往是孤立的，且难以为人理解。我们被那些拥有超越我们的才能的男人和女人塑造并激励着，有时候是无意识的和出乎意料的。本章，我们探讨天才和领导力之间是否有任何真切的关联。

为了研究和比较两个显而易见的天才，我们全面考察了一些如雷贯耳的名字——莱昂纳多·达·芬奇、米开朗琪罗、本杰明·富兰克林和约翰·斯图亚特·穆勒——却选择将阿尔伯特·爱因斯坦作为我们对天才和领导力进行探索的落脚点。我们意识到我们必须从这位理论物理学家开始，他的名字尽人皆知，但他的杰出成就和他与我们生活的相关性，却远远超过了民众的认识或理解。年迈的爱因斯坦，头发乱蓬蓬的，小胡子又浓又密，衣着皱巴巴却讨人喜欢，是我们渴望的那类善良大叔。但爱因斯坦在构思当时闻所未闻，现在广为人知的思想实验，以及思考关于时空的抽象概念方面的惊人才能，在他和其他所有人（除极少数有聪慧心智者）之间制造了一条令人生畏的鸿沟。

远为贴近常人，且更加发自人的内心世界的是《西区故事》中的弹指音乐。我们选择将其作曲者、多才多艺的指挥家伦纳德·伯恩斯坦（Leonard Bernstein）——他更作为伦尼（Lenny）而闻名——与爱因斯坦配对，因为尽管伯恩斯坦是一位成就斐然的天才，却似乎太平易近人，太人性化了。他的天赋，由无情的驱动力所激发，堪称不朽，但缺乏理论物理学那种令人费解的神秘性。我们固然十分欣赏伯恩斯坦的天赋，却不知何故，总觉得更有资格去评判它们。

我们尊重天才，但不似尊重财富带来的舒适，或名望给人的地位那样，我们很少贪图天才的天赋。天赋过于难得，我们很少觉得没有它们就是上天不公，所以我们只是好奇和惊讶地关注着它们而已。但有时，这种关注会强化，并对我们产生影响。那么，天才在何时以及如何才能转化为领导力呢？

重点参考书目

- 阿尔布雷希特·福林（Albrecht Fölsing），《阿尔伯特·爱因斯坦：一部传记》（*Albert Einstein: A Biography*），New York: Penguin，1997。

- 沃尔特·艾萨克森（Walter Isaacson），《爱因斯坦：他的人生与宇宙》（*Einstein: His Life and Universe*），New York: Simon & Schuster，2007。
- 约翰·S. 里格登（John S.Rigden），《1905 年的爱因斯坦：伟大的标准》（*Einstein 1905: The Standard of Greatness*），Cambridge，MA: Harvard University Press，2005。
- 汉弗莱·伯顿（Humphrey Burton），《伦纳德·伯恩斯坦》（*Leonard Bernstein*），London: Faber and Faber，1995。
- 艾伦·肖恩（Allen Shawn），《伦纳德·伯恩斯坦：一位美国音乐家》（*Leonard Bernstein: An American Musician*），New Haven，CT: Yale University Press，2016。

阿尔伯特·爱因斯坦

　　成悖论的是，随着时间推移，作为人的爱因斯坦的形象越来越遥远，而作为传说的爱因斯坦的形象却越来越接近人类大众。他们不断了解的他，不是作为一个"宇宙创造者"，他的理论不可能被他们理解，而是作为一个世界公民、一代杰出的精神领袖之一，以及人类精神及其最高愿望的象征。

　　　　　　　　——《纽约时报》，1955 年 4 月 19 日，阿尔伯特·爱因斯坦讣告

　　1924 年，达卡大学①的年轻物理学家萨蒂延德拉·纳特·玻色（Satyendra Nath Bose），主动给阿尔伯特·爱因斯坦写了一封信。他在信中附了一篇刚刚被拒绝发表的论文[1]，请求这位世界上最著名的科学家给予帮助[2]。

　　如果您认为这篇论文值得发表，并能安排发表，我将不胜感激。……虽然我对您来说是完全的陌生人，但我还是毫不犹豫地

---

① 当时在英属印度。现为孟加拉国最大的公立大学。——编辑注

爱因斯坦在他的柏林阁楼书房里，他就是在那里管理威廉皇帝研究所的。
（BPK BILDAGENTUR/ART RESOURCE, NY.）

提出这样的请求。因为我们都是您的学生，虽说只是通过您的文章从您的教导中获益。[3]

在达卡以西五千英里处，爱因斯坦可能是坐在他柏林公寓的阁楼办公室里，读着一封来自他从未谋面的年轻人的信。爱因斯坦的大部分时间都是独自一人待在家里，在他那个杂乱无章的房间里思考着问题，屋里堆满了书籍和论文，墙壁上除了艾萨克·牛顿和迈克尔·法拉第的肖像外，几乎是光秃秃的。[4]虽说爱因斯坦独自一人生活，但他并不孤立，因为在通常情况下，爱因斯坦都在和某个人交谈着。按数量级衡量，他的通信是所有现代科学家中最丰富的，总计包括大约三万封信。[5]

和往常一样，爱因斯坦在收到玻色的信件时非常忙。他正在计划去南美旅行，之前刚结束在欧洲各地的频繁旅行，并刚刚发表了 1921 年诺贝尔奖的领奖演说。他还正在继续研究广义相对论的含义——1919 年，广义相对论得到证实，使他成为国际明星。爱因斯坦完全有理由忽略这封来自半个地球之外的信件，但恰恰相反，他亲笔回复了玻色的来信：

> 我已翻译了你的论文并将其提交……付梓印刷。这是一个重要的进展，我非常喜欢。不过，我认为你对我的论文所持的异议是不正确的。……不过，这并不重要。……这是一个很好的进展。致以友好的问候，你的，A. 爱因斯坦。[6]

爱因斯坦不仅给玻色回了信，还为这位新认识的同人翻译了他被忽视的论文，这样就可以在一本著名的德国期刊上发表了。之后，玻色利用爱因斯坦的回信说服了他的高层机构，为其赞助为期两年的欧洲之旅，这是他多年来一直在为之努力的。

"对于您的鼓励和对我论文的兴趣，我的感激之情无以言表。"玻色于 1925 年 1 月在巴黎如是写道，这次旅行中他与世界上许多最重量级的物理学家都有了合作，"您的第一张'入场券'出现在一个关键时刻，它比其他任何一张都更有力地使我这次欧洲之旅成为可能。"[7] 爱因斯坦邀请玻色进入了一个专家世界，一个网络，在那里，一位才华横溢但又与世隔绝的科学家既可以从一场将跨越大洋和几个世纪的对话中学习，又可以亲身参与这场对话。

他们的书信往来成为 20 世纪物理学史上最富传奇色彩的合作之一。他们两人以合作关系又继续了 30 年的通信往来，这个合作关系比两位通信者存在得还要长久。他们取得了许多进展，其中包括预言了一种在极低温度下才出现的、被称为"玻色-爱因斯坦凝聚态"的物质状态。

1995 年，有两位科学家通过实验证实了这种凝聚的存在，并在 2001 年获得诺贝尔奖——这距玻色写给爱因斯坦第一封信已近 77 年。

尽管他们的书信往来只是爱因斯坦事业的次要部分，但为玻色和其他物理学家在 20 世纪剩余时间的发现设定了一条关键路线。爱因斯坦给玻色的回信并不仅仅是出于善意或同情，尽管在交流过程中他表现出了明显的热情。爱因斯坦看到了这位年轻人的思想中的潜力，他之所以回信，是因为他认为这种合作可能会通往对宇宙的更深层次的理解。爱因斯坦与玻色的接触给了玻色信心，并使这位年轻的物理学家得到承认。

他们的合作关系将成为传奇，但他们的书信往来则反映了科学发现所需的日常交流和协作。在他们相识之前，两位科学家就精通数世纪累积起来的科学知识。通过书信往来，玻色对爱因斯坦的研究提出了批评，爱因斯坦则以调整和改进加以回应。通信之外，两人各自忙于自己的工作，还与其他科学家进行交谈。个人洞察力和协同优化的结合，反映了对于创新的一种强大需求。

当然，并非协作网络中的所有节点都是平等的。爱因斯坦不仅通信量比他那个时代的任何科学家大，他还建立了共同的参考点，从而使他永远不会遇到的成千上万未来物理学家的发现成为可能。尤其是，爱因斯坦是处在 20 世纪物理学中两大基本革命，即相对论和量子力学的中心。

爱因斯坦的相对论是分两个部分发表的：狭义相对论是在 1905 年6 月，广义相对论是在十年后。狭义相对论更新并修正了牛顿 200 年前提出的物理学定律，指出空间和时间是相对于观察者的运动而言的，其中令人震惊的暗示是，我们从表面看来是固定的事物，如一件物体的长度，实际上是可以收缩和扩展的。狭义相对论之所以被称为"狭义"，是因为它只适用于特定的环境状况，即系统中的物体相对于彼此处于匀速运动状态；换句话说，就是这些物体没有在加速。

这一局限令爱因斯坦犯愁，他立即寻求一个在所有情况下都适用的广义理论版本，这就是第二个相对论，即"广义"相对论。最终，实现这个目标成为他最大的成就，此外他认为质量令空间和时间弯曲的观点同样具有革命性。这就意味着，我们以前认为的两个物体之间的"引力"，实际上就是物体的质量令周围空间和时间弯曲时产生的加速趋势。正如传记作家沃尔特·艾萨克森所解释的那样，将广义相对论可视化的一个常见比喻，是一个弹性表面上的重球，他让读者"想象一下将一个保龄球放到蹦床的二维表面上。然后再放上一些台球。这些台球会向保龄球移动，不是因为保龄球施加了某种神秘的吸引力，而是因为它使蹦床的结构发生了弯曲"。[8]

虽然爱因斯坦无可争议地被认为是创立相对论的功臣，但在量子理论的发展过程中，许多其他人的作用比爱因斯坦更重要。[9]然而，量子理论起源于爱因斯坦 1905 年 3 月提出的观点，即光是由粒子或能量子组成。在他的论文发表之前，人们普遍认为光能只能以连续波的形式传播。[10]爱因斯坦当时显得激进的观点是，光是由离散的粒子组成的，或者正如伯特兰·罗素生动地总结的那样，光不是"一桶糖蜜"，而是"一桶沙子"。[11]爱因斯坦最终被证明是正确的，后来，粒子物理学确认了这些粒子并将其命名为"光子"。

随着时间的推移，爱因斯坦的理论使许多重要的和更实用的技术，包括激光、全球定位系统（GPS）、核电和原子能成为可能。更重要的是，爱因斯坦的洞见不仅使新技术成为可能，还是新一代物理学得以建立的支柱。

即使对绝大多数不使用他的理论的人来说，他的影响力仍然会作用到我们。他几乎位居所有名人榜评选的榜首，例如，他是《时代》杂志的"20 世纪风云人物"。不过虽然他的名声是基于他如何改变了我们理解世界的方式，很少有人真正能理解他做了什么。[12] 在爱因斯坦的广义相对论被证实后的第二天，他便警告说："世界上能够理解这一理论的还不到 12 个人。"[13] 虽说这个数字已经稳步上升了，但真正理解爱因斯坦对科学的影响的人仍然相对很少。倒不如说，我们之所以会对他的所作所为深表敬畏，正是因为我们无法理解他的理论。他所理解并描述的宇宙，是我们无法轻易想象的，尽管我们因为它而永远改变了，我们对它的好奇心倒是更强烈了。

罗盘、欧几里得和小提琴

阿尔伯特·爱因斯坦在 1879 年 3 月 14 日出生于德国的乌尔姆（Ulm），是赫尔曼（Hermann）·爱因斯坦和保利娜（Pauline）·爱因斯坦的第一个孩子。当阿尔伯特四到五岁时，赫尔曼送给他一个改变他一生的礼物：一个磁性罗盘。在他以后的人生中，爱因斯坦把这一刻称作他第一次经历的"惊奇"。他对一根针可以在不被触碰的情况下移动而感到敬畏，他第一次意识到，用他的话来说，"在事物的背后一定深藏着某种东西"。[14]

爱因斯坦后来观察到，"这种'惊奇'似乎发生在当一种体验，与已经在我们心中充分固定的一个概念世界发生冲突的时候"。爱因斯坦并没有止于惊讶并不能自拔，而是被好奇心驱使着去解决这一冲突，并去理解他的惊奇感背后所"隐藏的"那只手。正如他所说的那样："在某种意义上讲，这个思想世界的发展是从'惊奇'开始的连续飞行。"[15]

所以并不奇怪，阿尔伯特自童年时期起就开始自学。12 岁时，他在校外自学的过程中遇到了他的"第二个惊奇"，平面几何的创始人欧几里得。他突然想到了"这里有许多断言……那绝不明显，但可以用很强的确定性加以证明，因此任何怀疑似乎都是不可能的。这种明晰性和确定性给我留下了难以形容的印象"。[16]

爱因斯坦对指南针和欧几里得的回忆，揭示了他的一些思考动机。爱因斯坦被驱使着去照亮模糊的黑暗，以便为一个更为确定的世界做好准备。用他自己的话来说，他有一种倾向，那就是"嗅出那些可能导致基本原理的东西，而撇开其他一切东西，撇开堵塞大脑并使之偏离主要目标的千头万绪"。[17]

爱因斯坦在35岁之前过着一种漂泊不定的生活，他曾在德国、意大利、瑞士和奥地利的城市之间搬迁过12次，有几次还是在他还是个孩子的时候发生的事。不过，无论爱因斯坦在哪里，他都有能力找到深入思考所必需的孤独。正如他的妹妹，马娅（Maja）所回忆的那样："他的工作方法很奇怪，即使是……周边有人陪伴，环境十分嘈杂，他也会退到沙发边，拿起纸和笔，不停地平衡放在靠背上的墨水瓶，全神贯注地思考问题，众人的谈话声非但不会打扰他，相反会使他更加投入。"[18]

到了1895年，少年时期的爱因斯坦开始投入大部分精力去思考物理学的问题。这一年，他给他的叔叔凯撒·科赫（Caesar Koch）寄去了一篇题目为《磁场中的以太状态研究》的文章。[19]大约在这同一时间里，他还开始了将改变我们对世界的理解的思维过程。他有一个著名的思考，即"以速度c（光速）来追赶一束光"，会出现什么情况。[20]这一想法包含了一个悖论，就是这个悖论使他在十年后提出了狭义相对论。

在思考这些问题时，他母亲送给他的一件礼物在一定程度上支撑了他。在赫尔曼给他那个改变他一生的罗盘的同时，爱因斯坦的母亲保利娜给了他一把小提琴。他父亲送给他的指南针点燃了他的好奇心，母亲送给他的小提琴则使他接触到了音乐的纯粹美，这将成为他最重要友谊的源泉。他的天赋不仅取决于独处，还同等地受到了人情关系的推动。

1896 年，17 岁的爱因斯坦被瑞士苏黎世联邦工学院（Eidgenössische Polytechnische Hochschule）① 录取，在那里学习物理学。一个星期六傍晚，他在那里拉小提琴时遇到了比自己大六岁的米歇尔·贝索（Michele Besso），贝索已经获得了理工学院的机械工程学位。两人立即开始了一场关于物理、数学、哲学和音乐的对话，对话持续了 60 年，直到他们相隔几周相继去世。[21] 在工学院，爱因斯坦还和马塞尔·格罗斯曼（Marcel Grossmann）以及米列娃·马里奇（Mileva Marić）是同班同学和朋友，前者是他此后 40 年的合作伙伴，后者将成为爱因斯坦的第一任妻子。

爱因斯坦在 1900 年 7 月从工学院毕业时 21 岁。他得到了高分，并结交了贝索和格罗斯曼这两位可以与之深谈的朋友。爱因斯坦坠入了爱河，开始考虑和他的 "多莉"（Dolly），即米列娃·马里奇结婚。那时离他在世界顶级物理学期刊《物理学纪事》（Annalen der Physik）上发表第一篇论文只有五个月的时间。他想，他肯定可以在一所顶级大学里找到一个助理的职位，然后继续攻读博士学位。但是，因为他逃课在教授们那里出了名，他很难在学术界找到一份工作。[22]

公务员

在接下来的两年里，从 1900 年 7 月到 1902 年 6 月，除了做过几次私人教师和代课老师外，爱因斯坦基本上是一个在瑞士和意大利之间来回奔波的失业的大学毕业生。1901 年，爱因斯坦和米列娃在瑞士山区度假时，米列娃未婚怀孕。阿尔伯特从未见过他的女儿利瑟尔（Lieserl），她很可能遭遗弃，被别人收养了。[23] 这是一个艰难的时期，但他仍然在继续思考大自然的悖论，这是他的 "惊奇" 的源泉。在这一

① 1911 年改名为 "联邦理工学院"（Eidgenössische Technische Hochschule）。——编辑注

充满挑战的阶段，我们可以通过三封信的内容对爱因斯坦其间的生活略见一斑，在 1901 年 4 月，三封信是在连续三天里分别寄出的。

1901 年 4 月 13 日，爱因斯坦的父亲赫尔曼给莱比锡大学物理化学教授，威廉·奥斯特瓦尔德（Wilhelm Ostwald）寄去了一封信。开头写道："尊敬的教授先生，请原谅一位父亲为了他儿子的利益，竟敢向您求助。"在说明了阿尔伯特在苏黎世工学院取得的高分之后，赫尔曼接着又说，他儿子认为自己已"偏离了他的事业轨道"，并且"还认为他是我们的负担，因而感到压抑，而我们并不富裕"。赫尔曼确实询问了教授先生是否需要个助手，但这封信的真正目的是"恭请阅读［阿尔伯特］发表在《物理学纪事》的论文，如有可能，请给他写几句鼓励的话，这样他就可以重获生活和工作中的快乐了"。赫尔曼在信的结尾说，他儿子不知道他所做的这一切。[24]

1901 年 4 月 14 日，阿尔伯特·爱因斯坦，此刻正与父母一起住在意大利，写信给他大学时的朋友马塞尔·格罗斯曼，后者正身在瑞士。首先，他感谢朋友帮忙给他找工作，发现自己目前的处境中有些轻佻成分。"尽管如此，"爱因斯坦写道，"我还在想方设法，也不放弃我的幽默感。……上帝创造了驴子，还给了它一层厚皮呢。"他说，他在米兰"音乐方面的熟人""保护我不至于在这里发酸"。然后，他又用了一个段落来解释他目前对科学的追求，最后总结了他的"发现"哲学："意识到多种复杂现象（它们作为引导感官观察的完全独立实体出现）的统一性，是一种值得称道的感觉。"[25]

1901 年 4 月 15 日，他开始给米列娃·马里奇写信："我亲爱的多塞尔（Doxerl，即多莉），不要因为我没有听从你的召唤去洛加诺（Logano）而生我的气。"在为不能与她一起离开而道歉之后，他用了一个段落讨论各种工作前景。然后，就像前一天一样，这封信的大部分内容都是关于物理学的："至于科学，我有一个非常幸运地获得的想法，这将使我们的分子力理论也有可能适用于气体。"爱因斯坦和马里奇是物理系的同学，因此他们的通信有时是高度技术性的。[26] 不过，这封信的结尾跟其他年轻情侣之间也没什么两样："亲爱的姑娘，你好吗？……温柔的吻，你的阿尔伯特。"

星期六，一位痛苦的父亲恳求别人给自己经历艰难时期的儿子一句鼓励的话。星期天，他给一位朋友写了一封热情的信，感谢他的帮助，对自己的不幸表示自嘲，并在追求理解自然的过程中寻求安慰。星期一，他给女友写了一封信，主要是关于物理学方面的讨论，顺带附了一些"温柔的吻"。阿尔伯特·爱因斯坦是一个恋爱中的年轻人，有点偏离轨道，但他还是顽强地追逐着自己对科学的热情。

在写给格罗斯曼和马里奇的信中，爱因斯坦提到格罗斯曼的父亲试图为他安排一份工作的事。在经历了两年的失业之后，1902 年 6 月 23 日，爱因斯坦在伯尔尼的瑞士专利局作为"三级技术专家"开始工作。

在伯尔尼工作期间，爱因斯坦和马里奇于 1903 年初结了婚，他们的第一个儿子于 1904 年初出生。爱因斯坦做专利审查员的工作是每天八小时，每周六天。不过，他通常在下班之前就能把他那份工作干完，他把在办公室里的大量时间都用来思考物理问题。

刚到伯尔尼时，爱因斯坦不认识任何人，但情况很快就发生了改变。他在办公室之外的大部分生活都是围绕物理学和朋友来安排的，而且通常是同时进行的。他继续不断地向《物理学纪事》提交文章，并因此而有了相当名声，到 1904 年他成了《物理学纪事增刊》（*Beiblätter zu den Annalen der Physik*）的 62 名审稿人之一，该刊物刊登对其他期刊论文的评论，偶尔还会发表书评。[27] 虽然没有哪所大学会根据他发表的论文的分量授予他博士学位，但他却被选入伯尔尼的科学会社，这是一群对科学感兴趣的精英的聚会。他经常去参加他们的晚间会议，不过，只在会上发过两次言。[28]

对爱因斯坦在伯尔尼的日常生活影响更大的是"奥林匹亚科学院"。这个名字也就是同伴之间的一个玩笑，所谓的学院也不过拥有爱因斯坦与两个朋友而已：莫里斯·索洛文，一个爱因斯坦在辅导他的时候认识的罗马尼亚学生；和康拉德·哈比希特，一个数学博士生。[29]

他们三人定期在傍晚见面，吃着简单的香肠、奶酪、水果、蜂蜜和茶饮，通过讨论使彼此了解物理学界的最新动态，以及更广泛的话题。[30]除了许多其他名家，他们还阅读并讨论了物理学家恩斯特·马赫（Ernst Mach）和哲学家大卫·休谟的著作，两人后来都被爱因斯坦认为是他关于相对论的思考的灵感来源。

正是在这种交织着轻松的友谊的学习精神中，爱因斯坦在 1905 年5 月寄出了一封也许是物理学史上最值得注意的信。这封信可能是他在专利局写的，或者，如人们对他所了解的那样，他在自己的小公寓里，当他的小男孩坐在他的膝盖上时写的。爱因斯坦对他的朋友和"奥林匹

从左到右依次是康拉德·哈比希特（Conrad Habicht）、莫里斯·索洛文（Maurice Solovine）和爱因斯坦，大约 1903 年。这三个人建立了伯尔尼"奥林匹亚科学院"。

亚"同仁康拉德·哈比希特开玩笑说："那么，你在忙什么呢，你这头冰冻的鲸鱼，你这熏干后装罐的灵魂片，或是随便什么我想扔向你脑袋的东西。……你为什么还不把你的论文寄给我？你这可怜的家伙，难道你不知道我是会饱含兴趣和快乐阅读你论文的一个半家伙之一吗？"爱因斯坦随意而突然地承诺，要"以四篇论文作为回报，第一篇我可能很快就会寄给你的"。他接着说：

> 这篇论文论述的是光的辐射和能量特性，非常具有革命性，如果你**先**把你的作品寄给我，你会发现的。第二篇论文是从中性物质稀溶液的扩散和内摩擦，来确定原子的真实尺寸。第三篇论文将证明，在关于热的分子理论的假设下，悬浮在液体中的 1/1 000 毫米数量级的物体，一定在进行着热运动产生的可观测的不规则运动。……第四篇论文现在只是一个粗略的草稿，是关于动体的电动力学，它将修正时空理论；这篇中的纯粹运动学部分肯定会让你感兴趣。[31]

爱因斯坦承诺的四篇论文，以及他在同年撰写的第五篇论文，将彻底改变物理学，并随着时间的推移，重塑人类对自然的理解。在短短六个月内他发表了全部五篇论文，取得了令人震惊的学术成就。但是爱因斯坦仍然还是一个瑞士公务员，他所正式从属的唯一"科学院"，活动之一就是跟他的朋友一起吃香肠和奶酪。

"谢谢你。我已经完全解决了这个问题。"

1905 年，最著名的讲德语的物理学家是马克斯·普朗克（Max Planck），他后来成为量子力学之父，继而在 1918 年获得了诺贝尔奖。除了个人的发现之外，作为柏林物理学会主席、柏林大学唯一的理论物理学教授和《物理学纪事》的理论物理学编辑，他还拥有着重要的机构权威。因此，他主持了让物理学家们共享、辩论和改进想法的论坛；并帮助建立了适宜的学术生态系统，从而让一个基层公务员也能提交一篇论文，而这篇论文为世界带来了两百多年来最重要的物理学进步。

到了 1905 年，爱因斯坦也是一位优秀的物理学家了。虽然当时普朗克与爱因斯坦还没有建立私交，但爱因斯坦却已经向普朗克的《物理学纪事》提交了许多篇论文。名义上，爱因斯坦是个名不见经传的专利审查员，普朗克是位著名的科学家，但这一差别的实际意义没有表面上那么大。普朗克及其前任们创造了一个环境，在这个环境中，只要想法足够好，即使是一个专利审查员也能与该领域的巨人们交往。

因此，是普朗克和《物理学纪事》，使得爱因斯坦的大量成果在 1905 年得到审阅和发表，成为可能。这年 3 月，爱因斯坦向普朗克提交了他的一篇关于光量子的论文。5 月，又提交了一篇关于分子运动的论文，分子运动又称布朗运动。同年 6 月，他提交了有关狭义相对论的论文，紧接着 9 月又拿出了一篇后续论文，关于 "$E=mc^2$"。值得注意的是，1905 年也是爱因斯坦向苏黎世大学提交博士论文的那一年，《物理学纪事》最终在 1906 年发表了这篇论文。

普朗克对爱因斯坦一些论文中的科学观点持不同看法，但他还是让所有的论文都通过并送去发表了，他也很快就赞同了狭义相对论。普朗克的支持引起了人们对爱因斯坦颠覆性思想的必要关注，爱因斯坦后来写到普朗克时说："在很大程度上是因为他支持这一理论的果断和热情，其他物理学家们才开始如此迅速地关注它。"[32]

爱因斯坦关于狭义相对论的论文包含了对"以太"问题的解决方案，几十年来这一问题一直困扰着物理学界。当时，科学家们认为光是以波的形式传播的，并且光和其他波一样，必须通过介质（如声波通过空气，海浪通过水等）才能传播。几个世纪以来，物理学家一直认为光波必须通过一种不可察觉的"以太"进行传播。1887 年，人们做了一个实验来证实以太的存在，但实验失败了，这让物理学家们寻求一种解释。爱因斯坦后来将这项研究视为狭义相对论的种子，因为他"确信它包含在动体的光学特性问题中。……我试图在文献中找到以太流的明确实验证据，但徒劳无功"。[33] 经过十年的执着思考、计算和讨论，爱因斯坦成为第一个正确地解决以太问题的物理学家。

这一研究突破发生在他与自己毕生的朋友米歇尔·贝索的一次谈话中。1905 年 5 月，用爱因斯坦的话来说："我通过以下方式与他开始了谈话：'最近我一直在解决一个难题。今天我是来和你一起攻克这个问题。'我们讨论了这个问题的各个方面。然后我突然明白了这个问题的关键所在。第二天，我又回到他身边，连个招呼都没打就对他说：'谢谢你。我已经完全解决了这个问题。'我的解决办法，是对时间概念的分析。"[34] 爱因斯坦采用了两个看似不同的概念，即光的传播和我们关于时间的观念，并通过对照性的分别分析，实现了一个变革性的突破。

爱因斯坦突然领悟到的是，光不是以波的形式通过以太传播，而是以粒子的形式通过时空，时空并不像牛顿所认为的那样是绝对的，而是相对于观察者的位置而言。这一突破让他如遭电击，仅仅在与贝索谈话五周后，他就提交了关于狭义相对论的论文。但与闪电不同的是，这一发现并非是偶然的，而是许多物理学家近 20 年来一直在讨论的问题的体现。此外，爱因斯坦在学术界边缘的位置，一定程度上有利于他借助时间概念来找到解决以太问题的突破口，因为他与问题的距离足够近，能够理解它；但又与问题足够远，可以在主流学术界之外享受一定的自由。

爱因斯坦的背景，以及他的好奇善疑的态度、想象力和质疑科学最基本支柱的能力，对于他的发现至关重要。例如，专利局的物理和情境背景，对于他的思考过程很重要，这里充满了时钟、火车，和使用光速信号的设备的各种专利。爱因斯坦本人也曾承认"在专利局获得的知识与理论结果之间存在着一种确定的联系"。[35]

1905年夏天的某个时候，爱因斯坦又给哈比希特写了一封信，5月他刚给这位朋友写过信，承诺写几篇新论文。在信的最后，爱因斯坦试图说服哈比希特来看他："记住，除了八小时的工作之外，每天还有八小时的闲暇时间。……这些日子我的时间并不重要，毕竟不总是有适于沉思的成熟主题。"[36]对爱因斯坦来说，拥有闲暇时间这种奢侈是不寻常的，通常他总是不停地工作。研究爱因斯坦的学者约翰·里格登（John Rigden）曾经说，从爱因斯坦1900年底提交他的第一篇论文到1955年4月去世，"物理学占用了爱因斯坦醒着的时间。……在死亡彻底停止他的工作的前一天，他还让人把他的写作材料送到他的病房里。……"[37]当爱因斯坦告诉哈比希特，并不"总是有适于沉思的成熟主题"时，他的意思是说，在颠覆了物理学的基本原理后，他现在正在寻找一个值得解决的新问题。

爱因斯坦又花了两年时间才发现他的下一个重大问题。1907年年中，德国物理学家和未来的诺贝尔奖获得者约翰内斯·斯塔克（Johannes Stark），给爱因斯坦（当时他还是一名专利审查员）写了一封信，要求他为斯塔克主持的刊物写一篇有关狭义相对论的专题论文。当时，爱因斯坦"对狭义相对论不满意"，因为它只适用于物体相对于彼此以匀速运动的特殊情况。他想扩大这一理论，以使其普遍适用。在写斯塔克要求的论文时，爱因斯坦说他"开始意识到除了引力定律以外，所有自然定律都可以在狭义相对论的框架下进行讨论"。这方面的思考最终成就了广义相对论，并占用了爱因斯坦接下来将近十年的时间。[38]

爱因斯坦回信给斯塔克说他"很乐意提供报告……按您的要

求"。但他也附带做了个提醒。自他首次发表关于狭义相对论的论文两年来，其他物理学家也已开始对此做出了回应并在此基础上加以扩展。爱因斯坦提醒斯塔克说："我必须指出的是，我自己还不能了解已发表的关于这个主题的所有内容，因为图书馆在我空闲的时间里不开门。"[39]

当爱因斯坦写信给斯塔克时，他寻找一份学术性工作已经长达七年之久。1905 年之后，他成了一位重要且著名的物理学家，不过，他仍然处在自己刚刚实现了革命性突破的科学领域的边缘。暂时看来，这种处境对他来说是卓有成效的。专利局让他得以避开学术界比较令人窒息的部分，但他仍然能够通过《物理学纪事》来分享他的观点，而他最亲密的朋友都是优秀的科学合作者。但到了 1907 年，他局外人的身份正在成为他的进一步发现的障碍。爱因斯坦需要一份能让他拿着工资思考物理学的工作，而不是当他坐在办公室里思考物理问题时，同事们友好地装作没看见。

1909 年，也就是在他开始寻找学术性工作九年后，和获得博士学位四年后，爱因斯坦最终获得了苏黎世大学的教授职位。在接下来的四年里，随着爱因斯坦在布拉格，后又回到苏黎世担任教授，他和他的家人在欧洲来回搬家。[40]最后，在 1913 年，马克斯·普朗克和德国化学家瓦尔特·能斯特（Walther Nernst）提名他进入普鲁士科学院。在给普鲁士科学院的接受函中，他写道：

> 非常感谢你们为我提供了一个你们中间的席位，在那里我就可以投身于科学工作，而不受任何职业义务的影响。当我考虑到每个工作日都向我展示了我思考方面的弱点时，我只能以某种不安的心情接受这一给予我的崇高荣誉。但是，鼓励我接受推选的是这样一种想法：对一个人的最高期望，就是他对一个美好的事

业全力以赴，而我确实感到我有能力做到这一点。[41]

普朗克在将爱因斯坦引进普鲁士科学院时说，爱因斯坦的"真爱就是这门学科，在此人格能够毫无拘束地展现，想象力之花能够丰盈无比地绽放，科学家会陶醉在一种自己无法被他人轻易取代的舒适感之中"。[42]爱因斯坦对人们的影响，远远超出了他的智慧洞见的力量。

"比其他学科更容易"

普鲁士科学院是一个正规的机构，而爱因斯坦则是一个不守常规的人。德国知识精英在此举行一种每周一次的圆桌会议，精英们亲自参加，以听取并讨论论文。[43]科学院里的每个人会照例身着长袍，举止端庄。爱因斯坦不负众望，尊重科学院的准则，很少错过会议，不过，人们却很容易把他想象成班上的小丑。在柏林定居几周后，爱因斯坦向一位朋友描述这所科学院时说："大多数成员，在写作上把自己拘泥于展示某种孔雀般的庄严，不然，他们还是很人性化的。"[44]

1914 年 7 月 2 日，普鲁士国家图书馆西翼，爱因斯坦站在就座的大约 50 个人面前，向普鲁士科学院做就职演讲。[45]35 岁的爱因斯坦是会议室里最年轻者之一。他以谦逊的态度开始了他的演讲："我请你们相信我的感激之情及我的不懈努力，即使我努力的成果在你们看来是微不足道的。"在余下的演讲中，爱因斯坦专注于讲述他对理论物理学的构想，并主张把他的狭义相对论广义化，概述了他自七年前即 1907 年把信寄给约翰内斯·斯塔克以来，一直在研究的问题。[46]

普朗克，作为科学院物理数学"班"的秘书，对爱因斯坦的就职演讲发表了公开的答复，他先是把爱因斯坦赞扬了一番，接着话锋一转说爱因斯坦"冒着偶尔迷失在黑暗领域，和意外遭遇棘手矛盾的风险"。普朗克随后又说他"不由自主"想要说明，狭义相对论实际上并

爱因斯坦，现在正式成为学术界的一部分，他在 1911 年索尔韦会议上加入了当时其他伟大物理学家的阵容。就座者从左到右依次是瓦尔特·能斯特、马塞尔·布里卢安（Marcel Brillouin）、埃内斯特·索尔韦（Ernest Solvay，他的照片是在原照拍摄后添加的）、亨德里克·安东·洛伦兹（Hendrik Antoon Lorentz）、埃米尔·瓦尔堡（Emil Warburg）、让-巴普蒂斯特·皮兰（Jean-Baptiste Perrin）、威廉·维恩（Wilhelm Wien）、玛丽·斯可罗多夫斯卡·居里（Marie Skłodowska-Curie），和亨利·普安卡雷（Henri Poincaré）。站立者从左到右依次是罗伯特·戈尔德施密特（Robert Goldschmidt）、马克斯·普朗克、海因里希·鲁本斯（Heinrich Rubens）、阿诺德·索末菲（Arnold Sommerfeld）、弗雷德里克·林德曼（Frederick Lindemann）、莫里斯·德布罗意（Maurice de Broglie）、马丁·克努森（Martin Knudsen）、弗里德里希·哈泽内尔（Friedrich Hasenöhrl）、乔治·奥斯特莱（Georges Hostelet）、爱德华·赫尔岑（Édouard Herzen）、詹姆斯·金斯（James Jeans）、埃内斯特·卢瑟福（Ernest Rutherford）、海克·卡默林·翁内斯（Heike Kamerlingh Onnes）、爱因斯坦，和保罗·郎之万（Paul Langevin）。

不需要被广义化。普朗克在主持爱因斯坦进入普鲁士科学院的那一刻，却反对爱因斯坦的最重要的新观点。普朗克在对爱因斯坦就职演讲的回应中继续说道，"（在物理学中）并非没有自豪感……比其他学科更容易的是，最明显的事实差异可以通过个人的高度尊重和真诚的友谊来应对"。[47]

爱因斯坦终于"受洗"进入了自他身为贫困大学毕业生的年轻时代起就渴求闯入的机构。这个团体之前就已接纳了他的局外人身份，那么，现在他成了局内人，人们也就更不指望他会改变他的行事方式了。爱因斯坦虽说很谦虚，但他对自己的观点始终充满了信心，即使这些观点与现状背道而驰也是如此。至关重要的是，他被当作那些设定现状者的同侪，并作为具有独创性和对立性见解者受到尊重，有时甚至是敬畏。只要爱因斯坦说出自己的意见，并能清晰地沟通，他就可以在成为他所在团体的领导者的同时，仍然能做他自己。也就是说，爱因斯坦从来都不是一个机构的有名无实的领导者。他的领导力是基于"人际关系"，包括访问、通信、写作、交谈、旅行和交流。利用无数的对话、几十篇论文和数千封信，他重构了他的同仁们对世界的理解。反过来，他们也在他推进自己的思考上助了一臂之力。

"为了解答这个问题"

爱因斯坦是在辛勤研究十年后，用了五个星期的时间，如同冲刺一般写出了有关狭义相对论的论文。同样，在 1907 年至 1915 年期间，爱因斯坦追逐的焦点是广义相对论，这是一条时断时续的漫漫长路，却又突然便戏剧性地结束了，在这一路上他同样既需要独处又需要人情。

他在撰写约翰内斯·斯塔克 1907 年要求的那篇论文时，构思了导致这一理论产生的最初洞见。大约在同一时间，他构思了另一个著名的"思想实验"，正如爱因斯坦自己所说的那样："有一天，突然出现了突破。当时我正在伯尔尼专利局的椅子上坐着，突然一个想法出现了：如果一个人自由下落，他是不会感觉到自己的体重的。我大吃一惊。这个简单的思想实验给我留下了深刻的印象。这让我想到了引力理论。"这个思想实验告诉爱因斯坦，加速度和引力是不可区分的，只有从思考坠落这个想象角度才能洞察到这一点。[48]

这项思想实验的核心洞见是，他必须将引力和加速度纳入他的狭义相对论中。但是正如爱因斯坦对 1907 年的那一天的回忆那样："当时我不能完全解决这个问题。我又花了八年多的时间才找到了完整的解决方案。在这几年里，我只得到了部分答案"。[49]

虽然爱因斯坦提出狭义相对论和提出广义相对论的过程有相似之处——思想实验，高度的独处加上活跃的合作，对主要目标的绝对和坚持不懈的专注，以及长达数年的坚持——但他现在拥有了一份学术性工作，从而扩大了他可以与之互动的人物阵容，也增加了他可以完全用在物理学研究上的时间。在整个 1905 年到 1915 年期间，他建立了一个比他职业生涯早期聚集的临时合作者远为广泛的网络。老朋友，特别是米歇尔·贝索、马塞尔·格罗斯曼和康拉德·哈比希特，对爱因斯坦提出广义相对论非常有帮助。但是，像亨德里克·洛伦兹、海因里希·桑格（Heinrich Zangger）、阿诺德·索末菲、保罗·埃伦费斯特（Paul Ehrenfest）和达维德·希尔伯特（David Hilbert）这样一批更加壮大的新同仁，也是如此。

爱因斯坦将通向广义相对论的路径描述为"一连串的错误轨迹，但确实逐渐靠近了目标"。[50]其中一个错误轨迹涉及一个有可能证明他的理论的实验。1911 年，他在《物理学纪事》发表了一篇论文——《论引力对光的传播的影响》。在论文的开头部分，他写道："我现在已经意识到，（我的）分析的最重要结果之一，可以通过实验加以检验。尤其是，它可以证明……光线在太阳附近掠过时会因其引力场而发生偏折。"在论文中，爱因斯坦预言道，"一束光线掠过太阳时将会发生偏折，相当于……0.83 弧秒"，并在结尾说，"非常希望天文学家们着手考虑这里提出的问题"。[51]通过拍摄日全食全程的照片，有可能测量太阳周围光线的偏折。有人计划在即将到来的 1914 年日食期间，在俄罗斯进行两次实验，但因第一次世界大战的爆发而未能实现。[52]

对爱因斯坦来说，这实际上很幸运。如果这些实验发生了，爱因斯坦最初的计算就会被证明是错误的。最终，他的场方程（正确地）预测到太阳将使光偏折 1.7 弧秒。这个差异是由另一个"错误轨迹"造成的。爱因斯坦需要一种他现在还未掌握的、新的几何学概念。他说："描述物理定律而不参考几何学，就如同描述思想而不使用词汇一样。"[53] 他需要最近由数学家提出的一种新形式的非欧几里得几何学。

为了学习这种复杂的数学方法，爱因斯坦"傍"上了他的老朋友马塞尔·格罗斯曼。[54] 爱因斯坦深情地回忆起他的老朋友在他求助时的反应："他立刻燃起了满腔热情，尽管作为一个真正的数学家，他对物理学持有某种怀疑态度。"他和格罗斯曼在 1913 年写了一篇论文，其计算是错误的，不过，那时的爱因斯坦已经走上了正轨。"经过这两年的奋斗，"从 1913 年到 1915 年，他长时间周游各地，与同仁们通力合作，他写道，"我发现我在计算上有错误。我回到使用不变性理论的原来方程，试图构造出正确的方程。两周后，正确的方程式就出现在了我的面前！"[55] 1915 年 11 月，连续四个星期四，他在柏林的一系列讲座中宣布了他的广义相对论。

到了 1916 年初，爱因斯坦正在完善他最近完成的广义相对论。而且，像往常一样，他热情地与好朋友们通信交流着，将科学与亲密人际关系融为一体。1 月 17 日，他给亨德里克·洛伦兹写了一封信。他是诺贝尔奖获得者，是爱因斯坦的忘年交，更是一个爱因斯坦日渐喜欢上的男人。在信中，爱因斯坦花了一页纸来讲述他的引力场方程问题。像往常一样，讨论完物理学后，他带着满腔热情结束了这封信："再次感谢您的热切兴趣，更加感谢您为了解答这个问题所做出的努力，在此，我谨向您和您的家人致以最诚挚的问候，为了友谊，谨启。"[56]

在爱因斯坦生命中最富有成效的这20年里，有数十人帮助他成就了狭义相对论和广义相对论。他能成为领导者，正是因为他的思考方式激励了像洛伦兹这样的人与他合作。爱因斯坦阐述的问题，令世界上最伟大的科学家认为值得为他效力。

"我的名字……对这一事业有益"

1952年11月，新成立的以色列国的总理戴维·本-古里安（David Ben-Gurion）坐在助手对面喝咖啡。本周早些时候，以色列第一任总统哈伊姆·魏茨曼（Chaim Weizmann）去世了，在公众压力下，本-古里安向当时已退休并居住在美国新泽西州普林斯顿的世界上最著名的犹太人，73岁的阿尔伯特·爱因斯坦提议继任这个职位。"告诉我如果他答应了该怎么办！"本-古里安恳切地询问他的助手，"我不得不向他提议接受这个职位，因为不可能不这么做。但如果他接受，我们就有麻烦了。"[57]

本-古里安应该庆幸的是，爱因斯坦在给以色列驻美国大使的一封信中写道："我为我们的国家以色列的提议深深感动，同时也为我不能接受这一提议而感到悲伤和羞愧。我一生都在处理客观问题，因此我缺乏恰当地与人打交道和行使公务的天赋和经验。"[58]在给一位朋友的信中，他的表达就没有那么正式了："我的以色列同胞的提议深深地打动了我。但我立刻表示遗憾并谢绝了。虽然许多不守常规者都成了大人物，但我不能让自己也这么做。"[59]

爱因斯坦刚因物理学出了名，便立刻受邀为许多事业担任领导者。虽然爱因斯坦没有接受成为以色列总统的提议，但在他的一生中，他确实利用过自己的名声来支持其他事务。

我们可以指出爱因斯坦真正一举成名的那一天。1919年11月6日，伦敦的英国皇家学会主办了一个活动，宣布英国科学家利用爱因斯坦

1915 年的计算，证实了太阳使光偏折的值为 1.7 弧秒。广义相对论得到了实验证实。

11 月 7 日，伦敦《泰晤士报》刊登了三行大标题:《科学革命；新宇宙理论：牛顿思想被推翻》。[60]三天后,《纽约时报》在头版头条刊登了六行的大标题:《天上的光全部偏折，科学界人士纷纷切盼日食观测结果。爱因斯坦理论获胜。星体不在看起来或计算出的位置，但不必为此担心。仅供 12 智者之书。当勇敢的出版商接受它，爱因斯坦说全世界没人懂》。[61]

爱因斯坦很快就变得家喻户晓了。1919 年 11 月后，他的名声使他具有了大众影响力。爱因斯坦既不喜欢聚光灯，也不厌恶聚光灯，但他明白聚光灯的必要性，也明白他的名声扩大了他的影响，意味着人们会要求他支持他们的事业。爱因斯坦并没有对每个人都说"是"，但他也不害怕在政治上直言不讳，即使这可能会威胁到他的生涯。早在第一次世界大战爆发之时，他就与他的德国同仁存在相当公开的政治分歧。[62]

1919 年日食实验刚过一个月后，爱因斯坦就应邀参加了一个关于建立希伯来大学的会议。他在给他的老朋友米歇尔·贝索的信中写道："我相信这项事业值得大力合作。我参加这次会议不是因为我认为我特别有资格参加，而是因为我的名字，自从英国日食远征以来一直受到人们的青睐，它可以通过鼓励那些冷漠的同胞，对这一事业有益。"[63]

两年后，1921 年的春天，爱因斯坦第一次到美国旅行，为了同样的事业努力筹集资金，并于中途停下来在英国讲学。他写信给莫里斯·索洛文，他 20 年前在伯尔尼"奥林匹亚科学院"的朋友，说："我不想去美国，但我要代表犹太复国主义者去做这件事，他们不得不为耶路撒冷的教育机构乞讨美元，为此我必须扮作著名的大人物。"[64] 此行引发了他与德国同仁们之间的冲突。化学家、德国犹太人弗里茨·哈贝尔（Fritz Haber），他皈依了基督教，并曾在第一次世界大战中为德国研发化学武器，他写信给爱因斯坦说："对整个世界来说，你现在是所有德国犹太人中最重要的一个。如果此时此刻你装作与英国人以及他们的朋友亲善的话，那么国内的人们就会将这视为犹太人不忠的证据。……"[65]

爱因斯坦收到了哈贝尔的信后，当天就礼貌而坚定地回答说，他还是要继续这次旅程。大多数情况下，爱因斯坦都是彬彬有礼的，但他也会直截了当、毫不留情地说："如果学者们更重视他们的职业，而非他们的政治热情，他们就会从文化方面而不是政治方面来指导他们的行为。"[66]

爱因斯坦最终放弃了长期持有的和平主义立场，只是为了回应阿道夫·希特勒的崛起。1933 年 1 月 30 日，纳粹夺取了政权，这位直言不讳的犹太人再也不能安全地留在他近 20 年来一直居住的国家里。

到 1933 年，他已多次赴美国做演讲和研究，当年 10 月，他最后一次横跨大西洋航行。时年 54 岁的爱因斯坦离开了欧洲，同样留在那里的，还有他一生中最富有成效的岁月。

"一种偶像"

爱因斯坦从德国带到美国的一个爱好是航海。1939 年夏，他在长岛的北福克（North Fork）度假，在那里他花了很多时间驾驶着 15 英尺长的帆船 "蒂尼夫"（Tinef，犹太语，意思是 "一文不值" 或 "垃圾"）号，在小佩科尼湾（Little Peconic Bay）游弋。虽然他热爱水的宁静，但他并不是一个天才的水手。即使他在那里度假 70 年后，纽约卡乔格（Cutchogue）镇的数十名当地人仍在重述着营救爱因斯坦的故事，当时他正在小船上挣扎。[67]

那年夏天拍的一张照片中，爱因斯坦坐在海湾岸边的小船边缘，他那蓬松的银发被风吹得比额头高出半英尺，飘向他那满是慈祥笑容的脸的右侧，他的嘴唇被浓密的胡须给遮住了。他身上穿的是一件白色的轻薄开领式高尔夫球衫，蓝色的短裤，接缝处有白色滚边。他脚上穿着一双米色女式凉鞋，卖鞋给他的人叫戴维·罗斯曼（David Rothman），就是照片中在爱因斯坦右边坐着并穿着棕色衣服的男子。

戴维·罗斯曼是罗斯曼百货商店的店主。爱因斯坦刚开始假期时，想买几双能在海滩上穿的凉鞋。当爱因斯坦走进这家百货商店寻找鞋子时，罗斯曼还以为这个说着口音浓重的英语的 60 岁名人，正在寻找"日晷"①呢。爱因斯坦用手指着自己的脚消除了误解，他似乎并不在乎罗斯曼商店只卖女式凉鞋。当爱因斯坦称赞罗斯曼商店里播放的音乐时，两人建立了友谊。在整个夏天，两人每周见一次面，一起拉小提琴。[68]

同年夏天，两名流亡美国的匈牙利科学家莱奥·齐拉特（Leo Szilard）和尤金·维格纳（Eugene Wigner），追踪爱因斯坦来到了长岛。他们警告爱因斯坦说，新的研究工作使核链式反应，进而使核武器有可能实现。他们说服爱因斯坦给富兰克林·罗斯福总统写信，解释事态的严重性。最后寄出的信件是由齐拉特和总统的一位顾问起草，由爱因斯坦署名。信中警告，核武器具有极大的破坏性，并提醒说，德国科学家已经在致力研制这种武器了。[69]这封信是已知的总统得知核武器可能性的第一个记录。这个努力和许多其他努力一起，合力导致了以开发第一款原子武器为目的的曼哈顿计划的确立。爱因斯坦并没有参与这个计划，直到计划已顺利进行，他才知道其存在。[70]

不守常规又平易近人，既深刻又简单，这种看似矛盾的结合，是爱因斯坦吸引住纽约卡乔格的当地人和更大范围美国人的部分原因。对于

---

① 英语中的"日晷"（sundias）与"凉鞋"（sandas）发音接近。——编辑注

1939年夏天，爱因斯坦在长岛，坐在他的朋友、卖鞋的商人戴维·罗斯曼旁边。同年夏天，另外两位科学家找到了正在度假的爱因斯坦，告知他有关原子武器的情况，并请他给罗斯福总统写信，告知研发核武器的可能性。（COURTESY OF THE SOUTHOLD HISTORICAL SOCIETY, SOUTHOLD, NEW YORK）

像齐拉特这种学院派科学家来说，爱因斯坦的名声使他成为引起像美国总统这样人物注意的完美人选。就像爱因斯坦与曼哈顿计划的关系一样，他在生命的最后20年里不得不面对的是，他的名气胜过了实际角色。在此期间，爱因斯坦仍在物理学中发挥了作用，但对于正在进行的发现而言，他的作用已不如以前那般关键。

从1933年到1955年去世，爱因斯坦一直都住在新泽西州的普林斯顿，在高等研究院任职。他偶尔做个讲座，但只是在他想做时才做。当他到达普林斯顿时，物理学的大部分内容都是基于爱因斯坦帮助提出的观点。具有讽刺意味的是，爱因斯坦在生命的最后几十年里一直与量子物理学关系紧张，而这是他帮助促成的物理学革命之一。换句话说，爱因斯坦的思想独立于爱因斯坦这个人之外，有着自己的生活轨迹。

他总是选择去解决根本性的问题，而这些问题是没有明确答案的。他习惯并喜欢在寻找这些答案的过程中，不断变换路线。但他从不改变自己的主要目标。对目的的坚持不懈，与对手段的妥协的开放态度，两者的结合是帮助爱因斯坦提出广义相对论的一大助力。正是这个方法使得他在寻求改进这一理论的过程中坚持到了生命的最后一息。这也使得在爱因斯坦生命的最后时期，他已更少作为物理学界的活跃领导者了，而更多成了他自己所说的"石化物体"（petrified object），他因为过去的贡献而备受尊重和追捧，却又被认为与该领域的最新进展格格不入。[71]

1925年，一群科学家提出了量子力学理论，它描述了宇宙最小粒子之间的相互作用。广义相对论是预测性的，而在量子力学中，可知事物的范围只是概率性的。爱因斯坦从来没有不同意量子力学的逻辑，他只是觉得在事物的背后有某种更深刻、更根本的东西。早在1926年，爱因斯坦就写信给他的朋友马克斯·玻恩（Max Born），量子力学的奠基人之一："量子力学无疑是强大的。但内心的一个声音告诉我这还不是真实的本质。这个理论说了很多，但并没有真正让我们更接近'老头子'的秘密。无论如何，我相信上帝不是在掷骰子。"正是这位马克斯·玻恩早些时候曾写道："他的考虑的出发点是'爱因斯坦关于（一个）波场和光量子之间关系的评论'。"[72]因此，爱因斯坦最终是与他一开始帮助促成的这个观点产生了根本分歧。

因为爱因斯坦相信自然界的合理性和根本法则的简单性，他把生命的最后30年的大部分时间用在试图将量子力学与相对论统一起来，但没有成功。他基本上是在探寻一种"统一场论"（united field theory）或称"万物理论"（theory of everything），这种理论将把宇宙的所有物理力给关联在一起。在这30年期间，科学界虽然对爱因斯坦的追求保持高度尊重，但基本是在他缺席的情况下继续前进的。

虽然他在科学界日常工作中的重要性有所下降，但他比以往任何时候都更受欢迎。在1933年至1955年期间，爱因斯坦是现代大众想象中的人：毛绒拖鞋、蓬乱的头发，还不穿袜子。这种刻板印象，以及一位政治上直言不讳并在纸片上写方程式的老人形象，成了人们记忆中的爱因斯坦，而这也并非完全不准确。

事实上，他一直都在致力于统一场论的研究，直到 1955 年 4 月去世的那一天。其实，他确实在政治上始终直言不讳。但这一公众形象，必须与他在默瑟街（Mercer Street）112 号的书房偶尔接待些客人、总是写一些可爱的信的更为私密的老人形象相平衡。在许多这类信件中，他嘲弄自己无关紧要，曾经一度把自己称作一块"化石"，但他从未停止过"唱他孤独的老歌"。[73] 在一些信件中，他以轻松的口吻描述了自己"对简单生活的态度"，如在 1949 年 4 月给马克斯·玻恩写的一封信中说："我只是乐于给予甚于接受的人。我不会把自己和大众的行为太当真，也不为自己的弱点和恶习感到羞耻，我只是自然地以平静和幽默的态度顺势而行。很多人都是这样的，我真的不明白为什么人们一定要把我当作一种偶像来崇拜。"[74]

他也会写信来赞颂他毕生的朋友，就像他对米歇尔·贝索的幸存家人所做的那样（贝索在 1955 年去世，只比爱因斯坦早去世几周）："现在他先我一步离开了这个奇异的世界。这没什么。对我们这些相信物理学的人来说，过去、现在和未来之间的区别不过是一种顽固的幻觉而已。"[75]

爱因斯坦在 1955 年安静地逝去了，那是在他用狭义相对论和其他突破性观念震撼科学世界的 50 年后。但他的形象依然经久不灭：这位可爱的、头发凌乱的天才在沉静地思考着世界是如何运转的，以及为什么这么运转。他的天才和他的努力的结果是确凿无疑的。但我们常常忽视了塑造他和支持他的人际关系。归根结底，爱因斯坦的领导力的魔力，不仅在于他追逐光波的能力，还在于他乐于接受朋友们不时的指引。

伦纳德·伯恩斯坦

我的工作是一项教育使命。[76]

——伦纳德·伯恩斯坦

1943 年 11 月 15 日，《纽约时报》的头版大多是有关第二次世界大战的报道。美国，曾被阿道夫·希特勒视为"杂种国家"，正逐渐成为一个领导建立战后新秩序的霸主。在这个崛起的新兴强国里，文化景象充满了一种大觉醒的意识。

在头版详细描述血腥战事的报道之间，有一个单独的、相对乏味的标题：《年轻助手领导爱乐乐团，因布鲁诺·沃尔特（Bruno Walter）生病而接任》。[77]25 岁的伦纳德·伯恩斯坦英俊、精力充沛、自信满满，幸运地获得了这个机会。

前一天傍晚，伯恩斯坦登上了卡内基音乐厅的舞台。这里是纽约的砖石建筑和慈善事业的伟大见证之一，拥有一千多个席位，容纳了这座城市最执着的古典音乐爱好者。正迅速成为世界上最负盛名的管弦乐队之一的纽约爱乐乐团，找到了一位本土的指挥家。

虽然后来的脸型更饱满，更具古典的俊朗，但 25 岁时的伯恩斯坦或者人们昵称的"伦尼"身上，还留有常春藤联盟大学生的模样，骨瘦如柴但穿着无可挑剔。他在大学里学会的"哈佛腔"消除了他中产阶级波士顿移民出身的印记，给了他一种盖茨比式的感觉。后来，伯恩斯坦的批评者们会说，他出名更多是因为他的气质而非他的音乐。

听众被这个新面孔的男孩给迷住了。作为纽约爱乐乐团的音乐助理，伯恩斯坦理应非常熟稔可能要求他指挥演奏的乐谱。除了这种熟稔于心，伯恩斯坦还具有活泼的个性、天分，并能在对音乐的诠释中获得一种自然享受。

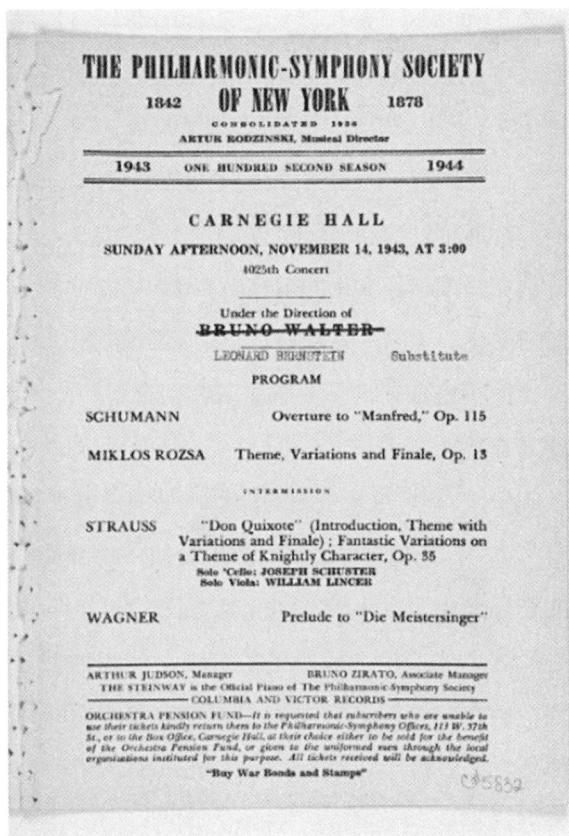

THE PHILHARMONIC-SYMPHONY SOCIETY
1842 OF NEW YORK 1878
CONSOLIDATED 1928
ARTUR RODZINSKI, Musical Director

1943 ONE HUNDRED SECOND SEASON 1944

CARNEGIE HALL

SUNDAY AFTERNOON, NOVEMBER 14, 1943, AT 3:00
4025th Concert

Under the Direction of
~~BRUNO WALTER~~
LEONARD BERNSTEIN Substitute

PROGRAM

SCHUMANN Overture to "Manfred," Op. 115

MIKLOS ROZSA Theme, Variations and Finale, Op. 13

INTERMISSION

STRAUSS "Don Quixote" (Introduction, Theme with
Variations and Finale) ; Fantastic Variations on
a Theme of Knightly Character, Op. 35
Solo 'Cello: JOSEPH SCHUSTER
Solo Viola: WILLIAM LINCER

WAGNER Prelude to "Die Meistersinger"

ARTHUR JUDSON, Manager BRUNO ZIRATO, Associate Manager
THE STEINWAY is the Official Piano of The Philharmonic-Symphony Society
——— COLUMBIA AND VICTOR RECORDS ———
ORCHESTRA PENSION FUND—It is requested that subscribers who are unable to
use their tickets kindly return them to the Philharmonic-Symphony Office, 113 W. 57th
St., or to the Box Office, Carnegie Hall, at their choice either to be sold for the benefit
of the Orchestra Pension Fund, or given to the uniformed men through the local
organizations instituted for this purpose. All tickets received will be acknowledged.
"Buy War Bonds and Stamps"

1943 年 11 月 14 日，伦
纳德·伯恩斯坦在纽约
爱乐乐团替补登场。
（ COURTESY OF THE NEW
YORK PHILHARMONIC LEON
LEVY DIGITAL ARCHIVES ）

　　《纽约时报》的评论员对年轻人伦尼浮夸的指挥风格沉醉不已：
"他显然没受乐谱的约束，他自信地随着乐谱走，但从来不埋头于其
中。……他在不拿指挥棒的情况下进行指挥，本能地、富有表现力地使
用手势和身姿，这一点如果不是一贯保守的话，也算是切入了音乐的要
点，充满了音乐的活力和表现力。"[78]

　　随后在同一家报纸发表的一篇评论，对这场演出给予了又一个有力
的支持："伯恩斯坦先生必须要具备某种近乎天才的东西，才能充分利
用他的机会。……这是一个很好的美国成功故事。热情友好的胜利喜悦
充满了卡内基音乐厅，并通过电台传遍了美国。"[79] 小报也同样倾心于

此。正如纽约《每日新闻》所说的那样，伯恩斯坦的处子秀是"一个像在中场接腾空球的机会。成功了，你就是英雄。失败了，你就是个笨蛋"。[80]

伯恩斯坦在一夜之间成了轰动的新闻，部分原因是他是土生土长的，在此前一直由欧洲人垄断的音乐领域，这是美国人的天赋的象征。一直在为军事和文化的霸权而不懈斗争着的欧洲强国，有着自己的独特音乐文化。美国应该发展自己国家的音乐文化，是合情合理的。

为了培育艺术，罗斯福新政发起了一个"联邦音乐计划"，该计划在其高峰时期资助了全国125个管弦乐队、135个乐队和32个合唱和歌剧单位。[81]这个美国的计划也是通过跨大西洋的文化交流来实现的。自1937年以来，在众多离开饱受战争蹂躏的欧洲来到美国寻求新生活的音乐家中，意大利艺术家阿尔图罗·托斯卡尼尼（Arturo Toscanini）是最著名的一位。他领导了美国全国广播公司（NBC）管弦乐队，每周在电台向全国直播演奏。在战争爆发前的几十年里，伯恩斯坦的导师阿龙·科普兰（Aaron Copland）推动了一种古典音乐创作的新兴的美国风格，他创作的《普通人的号角》(Fanfare for the Common Man)（1942年），已深深地扎根于国民的心灵之中。

伦纳德·伯恩斯坦于1943年登上了指挥台，作为指挥，他可以让这首古典音乐在公众面前大放异彩。他很清楚这是一个他可能会被召去填补的职位，在首次登台亮相的四年前，他就给一位朋友写了一封信："大男孩们（比如科普兰）（谢天谢地他们都在支持我）都深信我会成为美国的伟大指挥家。他们需要为他们的音乐找一个使徒。"[82]

"最接近爱本身的东西"

一位没那么赞许伯恩斯坦的评论家，在评论他的处子秀时写道："气质的某些闪光……改进后可能会更卓有成效，应该避免用脚打节拍。"[83] 但伦尼从来没有接受那些告诉他"收敛"行事的人的建议，跺脚打拍已成了伯恩斯坦指挥风格的一个众所周知的特征。大约 50 年后，1989 年，伯恩斯坦在柏林举办了一场特别的音乐会。在录音中，人们可以听到伯恩斯坦在音乐高潮时跺脚的声音。[84]

到 1943 年，管弦乐队指挥，特别是纽约爱乐乐团这样享有盛誉的管弦乐队的指挥，已成为古典音乐界最引人注目的领导者角色。人们期望指挥者们能在舞台上展现个性。当伯恩斯坦带着使欣赏古典音乐成为一种文化规范的个人魅力登场，他便成了古典音乐界的领导者，并随着时间的推移，成了美国高雅文化的领导者。

要了解指挥的领导者角色是如何发展起来的，从而可以由伯恩斯坦这样的人来担当，首先我们必须跨越大洋，扭转时钟回到一个世纪前，重访德国城市莱比锡的音乐厅。在 1835 年，伟大的费利克斯·门德尔松就在那里指挥巴赫的《圣马太受难曲》。

虽然如今我们习惯于看到一个激情四射的指挥控制着管弦乐队，但在门德尔松的时代，这种行为被认为是完全不恰当的。事实上，在任何明显的意义上，指挥都不是管弦乐队的"领导者"。这不是一个独立的职位，而是由乐团成员轮流扮演的角色。[85] 如果指挥把身体从听众眼前移开，会被认为是不礼貌的。指挥可能会在音乐的头 20 个左右的小节打拍，但在那之后，他在舞台上基本是多余的。事实上，他有时会与听众一起鼓掌，并在很大程度上是一位能鉴别音乐质量的听众。

19 世纪管弦乐队的领导力不归属于指挥，而是分配给整个乐团成员的责任。德国作曲家罗伯特·舒曼参加了门德尔松在 1835 年的演奏，他曾写到指挥的次要角色，他的结论是："管弦乐队应该作为一个共和国而存在，不应该承认其上存在更高的权威。"[86]

指挥者权威的标志性符号——指挥棒，是随着时间的推移才出现的。它在 19 世纪 20 年代在德国首度得到采用，然后在整个欧洲逐渐推广，被用来帮助音乐家在更大的音乐厅和更复杂的音乐中保持时间节奏。这在一定程度上是个物理学问题：较大的音乐厅会产生回音效果，这意味着演奏者不得不忽略音乐的声音，取而代之的是看着指挥的节奏分明的指挥棒来实现统一。指挥棒尽管有用，但演奏者认为，寻求更大权威的乐队指挥借此实施了可怕的夺权行为。[87]

在苏维埃俄国，为了消除等级符号，一种新的艺术生产体系产生了，乐团各乐组的"代表们"将参加一个总务委员会，就如何解释一首音乐做出某些决定。[88] 不过，指挥棒仍然是一个更广泛趋势的象征：现在由指挥来把自己对乐谱的个人诠释强加于乐团了。所有的目光，无论是听众，还是演奏者，现在都集中在指挥的身上，他已被确立为"羊群"的领导者。

到了伯恩斯坦时代，指挥被认为是品味的最终仲裁者，也是演出的表现中心。不过，与其他指挥相比，伦尼在台上的虚张声势和巨大的情感强度，被一些人视为过度表现了沉醉于音乐中的含义。在一次公开演讲中，伯恩斯坦说，真正的指挥

> ……对时间流动非常敏感。……一种雕刻家，他的元素是时间而不是大理石。……他必须对作品的最大节奏以及整体措辞做出判断。他必须征服一个作品的形式，不但在类型的意义上，还要在最深层的意义上；他要懂得并控制音乐在何处舒缓，在何处开始积累张力，在何处达到张力顶峰，在何处缓和从而为下一环节聚集力量，以及在何处释放那个力量。[89]

现代的乐队指挥已经成为某种讲故事的人。他的面部表情——大多数听众都是看不到的——传达了他与音乐时刻之间的关系，以及对具体演奏者的指示。身体动作也是如此：他们期待着音乐的声音，把活生生

的故事带给听众。对伯恩斯坦来说，这个故事必须完全在痛苦和狂喜中传达出来《纽约时报》后来关于他的讣告这样纪念他："在激动的时刻，完全（脱离了）指挥台……像火箭一样向上拔起，胳膊在空中挥舞着，表示达到了胜利的高潮。"[90]

伯恩斯坦的风格是天生的。他曾经解释道，他与演奏者之间的关系像是这样：

> 最后，伟大的指挥者不仅要让他的管弦乐队演奏，还要让他们想要演奏。他必须通过要么哄骗要么苛求或怒斥，来盛赞他们，振奋他们，让他们的肾上腺素开始分泌。但不管怎么做，他必须让管弦乐队像他那样爱这音乐。这可不那么像独裁者那样把他的意志强加于他们；更像是把他的情感投射到他的周围，使其能够到达第二小提琴组的最后一个人。

对伯恩斯坦来说，成功的指挥，需要创造一种既被分享又被拥有的情感：

> ……当一百个人分享他的情感，对音乐的每一个起伏、每一个来去的节点、每一个小小的内在节拍，都如同一个人般做出准确、同时的反应时，那么，这里就有了一种人类情感的同一性，这是其他任何领域中不能相提并论的。这就是我所知道的最接近爱本身的东西。在这股爱的潮流中，指挥可以在最深层次与他的演奏者，并最终与他的听众进行交流。[91]

伦尼被称为一个连环诱惑者。从在纽约爱乐乐团首次亮相开始，伯恩斯坦就跟美国和国际管弦乐队及其听众之间建立了长期的合作关系。他是一个不知疲倦的社会名流，被尊为一个能把注意力转向任何事物的天才。他的长相确实很有帮助，他还有着令人着迷的风采。此外，他的才华、魅力和他从像阿龙·科普兰这样的最重要音乐家那里得到的赞助，为他的早期成功助了一臂之力。传记作者汉弗莱·伯顿（Humphrey Burton）写道，伯恩斯坦"把人们眼中指挥家是一个遥远的外国独裁者的固有印象，替换成了这位大师的自画像：一个年轻的美国人，一个热爱爵士乐、聪明绝顶、爱吹牛、会跳舞、不戴帽子、乐于自嘲的家伙，对自己的成功仍孩子气地迷惑不解"。他是一个碰巧成为古典音乐家的摇滚明星和天才。[92]

这种诙谐的外表掩盖了一种更深刻、更阴暗的反思。从他早期在纽约爱乐乐团的成功开始，对这位内心冲突的天才仅仅有短暂感受，是听众和管弦乐队同时都爱上伦纳德·伯恩斯坦的部分原因。伦尼的一位音乐熟人刚刚看过他的表演后，给他寄去了一份"个性分析"结果，其结论是，他是这样一种"天才"，他"完全专注于他的事业。……这个人有很强的极端利己倾向，为了达到一个目的常常会沦于怪诞"。[93]

求取名声

1949 年，百老汇 1944 年热门音乐剧《锦城春色》（*On the Town*）的电影版上映了，由包括吉恩·凯利（Gene Kelly）、弗兰克·西纳特拉（Frank Sinatra）和贝蒂·加勒特（Betty Garrett）在内的好莱坞经典明星担纲主演。那时有越来越多的古典音乐家参与了好莱坞作品，但伯恩斯坦是独一无二的，因为他被视为明星文化中的一名演职人员。他的早期音乐剧作品，如《自由的想象》（*Fancy Free*），以及后来的成就，如《西区故事》，都见证了他在古典音乐界不断崛起的同时，也在拥抱流行文化。

《锦城春色》描述的是三个水兵奥兹（Ozzie）、奇普（Chip）和盖比（Gabey）上岸休假一天，24 小时里在纽约四处观光，笨手笨脚寻找爱情的故事。伯恩斯坦创作的著名曲调，如《纽约，纽约》，表达了这三个人在体验这座熙熙攘攘的大都市时的兴奋。

然而，当 1949 年好莱坞加以改编时，伯恩斯坦失去了创意和指挥上的控制权。除了标准的大幅删减和改动，电影对百老汇经典的再诠释中还存在更关键的差异。首先，在电影版中，伯恩斯坦的音乐——一位公认的美国交响乐作曲家的第一部戏剧配乐之一——被大幅削减了。[94] 舞台版是最早拥有取消种族隔离的演员阵容（即既有白人也有有色人种）的百老汇主要剧目，演员们在舞台上一起翩翩起舞，相互接触，好莱坞电影抹去了这种种族进步的元素。与电影不同，伯恩斯坦与其合作者的舞台版《锦城春色》有着明确的政治目标。值得注意的是，虽然 1944 年美国军队仍然实行隔离政策，但在剧中黑人穿着海军制服和白人水手一起履职。因此在戏剧版中，黑皮肤和白皮肤的码头工人共事，一名黑人警察登场，这些都展示了一个废除种族隔离的世界会是什么样子。[95]

较早的舞台版是通过纽约戏剧界人物的一个严密网络发行的，这些人物包括伯恩斯坦的毕生朋友杰罗姆·罗宾斯（Jerome Robbins），伯恩斯坦后来将与他在具有分水岭意义的《西区故事》中合作。一位舞蹈演员讲述了亲历伦尼参加《锦城春色》彩排时的兴奋："突然间，这个飞翔的幽灵肩上披着像披风一样下垂的外套，头发飞扬地出现了。'大家好。'他说。……我们所有这些小孩子都因钦佩和敬爱给弄得瞠目结舌。……我们都乐意为了杰瑞（罗宾斯）和伦尼来这儿，因为他们两人都是天才。"[96]

尽管创作过程中会不可避免地遭遇挫折，伦尼还是喜欢为百老汇作曲，后来他又回到了音乐剧。他从来没有写过一部像科普兰的《普通人的号角》（*Fanfare for the Common Man*）那样有名的交响乐作品，也许部分原因是，不像百老汇那样，为交响乐作曲是一种孤独的职业，而伯恩斯坦是一个天生的合作者。即使一位已经拥有令人惊叹的古典音乐作品的作曲家，也很难受到大众的欢迎。与此同时，为百老汇作曲需要高度的合作，这里涉及许多领域的艺术家。伯恩斯坦主创了音乐，但还有戏剧导演、编剧、演员、舞蹈演员和其他许多人参与其中。对伦尼来说，因为他能看到作品，谈论它，并与合作者一起改进它，作品更令人满意。百老汇也带来了更切实的回报，无论是在经济还是在公众反应方面。

但他的导师们说，这种对音乐剧的沉溺耗费了他的宝贵时间。在爱乐乐团意外地首次亮相之后，伦尼很快就成了古典音乐指挥的热门人选。对他在百老汇工作的严厉批评来自他的两位最热心的导师，作曲

伦纳德·伯恩斯坦在纽约卡内基音乐厅彩排，约 1947 年。
（PHOTOGRAPH BY WILLIAM P. GOTTLIEB/IRA AND LEONORE S. GERSHWIN FUND COLLECTION, MUSIC DIVISION, LIBRARY OF CONGRESS/GETEY IMAGES）

家阿龙·科普兰和指挥家谢尔盖·科乌谢维茨基（Serge Koussevitzky）。他们认为音乐剧可笑地转移了伯恩斯坦本就容易分散的注意力。伯恩斯坦描述了科乌谢维茨基在观看了《锦城春色》首夜放映后的反应："他对我很生气。第二天，他针对我此时的做法教训了我三个小时。"[97] 一位评论家总结了伦纳德·伯恩斯坦当时面临的困境："伦纳德·伯恩斯坦会是一位令人愉快的指挥家，如果他能忘记……华纳兄弟认为他是一位潜在的电影明星。"[98] 古典音乐界建立在赞助制度之上，在职业生涯的早期阶段，伯恩斯坦既不能，也不想失去这些赞助人。

伯恩斯坦喜欢将高雅文化和流行明星的世界融合在一起，但就目前而言，他听从了那些曾花大力气帮助他在高雅古典音乐领域求取名声的赞助人的暗示。仅仅在 1945 年，他就以客座指挥家的身份领导着 14 个不同的美国管弦乐队，并正在接受指导准备担任美国"五大"管弦乐队之一的音乐总监（music director）①。所以，至少他暂时离开了百老汇。正如他所说的那样："我已经做到了。我喜欢每件事只做一次，只是想看看是什么感觉。"[99] 这恰恰是他的烦恼的部分来源：一种做每件事的永不满足的渴望，除了只做一次，还要立刻做。

来自丛林的能量

1948 年 5 月，当伯恩斯坦结束了美国指挥家在战后对慕尼黑的首次访问时，德国评论家称赞道："令人震惊的、恶魔般的才能。"他对于前往前纳粹中心地带和"铁幕"以东地区指挥，曾持可以理解的保留态度。正如伦尼给一位朋友的信中写的那样，领导那里仍残留的一些管弦乐队，有某种阴暗的暧昧色彩——"难以置信，肮脏，纳粹，令人兴奋"。[100] 但伯恩斯坦的名字已跨越了大西洋，并且就像在美国一样，

---

① 又称"首席指挥"或"常任指挥"。——编辑注

为了欧洲之旅必须发展与那里许多管弦乐队的关系，而在这方面他似乎是理想人选。

虽然与中欧的镀金音乐会场地的宏伟（即使破败）环境形成了痛苦的对比，伦尼还是抓住这个机会在幸存犹太人的肮脏环境中演奏，用他尖刻的话说，这些犹太人"正在（难民）营地里腐烂"。[101]他领导的犹太代表管弦乐队由已解放的达豪集中营的幸存音乐家组成。每场演奏都有5 000多名难民在场。"（我）哭得心都碎了。"伦尼写道。[102]

让古典音乐成为和解和治疗的工具，是一个大转变，因为它在第二次世界大战中曾扮演过更黯淡的角色。所有的同盟国和轴心国，都以自己的方式用音乐来淹没战争的噪声。希特勒向一批音乐家和指挥家示好，他认为古典音乐方面的成就是德国霸权的终极目标之一。阴云难散的是，在奥斯威辛，指挥家兼作曲家古斯塔夫·马勒的侄女阿尔玛·罗塞（Alma Rosé）指挥了一个女子管弦乐队，经常向囚犯和党卫军军官演奏施特劳斯、贝多芬和舒曼的音乐。在俄国，在纳粹包围的列宁格勒（现在的圣彼得堡），肖斯塔科维奇的第7交响曲的轰鸣是心理战的经典运用。第二次世界大战回荡着令人心惊的音乐训导之声。

相比之下，伦尼的欧洲之旅为取得胜利的美国唤起了新鲜感和信心。在处境艰难的欧洲大陆，他成为文化外交的助手。令人惊讶的是，在这些曾经的纳粹堡垒，虽然仍残存着不少反犹太主义痕迹，伯恩斯坦仍然能够抢尽风头。1948年5月9日，他在慕尼黑的演奏结束后，被乐迷们扛着走上了街头。然后，在布达佩斯，观众"跺着脚高喊着"表示赞赏[103]，他得到了同样热烈的公众祝贺，一篇音乐评论写道："这位年轻的天才将来自丛林的巨大力量和强劲能量展示了出来。……他的高超技艺本身并不是目的。他激励管弦乐队实现了前所未有的表演效果。"[104]

在这些表演之后的几天里，以色列正式宣布建国，而以色列正式被承认为犹太人的故乡这一刻让伦尼倍加珍视，此时此刻他甚至考虑在那里定居。年轻的巴勒斯坦交响乐团于 1945 年 11 月首次邀请伦尼前往那里指挥演奏，却负担不起他的旅行费用。当伦尼终于能到那里时已是差不多两年后了。但伦尼非常喜欢那里，因此经常前往，并与那支管弦乐队建立了终生的关系。

当他在巴勒斯坦坐镇指挥时，骄傲的高雅文化和暴力的交错，比他的欧洲之行所经历的更为突出。在许多方面，巴勒斯坦交响乐团（后更名为以色列爱乐乐团）是一个精神家园。在这里，这个年轻的机构充满了自豪的年轻犹太人，他们对自己的文化遗产、更广泛的信仰问题感兴趣，并保持着与古典音乐等欧洲传统的联系。伯恩斯坦本人就是一位自豪的波士顿犹太人，他对这类事务也一直很感兴趣。他对《巴勒斯坦邮报》（*Palestine Post*）谈到那些沉浸在他指挥演奏的乐声中的听众时说："他们的情绪随着乐声渐强而高涨，又伴着乐声渐弱而消沉。……他们就像气压计那样，没有什么能比这更敏感了。"[105]

伯恩斯坦以他少有的自知之明，不久之后拒绝了以色列爱乐乐团音乐总监的职位，他说："我不能什么都做。"[106] 如果说他不能什么都做的话，却几乎能无处不在。在欧洲、美洲、中东以及其他地区，伯恩斯坦都建立了终生关系。每一次演奏都说明着伯恩斯坦与个人或群体的特殊关系。总体说来，它们都反映了伯恩斯坦取得了多大的成就，以及世界对他的要求。

新总监、新人物和新音乐

"我就是要势利！"费利西娅·伯恩斯坦（Felicia Bernstein）在接受《纽约时报》记者采访时说，当时她正穿着一身从纽约高档时装店购买的华贵服装。伯恩斯坦夫人的几张照片，出现在她丈夫 1958 年 10 月 2 日作为纽约爱乐乐团音乐总监的首演之夜前几天的半版报纸上，他是该乐团历史上第一位担任这个职务的在美国出生的公民。其中一张照片中，她穿着"裁剪合体的深红色羊毛套装"，读者们得知，这套衣服适合穿去听下午的演奏。另一张照片中，费利西娅穿着一件被称为"初夜"的蓝丝绒礼服，显得更为高贵。[107]

1951 年 9 月 9 日，伦尼娶了智利的著名女演员费利西娅·蒙泰亚莱格雷（Felicia Montealegre）。这对爱侣此前已经断断续续地一起生活了好几年，虽然他们的婚姻开始时是一种妥协，不过，两人确实深深地坠入爱河，费利西娅逐渐成了伦尼的北极星。在度蜜月时，他和朋友们一起思考探讨过，她嫁给他应该是种什么感觉。他得出了一个令人不安的结论："这取决于她在这段于不安全状态缔结的婚姻中，能获得何种安全感。我们希望着，祈祷着，然后等待着。"[108] 令人高兴的是，费利西娅怀了他们的第一个孩子，是个女孩，名字叫杰米（Jamie），这是在延长至三个月的蜜月之后。随后这对夫妇又相继生下了两个孩子，亚历山大（Alexander）和尼娜（Nina）。尽管后来婚姻情况很复杂，但伦尼喜欢做一个有家室的男人、一个父亲和丈夫。

费利西娅于 1958 年 10 月在《纽约时报》版面上的露面，是宣传活动的一部分，旨在吸引更年轻的、时尚的纽约人出席纽约爱乐乐团的演奏活动。他们更富有并且时髦，具有"20 世纪的头脑"，伦尼以前曾为他们表演过，并乐在其中。果然，纽约社交名流埃尔莎·马克斯韦尔（Elsa Maxwell）把伯恩斯坦的首演之夜称作"本季或任何一季最具社会意义的事件"。[109] 费利西娅提到"交响乐中的许多新生活"，而且让年轻、富有的纽约人去参加意味着"有些人参加的目的可能是展示他们的貂皮，结果却发现他们喜欢这些音乐，并一心爱上了爱乐乐团"。[110]

伯恩斯坦直到 1955 年才对记者说："我从来没想要一个自己的管弦乐队，因为我会马上停滞不前。那样一来，我可能会谱写交响乐，但我就永远也写不了戏剧作品了。"[111] 在这么说两年后，他还是那么做了。

他在一次记者招待会上坦承道："你知道，我们都在变老。"作为世界上最著名的客座指挥家之一，伯恩斯坦寻求从国内和国际旅行的辛苦中获得喘息的机会。"我们只是没有 20 岁时的精力了。该开始重点做某些事了。"[112]

不管怎么说，伯恩斯坦夫妇两人对"（安顿）下来做单份工作"——按费利西娅的说法——有一个奇特的定义，因为伦尼的新职位以及他参与的无数其他项目，所涉及的许多责任都很艰巨。[113]

他签约做音乐总监，承诺每年指挥 16 周。他的前任在 1951 年至 1957 年的任期内平均每年指挥 131 场音乐会，伯恩斯坦的前五年增加到每年 165 场，而他掌权的第二个五年则增加到每年 192 场。此外，根据爱乐乐团的记录，伯恩斯坦还要"计划每一季的整体安排；确定节目的总体内容；选择和协调客座指挥及独奏者；处理管弦乐队的人事问题；研究乐谱；并策划巡回音乐会，包括挑选参加巡回演出的艺术家和节目"。[114] 这一角色意味着他既要领导一支由精英音乐家组成的管弦乐队，又要领导一个受人尊敬的机构，涉及相关的各种各样的人事和管理挑战。他得到了整个机构的支持，但实施领导和策划的只是伦尼一个人。

当费利西娅将爱乐乐团提升为上流社会时尚人士的活动场所，伦尼也贯彻了自己的一些个人审美变化，包括现代风格的新制服和一种定期的、更随意的系列"预演音乐会"。此外，在伯恩斯坦的以色列之旅中，后背的病患使他开始使用起指挥棒来，他的结论是这样做会"让他的职业生涯延长十年"。在仅仅用手指挥了 18 年后，从那以后，他用起了请皇后区贝赛德（Bayside）的一位音乐家定制的指挥棒。这种指挥棒总长度始终保持为 17 英寸，是用桦木削成的，指挥棒的一端裹着一个梨形软木球（其中一根在他 1990 年去世时随葬了）。[115] 这个变化丝毫没有改变他那浮夸的指挥风格：《纽约客》把他刚刚装备上这副新道具的指挥，比作一个拜占庭僧侣在疯狂摇晃马提尼酒。[116]

对伦尼来说，这都是为了培养美国的艺术灵魂。在到任之前，伦尼就注意到纽约爱乐乐团缺乏纪律性："器具破烂，缺乏合奏，精确性不足，调音不准。"[117]伯恩斯坦的领导力，将注意力重新集中在了学习上，这不仅是针对听众，对这个精英管弦乐队也是如此。"我的工作是一项教育使命。"他如是告诉《纽约时报》。

管弦乐队的成员们发现，自己一天要花几个小时来回顾他们认为自己已经了如指掌的音乐细节。对一切都密切关注，从呼吸，到停顿，再到曲调中令人头疼的疑点难点。对于乐器演奏家在他们职业生涯的大部分时间里一直在重复的、几乎没什么变化的演奏，这最终带来了一种新鲜感。因为伯恩斯坦也很乐意继续学习，这就产生了一种平衡的动力，正如他的传记作者所说："他是他们中的一员，但显然他也是他们的师傅。"[118]

伦尼作为一名教师的天赋很快就为公众所知，并通过他的两部电视系列片《给所有人》（Omnibus）（1954—1961）和《年轻人的音乐会》（Young People's Concerts）（1958—1972），让伯恩斯坦这个名字在全国家喻户晓。《给所有人》是一个面向成年人的节目，向新手开放了古典音乐世界的封闭工作间，试图回应听众对音乐话题的简单但普遍的兴趣。

1954 年 11 月 14 日，关于贝多芬《第五交响曲》的第一部系列片在哥伦比亚广播公司（CBS）播出，其目的是让外行听众了解贝多芬是如何创作出如此具有历史意义的作品的。作为一个天生的公众表演者，伦尼对他——和贝多芬——如何对待作曲艺术给出了一些见解："作曲家……在结束时（给人）留下这样一种感觉，即世界上有些东西是正确的，它们贯穿始终，始终遵循自己的规律，它们值得我们信任，且永远不会让我们失望。"[119]

随后的《年轻人的音乐会》则是为孩子们设计的，其目的是向新一代美国人介绍古典音乐。这些音乐会展示了伯恩斯坦的最佳说教能力，阐明了他对音乐的全部思考。每个傍晚都有数以千计的孩子参加，他们偶尔会被摄像机拍到，惊讶地张大嘴巴，或者在听到伦尼的笑话或他对一首名曲的解释时，脸上露出灿烂的笑容。这个节目成了美国年轻音乐人的必看节目，下一代的许多成功专业音乐人说，《年轻人的音乐会》是他们成长过程中的音乐灵感来源。伦尼是一个天生的沟通者，他能够理解一个好奇的孩子的思维方式，就跟他理解一个训练有素的乐器演奏者的思维方式一样好。

这些节目会刻意跨越从爵士乐到古典音乐的所有音乐类型。事实上，伯恩斯坦自大学时代以来就一直在思考如何将完全不同的音乐结合起来。之后，在 20 岁时，他描写过美国种族史以及自 20 世纪初以来发展起来的独特的民族主义，是如何正在为美国音乐创造一个独特的时刻。而爵士乐就位于这种新兴音乐文化的核心。

在常春藤盟校的社会论述（social discourse）稍早之前的一次争论中，他讨论了音乐如何帮助将他所说的美国"种族因素"的"物质"条件，转化为"精神"或艺术条件："这些因素是可溶解、可适应的；在异质化的美国，正是它们之间的微妙平衡决定了作曲家独特的、个人化的美国主义。"伯恩斯坦认为，创造了爵士乐的非洲裔美国人、新英格兰人（"构成这个国家的种族和社会支柱的大英国［greater-British］种族"）和作曲家的个人遗产，产生了三个主要的文化影响。[120] 他的结论是："这三条溪流已汇合成壮阔的美国之河，现在这条河流第一次将其澎湃波涛——一种真正的本土贡献——倾注到了世界音乐的海洋中。"[121]

伦尼认为这些观念会对音乐文化产生真正的影响。但其中的许多想法却没有实现，部分原因是他无法确定，哪种类型的职业生涯才会使他能够创作出一种似乎来自他内心深处的音乐形式。这是他最大的抱负，但也是他个人一生挫折感的根源，因为他不会成为流入这条"壮阔的美国之河"的最大支流。这种矛盾的"双重生活"也影响了他的人际关系。他写信给他妹妹时说：

> 我的世界，从一个充满抽象概念和公众渴求的表演的世界，时时变成一个现实的世界，一个充满了创造力……旅行、休息、爱、温暖和亲密的世界……我是怎样度过了一种作为指挥-表演者的生活……以及我对内心生活准备得如何，这意味着作曲和费利西娅。[122]

自《西区故事》（1957 年）以来，伯恩斯坦在创作新作品方面经历了 15 年的相对停滞阶段，随后他试图在一部新的创造性杰作中，调和许多这类内心分歧和音乐观念。

《弥撒》

《弥撒：给歌手、演奏者和舞者的剧作》是纪念美国第一位信仰天主教的总统约翰·F. 肯尼迪一生的音乐盛典，也是专为 1971 年以肯尼迪命名的新机构，位于华盛顿特区的肯尼迪表演艺术中心（Kennedy Center for the Performing Arts）盛大揭幕典礼创作的。伯恩斯坦是肯尼迪家族的老朋友和知己，还是 20 世纪 70 年代美国最著名的音乐天才，因此是这项新委托的当然之选。

创作《弥撒》总要找到一个合适的结尾。它应介于庆祝和纪念之间，旨在既提供一个象征性的结束，又更能直接适用于盛大揭幕典礼。至少在公开场合，伦尼是一个"半杯水"的人，这一点在他许多最重要的创造性决定中都得到了体现。在一些人看来，以表现"模糊的圆满"的音符来结束这部作品似乎不真诚，但许多观众期待一个圆满的结局，伦尼也这么期待。

伯恩斯坦的这部作品把爵士乐、摇滚乐、交响-古典风格和百老汇风格给融合在一起。它介于音乐剧、音乐会演和交响乐之间，是伦尼最有创意的作品，其混合性质重现了他在哈佛论文中的观念，探索了彼此"渗透"的不同"溪流"或音乐类型。它试图产生出体现美国国情的独特音乐。伦尼评论说："我觉得这是一部我用尽了我的毕生之力的作品。"尽管有些人觉得它不和谐，但这部作品非常美国化，而且是伯恩斯坦的独有风格。[123]

伯恩斯坦的《弥撒》以宗教为基础，讲述了一个叫"主祭"（Celebrant）的主角的故事，他是《弥撒》剧中的牧师领导者，希望世界和平，却被任性的追随者所击垮，并在此过程中变疯了。鉴于这部作品的献词，许多人认为这个故事（去掉变疯情节）类似于肯尼迪总统未竟的承诺，以及他去世后几十年里令人担忧的外交政策。*

这是一部笼罩在政治争议中的作品。伯恩斯坦曾是肯尼迪政府的某种"宫廷音乐家"，在尼克松总统的领导下，伦尼和费利西娅——他们的左翼倾向过于明显——失宠了，联邦调查局（FBI）对他们政治活动的调查也加大了力度。《弥撒》剧中伦尼的首席音曲助理回忆起他（显然只是半开玩笑）提议的一个结局：那个变疯、半裸身体的主祭砰的一声关上肯尼迪中心的大门，高声喊道"去你妈的，去你妈的战争"，然后"随着全体演员在舞台上散开，观众、尼克松和整个美国国会都震惊不已地坐在那里，仿佛被遗弃了。这就是这部作品的结尾"。[124]

联邦调查局事先告诉尼克松，他不应该参加《弥撒》首次公演，以防它的拉丁歌词中含有反政府信息，他自己却在无意中为之鼓掌。就是

---

* 伯恩斯坦本人也认同这位主祭主角，他告诉一位采访者说："自从俄国坦克（在1968年8月）入侵布拉格以来，《弥撒》经历了三年的绝望创作。当我写作时，我的第一个冲动就是交流。所以我代表的是观众。因此，主祭是我的思想的一个延伸。"

这位音乐助理（同样也许只是半开玩笑）后来提出，鉴于随后的政治影响，他与伯恩斯坦关于结局的私人谈话一定是被窃听了。尼克松总统和他的幕僚长霍尔德曼（H. R. Haldeman）在白宫的一段谈话录音[125]，反映出尼克松政府对伯恩斯坦的作品的怀疑：

> **霍尔德曼：**你不应该去另一个（揭幕庆典）的原因……是《弥撒》这部作品是伦纳德·伯恩斯坦写的……
>
> **尼克松：**哦，妈的，我认识他。
>
> **霍尔德曼：**……这非常非常糟糕。……这部作品有点政治暗示。……一种类似于"一切都错了"的东西。……总统出席是非常不合适的。[126]

根据最终作品看，这些担忧是被夸大了，但尼克松没有出席首次公演，而是把他的包厢交给了杰奎琳·肯尼迪，她当时已成了亚里士多德·奥纳西斯（Aristotle Onassis）夫人。*不过，尽管没有诅咒总统或国会议员，但要为《弥撒》找到恰当的结局，对伯恩斯坦来说仍是一个巨大的挑战。

光是在协调方面，上演这部作品就是一个大手笔，参与这部剧最终上演的有 200 多名表演者。从马萨诸塞州伯克希尔（Berkshire）男童合唱团（他们在夏令营中学习了自己的角色）到 78 名舞蹈演员、歌手和音乐家（他们每天都在纽约集中排练），使众人齐心协力在华盛顿最终上演，这展示出了伯恩斯坦将不同的艺术天赋和他对广泛合作的本能热爱结合在一起的能力。有人质疑，为什么他和他的犹太同仁会有兴趣把

---

* 出于个人原因，奥纳西斯夫人等到 1972 年 6 月的一次重演时才观看了《弥撒》，之后她给伦尼寄了一张他们两人的照片，上面签了个人题词："伦尼——我爱它，真的，我也爱你——非常感谢你把《弥撒》打造得如此美丽。"

一部主要作品建立在天主教弥撒的基础上。思及这一点，伦尼认为他创作这部作品是"不可避免的"，并且鉴于他倾向于接受异质性和生活在模棱两可之中，不难看出原因所在。[127]

尽管人才汇集，伯恩斯坦仍然坚持独自掌控这部作品的倒数第二场和最后一场。[128] 事实上，他有太多其他任务，结果演员们在一个疯狂的夏季合作结束后聚集在华盛顿进行最后彩排时，他仍在匆忙赶写剧本。演员们不知道高潮时会发生什么，也不真正明白所有的角色会怎样组合在一起。最后，他终于把自己的作品交给了演员们。倒数第二首歌《碎片："分崩离析"》（*Fraction:"Things Get Broken"*），演员们绝望地歌唱，他们愤怒地将挫折归咎于他们的领导者，被诅咒的主祭：

> 我们受够了你的神圣沉默，
> 我们只能用暴力来动作，
> 所以如果我们不能拥有我们想要的世界，
> 主啊，我们就只能点燃这个世界！
> 给我们，快给我们。[129]

这位主祭因他的信众的要求和威胁而彻底疯狂，最后用拉丁语、希伯来语和英语口不择言，胡言乱语起来，然后离开舞台，让他的信众们一屁股坐在地板上。他早先的呼喊，"PA … CEM！PA … CEM！！PA … CEM！！！"（和平！和平！）被置若罔闻了。[130] 这反映了伦尼对越南战争等世界性事件和肯尼迪总统的血腥结局的某种内心绝望。

但又一次，伯恩斯坦不想在这样一个令人遗憾的音符上结束。最后，在第一场演出的前几天，他与他的团队分享了他的最后一首歌，恰当地命名为《秘密歌曲》（*Secret Songs*），正如他的音乐助理记录的那样，这首歌"让一个失去亲人、无人领导、支离破碎的社群重新恢复了生气"。[131] 没有对当代政治的焦虑，与之相反，《弥撒》是以充满希望的信息结束的。回忆起这些最后的、疯狂的排练时，他的助理，当时也预订要指挥首次公演（因此他对乐谱的了解尤为重要），写道："如今回想起来我才意识到，这样操纵团队（最后一刻才将最后几首歌交给他们），伯恩斯坦是想以这种方式，保护该剧的寓意免受这个世界的悲观主义者不可避免的批评……"[132]

继世界末日的"碎片"后，当灯光变暗时，《弥撒》的最后一句话响起，伯恩斯坦的声音响彻礼堂："弥撒结束，和平归去吧。"① 这是伦尼的创造性的巅峰，近 15 年来伦尼很少创作音乐，这部作品随之出现。它既张扬又混乱，此外部分因为伯恩斯坦在舞台上的显赫地位，他的合作者无法控制他的铺张，以及传播——而非固守——创造性思想的倾向。但最终的作品还是很出色。《弥撒》展现了伦尼与生俱来的对人类怀抱的希望，这部作品也正是他对世界的音乐馈赠。

这个项目的完成对所有相关人员都是一种宣泄。但是，当这伟大的音乐、创意和象征性的集大成之作完成的时候，伦尼的私生活令他心烦意乱。

反思人生

在《弥撒》上演之时，伯恩斯坦已经从纽约爱乐乐团音乐总监的职位上退了下来，结束了他漫长而成功的这届十年任期。这是他人生中最重要的人际关系。自首次登台以来的 25 年，伯恩斯坦作为音乐总监指挥了 800 多场音乐会，其中 36 场是世界首次公演。1969 年 5 月，他从演员那里得到的临别礼物是一枚金银色的门柱圣卷（Mezuzah），这是犹太人信仰的象征，通常固定在犹太人家庭的门柱上。[133] 这是他们告

---

① 这是天主教弥撒礼成式的标准用语，一般译为"弥撒礼成"。——编辑注

诉伦尼，纽约爱乐乐团永远是他的家的一种方式。

伯恩斯坦之前接受总监职务的理由是，他想为了自己的工作和福祉而稳定下来。然而他的领导者职务让他几乎没有喘息的机会——事实上，他的日常工作一直在惩罚他——不过这也让他脚踏实地，并有了自己的大本营。

继《弥撒》之后，伦尼和费利西娅在一起生活的最后六七年并不非常幸福。他遇到了汤姆·科思伦（Tom Cothran），洛杉矶一家广播电台的音乐总监。两人坠入爱河，科思伦很快就进入了伯恩斯坦的核心圈子。这段关系既关乎性，又关乎职业。虽然有些波折，这段关系一直持续到 1978 年费利西娅死于肺癌。

从 1975 年起，这桩绯闻尤其造成了伯恩斯坦家庭的不和，进而在1976 年 7 月导致了伦尼和费利西娅的分居。伦尼一直都有外遇，但他爱上了科思伦这件事对费利西娅来说太过分了。

当他从一家旅馆搬到另一家旅馆时，伦尼和几十年里作为他主要稳定支柱的女人的争执，使他没有了着落。在他指挥过程中，人们更多地看到他通常毫无瑕疵的技术表现风格失了准。不过，他的混乱生活似乎有助于他把注意力集中在音乐制作上，集中精力工作有效转移了他的烦扰。[134]

在造成公众影响一年后，伦尼和费利西娅重归于好。现在费利西娅病了，很快被诊断出患有肺癌，并在 12 个月内就去世了。她的死可能给伦尼带来了更大的个人自由，但这种自由却没有让他称心如意。

相反，是自己导致费利西娅死亡这个想法，令他无法解脱，有时他会变得忧郁，也越来越难相处了。[135]作为艺术界的领导者，他是没有最私密的哀悼期的。就在费利西娅去世两个月后，在一场他作为贵宾的募捐活动中，一位演讲者向一大群朋友、同事和家人宣称："伦纳德·伯恩斯坦将不得不忍受回忆的痛苦，除了他们无数的美好时光，还有可怕的最近几个月。也许他会因此变得更明智，这些回忆将会引导他创作出更伟大的作品来。"[136] 伦尼后来说这是"我生命中最可怕的夜晚"。[137]

在伦尼的权威生涯的最后 12 年里，他总觉得自己是在与时间赛跑。他对一位采访者说："我不介意我老了，我的头发白了，我的脸上有皱纹了。我介意的是这可怕的感觉——时间不多了。"[138]

尽管取得了那么多成就，伯恩斯坦仍然对作品传世的问题保持敏感。他担心他死后唯一享有盛名的作品就是《西区故事》。就其本身而言，这是一部能确立一种新类型的作品。露丝·莱昂（Ruth Leon）是在他职业生涯晚期认识他的，她认为："伯恩斯坦的杰作就是《西区故事》，对此，他从未接受或相信过。……但是在你写了《西区故事》之后，其他的作品就不那么重要了。"[139]

但随着 20 世纪 80 年代的流逝，尽管他感到焦虑，他似乎还是放不下继续进行国际巡回指挥这一永不满足的愿望。他沉迷于指挥，投入了极多的时间和精力，从而损害了他完成新作品的能力。即使把 1981 年确定为休假年后，他还是把当年将近一半的时间花在了路上。

1983 年 5 月，《哈泼斯》（Harper's）杂志上一篇尖刻的重要文章总结道，伦尼更感兴趣的是掌声，而不是持久性。文章追问道："这个职业原本可以改变美国音乐。我们文化和他自己身上的什么东西，让我们最有天赋的音乐家挥霍了它？"伦尼对他现在应该关注什么项目感到疲惫而烦躁。这是一种他从未完全缓解的紧张关系，后来他说："我自己也不能确定我究竟是做到了一切，一部分，还是一点点。"[140] 莱昂在一次接受采访时说："我相信伦尼去世的时候一定会感到很失望，因为他知道自己是个多么优秀的钢琴家。他知道自己是个多么优秀的指挥家。他知道自己是个多么优秀的老师。但他只想成为阿龙·科普兰，而他永远也不会成为那样的人。"[141]

在生命最后的几年里，伦尼作为一名教育工作者留下了一种特殊的印记。天才往往因其作品的独创性而被人们铭记，但伯恩斯坦晚年的最大影响则是培养一代新人——通过音乐规范，也通过帮助他们发掘自己的艺术潜力。1990 年，当生命只剩下几个月的时候，他说："我想把上帝赐予我的大部分剩余精力和时间用在教育上。"[142]

教一个音乐学员，不仅仅是告诉他们如何最有效地演奏音符或挥动指挥棒。这是一种更为关系化、触觉化的技巧，需要教师、学生和耐心的管弦乐队投入大量的时间和精力。每一首乐曲的"教学"都是不断的反复，依赖的是老师和学生本人的深入知识，以及他们了解错综复杂的音乐历史的意愿。这个词只有在最具活力和最人际关系化的意义上，才具有指导意义。伯恩斯坦在他去世前一年的一次采访中指出了这种教学的微妙之处：

> 我所做的一切都是针对管弦乐队，至于观众从他们角度看到了什么，是他们的事。对此，我一概不负责任。我不设计手势，我也从没对着镜子排练过。当我的学生问我，他们应该怎么做才能让管弦乐队像我指挥时一样演奏，我不能告诉他们——我必须先问他们我都做了什么。……我只是建议他们看乐谱，然后让乐谱活过来。[143]

所以说，伦尼在马萨诸塞州西部伯克希尔山（Berkshire hills）的美国顶尖级音乐教育机构坦格尔伍德（Tanglewood）进行他的最后一场演奏，是合情合理的。这是这所音乐学校的 50 周年纪念日，伦尼对此付出的时间最多。这次演出没有录像，不过，后来发布了录音。[144] 节目单的压轴乐曲贝多芬的《第七交响曲》的录音，并不能传达伦尼当时承受的身心压力。

伦尼在指挥波士顿交响乐团，此刻，马勒的《复活交响曲》正达到高潮处，
也是在坦格尔伍德，1970 年。
（BETTMANN/CONTRIBUTOR）

　　虽然像往常一样，他穿着夏季白色短上衣，打着黑色领结（那个领
结他已经戴了很多年了——尽管那天晚上下着雨，据说坦格尔伍德的夏
季音乐节迎来了阳光明媚的"伯恩斯坦天气"），但现在他是一个虚弱的
老人，弓着背，皮肤呈灰白色，指挥时双手已不能高过腰部太多了。除
了纽约爱乐乐团的成员外，波士顿交响乐团的成员是伦尼最亲密的古典
音乐同仁，他们对伦尼的领导非常熟悉，此时，他们几乎完全可以在他
的双眼掠过管弦乐队的不同乐组时，依靠他的眼光流变来演奏。

　　但演奏在进行到贝多芬《第七交响曲》的第三乐章时，伦尼面色苍
白，突然咳嗽起来，他身体靠在指挥台后背，大口喘息着，他91岁的
母亲和孩子们在观众席上焦急地注视着他。

　　他的双手裹着一块红色的手帕以抑制喘息声，他的手臂动作停了下
来。与演奏者的眼神交流中断了。不过，一如既往，波士顿交响乐团继

续演奏着。铜管乐器以新的决心吹响，对这位充满活力领导他们47 年的男人的胜利表示致敬。伦尼对他们的教育非常成功，他们继续演奏着，虽然此时已无人领导。

在第四个和最后一个乐章，演奏者们的意志鼓励他回到原位。伦尼十分痛苦地恢复了呼吸和精力，继续领导着。当交响曲结束时，一些观众可能已经猜到，这将是他们最后一次向伦纳德·伯恩斯坦鼓掌欢呼了。

这没有什么。当众人从座位上一齐站起身来时，伦尼和他的管弦乐队仍在一脸严肃地凝视。大师和他的忠实演奏者们默默地彼此对视，此刻音乐已铭刻在他们的记忆里，他们将继续前去探索那些错综复杂、常常未曾明言的存在和团队归属的网络，而我们都是其中的一部分。

隔壁天才

伦尼和其他任何人一样，只是更具人性，却没人能像他一样。[145]

——内德·罗勒姆（Ned Rorem）

在 1944 年《纽约时报》的一次采访中，阿尔伯特·爱因斯坦问道："为什么没有人理解我，却每个人都喜欢我呢？"[146] 这个问题是典型的爱因斯坦风格，因为它追问的是他自己的悖论。爱因斯坦的理论超出了大多数人的理解范围，然而，他年龄越长，他的人格就越是人性化。毕竟，他和他的第一任妻子离异了，并娶了他的表姐，他以忘记日常琐事闻名，而不拘小节的举止又遮蔽了他的才华。于是，爱因斯坦既不可接近，又可以亲近了。

46 年后，伦纳德·伯恩斯坦去世后一周，《纽约时报》举办了一系列"他的朋友们"的回忆活动。[147]他的一位朋友，作曲家内德·罗勒姆被媒体电话给包围了，被问道："那么他到底是个什么样的人？"除了其他描述，罗勒姆还回答："他曾经并永远保持着神圣的表情，英俊而紧张，就像即将成为国王的牧羊人大卫。……"但他更有说服力的证词是："伦尼和其他任何人一样，只是更具人性，却没人能像他一样。"就像爱因斯坦，伯恩斯坦似乎既在我们中间，又超乎我们之外。

就他们两人而言，他们在历史上留下的印记，甚至远远超过了他们的天分所及，但很难找出其中的原因所在。是伯恩斯坦那不可否认的自信和吸引力，在他的崛起中起了作用吗？若不是爱因斯坦那些可爱的怪癖和亲切作风，他会成为世界上最著名的人吗？他们的天赋的作用大于智力，而他们的领导力的作用更大于天赋。

我们倾向于把领导力和天才视作个人的内在特质，而非来自一个外在系统。把爱因斯坦说成一个"孤独天才"的流行观点虽说很吸引人，却并不准确。很能说明问题的是，爱因斯坦的通信是如此丰富——他有一个合作者网络，这对他的成就至关重要，而唯有通过他传奇的、独自的思考与他相对鲜为人知的人际合作的结合，他的天赋才得以实现。

当我们通读爱因斯坦的信件时，我们很难解析在他大部分信件中占主要地位的物理学内容。不过，我们很容易理解他的诙谐风趣（他在物理学史上最令人印象深刻的信件的开篇，称自己的朋友康拉德·哈比希特为"熏干后装罐的灵魂片"[148]），也能感受到他与其他科学家交流想法时，从他话语中散发的喜悦。给我们留下的印象是，虽然其他物理学家与爱因斯坦通信是因为他做出了他那个时代最重大的物理学发现，他们也的确从单纯的信件往来中得到了享受。

另一方面，伯恩斯坦更以其社交和合群的天性而闻名，不过，他对独处的需求却鲜为人知。伯恩斯坦明白，虽然他有能力成为一个指挥家身份所需要的外向表演者，但他作为一个作曲家的角色，却是"一个拥有更强大内心生活的内省的人。……"[149] 他曾对美国全国广播公司新闻说，他开始后悔花太多时间在指挥上，而没有足够的精力去作曲，他意识到："我必须两者兼顾，这就是压力所在，几乎到了精神分裂程度。"[150]

这种合作和独处的双重性，与我们对天才的单一叙述相悖。以公众的普遍印象来简单概括伯恩斯坦和爱因斯坦是很有诱惑力的：伦尼是典型的外向型人士，他乐于协作而避免孤独；爱因斯坦则与之相反，是另一个极端。不过，当个人技能，以及协作的反馈和挑战兼具，天赋方可真正得到完整展现。表面看这些人的天赋只归于他们自己，但就领导力而言，当我们仔细观察，就会发现他们的个人成就也与某个系统内的集体互动密不可分。

例如，爱因斯坦拓展了他的专业领域，并为时至今日仍在探究他的洞见的含义的几代科学家设定了议程。但同样不可忽视的是，如果没有物理学这个领域，及其数百年来积累的知识和借以交流观点的机制，这样一个爱因斯坦首先就不可能产生。

所有这些都是在讲述天才的概念与领导力概念有多大的可比性，但我们仍然面临一个问题：他们的天才是如何转化为领导力的？

把他们放进"思想领导力"等范畴便一了百了，还不够，因为他们的影响超越了他们的学术领域。虽然我们的两位天才在各自领域都有深远的影响力，但他们都不是传统意义上的领导者。爱因斯坦是 20 世纪被引用最多的物理学家，但他从未成为某个组织的一把手，并且努力避免因为担任正式领导角色而分心。相比之下，伯恩斯坦管理着最重要的古典音乐机构之一——纽约爱乐乐团。不过，他的影响远远不止于机构权威，还塑造着世界对音乐的期望，以及人们眼中指挥家应有的形象。在这两种情况下，他们每个人虽然都只有极少的正式权威，却逐渐产生了深远的影响。

仅仅把他们的领导力归因于他们的成就和表现所带来的名声，也还不够。他们都在各自的专业造诣方面超尘脱俗，但他们的影响力，远非他们在各自领域的高超专业造诣带来的名声所能企及。例如，他们各自的导师阿龙·科普兰和马克斯·普朗克，在天才的程度甚至在各自领域内的影响力上都具有可比性，但不同于伯恩斯坦和爱因斯坦，他们都没有成为更大范围的社会领导者。

使爱因斯坦和伯恩斯坦成为与众不同的领导者的原因在于，他们有能力将自己的天赋与广大的追随者联系起来。就其本质而言，天才是无法接近的，因此必须使其可接近，才能与大众相关。与他人相联结，不仅使他们的天赋有可能实现，也正是这么做才使得他们的天赋与大众相关。

大多数团体所选择的领导者的智力只**略**高于平均水平，这么做大概是因为人们发现很难与那些智力超群的人相处。[151] 追随者希望他们的领导者有能力和智慧，但也希望他们始终平易近人。这就是领导力和天才之间的关系如此奇特的原因。虽然领导者一般都很聪明，但**异常聪明**的人实际上**不太可能**成为领导者。

虽说伯恩斯坦和爱因斯坦的高超专业造诣给他们带来了受众，但他们每一个人都需要通过相应途径将这些受众与他们的天赋联结起来，以为他们的影响力找到其特殊广度。将伯恩斯坦和爱因斯坦的深奥成就与广大受众联结在一起的，除了他们的成就，还有发挥了同等作用的他们对世界的开放态度。

一旦我们与天赋联结在一起，它就会变得更加强大。因为它"构建意义"的氛围，提供了有价值的理解；同时，渴望接近看似不可接近的东西的焦虑，唤起了一种敬畏感。这种理解与敬畏的结合，或者说是明晰与困惑的结合，是一种强大的非正式与非强制的领导力。更简单地说，我们常常希望我们的领导者像我们一样，但也希望他们要高出一筹。

爱因斯坦和伯恩斯坦都得益于人类的这种倾向——被拉入理解和惊奇之间，并始终凝视那些不知何故既在我们中间又在我们之外的人。这就是天才的激励力量，我们因其存在而感到自己更有活力。

所有这些都支持了这样一种观点，即我们求助于天才和领导者的原因，较少在于他们所创造的东西，甚至也较少在于他们所取得的成就，而更多因为他们所提供的意义。我们或许不希望我们的领导者是天才，因为我们希望他们更平易近人。但是，当我们遇到一个不知何故平易近人的天才时，我们往往会被这个天才所吸引，并考虑让他成为一个领导者。这种可接近的不可接近性，通过拓展边界和为新的可能性创造空间，提供了一种令人振奋的更新感。

当头发凌乱、平易近人的爱因斯坦站在我们面前，用通俗易懂的语言问，"为什么没有人理解我，却每个人都喜欢我？"时，答案很可能是"这就是原因"。

第五章　狂热者

正因为确信自己拥有真理，人们才变得残忍。

——阿纳托尔·法朗士（Anatole France）

尽管透过直升机划痕累累的塑料窗户看不分明，沉闷的晨曦下一片混沌，这块独特的地面还是拥有非凡的过往。马萨达（Masada）耸立于朱迪亚沙漠（Judean Desert）之上，俯瞰着死海，是一座天然的堡垒。但在马萨达周围的地面上，仍然现存的围攻堡垒的罗马军团营地的轮廓，和罗马人为突破这个山顶避难所而建造的巨大坡道，清楚地提醒着人们它是如何在公元前73年终结的。

降落后，在这个已成为坚定承诺的象征的神圣废墟中，我们的以色列同行回顾了这个"狂热者"（Zealot）①政治运动的分支的历史，他们奋力捍卫马萨达，后来为避免投降，最终在山顶的堡垒中集体自杀。这次2006年的军事交流之旅不只是简单的观光，以色列人是在毫不掩饰地表达自己对抗许多仍在威胁他们的敌人的决心。

---

① 又译"奋锐党"，是公元1世纪主张坚决反抗古罗马统治的犹太教激进派别。——编辑注

这些"狂热者"们为了免于被征服，心甘情愿地杀掉他们的家人之后，再自杀，这使他们的运动名称，成为对某一观念或事业的绝对、似乎不合理的承诺的同义词。现代的所谓"狂热者"可能意味着抹去传统的行为界限，在这种概念下，为了实现目标，做任何事情都是合理的。激励他人去实现看似非理性的承诺的领导者，是一个特殊的群体，这个群体可以产生飓风般的混乱和变革之风。

当我们在研究狂热者在领导力方面扮演的角色时，发现他们不需要穿着打扮相似，行为举止相似，甚至都不需要想法相似。他们在教育、经验、举止和最终效力上可能会有很大的不同。他们只需要在追求目标的过程中共享一种绝对主义即可。

在寻找受意识形态驱使的领导者进行剖析和比较时，我们考虑了一系列人物，从美国内战前的废奴主义者约翰·布朗到热情似火的革命者，甚至连那位鼓动了900多位追随者"喝下了掺有毒药的酷爱（Kool-Aid）饮料①"的吉姆·琼斯（Jim Jones）牧师，也进入了我们的考虑范围。坚定不移地致力于某项事业是一个先决条件，但最终，我们把研究范围缩小到了那些受激情驱使而采取极端行动的人身上。

对许多人来说，已经去世两个多世纪的法国人马克西米利安·罗伯斯庇尔（Maximilien Robespierre）是个双重性格的人，他用断头台控制着革命时期法国的混乱局面。相比之下，我们发起的一场激烈的、血淋淋的战役的打击对象，伊拉克基地组织的创始人和领导者，约旦人艾哈迈德·法迪尔·纳扎勒·卡莱拉（Ahmad Fadeel Nazal al-Khalayleh，又名阿布·穆萨布·扎卡维［Abu Musab al-Zarqawi]），似乎更符合我们这个时代的背景。我们痛斥扎卡维的策略，但我们又开始不情不愿地承认他的效力和投入。当我们从历史的角度研究罗伯斯庇尔和在事后再来

---

① 一种混合饮料粉，供冲调饮用。——编辑注

看扎卡维时，这些领导人真正的复杂性便成了焦点。

罗伯斯庇尔和扎卡维，两人出生时间相差 208 年，相隔一个大陆，但在制造不安方面却可能成为同仁。他们的外表、受教育方式以及最终的领导方式的巨大差异，掩盖了一个基本事实，即他们都对自己的事业有着顽强的、狂热的奉献意念。他们都会出手杀人——罗伯斯庇尔会在千里之外用笔杀人，而扎卡维则近在咫尺用刀行凶——并且两人都因乐于流血而出名。

他们的相似性不止于他们与死亡的联系。两个人的领导方式不同，但都激发并引导了颠覆性的运动，而这些运动要求的不仅仅是盲目的狂热或简单的暴力。深居简出的罗伯斯庇尔每天晚上都在辛勤地撰写他的演讲稿，而扎卡维则影响着冷血战士的装束和夸张的举止。罗伯斯庇尔将法国塑造成一个真正的美德国家的构想，与扎卡维建立一个严格的宗教激进主义的"哈里发国"的愿望，都同样离奇地不切实际且令人恐惧。但他们都表现出了一种真正的，而且最终令人极其震惊的一贯性。

我们所概述的两个狂热者挫败了"教科书"式的领导者原型。他们两人成为任何领导力研究的关键焦点的原因是，他们道破了领导力是一个反馈循环，而不是一个自上而下的过程。在潜在混乱的推动下，他们的追随者们迫切需要那种定义了罗伯斯庇尔和扎卡维的吸引力。推动这些狂热者的反馈循环，有助于解决一个关键问题：领导力是如何推动人们走向黑暗的？

主要参考书目

- 彼得·麦克菲（Peter McPhee），《罗伯斯庇尔：革命生涯》（*Robespierre: A Revolutionary Life*），New Haven，CT: Yale University Press，2012。
- 露丝·斯科尔（Ruth Scurr），《致命的纯洁：罗伯斯庇尔与法国大革命》（*Fatal Purity: Robespierre and the French Revolution*），New York: Henry Holt and

Company，2006。

- 乔比·沃里克（Joby Warrick），《黑旗：ISIS 的崛起》（*Black Flags: The Rise of ISIS*），New York: Anchor Books，2016。

马克西米利安·罗伯斯庇尔

> 先生们，令我害怕的正是那些似乎能让其他所有人安心的事情。我需要你们听我说完。我再说一次，令我害怕的恰恰是那些让其他所有人感到安心的事情：从今天早上开始，我们所有的敌人都说着和我们同样的语言。……看看你们的身边吧，分担一下我的恐惧，想想看，现在所有的人是如何戴着同样的爱国主义面具的吧。
>
> ——罗伯斯庇尔，1791 年 6 月

1788 年 7 月，一场冰雹席卷了法国，摧毁了大部分即将收获的谷物，引发了对经济崩溃的担忧，导致了将引发革命的政治危机。这场暴风雨已经酝酿很久了。法国国王路易十六的政府金库因为不能有效征税，支持国外战争（包括美国独立战争），以及挥霍，而一贫如洗，这让他发现自己的执政越来越无力了。不到一年的时间，革命就开始了。四年后，国王和他的家人都被软禁了起来。五年后，王室成员和数十万臣民都已死去。这场大革命结束了法国持续了 805 年的君主制，呼吁采用一种新的理想主义的治理方式。在经历了整整十年的动乱之后，法国将出现一位新的领导者——将军以及后来的皇帝拿破仑·波拿巴。

在这场大革命之前，在旧制度下的法国，社会被划分为三种所谓的等级，第一等级是神职人员，第二等级是贵族，第三等级则由剩余的人组成。1788 年冬天流传最广的小册子《第三等级是什么？》，明确地回答了它的书名所提出的问题："所有的一切。到目前为止在公共秩序

中都发生了什么？什么都没发生。公共秩序需要成为什么样子？某种样子。"在越来越严重的政治和经济危机的压力下，国王召开了三级会议——法国三大等级的临时审议机构。该会议于1789年5月5日在巴黎十英里外的凡尔赛召开，被广泛认为是法国大革命的第一天。经过漫长的选举过程，马克西米利安·德·罗伯斯庇尔被选为他的家乡阿图瓦（Artois）省的八名第三等级代表之一。

1789年6月6日，也就是三级会议开幕一个月后，来自北方一个次要省份的一位名不见经传的31岁律师罗伯斯庇尔，身穿一件背心——这次他去凡尔赛时总共带了三件背心——没带讲稿，空着手走向了讲台。[1]讲台上，这位个子矮小，戴着一副眼镜的男士在听众面前颤抖着。他的脸猛烈地抽搐，使得他的眼睛也随之扭动。[2]他轻声细语，但言辞激烈地对着他第三等级的其他645名代表发言，其中许多代表在会议厅里来回地走动着，几乎没有注意他都说了些什么。[3]尽管在接下来的五年里罗伯斯庇尔将发表数千次演讲，但说话温和的他永远也不会成为一名优秀的演说家。他的大多数同仁们甚至都不太可能听清他的声音。

但是那些能听见他讲话的人，听到了对一位大主教的猛烈抨击，这位大主教当时跑到正在单独开会的第三等级代表中间来，并要求他们为法国的穷人做点什么。罗伯斯庇尔这位新星尖锐地反驳道："让主教们……把他们的车马都卖了吧，卖了好分给穷人。"[4]这个句子是罗伯斯庇尔的言辞的典型风格：尖锐、清晰、适合引用。来自两个特权等级之一的有头有脸的家伙，竟敢向穷人要东西？这只是他在三级会议的第二次演讲，也是他最后几次不打底稿的演讲之一。他的许多代表同仁还不知道他是哪方神圣，但他的言辞使他与众不同。他开始更频繁地发表演讲，并逐渐成为左派的发言人，在这个时刻和这种环境下，这种角色就等同于领导角色。[5]

凡是来到凡尔赛的人都有着不同程度的威望和权力，相比之下，罗伯斯庇尔一开始只是一位来自阿拉斯（Arras）的鲜为人知的代表。但是这个讲台给了代表们发言的机会。于是马克西米利安·罗伯斯庇尔做了他理当要做的事情：他说话了。当他开口说话时，他便表明了立场。

在人生的前 30 年里，他养成了一种坚强的意志，其结果之一是他出人意料地脱颖而出。1758 年，他出生在阿图瓦省首府阿拉斯的一个小丑闻中：他母亲怀孕时，他的父母还没有结婚。马克西米利安的母亲在他六岁的时候就去世了，父亲在她死后立即离开了家，从此再也没有回来过。尽管他是一名孤儿，但他在教区学校里表现得很突出，在 11 岁时，他获得了四个当地奖学金中的一个，去法国最负盛名的学校，巴黎的路易勒格朗中学（Lycée Louis-le-Grand）就读。正是在路易勒格朗中学，他第一次接触到启蒙理想：自由、平等、人类的基本美德，以及人类有能力管理自己的基本思想。在大革命过程中他将继续体现这些理想，但首先，作为一个在巴黎的男孩，他吸收了让-雅克·卢梭的著作的精神，尽管卢梭的书因反君主制度的主题在路易勒格朗中学被禁止。[6]

为了捍卫这些理想，他乐于得罪其他人——这是他青少年时养成的习惯，在阿拉斯当律师的岁月又使它更进一步。当三级会议召开时，罗伯斯庇尔对他的世界观充满了信心。其结果是，他说话时立场鲜明。虽然他不是一个熟练的演说家，但他说的话要比同仁多，而且讲起话来毫不含糊。对于贵族来说，这位来自外省的招人厌的男子很容易成为嘲弄的对象。据一位第三等级的同仁说，罗伯斯庇尔"话太多了，他都不知道该怎么停下来；但他的雄辩和尖刻程度，会使他从人群中脱颖而出"。[7]

事态发展得非常之快，国王和宫廷都不愿意处理这些事务。最著名的是，1789 年 7 月 14 日，暴动的民众在君主的一系列施政不当之后，袭击了圣安东区的拥有 400 年历史，由堡垒变成监狱的巴士底狱。攻占巴士底狱时，监狱大部分是空的，但它仍然象征着暴政的不公正。罗伯斯庇尔与这一天的事件没有任何关系，他对这起血腥事件感到震惊。暴动的市民杀死了要塞的指挥官，然后用长矛挑着他的头绕着巴黎转了一圈。不过，他确实从朝着暴力化的转向中获益匪浅。与其他代表相比，在攻打巴士底狱时，罗伯斯庇尔对现行秩序的强烈反对是有案可稽的。当巴黎人民揭竿而起的时候，罗伯斯庇尔已经做好了准备，随时代表和帮助引领群众的情绪。

　　起义三天后，646 名第三等级代表中有 100 人参加了国王的阵营，公开向巴黎进军游行，这是一个象征着国王与人民联合的仪式。[8] 罗伯斯庇尔是获选享有这一荣誉的人之一。大革命发生两个月后，罗伯斯庇尔凭借敏锐的洞察力关注着民众波动起伏的情绪，这已经使他与众不同了。

　　1789 年秋政府正式迁往巴黎后的两年里，罗伯斯庇尔一直在发表演讲。在革命的前八个月里，他做了 38 次演说，在 1789 年至 1791 年期间，他在国民议会*上发表了 276 次演说，排在所有代表的第 20 位。[9]

　　罗伯斯庇尔和其他代表在发言时，经常立足于 1789 年 8 月的《人权和公民权宣言》，对于法国大革命而言，这份文件具有奠基性意义，就像十年前的《独立宣言》对于美国独立战争一样。它以卢梭等思想家的启蒙理想为基础，首次呼吁法国人民参加旨在维护"人类自然的与不可让渡的权利"，包括"自由、财产、安全和反抗压迫"等权利的政府。[10]

　　虽然《宣言》名义上肯定了每个人的自然权利，但它不是一个剧

────────────

* 1789 年 6 月，三级会议的代表机构开始被称为国民议会。

本。基本问题尚有待于讨论，例如：如果新法国的每个人都是平等的公民，那么每个人是否都能行使全部政治权利？[11] 罗伯斯庇尔对《宣言》有着广泛而完全忠实于原文的看法。正如他在国民议会通过《宣言》的两周后所解释的那样，当时议会卷入了一场关于国王是否应该拥有否决权的辩论（罗伯斯庇尔反对任何否决权）："所有的人就其本性而言都有能力按自己的意志来管束自己；所有人都团结在一个政治实体，即国家中，并因此而有着同样的权利。"[12]

每天下午到了大会结束的时候，罗伯斯庇尔的演讲还在进行着。在傍晚的巴黎，他开始通过一个名为雅各宾俱乐部的网络，在法国各地建立自己的名声，并确立自己的权威。俱乐部巩固了他作为大革命的左翼发言人的角色，并逐渐成为他的所有友谊的源泉。

雅各宾派是一个左倾政治家的社团，他们中的大多数人也是国民议会的代表，这个社团给了那些与罗伯斯庇尔思想类似的人一个表现机会和平台。在法国各地，公民尤其是第三等级的精英，开始在咖啡馆、网球场、教堂和任何其他可以容纳他们的建筑里聚会。[13] 人们兴致勃勃地谈论起改变了他们日常生活的这场巨变，这是可以理解的。他们现在可以公开讨论不断出现的新思想和迅速转变的事态。最终，这些组织主动归属了巴黎的这个主要的革命俱乐部。该俱乐部的正式名称为"宪政之友社"，它及其成员通常被称为雅各宾派，因为其巴黎俱乐部（被称为"母社"）是在一个古老的雅各修道院举办的。除了其他各种职能外，这些俱乐部还印刷和向全国各地的分支机构分发会员的演讲稿。

巴黎雅各宾俱乐部是罗伯斯庇尔生活节奏的重要组成部分。在1791年的一个典型日子里，他在国民议会上度过整个上午直到午后不久，其间他与本派人士讨论问题，还向保守派反对者慷慨陈词。傍晚，他在雅各宾修道院被本派人士团团围住。稍后，他在木匠和真诚的雅各宾派成员，莫里斯·迪普莱（Maurice Duplay）的家中起草演讲稿，罗伯斯庇尔从他那里租了二楼的一个单人房间，在大革命时期，他大部分时间都住在那里。

罗伯斯庇尔正在成为国民议会的一名激进成员，并在雅各宾派中确立了自己的领导地位，到 1790 年他第一次当选为俱乐部主席。随着革命的加速，罗伯斯庇尔对不可预知事件做出一系列的政治反应，他的角色使他跃升为这两个组织的领导人物。

不可腐蚀者：1791 年

1789 年 10 月，国王路易、他的妻子玛丽·安托瓦妮特和他们的孩子们被强行迁到了巴黎。名义上国王还拥有着权力，而王室却在杜伊勒里宫，他们在首都的宫殿遭到了软禁。1791 年 6 月 20 日，36 岁的国王路易十六和他的家人在这个脆弱的位置上待了将近两年之后，试图逃离这个国家，以便在法国东部边境加入一支保王派军队。[14]

午夜时分，马车载着一位来访的俄罗斯贵族和她的孩子们离开了巴黎的城门，陪伴着的有孩子的家庭女教师和一个侍从。事实上，这位贵族才是家庭女教师，表面上照顾孩子的女人是他们的母亲，35 岁的玛丽·安托瓦妮特。这个出生于奥地利的法国王后，曾因其挥霍无度而被称为"赤字夫人"。那个身穿普通衣服的侍从则是她的丈夫，路易十六。

这辆沉重的马车由六匹强壮的马匹拉着，然而还是很快就跟不上精心设计的逃跑计划。他们在离开后不到 24 小时就被拘押了，一个曾在凡尔赛工作过的法国人被带了进来，出于本能他单膝跪地以示对国王夫妇的尊重，于是王室的出逃诡计便结束了。国王一家人被送回了巴黎。

许多曾坚持国王是新法国重要组成部分的代表，自大革命以来首次公开批评了他。那天晚上，罗伯斯庇尔对雅各宾派发表了演讲。他本可以利用这一时刻说服新盟友，或者巩固俱乐部对国王的反对立场。但是，他指责的是那些现在才质疑君主是否胜任的人。"先生们，令我害怕的，"他坚持说，"正是那些似乎能让其他所有人安心的事情。我需要你们听我说完。我再说一次，让我害怕的恰恰是那些让其他所有人感到安心的事情：从今天早上开始，我们所有的敌人都说着和我们同样的语言。……看看你们的身边吧，分担一下我的恐惧，想想看，现在所有的人是如何戴着同样的爱国主义面具的吧。"[15]

他对自己的公正深信不疑，指责其他革命者装模作样。虽然有些人现在戴着"爱国主义面具"，但罗伯斯庇尔确信自己不需要任何伪装。[16]在国王被捕的那天晚上，作为对罗伯斯庇尔讲话的回应，挤进巴黎雅各宾俱乐部的800人全都发誓要保护罗伯斯庇尔的生命。[17]这位来自阿拉斯的律师，现在坚定不移、义愤填膺地倡导着新法国，他已成为一颗革命的明星。

在最初的愤怒之后，国民议会的大多数成员仍然小心翼翼。一些人真诚地希望国王和人民共享权力，而另一些人则只是不确定如果没有国王，法国的未来会是什么样子，或者担心随着国王的神圣角色越来越受到质疑，他和他的支持者会采取什么样的暴力报复。

由于担心未知政治水域的潜在混乱，并渴望妥协，除了约30名成员外，其余成员都离开了雅各宾俱乐部，加入另一个旨在与国王谈判，并立即建立宪法秩序的团体。[18]1791年秋，法国采取了谨慎的做法，建立了君主立宪制，让国王和立法机关共享权力。但当其他人纷纷逃离的时候，罗伯斯庇尔坚定地站在雅各宾派的立场上，利用他的平台不断地谴责国王和他的支持者们。这个政治结果似乎意味着他的对手获胜了，但随着时间的推移，罗伯斯庇尔赢得了这场围绕公众情绪的斗争。罗伯斯庇尔对大革命和他自己始终充满信心，这打消了人们的疑虑，他们原本害怕看到他们所知的唯一权威来源受到质疑。

一旦宪法秩序得到了挽救，罗伯斯庇尔的许多同仁们重又加入了罗伯斯庇尔从未动摇过的反君主制度的立场。几个月内，雅各宾派的人数再次猛增到了大约 800 人。[19] 罗伯斯庇尔即使被 95% 以上的雅各宾派同仁抛弃，也不妥协，这一"让棋"策略给了他巨大的可信度。不过，他的立场并不是出于政治上的算计。他的行为仅仅是遵从他的价值观。罗伯斯庇尔愿意与主流抗争，抑或是他天生厌恶妥协，这夯实了他在大革命中的领导者地位。一位学者认为，罗伯斯庇尔"早期的孤立处境使他有了一种直面罕见的暴风雨般的命运的意识"。[20]

尽管罗伯斯庇尔的固执反对没有立即推翻国王，但他已经是一个革命英雄了。他已经成为支持大革命和反对一切反革命的象征。[21] 1791 年 9 月 30 日，国民议会解散了，在法国实行新的君主立宪制的前一天，巴黎市民给他起了一个绰号，在大街上向罗伯斯庇尔欢呼："没有污点的代表们万岁！不可腐蚀者万岁！"[22] 在一场基于复杂思想的大革命中，罗伯斯庇尔廓清混沌，振奋人心，而尤其重要的是，他成了人们的代言人。

对于一个久已在已知的痛苦中无法自拔的国家来说，大革命变成了一场通往未知的旅程，既凶暴又令人恐惧。当它游移不决、毫无把握地向前探索着的时候，罗伯斯庇尔成了确定性的象征，在一个人们感觉陌生的时代，他的话就是一块可靠的试金石。

发言人：1792 年

1791 年末和 1792 年初，大革命中日益紧迫的核心问题是法国是否应该开战。立法议会中的大多数，大部分民众，以及雅各宾派的大部分人都希望用战争来保护大革命成果。罗伯斯庇尔领导着反战派，他认为对外战争是通过重申国王的权威，来遏制革命的君主主义伎俩。罗伯斯庇尔在辩论中失败了，1792 年 4 月法国对奥地利宣战。那年夏天，法国的伤亡人数不断增加，特别是在普鲁士加入奥地利一方作战后。

这是一幅大约绘于1791年的肖像画，展示的是罗伯斯庇尔度过大部分时间的地方——他的办公桌前。

在压力下，君主制瓦解了。1792年8月10日，一支由国民自卫军和无套裤汉——贫穷的巴黎平民——组成的联合部队袭击了杜伊勒里宫，屠杀了600名瑞士卫兵，推翻了国王路易十六。在随后不到一个月，法国被由选举产生的国民公会控制，1792年9月21日，公会宣布法国是个共和制国家。维续805年后，法国的君主制垮台了。新的领导者将填补这一空缺。

"谁来领导？"这个问题笼罩着首都。巴黎市长热罗姆·佩蒂翁（Jérôme Pétion）呼吁其城市48个区的公民配备长矛，它在用于攻打巴士底狱后已成为一种象征。为了纪念这件武器，该市的一个区甚至将其名字改为"长矛"（Les Piques）区。[23] 此时的无套裤汉是群拥有不透明权力的民兵。

每天，越来越多的"结盟军"进入巴黎，其中从马赛来的人数最多。名义上，这两万名士兵——补充了已驻扎在巴黎的国民自卫军——是奔着参加巴士底狱周年纪念而来的，并在此为奔赴前线而接受训练。事实上，他们在首都驻扎是一个有争议的问题。有些人认为他们的存在是旨在使挥动长矛的巴黎人平静下来，并保护法国脆弱的君主立宪制的一种策略；另一些人则认为他们是装备更好的无套裤汉，其目的是威胁国王和他的盟友。[24]

在杜伊勒里宫被软禁期间，国王及其家人拥有数千名国民自卫军和一支 600 人的瑞士卫队，他们的唯一目的就是保护王室。

在巴黎高度紧张的气氛中，各派系针对应该如何治理法国进行了一次辩论。虽然观点从君主立宪制到纯粹的共和制各不相同，但更直接的问题是，如何处理如此之多的武装人员在城市中存在这个现实。

罗伯斯庇尔不认为君主立宪制或共和制对法国是最重要的，他一如既往，最关心的是对革命理想的忠诚。用他自己的话来说就是："我宁愿看到保留国王的一个民众代表大会，以及自由和受尊敬的公民；也不愿看到在贵族参议院和独裁者的皮鞭下遭受奴役和屈辱的人民。……解决这一重大社会问题，难道取决于**共和制**或**君主制**的概念吗？"[25]在更现实的问题上，罗伯斯庇尔坚决反对"结盟军"进驻巴黎。[26]他认为他们在这里的目的是监视无套裤汉，而不是庆祝攻陷巴士底狱，更别说是约束国王。

但罗伯斯庇尔的角色并不要求他设计出特定的政策方案。重要的是，他是反对旧制度的象征，他是在支持人民和大革命。在那年 4 月的一次雅各宾派会议上，罗伯斯庇尔明确地说："我既不是人民的信使，也不是调解人，不是保护者，不是捍卫者，我自己就属于人民。"[27]

罗伯斯庇尔通过一个简单而具有澄清效果的滤镜，来看待呈现在动荡不安的国家面前的每一个问题，他的角色是荡涤反革命的污泥浊水：这究竟是为新的道路和人民的利益服务，还是为旧的道路和不公正、不负责任的制度服务？例如，他认为正在进行的与奥地利和普鲁士的战争可能会扼杀革命进程，所以他对此持有怀疑态度。"我不信任这些将军们，"罗伯斯庇尔说，"他们中大多数人都是旧秩序的怀念者。"[28]

随着普鲁士–奥地利联军挫败法国军队并向首都稳步推进，歇斯底里的情绪加速了，联军的目标是重申国王路易的权威，防止革命"病毒"感染整个欧洲。这些反革命的侵略者进一步降低了国王在人民中的地位。7月底，巴黎的一个区向首都公民发表了一次演说，声称"最神圣的职责和最宝贵的法律，就是忘记法律，以拯救祖国。……让我们全部团结起来宣布这个残忍的国王的垮台，让我们异口同声地说，路易十六不再是法国的国王了"。[29]

作为回应，这些巴黎人收到了普鲁士军队指挥官的书面警告，他告诫说："巴黎市及其所有的居民，无一例外必须立即服从国王，不得有误……不然，将面临军事处决和彻底毁灭。"[30]法国大革命，尽管极其复杂，但现在已被归结为国王和他的家族所体现的旧的道路，和反映巴黎人民不满的新的道路（最明确地体现于罗伯斯庇尔的钢铁意志）之间的斗争。

罗伯斯庇尔曾对"结盟军"持有怀疑态度。但他更多的是描述公众情绪的来龙去脉，或者预测它的走向，而不是激励它朝一个新的方向发展。因此，到了7月底，他对"结盟军"的想法发生了变化，他的立场也变得清晰了。在给阿拉斯一位朋友的一封关于涌入首都的军队的信中，他写道："法国的布鲁图现在都跑到巴黎来了。如果他们没有拯救祖国就离开了这里，便是全盘皆输。"[31]罗伯斯庇尔加入了一个"起义公社"，它取代了这一届市政府。这个公社在巴黎的48个区各有三名代表，此刻正在向一支由"结盟军"和无套裤汉组成的联合部队发号施令。[32]

到了 1792 年 8 月 9 日晚，巴黎的钟声响起来了：起义开始了。在该服从管理市政的公社，还是服从法国正式政府之间陷入困境的法国国民自卫军指挥官德·芒达（Marquis de Mandat）侯爵，被传唤到位于市政厅的公社总部。在那里，起义政府的领导人谴责芒达拒绝服从他们发出的从杜伊勒里宫撤出他的部队的命令——芒达的部队正在那里帮助保卫国王路易和其他王室成员。会后，侯爵在沿着市政厅的台阶往下走时被谋杀了。

暴动者们向杜伊勒里宫进发，王室此刻正被关在那里的一间牢房里以求保护。随着芒达的国民自卫军的瓦解，保卫宫殿的只剩下了国王的 600 名瑞士卫队了。到了起义第十天的下午，600 名卫队被杀光了——他们的四肢被从身上扯了下来，剩下的尸身碎片被马车运过城镇，扔进了临时搭起的火堆里。[33]

在法国君主制垮台的当晚，罗伯斯庇尔没有与平民和"结盟军"组成的临时革命军队英勇并肩作战。他安然无事地待在雅各宾俱乐部的讲台上。就在成千上万的人浴血奋战，许多人战死，身外的世界混乱不堪之时，罗伯斯庇尔却像往常一样花了一整天的时间来写作和与人交谈。那天晚上，他向挤进古老的雅各修道院的数百人发表演讲，将君主制的垮台描述为人民的自我意志符合逻辑的发展。他解释了三年前在攻打巴士底狱时，那个意志是如何实现的，还说，不断蔓延的暴力是革命无法避免的现实：

> 1789 年，巴黎人民奋起反抗宫廷的攻击，与其说是为了争取自由，不如说是为了摆脱旧的专制主义。关于自由的思想仍然混乱，其原则不详。所有的激情都在这场起义和它给整个法兰西发出的信号中同时迸发。

> 1792 年，他们鼓起了强大的勇气，向侵犯他们自由的基本法

则复仇，向那些试图再次剥夺人类不可让渡的权利的异教强制复仇。他们已经将三年前由他们的第一批代表宣布的原则付诸实践了；他们行使了自己得到承认的主权，并利用这种主权的权力和正义来确保他们的安全和幸福。……[34]

然后，他向人民保证，他们对《宣言》的信条是忠诚的："他们在颁布这一伟大的文件中所表现出来的庄严，和他们的动机与目的一样崇高。"

由于十个月前随解散的国民议会去职，所以"不可腐蚀者"罗伯斯庇尔在国民政府中没有正式的角色。* 不过，这并不太重要：到了1792年8月，立法机构的800名代表中只有大约四分之一在积极施政。他们中的大多数人都有充分的理由担忧自己的安全，于是便把权力让渡给了像公社这样的临时机构。如此一来，虽然罗伯斯庇尔没有立法权限，但仍然有着影响力。他开始在巴黎的住处出版自己的报纸《宪法捍卫者》（ *Défenseur de la Constitution* ），这是一份周报，通常有50多版，其中大部分内容都是罗伯斯庇尔亲自写的。[35] 他还继续在晚上做长时间演讲，通常在雅各宾俱乐部。

这场大革命继续以一系列危机的形式展开着：对外战争、国内冲突、王室即将接受的审判，以及大量的政治丑闻和流言蜚语。至于罗伯斯庇尔，人们不指望他参与这些经常沦为腥风血雨的突发事件，因为这些事件常常是在大街上潮起潮落。不过，他通过尖锐的评论，为法兰西人民提供了一个关于可能实现的目标的清晰且简单的愿景。人们并不期望他能做出选择，而是期待他制定和阐明别人——那些手上沾着更多鲜血的人——未来不得不做出的选择。

---

* 罗伯斯庇尔通过游说，成功地推动通过了一项法律，禁止国民议会的代表在新政府的立法机构，即立法议会任职。

巴黎雅各宾俱乐部，1792 年 1 月。罗伯斯庇尔在革命初期与俱乐部的许多成员的观点不一致，但他那些最初被认为是错误的判断，后来逐渐被认为是可靠的。雅各宾俱乐部将罗伯斯庇尔讲的话传播到了整个法国，从而确保了他作为全国知名人物的地位。

　　巴黎的"母社"整理好罗伯斯庇尔的演讲，将其发送到了在法国各地活动的数百家雅各宾俱乐部，这一过程已经持续了两年多。[36] 从南部的马赛到北部的阿拉斯，还有其间成千上万的小村庄和大城市，如果公民们想知道巴黎发生了什么，当地的雅各宾俱乐部就是最好的信息来源。虽然鲜有人能亲自见到这位"不可腐蚀者"，但在新的文字世界互相联系的俱乐部组织，几乎每天都能让每个法国人知道罗伯斯庇尔是谁，以及他在思考什么。罗伯斯庇尔是在他的房间里，而不是在立法机构的会议厅，精心勾画着革命的法兰西。

教义问答：1793 年

法国君主制的垮台引发了一连串的事件，巩固了罗伯斯庇尔的权力。国王被推翻后，法国选举了一个称为国民公会的新的立法机构。罗伯斯庇尔同时被推选为巴黎和他的家乡阿拉斯的代表，不过，他选择了做巴黎的代表。此后不久，在 1792 年 9 月 21 日，法国宣布自己为共和国。

随后，以一票之差，公会投票决定处决国王，并于 1793 年 1 月 21 日将其斩首。在国王被处决的余波中，公会分裂，成了派系斗争的场所。国王的头颅在巴黎民众面前被砍掉四个月之后，法国依旧戾气十足：西部在发生内战，在各条战线上与外国敌对者进行着战争，无处不在、持续不断的反革命恫吓，巴黎数以千计的无套裤汉威胁公会屈从于他们的集体意志，在公会内部也弥漫着一种氛围——某个代表今天遭到谴责，第二天就有可能被处决。

1793 年 5 月 10 日，国民公会搬到了杜伊勒里宫以往的剧院里。这里，数百个座位围绕着讲台呈半圆形排列，巴黎的代表们靠在后墙的最上面——公会的这个派系后来被称为"山岳派"。派系领导人马克西米利安·罗伯斯庇尔坐在最高处。[37]

在混乱中，公会对大革命中的法国的管理日益集中化。诸多委员会中最重要的一个是公安委员会，它掌管调查、监视、军事事务和其他重要的政策事宜。委员会还负责监督革命法庭。革命法庭是一个由 12 人组成的机构，负责审理公会移交的案件并决定惩罚措施。在 1793 年至 1794 年期间，随着法国形势的恶化，为了确保革命的成果，革命法庭监督了越来越多的日益轻微的罪案，对其定罪所需的举证责任越来越小。法国已经摇摇欲坠的司法系统的这种权力下放，被称为"恐怖统治"。在此期间，多达四万名法国人被处决。[38]罗伯斯庇尔并不是这种恐怖的缔造者——尽管和其他许多政客一样，他确实推动创造了那些产生毁灭性影响的条件。

公会在将管理法国的日常工作委托给公安委员会，将司法工作委托给革命法庭的同时，分成了若干个派系。如此一来，政治风险很高。在公会中获胜，意味着掌控了这个国家；失败往往意味着受指控、被驱逐，甚至被斩首。

当路易十六在世时，他一生的大部分时间都是与他的2 000万法国臣民隔绝的，周围是世界上最华丽的王室宫廷。当罗伯斯庇尔的权力变得更加集中的时候，他则幽居在自己的"共和国宫廷"里：他在巴黎的二楼房间。

1793年7月26日晚，也就是他参加公安委员会的前一天晚上，他正是坐在那里，这是他在大革命中第一次获得行政权力。其他政治领导者会通过与其他人协商，或庆祝，为这一时刻做准备。而罗伯斯庇尔却是独自一人在写作中度过了这个夜晚，写作占用了他生命最后五年的大部分时间。他花了一晚上的时间，在他的个人笔记本里起草他的"教义问答"。

在笔记中，他自问着实现革命的最终目标，即一个美德社会的必要措施。他为此冥思苦想。在保存至今的原始页面上，有几处删除。这些阐述是唯一能核实的有关罗伯斯庇尔议程的材料。法国最有权势的人的构想，从这个男人的头脑里，倾注到他面前的纸页上，最后在许多演讲中从他的口中说了出来，之后影响了数以百万计的人们的生活，当然也包括成千上万在恐怖中丧生的人们。那天晚上，罗伯斯庇尔自问自答：

我们的目的是什么？
是用宪法造福人民。
谁会反对我们？

那些有钱人和腐败分子。

他们会采用什么方法？

诽谤和伪善。

哪些因素会鼓励他们采用这种手段？

无套裤汉的无知。

因此，必须对人民进行指导。

对他们的启蒙的障碍是什么？

那些每天通过无耻的歪曲来误导人民的被收买的记者。

随后的结论是什么？

我们应该禁止这些写手，因为他们是国家最危险的敌人，我们应该传播大量的好文章。

还有人民——对他们的指导还有什么障碍？

他们的贫困。

那么何时对人民施予教育呢？

当他们有足够的面包吃，当富人和政府停止贿赂那群诡诈的写手和巧舌者来欺骗他们，而是把自己的利益与人民的利益相联结的时候。

这种前提条件何时会出现？

永远不会。[39]

罗伯斯庇尔继续道，战争是自由的最大障碍之一，并呼吁对所有参与战争的人进行惩罚。做到这一点的唯一必要条件是什么？"仅仅是意志。"

独自一人写作，没有人来缓和罗伯斯庇尔的冲动。他也不想那样。毕竟，他的权威来自人们广泛认为，他对1789年的理想保持着一种纯粹主义者的忠诚。对于法国人民，尤其对于他自己，罗伯斯庇尔就是大革命。

作为"山岳派"的领袖，罗伯斯庇尔明显是因为他的领导力而被选入公安委员会，而不是因为他擅长处理具体事宜。研究罗伯斯庇尔的现代权威彼得·麦克菲（Peter McPhee）指出："通常，委员会其他成员的当选是因为他们拥有特殊的专长，而罗伯斯庇尔在委员会中事实上并没有具体职责，他的当选是由于他的经验、地位和声望。"[40] 人们期待罗伯斯庇尔为法国最重要的行政机构定下基调。

他的"教义问答"引导他这样做。1793 年 7 月 26 日的笔记，最诚实地宣示了罗伯斯庇尔最早是在 18 世纪 70 年代在路易勒格朗中学接触的思想，这些思想支撑了他 18 世纪 80 年代在阿拉斯的崛起，并成了大革命当下的焦点。可以预见的是，同样是这些想法激励了随后的一次演讲，他名垂史册首先就是因为这次演讲。

1794 年 2 月 5 日，罗伯斯庇尔在国民公会发表了《关于国民公会在共和国内政管理中应遵循的政治道德原则的报告》。历史上把这一讲话铭记为"美德与恐怖"。[41] 罗伯斯庇尔首先对他所说的一个"美德共和国"进行了华丽的描述，然后又描述了足以实现这一目标的手段。

> 如果在和平时期民主政府的基础是美德，那么它在革命时期的基础就兼为美德与恐怖——没有美德的恐怖是灾难；没有恐怖的美德软弱无力。……恐怖只不过是迅速、严厉和坚决的正义而已。因此，恐怖是美德的一种表现，是将民主应用于国家最迫切需要的结果。

罗伯斯庇尔的"教义问答"、他在 1794 年 2 月的演讲以及自 1789 年以来所有演讲的惊人之处在于，它们不同寻常地始终忠实于他自上学以来一直在思考的受卢梭启发的思想。大多数有效的政治领导者被迫放弃，或至少去调整他们的理想。而罗伯斯庇尔在他有机会遇到的这场革命中，至少在一段时间内通过拒绝妥协而取得了成效。

罗伯斯庇尔当然了解其领导力的来源，他并不只是谈论纯粹性和可靠性。他有意识地安排自己的生活，以便让其他人可以感知到他的不可腐蚀性。

雅克·皮埃尔·布里索（Jacques Pierre Brissot）和让-玛丽·罗兰（Jean-Marie Roland）这两位革命者在领导所谓的吉伦特派之前，曾是罗伯斯庇尔在雅各宾派的盟友。1793 年，罗伯斯庇尔把吉伦特派赶下台时，两人都死了。吉伦特派的权力核心是由珍妮·玛农·罗兰（Jeanne Manon Roland）夫人主持的一系列沙龙和宴会，她在丈夫自杀前不久被斩首。[42] 实际上，在与罗兰和布里索分道扬镳之前，罗伯斯庇尔自己也参加过其中一些宴会，并与罗兰夫人有丰富的通信往来。但渐渐地，罗伯斯庇尔对雅各宾派的领导方式，越来越变为在他的房间里和一小群密友一起起草演讲稿，然后在俱乐部里宣扬自己的理念。

罗兰夫人举办的那种宴会，可以让罗伯斯庇尔和其他人闲聊，使大革命人性化，也许还能缓和他的思想。但罗伯斯庇尔并不习惯于这种微妙或常态。事实上，他独处的程度促成了他大受欢迎的"不可腐蚀"光环，并巩固了他的领导者地位。[43] 每个人都知道，法国最有权势的人住在一个简陋的二楼房间里，还是从一个木匠那里租来的，这说明他没有从他的政治崛起中获益。他的动机一定是纯粹的。

然而，随着 1794 年的艰难推进，大革命把罗伯斯庇尔带出了房间，推到了斗争的前沿和中心。这个极度私密的人不得不，而且试图扮演一个日益公开的角色，这将导致他的毁灭。

神父：1794 年

1794 年 4 月，罗伯斯庇尔与前盟友进行了一场政治斗争。他把他以前的同胞从国民公会驱逐了出去，结果他们被处决了。在那个月剩下的时间里，罗伯斯庇尔如以往激烈争斗之后的通常情况，把自己关在自己的房间里。5月7日复出时，他发表了一位传记作者所称的"罗伯斯庇尔留给后世的最具启示性的文件"。[44]这是他关于一个新的民族性宗教、对最高主宰的崇拜的愿景，这个信仰体系是基于革命的理想。

罗伯斯庇尔在大革命时期第一次公开露面的时间是在1794年6月4日，是为了主持"最高主宰节"。接下来的那个月，他就被处决了。

1793年和1794年，大革命的英雄们试图填补在废除法国如此多机制后留下的真空。他们以田园主题重新命名日历上的月份——"Vendemiaire"即"葡月"，是秋天的第一个月；"Prairial"即"牧月"，是春天的最后一个月。① 他们还试图创建一个基于革命理想的宗教，为此罗伯斯庇尔在1794年5月的大部分时间不再露面，他在规划新的信仰体系。

皮埃尔·安托万·德马希（Pierre-Antoine Demachy）绘制的"最高主宰节"。背景中可以看到罗伯斯庇尔所坐的那座"山岳"，上面种着一棵"自由之树"。

---

① 原文为"春天的第一个月"，误。——编辑注

罗伯斯庇尔在 1794 年 6 月 4 日是这样主持"最高主宰节"的：他从杜伊勒里宫的一个窗户观看开幕式。[45] 他看到首都各处布满了玫瑰，在塞纳河沿岸成排地站着身穿白色连衣裙、提着果篮的年轻女子。他从楼上听到，由 2 400 名巴黎市民组成的合唱队唱着爱国歌曲，其中包括新编的《称颂最高主宰的赞歌》。

罗伯斯庇尔穿着一件华丽的天蓝色外套，胸前系着一个三色徽，从高处走了下来，在前王宫的花园里发表了演说。自从三级会议召开五年以来，这是他革命生涯中的第一次正式公开演讲。然后他带领一支队伍穿过了巴黎市中心。行进的终点，有一棵高耸于人群之上的"自由之树"，树下是一座灰泥堆成的"山岳"，罗伯斯庇尔在那里观看了下午的庆祝活动。在一天的仪式结束时，罗伯斯庇尔走下来，在欢呼声中作了结束演讲："众生们！在你们眼中，创世的那一天的光芒，是否比国家冲破了罪恶和错误的枷锁，以一种配得上你们的尊重和她的命运的姿态出现在你们眼前的这一天，更加宜人？"[46] 他问道。

法国人民对这个节日的反应强烈而矛盾。公会收到了 1 235 封与之相关的信件。[47] 在巴黎，虽然公会的每一个成员都出席了庆典，但他们之间也存在着严重的分歧。一些代表嘲笑罗伯斯庇尔，而另一些人则怀疑他已经变成了暴君。在法国西南边境比利牛斯山脉的一个小镇纳伊（Nay），当地的雅各宾俱乐部要求每天晚上都要朗读一篇罗伯斯庇尔的演讲词。但是，当位于纳伊以北 175 英里的蒙蒂亚克（Montignac）的雅各宾俱乐部在宣读罗伯斯庇尔关于"最高主宰"的演讲时，当地俱乐部的主席不得不休会，因为许多成员因感到无聊，中途离开了。并非每个人都同意这种新的宗教；罗伯斯庇尔的问题是，每个人都把他看作是新宗教的主谋。

对最高主宰的崇拜，带来了自由、正义和共和美德的主题，这正是罗伯斯庇尔本人希望体现的品质。[48] 早在 1792 年，他的一个敌人就用宗教术语描述了罗伯斯庇尔的领导方式：

> 我们的革命就是一种宗教，罗伯斯庇尔领导着其中的一个教派。他是朝拜者前头的神父。……罗伯斯庇尔说教，罗伯斯庇尔谴责；他愤怒、严肃、忧郁、高傲——都显冷漠；他的思想有规律地流露，他的习惯也有规律，他怒斥富人和大人物；他几乎一无所有；他没有必需品。他只有一个使命，就是发表演讲，并且不断地演讲；他创造了门徒。……他谈到了上帝和护佑。……他是一个神父，并且永远只会是一个神父。[49]

两个多世纪后，一个同情的解释可能是，罗伯斯庇尔是一场注定要变得暴力的革命的象征，他是一个有足够勇气坚持自己信念的发言人，而这些品质在执政中却都没有什么用处。这样的领导力只有在特定的时刻才有价值。到了 1794 年，法国已经厌倦了杀戮，厌倦了在大街上四处游荡的偏执狂，也厌倦了美德共和国迟迟无法建立的现实。尽管法国内部存在着摩擦，但为革命政府提供了存在理由的战争，已转而对法国有利，尤其是在 6 月 26 日弗勒吕斯之战（Battle of Fleurus）取得重大胜利后。

就在同一个夏天，正是因为觉得这场大革命的目标还未稳固，罗伯斯庇尔和他的盟友令恐怖变得更加血惺。在"最高主宰节"之前的一周里，119 名公民在巴黎被处决。那一周，断头台也不得不移到首都的边缘，因为在其下面汇集的血液已经开始污染城市用水了。[50]

1794 年 5 月 25 日，一名试图用两把小刀刺杀罗伯斯庇尔的年轻女子被抓获，两天前刚有人企图刺杀另一名革命领导人。紧随这些暗杀企图，在"最高主宰节"刚过去两天之后，国民公会在罗伯斯庇尔的领导下，通过了"牧月 22 日法令"。根据这些法令，"散布虚假消息""诽谤爱国主义”“败坏道德、腐蚀公众良知和损害革命政府的纯粹性与活力”等罪行，均可提交到革命法庭审理。不得传唤证人，被告也没有请律师的权利。[51]

1794 年 6 月 18 日至 7 月 26 日，在这些新的司法机制下，有 900 多人被巴黎革命法庭定罪并斩首，这是整个大革命中最血腥的一段时间。[52] 此人已经成了暴力的象征，大部分暴力行为都是在他的驱使下发生的，但他并没有作为目击者出现在人群中。在那 38 天里，他既没有参加审讯，也没有签署大量逮捕令。像往常一样，马克西米利安·罗伯斯庇尔大部分时间都独自待在自己的房间里。

“最高主宰节”刚过，罗伯斯庇尔就把自己孤立起来。偶尔会有一些朋友来拜访他，这样的朋友也越来越少了。在 6 月 18 日至 7 月 26 日期间，他未曾在国民公会上露过面，只去过两次公安委员会，在 6 月 11 日至 7 月 9 日期间，他也就去过两次雅各宾俱乐部。[53]

他的幽居，虽然是精疲力竭所致，却不再增加他作为领导者的神秘感了。现在，它让人们开始怀疑他是在图谋成为一个暴君。事实上，他的敌人编造了一些关于他的性格的故事。他被指责为酗酒、放荡不羁，通常是受野心而非美德所驱使。[54]

1794 年 7 月 26 日，当罗伯斯庇尔终于走出房间，进入国民公会，这里已充满恐惧。那年夏天，许多代表们因为担心半夜被抓，而不敢在自己家里睡觉。[55]

在过去的三天里，罗伯斯庇尔都在忙着为他回到国民公会，撰写演讲两个小时的底稿。演讲本身体现了典型的罗伯斯庇尔的风格：他赞扬了最高主宰，针对暴政指控自我辩护，并指责公会的某些成员是在通过密谋来反对他。在通常情况下，在像罗伯斯庇尔这样重要的公会成员作完如此重要的发言后，讲辞会当场受到赞扬，然后付梓印刷并准备发行。令罗伯斯庇尔感到惊讶的是，公会决定将这一讲话转交给公安委员会和一般安全委员会（Committee of General Security）① 处理。"什么！"他叫道，"把我的演讲送交我所指控的代表审查！"[56]

第二天早上，罗伯斯庇尔和他的指控者各自经过一个夜晚的漫长密谋，再次进入了会场。想起来也奇怪：相互敌对的立法者，冷静而又紧张地进入大会议厅，确信一方或另一方不会活到第二天。

无论是运气还是会场的主持者都对罗伯斯庇尔不利：他的一个敌人碰巧是当时的国民公会主席，因此也就控制了发言权。尽管罗伯斯庇尔的盟友路易斯·安托万·德·圣茹斯特（Louis Antoine de Saint-Just）率先登上了讲台，却被阻止发言。接着，罗伯斯庇尔冲到讲台前，但在他每次试图发言时，都遭到了起哄。三年前，他曾在巴黎街头得到人们的欢呼："不可腐蚀者万岁！"现在他听到的却是"打倒暴君！"的齐声喊叫。[57] 罗伯斯庇尔和他的四个盟友很快在会议厅里被抓了起来，成了曾推动他们发动大革命的规则的牺牲品。

当巴黎公社听到当天发生的事情时，他们就像两年前国王倒台时的那天晚上一样，敲响了警钟，到了 7 月 28 日凌晨 1 点时分，罗伯斯庇尔和他的盟友们以为他们可能还有机会。城市监狱拒绝接收他们，他们这些被定罪的人去了位于市政厅的公社总部，因为他们期待着一场暴动，但暴动并未发生。尽管钟声已经响起，该市 48 个区中只有 13 个区准备为罗伯斯庇尔而战。其他的区仍然按兵不动，有些区甚至走上街头支持国民公会。

在市政厅，罗伯斯庇尔的一个盟友给了他一把手枪。当法国军队突然闯进来逮捕这六名被剥夺法律权益者时，罗伯斯庇尔企图自杀，没有打准，结果只打伤了他的左下颚。他被一个临时担架抬到了杜伊勒里宫，他的头靠在一袋面包上，一只手枪套贴住他的伤口止血，并将下巴

---

① 系与公安委员会并立的机构，后成为罗伯斯庇尔的反对者。——编辑注

固定在一起。在清晨时分，一位外科医生为他的伤口做了包扎。

那天为了处决他，断头台又被送回了巴黎市中心。[58]数千人眼睁睁地看着罗伯斯庇尔和他的 21 个盟友站在简陋的囚车上穿过街道。他身上穿的衣服还是六周前在"最高主宰节"上穿的那件天蓝色外套。在把罗伯斯庇尔的头放在铡刀下之前，刽子手从他的脸上撕下绷带，这位"不可腐蚀者"发出了一记惨烈的尖叫声。

大规模的处决因罗伯斯庇尔的死而大体停止了。法国人民已经为宪法秩序做好了准备，因此，用罗伯斯庇尔以前的一个雅各宾盟友的话说，他的死"已经成为一种必然"。

阿布·穆萨布·扎卡维

> 如果一个人告诉你，他宁愿服从上帝而不是人，因此他很确定如果他割破你的喉咙他就会上天堂，对这种人你又能说什么呢？
>
> ——伏尔泰

就像在巴黎死于断头台下的人们一样，这个受害者的个人死亡时刻被残酷地公开了。不过，尼克·伯格（Nick Berg）的斩首并不仅仅是以人群中喧闹的欢呼而告结束，还被录入经过精心编排的视频，在电脑鼠标的点击下被重放了数百万次。网上的反应从恐惧到狂喜不一而足。这段可怕的录像于 2004 年 5 月 10 日在互联网上出现。两天前，美国士兵发现伯格的尸体悬挂在高速公路的高架桥上，他的头则放在他身体下面的地上。

来自美国宾夕法尼亚州的无线电塔修理工伯格的斩首遭遇之后，一系列类似的恐怖录像宣传此起彼伏。穿着橙色套头长衫等待死亡的西方人的这些暴力画面，现在太普遍了。不过，在2004年前后，这种招数还算是新闻。对被俘的受害者施以斩首并非原创，但将这段可怕的视频发布到互联网上让全世界都能看到，却几乎是史无前例的。它有意寻求并得到一种反应。伊拉克和世界各地的"圣战"分子目睹了一个蛊惑人心的领导者正在实践他所鼓吹的东西。

我在巴格达郊外美军特种作战部队的一个小基地观看了这一仪式性的杀戮，我的拳头在愤怒和沮丧中不自觉地紧握了起来。可想而知，我们团队的行动人员发誓要辨认进而抓获或杀死全部六名见证实施谋杀过程的恐怖分子。我们怀疑，并很快就被证实了，那个冷酷地夺走尼克·伯格生命的人是约旦恐怖分子艾哈迈德·法迪尔·纳扎勒·卡莱拉，他更广为人知的名字是阿布·穆萨布·扎卡维。我们很快就给我们的敌人打上了精神病患者的标签，并开始了我们自己的狂热追踪。

作为军人，我们的反应是自然的，但是伯格父亲的最终反应更为令人惊讶。在扎卡维死亡几年后进行的一次采访中，迈克尔·伯格（Michael Berg）将扎卡维描述为一个陷入报复性暴力循环的"政治人物"。[59]在杀害他儿子的凶手的问题上，一个男人有这样的视角是值得注意的：扎卡维是个有着意识形态盘算的狂热演员。

在尼克·伯格被杀害两年后，我们杀死了扎卡维，那时，他不仅成了全球"圣战"运动中心的一个狂热分子，还在伊拉克助推了一场难以想象的血腥内战。如此一来，扎卡维证明自己是一个不能令人信服，但有异常效力的领导者，其影响蛊惑了一代仿效者。

文身

大约在伯格死去的十年前，约旦臭名昭著的刑罚体系中最大监狱斯瓦卡（Swaqa）的狱警，不知何故没有查出藏在来访者衣服褶皱中的剃刀片。考虑到来访者要去拜访的囚犯，警卫本应该更仔细些才是。

20 世纪 90 年代中期，约旦国内最令人担忧的威胁，是那些地区性宗教极端分子，他们痛恨君主政体，因其对西方和以色列实施绥靖政策。尽管极端分子在监狱大墙外的表现令人惊讶地、近乎滑稽可笑地不成功，但在监狱大墙内他们却有着一种令人沮丧的能力，可以动摇他人的心智，甚至动摇那些想要保护他们的人的心智。[60] 就在这一天，这个囚犯，30 来岁的扎卡维，心里揣着一件更紧迫的事情。友好地拥抱完之后，扎卡维的拜访者开始按照扎卡维的要求动手了。扎卡维脱下右边的袖子，露出了前臂上的一个船锚文身。

这不仅仅是他粗野的青年时代留下的五颜六色的残余物。扎卡维受宗教狂热激发，鄙视文身，因为他新找到的宗教信仰禁止文身——文身**是被教法禁止的**。扎卡维已经尝试过使用家用漂白剂擦洗令人尴尬的颜料，却没有成功。偷带进来的剃须刀片将是他摆脱文身的最新尝试。

扎卡维耐心地坐在那里，他的亲属用刀刃抵着裸露的皮肤，当血淋淋的皮被剥到他前臂上船锚文身的周围时，他坐在那里一动也不动。他的皮肤被一片一片地剥落了下来，直到大部分图案被刮去。这一过程结束后，来访者用临时缝合线将伤口缝上。扎卡维满意地放下袖子，回到了牢房。[61]

扎卡维剥掉的船锚文身，象征着他渴望摆脱的以前那种邪恶和低劣的生活。

1966 年，艾哈迈德·法迪尔·纳扎勒·卡莱拉出生在约旦的扎尔卡（Zarqa），那是一个尘土飞扬、贫困不堪的工业城镇，距离国际大都市首都安曼约 25 公里。这个又矮又壮实的男孩除了对学习缺乏兴趣、有间歇的暴力倾向以及脾气特别暴躁外，毫不起眼。[62]

扎卡维的母亲十分溺爱儿子，并因儿子生活漫无目的而烦恼不已。她说服扎卡维趁年轻到当地寺庙接受点教育。[63] 不久之后，那里的伊

玛目 ① 不但为在阿富汗跟苏联作战的"圣战者"筹集资金，还招募新兵。此时已出人意料地信奉了宗教并接受了反苏斗争宣传的扎卡维，自告奋勇参战。

1989 年春，扎卡维抵达阿富汗南部边境——仍使用他出生时的名字艾哈迈德——他错过了这场战争。就在几周前，最后一批苏军士兵穿过友谊桥进入乌兹别克斯坦，结束了他们长达十年的占领。[64] 但苏联遗留下来的被围困的政府和"圣战者"之间的战斗仍在继续着。[65] 此后，"圣战"组织内部的冲突接踵而至。但是，这个时代的一场对抗一个无神论超级大国的斗争，结束了。

"圣战者"的宣传机构很快就让扎卡维去着手撰写各类"圣战者"的出众生平。对这个年轻的约旦人来说，周游阿富汗，采访战争英雄，写下他们的作为是一项尴尬的任务，因为他对自己的宗教信仰的理解很粗浅（尽管很狂热），而且缺乏战斗经验。以前他不过是个街头恶棍，在经验丰富的外国"圣战者"身边，扎卡维很可能没有安全感。据当时的一位同行说，即使在阿富汗沙漠的阳光下，扎卡维也穿着长袖衣服来隐藏他的**被教法禁止的文身**。[66]

到了 1991 年，扎卡维找到了证明自己的机会。苏联撤军两年后，反政府武装袭击了靠近巴基斯坦边境两个山区省份帕克蒂亚（Paktia）省和霍斯特（Khost）省的政府控制区。扎卡维的战友们记得，在这些小规模冲突中，他肆无忌惮地战斗着，以"近乎鲁莽的勇敢"而闻名。[67] 他将把这种冲动带到他选定的下一个战场：约旦。

扎卡维和一队约旦同胞于 1993 年回国，确信"圣战者"战胜苏军是神的奇迹。他们很快就下定了决心，要用宗教激进主义政权和虔敬的宗教社会取代约旦哈希姆王朝及其所容忍的西方生活方式。扎卡维

---

① 穆斯林对祈祷主持人的尊称，又称领拜人。——编辑注

从阿富汗找来了一个名叫阿布·穆罕默德·迈格迪西（Abu Muhammad al-Maqdisi）的熟人，他是一个有名的神职人员和作家，他的教义在阿富汗战争的老兵中得到了青睐。他们选定了一个名字，"巴亚塔伊玛目"（Bay'at al-Imam），或"效忠伊玛目的誓言"，并从分发迈格迪西的布道小册子开始做起。[68]

扎卡维对该组织有着雄心勃勃且更为暴力的计划，尽管他在阿富汗的经验丰富，但迄今为止，却没有表现出什么领导的才能来。"巴亚塔伊玛目"早期的恐怖主义尝试，几乎笨拙到滑稽可笑的程度。在一次行动中，该组织派出一名男子去炸毁约旦的一家色情剧院。但当他看到了银幕上的电影后，被情景给吸引住了，于是坐了下来，全然忘记了安装在椅子下面的炸弹。这颗炸弹除了炸掉他的双腿外，没有伤到其他任何人，结果还把他送进了监狱。[69]

1994年2月，一名犹太极端分子在约旦河西岸发起枪击，扎卡维看到了一个对以色列进行大胆报复的机会。扎卡维企图利用迈格迪西藏在他家中的武器，策划一项袭击靠近约旦边境的以色列哨所的计划。[70]然而，该组织的阴谋太不严密，没能逃脱约旦情报部门穆卡巴拉（Mukhabarat）及其无所不在的线人的注意。特工们嗅出了这个计划，并逮捕了扎卡维和他的同谋。[71]

扎卡维和迈格迪西被判在斯瓦卡长期监禁。

约旦政府最终将该组织成员从斯瓦卡转移到位于阿达斯索万（Ard As Sawwan）沙漠的另一座监狱，即杰夫尔（al-Jafr）监狱。[72]杰夫尔监狱在关押政治犯后曾于1979年关闭，1998年又重新开放了杰夫尔监狱的一个破旧侧翼，以隔离包括扎卡维和迈格迪西在内的特殊极端分子，这些极端分子被认为太危险了，不能与其他囚犯混在一起。

在这个荒凉的地方，扎卡维对宗教的迷恋硬化成了野蛮的、还原主义的狂热。对于一个来自扎尔卡的穷孩子来说，难以接受宗教法理学的有效教育或传统的阿拉伯识字教育。[73]即使是在前往阿富汗之前，在当地的寺庙里，扎卡维这个高中辍学生也会被伊玛目们给吓倒，因为伊玛目一生中的大部分时间不仅致力于研究圣典和古阿拉伯语，还致力于辩论宗教使命的一些复杂方面。

迈格迪西在监狱里传授的教条更容易被消化吸收。它以萨拉菲主义为基础，萨拉菲主义是一股清教徒力量，认为最正义的生活方式是先知和他同伴的**萨拉菲**（salaf）①式的生活方式。这种生活方式具有一种过分简单化的教条的吸引力，特别是相对于同教的其他神学体系而言。对于萨拉菲主义者来说，无论先知的同伴做了什么，都是社会所允许的。其他的都应禁止。这种意识形态中有一种根深蒂固的对一神论的强硬理解。[74]

扎卡维的思想被迈格迪西的强硬教义的简单性牢牢俘获了。他开始背诵圣典，并尽可能地把它应用到日常生活中。扎卡维开始在他不庄重的监狱制服上穿了一身**沙瓦克米兹**（shalwar khameez）②[75]，并对他的狱友做特别虔敬的姿态，他帮助医生给药，并亲自给没有炸毁色情剧院的那个被截肢者洗澡[76]。他在监狱里强制执行了迈格迪西的教义，禁止同狱犯人观看他认为是异端的电视节目，甚至还用一块布覆盖屏幕，以防止没戴面纱的女性被囚犯看到。[77]

通过强制执行和实践这些限制，扎卡维偶然发现了他领导未来"圣战"的一个诀窍。也就是说，他表面上表现出虔敬的样子，这一点他做得比他的同伴都要好，而他们也会因此跟随他。事实上，扎卡维去除船

---

① 意为"前辈""先人"。——编辑注

② 又名"旁遮普服"，由长衫、长裤等组成。——编辑注

锚文身的真正影响力在于它传播的公开承诺。他确保其他囚犯看到了他用漂白剂擦洗文身的努力，当他们看到他用剃刀刮掉皮肤造成的伤口时，这就不仅仅是一种虔敬行为那么简单了。这是**带头示范**，也正是大多数士兵所接受的领导方式。扎卡维旨在用自己的行为表明，他不仅是同类中最虔敬的，而且是最强硬的。

随着扎卡维在杰夫尔监狱大墙内获得更多的追随者和信心，他和迈格迪西的不同性格开始显现出来。有教养的迈格迪西变得与世隔绝，专注于出版他的神学小册子，扎卡维则在加强与同屋狱友的联系。[78]迈格迪西鼓吹着萨拉菲主义理论，而扎卡维则自信地——往往是残酷地——强行实施着他所关心的教义戒律。1989 年他在阿富汗"圣战"组织中感受到的不安全感消失了，取而代之的是专断的自以为是。在约旦监狱制度中培育出的这种自我确定感，使他无视了来自同辈"圣战"者的批评，虽然后者对他们的信仰拥有更细致的理解。

1999 年，约旦国王侯赛因去世，随后，他的儿子加冕，这一事件是以政府纪念性的释放囚犯为标志的，扎卡维的名字也被列入了释放名单中。[79]对扎卡维来说，这是偶然所致，但对该地区来说，却是一个不幸的，更是一个重大的错误。

当扎卡维离开杰夫尔监狱时，他所体验的监狱经历与他之前的许多"圣战者"截然不同。乌萨马·本·拉登（Osama bin Laden）的长期助手、基地组织领导人（截至 2018 年）艾曼·扎瓦希里（Ayman al-Zawahiri）经受的则是更为常见的严峻考验。[80]扎卡维有效地结束了监狱里的日常生活，扎瓦希里则最终屈服于监禁他的当局的一再残酷折磨。崩溃后，他告发了他的"圣战"同伙，并帮助埃及当局在一次诱捕中抓获了他的一名战友。这段经历让扎瓦希里感到耻辱——这加剧了他一生对埃及及其美国支持者的愤怒，而这场磨难则又塑造了他未来岁月的战略思维。

扎卡维离开杰夫尔监狱时没有这种耻辱感。扎卡维一点也没有被击垮，他出狱时简直信心十足。在经历过荒废的少年时期、犯罪的青春期和无能的恐怖主义尝试之后，扎卡维终于在监狱里找到了他擅长的东西：领导"圣战"分子。此外，对扎卡维来说，他的15年刑期偶然提前好几年变为自由，不只是运气的问题。

如有呼应的是，1999年当一辆约旦政府的面包车把扎卡维送到安曼的一个街道拐角，他成了一个自由人时，他前臂上的临时缝合线早已不见了。他那块被割成一片片的肌肤已经结疤愈合。

"局外人"

美国国务卿科林·鲍威尔（Colin Powell）戴着眼镜，坐在一块写着"美国"的牌子后面，为对伊拉克采取国际行动说明理由。那是2003年2月5日，他在位于纽约的联合国总部引起了国际社会的密切关注。在一个小时的时间里，鲍威尔用戏剧化的语言和图像争辩说，萨达姆·侯赛因政府不仅是在藏匿大规模杀伤性武器，还庇护着能够对世界造成巨大伤害的极端分子。

鲍威尔在演讲接近尾声时双手合拢，向国际社会通报道："今天的伊拉克保护着一个以阿布·穆萨布·扎卡维为首的致命的恐怖主义网络，他是乌萨马·本·拉登及其基地组织副手的同伙和合作者。"[81] 由于这一场合的重要性以及鲍威尔以往的可信度，他在整个演讲过程中强调扎卡维的名字有20多次，这是响亮宣告了扎卡维是一个关键的恐怖分子头目。

但就在三年前，乌萨马·本·拉登还曾将扎卡维视为无足轻重的暴徒。到了1999年底，扎卡维已经对自己的世界观和作为"圣战"领袖的能力充满了信心。扎卡维在斯瓦卡和杰夫尔监狱接受了萨拉菲主义的信条，并得到与他一起被监禁的人的顺从，现在的他有了自己的目标。

扎卡维从监狱中意外获释后，逃离了约旦前往阿富汗，寻求进入本·拉登的基地组织相当排外的内部圈子。[82]

基地组织在塔利班控制的阿富汗找到避难所，并由此扩散，到20世纪90年代末已经确立了自己作为头号恐怖组织的地位。尽管在恶名方面还未达到极盛，但到扎卡维抵达时，基地组织已经成功地从远处组织了恐怖袭击活动，最出名[83]的是1998年美国驻肯尼亚和坦桑尼亚大使馆爆炸案。[84]通过寻找基地组织的核心领导层，扎卡维实际上是在争取被承认为一名职业"圣战者"。

不过，他留下的印象似乎很差，因为扎卡维与基地组织的高级领导层产生了分歧。尽管双方都信奉萨拉菲的传统，认为需要完全像先知在7世纪那样生活，但双方在性格上的反差，和对"圣战"战略的理解的区别，再明显不过了。基地组织的本·拉登受过正规教育，精

美国主张针对伊拉克采取国际行动的公开理由——由科林·鲍威尔代表布什政府在联合国正式提出——部分是基于萨达姆政权和扎卡维之间的假想联系。这些指控提高了扎卡维在极端主义分子圈子内的知名度。

通神学，而扎卡维则是一名高中辍学生，很难引用神学教条来支持他的狂热。[85]当扎卡维试图说服基地组织有必要把矛头指向各地的什叶派人口，而不仅仅是西方目标时，本·拉登对他杀害自己教友的强烈意愿感到震惊。此外，扎卡维从未参加过一次成功的"圣战"行动。

目前尚不清楚本·拉登和扎卡维是否直接会面过，但无论是自行还是通过代理人表态，基地组织的这个头目都做出了决定，送走这个不够格的、可能过于自信的野心家。

被本·拉登拒绝后，扎卡维的爬升轨迹似乎要停滞了，若不是因为那个有影响力的基地组织成员赛义夫·阿德尔（Saif al-Adel），他在那里的"圣战"生涯很可能就此结束了。阿德尔，埃及军队特种部队的前军官，至今仍是一个神秘的人物（而且仍然逍遥法外）。显然，在这个固执己见的约旦人初次来访时与之相见之后，阿德尔同意本·拉登的裁决，即扎卡维不适合正式加入基地组织。[86]然而，阿德尔很看重扎卡维在招募和培训野心勃勃的黎凡特①"圣战"分子方面的潜力。正如阿德尔所说："我们怎么能放弃这样一个进入巴勒斯坦和约旦的机会呢？"

基地组织向扎卡维提供了一些本钱——具体金额的估值相差极大——于2000年在阿富汗为外国战斗分子开设和运营一个独立训练营。扎卡维接受了。[87]

扎卡维的营地设在广阔的西部赫拉特省（Herat）。[88]该组织通常被称为"联合圣战"组织（al-Tawhid wa al-Jihad），但也开始被叫作"黎凡特士兵"（Jund al-Sham）。[89]这个营地将成为扎卡维磨炼自己领导力的小天地。

---

① 地中海东部诸国家和岛屿。——编辑注

起初，赫拉特营地并没被人看好。营地起步所需要的就是"一小块土地，几个可以做引体向上的横杆，还有拿着 AK-47 跑来跑去的家伙们"。[90]因为简单化是先知生活方式的一个方面，扎卡维的"黎凡特士兵"以这种方式存在是合情合理的。[91]

少数早期的营地新兵成为扎卡维手下的主要领导者，最终在伊拉克与扎卡维并肩作战，与他同归于尽。[92]这些黎凡特副手——从爆炸专家尼达尔·穆罕默德·阿拉比（Nidal Mohammad al-Arabi），到牙医出身的作战指挥官阿布·盖迪亚（Abu al-Ghadiya）——因为都效忠于扎卡维而聚合在一起了，扎卡维也因此越发认为自己是一名可载入史册的"圣战者"。[93]扎卡维在赫拉特对他的士兵进行日常训练时，慢慢地克服了过去的半文盲状况，阅读了 12 世纪努尔丁（Nur ad-Din）①等军事英雄的传记，并试图将自己与他们进行比较。

迈格迪西——扎卡维最初的意识形态导师——远在千里之外，但他通过他教给这个营地头目的观念而在赫拉特无处不在。军事营地也是一个实际运转（尽管规模较小）的萨拉菲社会。扎卡维娶了第二任妻子，一个 13 岁的女孩，她是这个营地一名巴勒斯坦成员的女儿。[94]神学和军事训练的强力结合，将迈格迪西的简化的宗教观念强行牵扯进了实践领域。

当赛义夫·阿德尔参观营地时，他发现那些战斗分子和他们的家属们都参与了一个"专注于宗教教育的文化项目，背诵《古兰经》、学习历史和地理"。[95]越来越多的受训者、他们的妻子和孩子们，实践了他们的约旦埃米尔②在杰夫尔监狱所学的简单教义。一直以来，扎卡维都在表现纯粹的虔敬。据营地的一个前同伙说："除了先知，我

---

① 即努尔丁·马哈茂德（1118—1174），叙利亚和伊拉克北部赞吉王朝的第二代统治者，军事家。——编辑注

② 某些伊斯兰国家的王公、酋长、统帅等的称号。——编辑注

从来没有听到过他赞美任何人，这就是阿布·穆萨布（指扎卡维）的性格。"[96]

营地很快就不那么摇摇欲坠了，"圣战者"的妻子们在厨房里工作，为生活在那里的数百号人准备黎凡特食物。约旦官员后来声称赫拉特是扎卡维的"转折点。……是现在的他的开端。他第一次有了指挥职权"。据报道说，他开始把自己称作"黎凡特埃米尔"。[97]到2001年美国对阿富汗进行干涉时，居住在营地里的人大约有3 000之多。[98]

这一阵营的发展——由扎卡维有时狂躁地混合在一起的号召力和虔敬所推动——充分证明了他的领导能力，于是基地组织的核心领导层再次与扎卡维接洽，要求他"宣誓效忠"（ba'yat）。如果扎卡维同意的话，就有可能正式进入基地组织的高级领导层。

然而，五次要求扎卡维宣誓效忠都被他拒绝了。[99]他已经崛起了，他要继续领导，即使要违抗基地组织的核心领导层。

双子塔倒塌后，美国愤怒地袭击了基地组织和塔利班。但当美国军队进入赫拉特省时，受训者消失不见了。他们被驱散到"圣战"的狂风中，要么战死在坎大哈，要么在托拉博拉（Tora Bora）山区战斗，要么被关押在伊朗，要么——就扎卡维和他的高级助手而言——躲藏在伊拉克库尔德斯坦的偏远地区。[100]

几年后，鲍威尔援引扎卡维在伊拉克的存在，作为萨达姆·侯赛因与基地组织串通一气的证据。其结果是，美国很快就再次来到扎卡维的家门口，而他也为此做好了准备。

美国及其盟友——"联军"——2003年3月入侵伊拉克，迅速击溃伊拉克军队，并迫使前独裁者萨达姆·侯赛因躲藏了起来。到了那个夏天，最终将演变成叛乱的局面仍处于早期阶段，有少量不同的个人和团体有可能愿意与联军作斗争，但他们不清楚这到底意味着什么，也不知道如何去做。

扎卡维已经对自己的世界观充满了信心，也有了快速行动的资源和技能经验，他趁虚而入。扎卡维在 2003 年 8 月指挥了巴格达的约旦大使馆和联合国办事处的爆炸事件，造成几十人死亡，数百人受伤，尽管他没有立即声称对这两起袭击负责。伊拉克的叛乱从来都不是一个统一体。但在 2003 年，扎卡维的迅速行动使叛乱初具规模。对于憎恨西方军队在伊拉克领土上的存在的伊拉克人和其他人来说，这些早期的袭击具有一定的吸引力，那些惊悚的暴力行为将他们吸引到了事件的策划者身边。

到了第二年春天，对于未来"圣战者"而言，扎卡维不再只是一支有吸引力的力量，还是一股坚定抵抗势力的实际指挥官。

费卢杰

在从巴格达延伸至拉马迪（Ramadi）的"逊尼派三角地带"的其中一条边上，费卢杰标志着战略中点。这座沙漠之城和居住在那里的逊尼派，以坚韧、勤劳和强硬而著称。几十年来，萨达姆·侯赛因一直谨慎地管理着这座城市，小心翼翼地安抚着主导当地政治生活的强大部落利益。他的许多复兴党军官和官员都来自那些部落，他们在联军的"去复兴党化"政策*实施后，开始回到这座尘土飞扬的城市，不仅充满怨恨，还失了业。[101] 2004 年初，联军占领的确切轮廓仍在形成当中，此时的费卢杰就是一个即将爆炸的火药桶。

3 月 31 日，它爆炸了。为美国私人保安公司黑水公司服务的四个雇员，正在护送补给车到城市西部的一个军事基地，当他们的非装甲车辆穿过费卢杰的城内街道返回时，一个武装暴徒射杀了车上

---

* 联军将萨达姆·侯赛因领导的复兴党的成员从所有的官方机构中除名。许多分析人士认为，这一决定助长了叛乱，并使伊拉克新政府丧失了所需的专业知识。

的几个雇员，他们的尸体被拖过街道，然后吊在幼发拉底河的一座桥上。[102]

美国以压倒性的军事力量做出了回应，打算通过激烈的行动向该国发酵中的叛乱发出信号。然而，以海军陆战队为首的进攻很快就陷入了艰难的城市作战的泥潭，这与前一年相对迅速地占领伊拉克的常规行动相比，没有什么相似之处。在这场"第一次费卢杰之战"中，大量战斗伤亡和平民伤亡的消息像野火一样蔓延到伊拉克乃至全世界，到了 4 月 9 日，海军陆战队得到命令停止进攻。[103]

对于美国及其在伊拉克领导的联军来说，这是一个令人疑惑的时刻。经过一年多的占领，稳定似乎比以往任何时候都要遥不可及。到底是减少外国军事力量的存在，还是投入更多的军事力量，这两种截然不同的冲动令华盛顿特区的决策者左右为难。希望伊拉克能有一个安全、民主的结局这一目的是明确的，然而实现它的道路正变得更加混乱不堪。因此，联军的短期行动是犹豫的和不确定的。

扎卡维没有这种矛盾心理。随着海军陆战队撤退到城市边缘，战斗人员开始加强费卢杰的防御，以对抗联军的未来行动。大多数美国人还不知道，扎卡维和他的手下也在这些战斗人员之中。大约在四个月前，扎卡维发布了一段录像带，呼吁阿拉伯世界各地的穆斯林来伊拉克同美国异教徒作战。现在，在这场战斗的中心，扎卡维利用了出现在费卢杰的机会。扎卡维，他来自"黎凡特士兵"的老伙计，以及从其他国家来到伊拉克的新战斗分子，开始在这个城市里集结力量。

7 月的一个早晨扎卡维潜入了费卢杰，他在 2004 年这样做过无数次，驻扎在郊外的海军陆战队并没能阻止。他开着一辆白色的轿车在该市西北部约兰（Jolan）区的街道上行驶着，街道的地面路况很差，途经的汽车修理厂、餐馆和住宅群杂乱无章。数月的暴力事件使得建筑倒塌得不成样子，墙壁上布满了子弹的痕迹。轿车停在一座建筑旁边——这是由扎卡维的组织网络协助来到这座城市的一些外国武装分子的藏身之所。

扎卡维那天在那里见到的那种人，已经融入了费卢杰这个四分五裂的社会。有些人带来了军事训练，或关于爆炸的知识。其他人在从阿富汗到车臣的"圣战"战场上转战过，富有经验。现在，这些"圣战者"汇入了当地的参与者——对因美国的存在而引发的阵发性暴力感到愤怒的部落领袖，或者失意的前复兴党官员。这些群体一损俱损，一荣俱荣。当地人的加入壮大了"圣战"队伍，像扎卡维这样的外国战斗人员的网络则可以控制大量的物资、自杀式炸弹、现金和暴力活动，而这一切都推动了叛乱。[104] 在这些外国代理人在场的情况下，费卢杰的反叛分子眼睁睁地看着他们满是垃圾的街道上布满了菊花链式的简易爆炸装置，他们的四周隐藏着关押被俘的什叶派教徒、警察和间谍的可怖的刑讯室。[105]

扎卡维的车在街上停了一下，没有熄火。一个男人从附近的一所房子里走了出来，直接坐进了汽车。扎卡维驱车继续向前驶着，他引用《古兰经》与这位男子打了声招呼，并询问了费卢杰的防御和该地区的补给情况。谈话结束后，轿车在一个拥挤的闹市区驶入了车流。这个同伙在预先指定的地点跳下了车，混进了城市的人群中。夜幕降临时，扎卡维从费卢杰向北溜回了他在广阔乡村的众多藏身处之一。

扎卡维的伊拉克基地组织（AQI）在叛乱中取得主导地位之前，他通过与任何可能给政府和联军带来麻烦的人并肩作战，影响并支持他们，来发挥领导作用。在拜问全城的小股叛乱分子时，扎卡维身穿黑色衣服，脚上蹬着跑鞋，嘴里背诵"圣战"诗，和战斗人员一起唱歌。[106] 这种亲力亲为的领导方式，与藏匿在远处通过散发录像来煽动他们的基地组织高级官员完全不同，从而帮助他在"圣战"最激烈的时候，在实际战斗人员中创造出一种神秘性。他是实在的，他是投入的，他就在现场。

随后，扎卡维开始发布越来越多的宣传内容，巧妙地利用了互联网日益强大的力量。当时本·拉登一年两次的录像信息都是通过信使骑着驴子送出去给全世界人观看，扎卡维传播他的信息时使用的技术方法则有一些特殊之处。[107] 5 月 13 日，他发布消息称，他的组织已正式与一个以伊拉克为基地的萨拉菲派"圣战"组织合并了。[108] 当费卢杰的局势陷于僵持，外国战斗人员在街道上逍遥法外时，扎卡维在这些圈子里已经是一个家喻户晓的名字，他现在是一个由炸弹制造者、藏身处运营者和老兵组成的全国性网络的公认领导者。

外国战斗者带来了扎卡维的暴力思想，并用残暴的方式统治着这个城市。卖酒的人和胆敢为男人刮胡子的理发师，在街上遭鞭打。什叶派和疑似政府支持者在城市各个地下室里被电死、肢解和斩首。2018 年与"伊斯兰国"（ISIS）有关的野蛮行为就起源于这些可怕的场景，而正是在费卢杰，扎卡维得以根据他对什叶派穆斯林的灭绝欲望采取行动。

扎卡维亲自参加了这次大屠杀，这种行径在整个伊拉克变得越来越普遍。扎卡维于 2004 年 5 月 7 日在费卢杰的一座建筑中斩首了尼古拉斯·伯格[109]，在整个伊拉克率先使用自杀式炸弹袭击目标的也正是他的组织网络[110]。从对什叶派朝圣者的毁灭性袭击[111]到巴士拉的卡车爆炸[112]，伊拉克各地的暴力和宗派紧张局势不断升级，其中很大部分都是由看似无所不在的扎卡维策划的。

本·拉登和扎瓦希里在遥远的巴基斯坦藏身之处，日益警惕地看着他们。他们的担心是有道理的。扎卡维作为一名与基地组织有关联的恐怖分子的名声，在他的行动与他们的招牌之间强加了令其不安的联系。

斩首（如对伯格的斩首）录像和对什叶派的自杀式袭击，代表了一种耸人听闻的暴力等级，基地组织的高层不希望与之有任何关联。[113]扎瓦希里和扎卡维之间被截获的书信揭示，基地组织在2005年试图阻止扎卡维的卫星组织沉迷于这种制造分裂的景象。扎瓦希里在一封信中建议"圣战运动必须避免大众不理解或不赞成的任何行动"，并认为用子弹处决俘虏比斩首更为实际。[114]

此外，扎卡维在该国传播暴力的手段，与以往的"圣战"信条发生了冲突。他将自杀式爆炸常态化——经常针对穆斯林教友——让他的许多教友尤为愤怒。[115]扎卡维在监狱里的导师，迈格迪西，为此与他公开地断绝了联系。

然而，针对扎卡维的行动，基地组织的高层面临进退两难的境地。对于目前和潜在的"圣战"分子来说，扎卡维亲身实践的、狂热到可怕的领导风格，与基地组织较为谨慎的做法之间的反差变得越来越突出。对于那些接近杀戮现场的人来说，适度并不是一种令人信服的战斗口号。而扎卡维所呼吁的采取果断、不受约束的行动引起了共鸣。

当扎卡维的组织网络开始对美国人和伊拉克平民制造暴力时，看起来他们有了进展和成果。当本·拉登和扎瓦希里躲避美国的报复时，扎卡维仍然在与那些被萨拉菲主义信条视为异教徒者进行激烈的战斗。因此，尽管基地组织在接受扎卡维的方法论和世界观上犹豫不决，但仍有接纳他的政治压力。

2004年11月，美军海军陆战队发动了第二次费卢杰之战，经过数周的浴血奋战，最终夺回了这座防卫严密的城市。此时，基地组织决定重新审视与扎卡维的关系。[116]

在那年12月向公众发布的一段录像中，本·拉登宣布他的"圣战兄弟阿布·穆萨布·扎卡维是两河流域基地圣战组织的埃米尔"。[117]

此后联军把扎卡维更名的组织称作"伊拉克基地组织"。[118] 有了这一新的称呼，这个自称"屠夫们的首领"的家伙，就有了按照他对周边地区的灭绝意愿行事的权力。

他将继续煽动并指挥大屠杀几近两年之久。

游戏结束了

2006 年 5 月 31 日，巴格达在沸腾。气温竟高达华氏 111 度（约 43.9 摄氏度）。暴露在外的金属温度高得无法触碰，从一架低空飞行的 MH-60 直升机敞开的舱门吹进来的风就像来自一台鼓风炉。美国士兵和伊拉克警察发现了至少 22 具曾被"焚烧、蒙着眼睛、戴着手铐，再被扔进河里或倾倒在儿科医院附近"的尸体。[119] 一枚路边炸弹炸死了一名孕妇，在随后发生的两起爆炸中又造成六名当地警察受伤。

那时，这种流血事件已经成了这个城市及周边乡村的常态。在附近的巴古拜（Baqubah）市，发现了装在香蕉箱中的逊尼派教徒的头颅。[120] 几乎同时，沿海大城市巴士拉的一个市场遭到卡车炸弹的袭击，导致许多人丧生。在 2006 年 2 月至 2007 年 7 月期间，仅巴格达的停尸房平均每月就收纳 1 400 多具平民尸体，毁损状况各异。[121] 逊尼派和什叶派的暗杀小组无时无刻不在伊拉克街头游荡。

这是一场残酷的内战。许多民兵、叛乱小团伙和恐怖组织都在积极地参与这场屠杀，但伊拉克基地组织为造成这种反乌托邦状态付出的努力最大，做的也最多。扎卡维认为，全面的混乱是在伊拉克为他的"哈里发国"幻想创造一个据点的最可靠途径。因此，在这场已经十分激烈的冲突中，伊拉克基地组织成了一种催化剂。

到了 2005 年，伊拉克基地组织包括了在伊拉克各地的几个当地小分队，每个小分队都可以独立行动。[122] 在每个小分队内，伊拉克基地组织都部署了诸如炸弹制造和战斗人员招募等方面的专家。[123]

该组织还拥有在需要的地方投放资源的基础设施，包括连接独立小分队的物流管道和组装汽车炸弹的炸药工厂。扎卡维从赫拉特带来的几名高级助手负责管理这些设施，而扎卡维本人则穿梭于各个小分队之间，通常都是独自一人行动，据说，他是以各种伪装形式通过联军检查站的。他在战场四处巡视的行为本身，为他在伊拉克基地组织的战斗分子中保持一个传奇般的罗宾汉似的形象助了一臂之力——这一名声因他在逃避美国针对他的行动时所表现出的迷惑他们的能力而得到了提升。

当他巡视伊拉克基地组织小分队时，在功能意义上讲他没有做任何指挥——这场战争进行至此，伊拉克基地组织每天都要发起几十次袭击，而扎卡维是不可能知道每次袭击的情况的。小分队袭击成功的关键在于，它们能够根据多种意图迅速行动，而无须等待上峰的命令。到了2006年，美国军队如此紧密地追击扎卡维，他无法指挥作战行动——所以，他只能选择一种更为放手的领导作风。扎卡维演变了，因此即使这个本能地亲力亲为的约旦人不得不成为一个更具神话色彩的人物，他的领导也是有效的。

在巴格达，伊拉克基地组织的行动战略是直截了当的。联军从截获的地图上了解到，伊拉克基地组织已经将首都周围的郊区划分成它企图控制的不同的"地带"。[124]虽然在美国占领期间，公开夺取和守住首都城内的地区是不切实际的，但对周边地区的权力基础保持模糊的控制，是完全可以实现的。

扎卡维不是直接指挥战斗分子，而是强制手下遵循一种基本的战略观点：煽动教派冲突最能满足伊拉克基地组织的目标。扎卡维对什叶派的看法早已明确了。联军入侵后不久，他写道，什叶派是"不可逾越的障碍，是狡猾和恶毒的蝎子，是搜集情报的敌人和渗透的毒液……是迫在眉睫的危险"。[125]扎卡维通过不断强调什叶派对伊拉克的逊尼派构成了危险这一说法（该说法不经意地被联军的"去复兴党化"进程所确认），把自己塑造成一个直言不讳的教派捍卫者。扎卡维对什叶派发动的血腥攻击，引发了激烈报复，从而"证实"了他自己的预言——什叶派是危险的。扎卡维这个夜间纵火犯，白天却表现得像专业消防员一样。

扎卡维在伊拉克的早期袭击是毁灭性的，但它们最初的模式并没有表明宗派议题。然而，随着冲突的继续，伊拉克基地组织袭击了什叶派在伊拉克最神圣的场所。这些爆炸事件通常安排在像阿舒拉节这样的神圣日子，那时事件发出的信息将是明确的，人员伤亡将达到最大。[126] 最终，就连对这种攻击的恐惧，也会产生致命的后果。

2005 年 8 月 31 日，聚集在巴格达卡迪米亚区的什叶派伊玛目穆萨·卡齐姆（Musa Kadhim）的清真寺的朝圣者，开始窃窃私语起来。那天早上，发生了一次短暂的迫击炮袭击。扎卡维的手下肯定还要干更糟糕的事。很快，谈话变成了猜疑，并进一步扭曲成错误的断定：人群中有自杀式炸弹袭击者。恐慌接踵而至，数千名朝拜者从一座桥上冲出这个地区，在狂乱的逃亡中遭踩踏致死的就达近千人。实际上，根本就没有发现什么炸弹携带者，但仅仅是对炸弹携带者的**恐惧**，也使那天失去的生命比伊拉克战争中的其他任何一天都要多。[127]

最后的破裂点发生在 2006 年 2 月[128]，当时装扮成伊拉克安全部队成员的多名男子潜入并摧毁了什叶派最神圣的场所之一——萨马拉的阿斯卡里（al-Askari）清真寺[129]。几个小时内，什叶派民兵开始对全国各地的逊尼派社区和清真寺展开了报复。[130]

2006 年 6 月，美国军队在对扎卡维的精神顾问穷追不舍之后，找到了扎卡维的准确位置，并对其占领的一座房子投下了两枚 500 磅重的

阿斯卡里清真寺是什叶派最神圣的场所之一，2006 年对它的爆炸袭击成了在伊拉克显露的教派战争的转折性时刻。清真寺破碎的金色穹顶，象征着该国和平希望的破碎。

炸弹。尽管随后发生的爆炸规模巨大，但几分钟后，当一个由直升机搭载的特种作战小组抵达时，这个恐怖分子头目仍然活着。当一名美国军医试图抢救他时，他死了。美国的入侵既助长了他的那种领导力，之后又将其扼杀。

尽管阿布·穆萨布·扎卡维的死对伊拉克基地组织是一个重大打击，但他基本上已经完成了他的计划。伊拉克的内乱恶化为自我维持状态，教派战争还在继续——在他死后的一年，伊拉克平民的死亡人数比他活着监督暴力事件时还要多。扎卡维在世时从未实现过他的目标，但他为"伊斯兰国"搭建了舞台，使之在十年后借鉴他的风格，横扫伊拉克和叙利亚的部分地区，试图建立"哈里发国"。这个狂热者死了，但他的计划还没死。

执念的循环诱惑

> 希特勒用地震仪的精密度来回应人类心脏的震动。……使他能够像一个喇叭一样，宣扬整个民族最隐秘的欲望，最不可接受的本能，痛苦，和个人反抗。……
>
> ——奥托·施特拉塞尔（纳粹党内的反对希特勒者）

既具有讽刺意味，也不足为奇的是，今天没有一个地方建有一座引人注目的雕像来纪念这两个狂热者。之所以说具有讽刺意味，是因为他们是典型的"作为象征的领导者"，当一个意识形态和一个人变得不可分割的时候，就会出现这种领导力。而不足为奇的原因是，两人的暴动最终都失败了，而且两人都是极端派；狂热既使他们成为有效的领导者，也使得他们很难成功。

把这两个狂热者作为领导者来进行比较也绝非易事。罗伯斯庇尔是个演说家，扎卡维则是个战斗分子。罗伯斯庇尔用他的语言产生影响，而扎卡维则很晚才学会读写。罗伯斯庇尔是在学校教育和精英阶层中发现了自己"根据意识形态的领导方式"，扎卡维则是在监狱里发现的。这一切都说明，成为一个狂热者是没有什么固定公式的，而一种极端的意识形态**如何转化为**领导力，仍然取决于该领导者所处的环境和他的具体处境。

最具有说服力的比较则是他们与暴力的联系。对罗伯斯庇尔来说，杀戮是实现目的的必要手段，但他对杀戮没有癖好，还与之保持距离。事实上，他很少亲自签署处决令。而对扎卡维来说，亲身从事暴力行为至关重要。对他们两人来说，他们夺取生命的公开意愿无论多么悲惨、多么不道德，却都有效增强了他们献身的程度，并至少在某种程度上推动了他们的目标。

与其说是他们独自导致了所有这些暴力，他们更多是帮助集中现有的激情，从而迫使事态朝着他们所选定的方向发展。像所有的领导者一样，他们是一个体系的一部分，他们的领导力和这个体系的其他部分无法分割。

此外，他们的领导力不仅仅在于他们做了什么，而更多地体现为他们相对于其他人的角色。他们的极端不仅是在绝对意义上，更是与同时代的人相对而言。罗伯斯庇尔采取了不受欢迎的修辞立场（比如说，反对战争），这使他有别于他的革命同僚。扎卡维则宁可采取极端手段来追逐他的"哈里发国"，这使他有别于躲藏起来并远离战斗的基地组织头目。对于两人来说，他们刻意与众不同的意愿，都是在向他们的追随者们传达一种强烈的纯粹感和方向感。

他们两人的领导时间都不到五年，然后都死于暴力，这绝非巧合。狂热者致力于一个特殊而强力的目标，但他们的领导方式却可能是间歇性的和短暂的。他们的角色扮演得越好，环境就越不能容忍之。就像耗尽了所有可用氧气和燃料的火焰一样，扎卡维和罗伯斯庇尔成了他们自身毁灭的媒介。而且，因为他们的领导力与他们在意识形态上的纯粹性息息相关，妥协绝非选项。狂热者逐渐受制于他们自己的追随者的期望。

虽然我们可以理解他们短暂的维续时间，但仍然很难解释，也很难坦然合理化狂热者作为领导者的有效性。正如罗伯斯庇尔那样，全力以赴的人能够得到不由自主的崇奉，常常是迷信。如果我们同意他们的目标，我们往往会发现自己成了狂热领导者的全力支持者，尽管可能很难为他们的方法辩护。罗伯斯庇尔和扎卡维通过让他们的追随者们感到自己与一种重要观念息息相关，克服了这种紧张感。

这些狂热者在混乱时期尤其能发挥作用，因为他们毫不妥协的本性和黑白分明的意识形态，此时能为他们的追随者提供恒心和能量。他们的立场没有任何不确定性，这提供了一种显而易见的方向感——他们清晰易懂、令追随者欣慰。例如，扎卡维是在美国入侵伊拉克后，第一个发动大规模自杀式袭击的反叛者。同样，罗伯斯庇尔几乎是刚一进入三级会议，就开始树立起"不可腐蚀者"的名声。两人都能够迅速而果断地行动。其结果是，即使对他们的对手来说，这种狂热者也是一个帮助无数的参与者确定自己立场的标杆。

第六章　英雄

> 这里是西部，先生。
>
> 当传奇变成事实时，传奇自然会流传。
>
> ——引自电影《双虎屠龙》
>
> (*The Man Who Shot Liberty Valance*)

　　有时，当我穿过耶鲁大学的校园时，会路过康涅狄格会堂（Connecticut Hall）外的一座雕像，年轻的内森·黑尔（Nathan Hale）在1773年毕业之前就住在那里，他毕业时才18岁，打算当一名教师。这尊青铜雕像于1914年落成，是为了纪念"大陆军"的这位中尉的无私勇气。1776年9月，他自愿在纽约市及其周围侦察英国军队情报，之后被抓获并绞死了。众所周知，他的最后一句话被铭记为："我唯一的遗憾是我只有一条生命可以献给我的祖国。"

　　他的英勇无畏、无私奉献激励了此后的一代又一代人。

　　这个故事在很大程度上是真实的。事实上，内森·黑尔确实勇敢地挺身而出，在敌后搜集情报，有关他被处决的记录表明，他的表现异常镇定——对一个21岁的年轻人来说，这绝非一项无足轻重的小任务，他几乎没有经验，也没有针对他所承担的任务接受过任何训练，甚至很可能对与之相关的巨大风险也只有模糊的认识。

不幸的是，在黑尔潜入英国控制的城市和被捕之间的九天里，他显然收效甚微。他最重要的贡献，归根结底在于他作为一个被定罪的囚犯的行为表现。

令人不安的是，一些记录显示，诱捕这个菜鸟密探的是罗伯特·罗杰斯（Robert Rogers）少校，此人是法国印第安人战争 [①] 中的英雄，也是美国游骑兵部队的创始人，两个世纪后我在这支部队中服役过。罗杰斯决定与英国人结盟反对革命这一事实在游骑兵部队的历史上少有提及，这是毫不奇怪的。

即使是黑尔标志性的临终遗言也未必是真的。因说法众多，不尽相同，因此我们只能加以推测。不过，这并不太重要。位于耶鲁、哈特福德和纽约市的年轻英雄内森·黑尔的雕像，以及以他的名字命名的宿舍、营房、学校和美国海军潜艇，更多的是颂扬这种观念，而非内森·黑尔本人。它们是一种饱含希望的姿态，我们通过颂扬这种观念，来鼓励后来者身上的精神和行为。

虽然“英雄”和“领导者”这两个词不是同义词，但英雄往往有益地示范了勇气、坚忍和牺牲。并非所有的英雄都寻求或接受领导力的职责，但英雄所树立的榜样，以及榜样所提供的鼓舞，都是值得注意的。我们寻找英雄主义，在它合我们意的地方赞美它。在真正的英雄不显而易见的地方，我们创造神话般的英雄。我们专注于特定行为，而忽视其他行为，并且经常美化英雄的形象，使之光彩夺目。

我们费尽心思以选择一对合适的领导者，通过刻写他们，来寻求同时探索英雄的现实影响力和传奇的力量。我们考虑了很多人物，包括圣女贞德和戴维·克罗克特（Davy Crockett），然后才决定从郑和着手。身为一位 15 世纪的中国海军统帅，郑和在西方并不为人熟知。郑

---

① 1754 年至 1763 年英国和法国在北美的一场战争。——编辑注

和在还是个孩子的时候，就被他后来效忠的明朝俘虏并阉割。据称，郑和身高七英尺，率领着一支由大得不可思议的巨船组成的船队。郑和看上去更像是虚构人物，而不是真实人物——类似于对保罗·班扬（Paul Bunyan）或佩科斯·比尔（Pecos Bill）① 的夸张描述。但在郑和去世近六个世纪后，他远非一个被遗忘的水手，而是在现代中国有着显赫的，而且还在不断增长的声望，他的故事在很大程度上是崇敬他的社会的反映。

为了与郑和配对，我们撰写了由前奴隶变成废奴主义者和"地下铁路""列车员"的哈丽雅特·塔布曼（Harriet Tubman）的传略。哈丽雅特·塔布曼在体格上比这位统帅要小得多，同样，她也不太可能登上英雄神殿，但她却是那种对其观察越仔细，就越觉得其伟大的人。她一生的服务所留下的印记远远超出了她当时境遇的限制，而且有趣的是，她也比她的故事所暗示的更加复杂，更加人性化。

诚然，我们很少有人能真正体会到对"再次被奴役"的不可想象和无所不在的恐惧，但对一个中年文盲妇女在艰困环境中表现出的坚定不移的勇气，我们会顿生钦佩之意。

与其他类型的领导者相比，英雄更多地由他人的判断和需求所决定。那么，英雄满足的是何种需求，我们又如何以及为何要追随英雄呢？

主要参考书目

- 爱德华·L. 德雷尔（Edward L. Dreyer），《郑和：明初的中国与海洋，1405—1433》（*Zheng He: China and the Oceans in the Early Ming Dynasty, 1405—1433*），New York: Pearson Longman，2006。

---

① 前者是美国民间传说中的伐木巨人，后者是传说中的伟大牛仔。——编辑注

- 李露晔（Louise Levathes），《当中国称霸海上，1405—1433》（*When China Ruled the Seas: The Treasure Fleet of the Dragon Throne，1405—1433*），New York: Oxford University Press，1996。
- 凯特·克利福德·拉森（Kate Clifford Larson），《前往应许之地：哈丽雅特·塔布曼，一个美国英雄的画像》（*Bound for the Promised Land: Harriet Tubman, Portrait of an American Hero*），New York: One World，2003。

郑和

> 鼓起勇气吧，我的心：你经历过比这更糟糕的事。我的心说，你要刚强；我是个战士；我曾见过比这更糟糕的情景。
>
> ——荷马，《奥德赛》

据记载，这艘古船长约 400 英尺，宽约 200 英尺，比一个现代橄榄球场还要大。[1] 仅仅船舱就足有两层楼高，这样的尺寸才足以确保驾驶这艘巨船在远航当中穿越阿拉伯海和太平洋的汹涌海水。[2] 为了利用海风，甲板上矗立着 9 根桅杆，12 张帆的面积达到 6 万多平方英尺。用一个同时代人的话来说，当这些帆都展开时，看上去"就像天空中的大片云彩"。[3]

这艘船的排水量大约为 1 万吨 [4]，是特拉法尔加海战中海军中将霍拉肖·纳尔逊（Horatio Nelson）使用的配有 104 门大炮的旗舰"胜利"号战列舰（HMS Victory）的三倍之大，"胜利"号建造在 347 年后，被认为是 18 世纪技术的最高峰。据后来的一位评论者说，这艘船有多个甲板，其中一个甲板就可以容下"哥伦布和达·伽马两人的所有船只"。[5]

在哥伦布、达·伽马和纳尔逊出生很早之前，永乐皇帝就在自己统治初期的 1408 年下旨建造这艘巨船了。这艘船被称作**宝船**，也是皇帝

永乐皇帝朱棣通过内战推翻建文帝后，成为明朝第三位统治者。虽然永乐在明朝社会的地位无与伦比，但我们发现他的侍从、传奇的中国古代宝船队的指挥官郑和是一个更具英雄气概的人物。
（PHOTOGRAPH BY UNIVERSAL HISTORY ARCHIVE/UIG VIA GETTY IMAGES）

在十年里建造的近 50 艘同类巨兽之一。这些宝船与数百艘规格较小的船只一起组成了他们皇帝远航海外的"无敌舰队"，这支远航船队将在大洋彼岸的遥远国家和未知的大陆建立影响力，许多年后欧洲文明才会踏足那里。[6]

据记载，帝国的这支"无敌舰队"在 1405 年至 1433 年间进行了七次远航，每次远航随行的都有数百艘船和数万人。这七次航行都是由一个人率领的，他就是郑和，中国著名的太监统帅，皇帝的忠实侍从。

根据现存的一些历史记载，郑和的体格与他的巨船十分匹配。据说他身高 7 英尺，腰围 5 英尺——身材尺寸令人难以置信，这既是传奇的产物，也因为多年来中国人测量时使用的"尺"的长度发生了变化。这支远航的"无敌舰队"第一次出征时，他的皮肤就已经粗糙得"面似桔皮"，他"虎颔燕领……铁面剑眉"。[7] 据描述，他说话的声音也与众不同：洪亮而清晰。[8]

不管郑和实际体格如何，他已经成为现代中国的文化巨人。郑和在15世纪去世后，有大约600年相对默默无闻，如今已成为中国再次走向世界、重新确立全球领导者角色的象征。全中国的小学生都听说过郑和这个人，但就像对大多数这类领导者一样，只观其本人或听其神话是不够的。我们必须理解他这个人，并认识到神话的力量。

"古代的故事"

忒修斯和罗慕路斯分别是雅典和罗马的奠基人，通常构成了普鲁塔克的《名人传》现代汇编版本的第一章。普鲁塔克知道这两个人的故事部分被当作传说讲了，并向读者承认：

> 但愿在接下来的讲述中，我能够澄清这种传说，使之合乎情理，反映相关历史的真貌。然而，若是有些叙述实在不足为信……我们就只能乞求坦诚的读者，可以宽容地接受这些古老的故事了。[9]

然而，普鲁塔克仍然把两人那些经过润色的故事看作是有价值的传略，他就像讲述他的《名人传》中余下的那些神话色彩较淡的人物那样讲述了他们。普鲁塔克之所以将他们两个人搭配在一起，是因为他们是各自文明的奠基神话的核心人物。

因为正如普鲁塔克所说的那样，他们都被认为是"天神授胎"，所以他们的故事成了画布，罗马人和希腊人可以在上面描绘各自最珍视的价值观念。不过，普鲁塔克是一个传记作家，不是画家。他还描绘了罗慕路斯和忒修斯的缺点，忠实地表达了两人都不符合与之相关的神话：

> 忒修斯和罗慕路斯都是天生的统治者；然而，这两个人都没将国王的真正品格标准保持到底，而是因不同的喜好犯下了同样的错误，从而背离了它，其结果是忒修斯转向了民粹，罗慕路斯则变成了暴君。[10]

我们无法画出一幅非常逼真的郑和画像来，郑和的体貌无疑是随着他的传奇而得到美化的。不过，我们可以把他的传奇与他的生平记录放在一起，来理解在他自己和之后的时代的人们眼中，何为理想的领导者，和英雄。

跟忒修斯和罗慕路斯不同，郑和不是他所在社会或时代的最高权威。他是一支战败势力的孩子，遭到阉割，被强迫为明朝皇帝效力。不过，郑和的故事很有价值，因为这位侍从的遗泽功高盖主了。

掳获

郑和的生活从他很小的时候就动荡不堪了。1371 年前后他出生于元梁王的一个官员家庭，原名马和，位于割据的云南，毗邻日益壮大的明王朝。这是该地区的一个特别危险的时期，尤其是对于郑和这样背景的人而言。作为一名信仰伊斯兰教的云南武官的儿子，如果云南被明王朝占领，他很可能被掳去服役，或是死亡。

然而，云南还是被攻克了。1382 年，25 万明军攻取云南[11]，6 万多当地部落成员和"数不清"的蒙古人组成的梁王军队败亡[12]。郑和的父亲就是那些在与明军作战中战殁者之一。

明王朝攻占云南时，其对中国的统治才刚刚开始。当时的明朝皇帝，是明朝的第一位皇帝，他在 14 年前才从元朝手里夺取了政权。成吉思汗的蒙古人后裔建立的元朝，统治了中国大约一个世纪。[13] 在元朝灭亡时[14]，残余势力在云南这个多样化的地域负隅顽抗[15]。

在那里，残存的蒙古人仍在奋力对抗明朝，而明朝的皇帝则在致力于恢复长期被入主中原的元朝忽视的儒家传统。[16]明朝派使者去云南与蒙古人军队谈判，结果使者遭到了斩首。这一行为迫使明朝动手，于是，他们出兵了。[17]

在造成郑和的父亲离世并将云南置于明朝统治之下的战斗之后，十岁的郑和被明朝的一支搜寻逃亡梁王官员的军队给抓住了。[18]当士兵们盘问郑和时，他说谎了，告诉士兵说他看见那个官员跳进了附近的池塘。[19]盘问郑和的那个明朝官员发现这个回答既有趣又勇敢，便把这个小男孩羁押了起来。

伴随古代王国的灭国之战的，往往是竭力清除占领土地上的潜在抵抗，而首先便是消灭当权者及其族裔。明朝士兵彻底粉碎了当地的抵抗力量后，皇帝就命令他们在当地定居下来。如此一来，便影响了当地的人口构成，确保了该省的人口将永远与明朝其他地区成为一体。阉割是一种防止未来反叛领导者出现的普遍做法。据说，云南武官们的几千个子弟都被阉割了，郑和只是其中之一。

然而，尽管这是一个不幸的开端，作为俘虏效命于一位明朝藩王也挑战重重，郑和前面的道路还是有一些获得成功的希望。即使家人罹难，故园倾颓，郑和在宫廷中的新位置仍给他带来了机会，他也将抓住这个机会。

忠诚与"永乐"

郑和终生效命于皇帝之子朱棣。征讨云南的同时——也就是那时郑和被俘——朱棣也在北方开始了自己的战争经历。尽管朱棣那时还不是皇帝，但他确实渴望得到父亲的衣钵。

今天，中国皇帝的身份和地位已很难再得到充分理解。皇帝被认为是"天子"，皇帝统治中国被普遍认为是他神圣地位的结果。他以神圣的身份统治着他的臣民，在那个位置上，他对国家的领导经由精心策划的仪式的权威被神圣化了，他与臣民的互动得到了仔细的控制。帝国时代的其他身份都不及皇帝受人尊崇。因此，为皇帝本人效劳的职位备受尊重。

每个皇帝的宫廷都是由受过严格礼仪训练的学士、武官、宫女和翰林官组成的。宦官行使这些管理机构的一些关键行政职能，尽管他们被阉割，没有自由，但他们的影响力却受到了人们的羡慕。宫廷流言抱怨说，宦官性情软弱，经常腐败，还会干政，以扩大他们的宫廷影响力，这毫不奇怪。人们坚持认为，宦官是一个需要受约束和控制的派别。朱棣的父亲——明朝的第一位皇帝——曾下旨，不许宦官识字，任何被发现干政者都将被斩首。[20]

郑和似乎很快就克服了这些刻板印象。[21] 在郑和为朱棣效力的早期，他的升迁就超越了宦官在帝国官僚体制中的典型角色。他的个头比其他宦官都高大，声音更深沉，举止更坚忍自律，并因他的军事专长而出类拔萃。郑和进入了朱棣在北平的王府后不久，蒙古族袭击者开始攻击明朝商队。朱棣召集他的庞大军队来应对威胁，而郑和通过担任重要军事助手和战场指挥官等日益显著的角色，赢得了这位藩王的信任，在中国北方寒冷的草原上领导明朝军队对抗蒙古骑兵。

郑和的能力和对明朝所表现的忠诚巩固了他的地位。到了1391年蒙古人的首领投降时，郑和只有20岁，但他已经在朱棣的王府里获得了显赫权势。[22]

在未来的几年里，郑和与朱棣的步调一直保持着一致，在1398年朱棣父亲去世后所出现的不可避免的权力真空期间，他帮助朱棣扩大了权力。明朝诸藩王及其追随者都对皇位虎视眈眈。但儒家学者坚决主张，按照他们的学说，朱棣等皇子没有继承权，皇位只能传给皇帝的孙子，即皇帝长子的儿子。[23] 新皇帝（朱棣的侄子）登上皇位后，便立即开始清除皇族里可能对他的权力造成的威胁。朱棣的兄弟们，因手中掌握的军事力量较弱[24]，在"削藩"政策下，被逐一废除了[25]。在首都南京以北的北平，朱棣先是巧装疯子，躲过侄子的清洗，然后组织了一场正式叛乱。

在随后的内战中，郑和在为朱棣效力的过程中脱颖而出。战争初期，朝廷军队包围了叛军的大本营北平，叛乱似乎是短命的。然而，在该城的一个名为郑村坝的主要运河坝闸附近，叛军与朝廷军队展开了对抗，郑和就率领着其中一支队伍。[26]在随后的战斗中，郑和的马在他的胯下被射杀了。最终叛军赢得了这场战斗。朱棣认为郑和的英雄气概和战功帮助他解除了朝廷军队的围攻，于是朱棣为他的太监指挥官赐姓。自出生以来，郑和就被称作马和，现在他因勇敢而被赐姓郑，即赏赐他在郑村坝的功劳。

如今，郑和与其他军事指挥官一道，在敌人的重要城市周围组织了对补给队伍的突袭，并动用他的队伍切断粮食供应，骚扰朝廷军队。[27]郑和所在的部队总是小心翼翼地避开敌军集中的地区，占领一系列防守薄弱的市镇，最终与朱棣在南京城外的军队会合。

建文帝宫廷的一些宦官认为皇帝不信任他们，并对加予他们的约束深怀不满，便把朝廷军队的部署和南京城防的弱点告诉了郑和所在的敌军。有了这一情报，朱棣的军队于1402年7月胜利地进入了首都。[28]朱棣按照传统，在登基后采用了一个新年号。此后，他将成为历史上著名的永乐皇帝。

这位皇帝的第一批诏书之一，便是处死建文帝的近臣和武官，即那些成功地否认了他的继承权，并试图制止他夺回权力的人。此外，他还诛除了他们的"九族和十族"，连同他们的老师和仆人。[29]清洗进行得无情而彻底。

建文帝的儒家近臣也被清除了。当皇帝要求一位最资深的儒家学者起草即位诏书时，遭到了他的愤怒拒绝。这位儒家文人扔下毛笔，声称他宁愿死也不起草诏书。皇帝果真这么做了，下令对他施以凌迟，即"千刀万剐"。[30] 在行刑的几天里，这位学者的身体被一片片地割了下来，直到鲜血流尽。

朱棣得胜后，一直有传言说，他那失去皇位的侄子设法伪造了自己的死讯，逃到了海外的一个遥远的地方。对于一个像这位皇帝这样多疑的人来说，敌人幸存下来的可能性是一个不容忽视的威胁。因此，必须组织一个使团来消除这个危险。

于是，郑和便被委以了充当正使的重任。

1405 年秋的一个傍晚，在南京，当时 35 岁左右的郑和率领他的高级武官向中国水手的守护神天妃祷告和献祭。在皇帝亲临前，每个人都得到了黄金和丝绸，以对他们将要为他承担的风险表示敬意。第二天早上，郑和将带领载有两万多人的宝船队启航，这是他的第一次远航。

码头上，大约有 250 艘船等待着他们登临。[31] 建造这些船只动用了整个帝国的资源：柏木做船壳，榆木做舵，杉木和桧木做桨，还有巨大的杉木桅杆[32]。① 除了旗舰级的宝船外，还有专门运送水和食物的船舶[33]，以及将外国使者带回国的船只[34]。

船队人员中有 302 名武官、180 名医士医官，还有户部郎中、舍人、通译、鸿胪寺序班和阴阳官。[35] 其他还有铁匠、工匠和士兵。郑和通过掌握各船的 70 名宦官指挥了这个船队。船与船之间的联络是通过一个复杂的系统来维持的，包括旗帜、锣、灯笼和信鸽。[36] 除了人员外，这些船舶还运送丝绸、华丽的袍服、银子和黄金，这些都是用来赠送给沿途到访的国家的礼物。

当时的一段非官方历史记载，皇帝为这次航行指定了特定的目的：

---

① 原文如此。——编辑注

令郑和前去"追踪"传言中逃亡的建文帝的踪迹。[37] 然而，船队的规模、船上人员的能力以及宝贵的货物，都令人们揣测船队此行的真正目的。第一次航行的目的地是印度香料中心古里（今卡利卡特），沿途还要拜访许多港口。

郑和忠心耿耿地为皇帝服务了几十年，并在争夺皇位的战争中证明了他是一名胜任的指挥官，他的能力和奉献精神都不容置疑。不过，他对海军专业知识却一窍不通。35 岁的郑和按照当时的标准，已经年岁不小了。对皇帝来说，这是一个艰难的决定，正如在选择任命谁为领导者时经常发生的那样，这归根结底是理性和看似随意的因素的结合。

一位谋臣对皇帝说："请陛下不要忘记'老马识途'这个成语。"[38] 这位谋臣说，郑和的姿貌饱经风霜，能够忍受在海上多年的生活。此外，郑和口才了得，"口若悬河"，他那紧锁的眉毛表明，他一心致力于王事。他的宽阔前额也显示了他的坚强性格和军事指挥能力。这位谋臣的预判强调了郑和的非凡姿貌，他的外表特征被认为显示了上天赋予的领导能力。

郑和是第一个被授予如此高指挥权的太监，据说皇帝给了他最高的权力——盖好了玉玺的空白圣旨。郑和，这位太监侍从，现在有权代表皇帝，他的圣上，在国外发号施令了。

25 年来郑和在朝廷里加官进爵，但他并没有忘记自己的过去。

船队首次启航的一个月前，郑和——此时他已经是一个重要人物了——利用这个机会回到了他在云南的家乡[39]①，在他父亲的墓地上，恭恭敬敬地立了一块墓碑来纪念他：

> 公字哈只……公勤明敏，谦恭谨密，不避劳勋……观其子而

---

① 原文如此。郑和当时因出使在即，只能将铭文寄回家乡，托人刻石立碑。他本人直到永乐九年（1411 年）才有机会回到故乡。——编辑注

这幅画描绘了今天人们对郑和的普遍印象——英俊、英勇、不畏艰难。郑和"面阔风颐","虎颔燕颌","铁面剑眉",又"面似桔皮",这些天生的外表特征都表明了他是领导宝船队的合适人选。
（CHRIS HELLIERT/ALAMY STOCK PHOTO）

公之积累于平日，与义方之训可见矣。……身处乎边陲而服礼义之习，分安乎民庶而存惠泽之施……[40]

郑和在对这位自己几乎不太了解的人的致敬中，揭示了他毕生驱驰中日益重要的价值观念：忠诚和"义"的概念，以及对"礼"和"惠泽之施"的欣赏。

各种记述都赞扬郑和坚守原则的高贵品质，赞扬他一心效命于永乐皇帝，尽管郑和的父亲正是死于与明朝的战事。[41]郑和的确有许多理由怨恨和背弃明朝，但他还是超越了它们，因而被认为有资格指挥当时有史以来最大的船队。

外交、海盗和灵光

船队抵达古里，无疑是一幕令人生畏的景象：数百根桅杆从海岸线几乎一直延伸到地平线，巨大的船舶装载着异国的武器、货物，数千名船员进入港口。郑和船队第一次造访的各个地方——如占城、爪哇、小葛兰、锡兰、古里等地——的居民很难解释清楚，这庞大而新奇的景象究竟意味着什么。[42] 这支船队究竟是一个真正的"无敌舰队"，是在进行外交旅行，还是在行使一个贸易使命，抑或是寻找一位逃亡的皇帝，不然就是所有这些兼而有之，说不分明？

船队在每个港口的表现给出了一些答案：与此后抵达的那些欧洲船队不同，郑和似乎并不打算在船队访问过的国家建立永久的存在，也不打算奴役当地人。虽然船队在某些情况下向当地人展示了军事力量，并进行了商业贸易，但通常船队的主要兴趣是寻找当地国家的使节并将其带回中国。[43] 如此一来，船队便可以确保这些国家承认明朝的宗主权和永乐皇帝的声威了。

可见，郑和的基本使命似乎是确立以明朝为中心的朝贡体系。之后，郑和的宝船队所造访过的国家纷纷派代表前往大明朝廷进贡，从而象征性地向明朝政府称臣。这些国家虽然仍被船上的人视为"蛮夷"的土地，但在宝船队未来的远航中，这些国家将被授予与之进行贸易的特权。[44] 这种体系对于永乐皇帝尚未稳固的统治来说，起到了巩固他在国内的合法性的作用——考虑到他上台的暴力方式，几乎可以肯定这是一个重要问题。

郑和本人的身份可能有助于他成为这次具有"结盟意识"的远航的指挥官。在率领宝船队履行使命的过程中，郑和经常表现出对当地信仰和习俗的极大尊重。一个很好的例子是，他在 1410 年返回锡兰时，遇到了敌意，郑和竖立了一块多语种的石碑，用相应的语言分别供奉中国、印度和伊斯兰教的神灵[45]，并将贵重金属、丝绸和香油作为礼物献给每一位神灵[46]。郑和灵活的领导技巧帮助他在第一次远航时就接受了来自六个国家的使节。[47]

然而，这支船队的访问并非都是和平的。1407 年，郑和首次从中国出发两年后，展示了他领导的军队的军事能力。在返航驶过今天的印尼苏门答腊岛时，他主动向一个名叫陈祖义的四处抢掠的海盗提议招抚。郑和在 1405 年的第一次出使访问时就注意到当地人中有华人，他们是在明朝之前离开中国的移民的后代。这些当地华人和他们的当地盟友当时正在与陈祖义的海盗部队交战，后者一直在破坏该地区的商业活动。陈祖义起初接受了郑和的友好馈赠[48]，但很明显这是这个海盗的诡计：陈祖义的意图是逃跑，或伏击宝船队[49]。

不过，郑和已经听到了这一阴谋的风声。陈祖义的船只刚一进入射程内，宝船队的水手们就用火箭和火铳点燃了海盗的船帆。郑和俘虏了陈祖义，杀死了 5 000 多个海盗后，继续驾船驶往南京。[50]

在从苏门答腊岛向北航行到南京的途中，郑和返航的船只在穿越中国南海时突然遭遇了暴风雨。[51]此时，由于受被俘海盗和贡使的拖累，宝船队面临着沉没在周围汹涌澎湃的海水中的危险。水手们确信他们驶越了一条狂暴的巨龙，开始恐惧地向他们的守护神天妃——他们出发时拜祭过的神——祷告。

突然，似乎从杉木做的桅杆顶端发出了一道蔚蓝的光芒。这些船只很快就像是变成了漂浮的灯笼，船员们错愕不已，都惊呆了："灵光一临，则变险为夷，虽在颠连，亦保无虞。"

船队遇到的几乎肯定是圣艾尔摩之火，这是欧洲水手在以后几个世纪经常遇到的一种气象奇观。[52]然而，对于郑和与他的水手们来说，这无疑是他第一次远航时得到的神的保佑。

当郑和第一次远航回国时，虽然仅仅当了两年的海军统帅，他就足以被当之无愧地称为一个熟练的外交官、一个获胜的战士和一个受神灵庇护的领导者了。皇帝对郑和及船队官兵进行了封赏。经过郑和的游说，皇帝给天妃加封了更高的封号，并颁旨在天妃传说中的出生地重建了一座天妃庙。[53]

贡品、最后的远航与亡故

到了 1414 年，宝船队又两次驶离中国并返回。[54] 在过去的十年中，三次成功远航到新的目的地——像今天的索马里和肯尼亚等——之后，一小群非洲和阿拉伯使节现在长期居住在南京的皇宫附近。

随着国际使节网络的不断扩大，出现了好兆头。[55] 最引人注目的迹象出现在那年 9 月：从国外带到南京宫廷的那头动物，对在场的人来说简直就是个奇迹。这是榜葛剌国（今孟加拉国和印度西孟加拉邦一带）国王送给皇帝的礼物。它的蹄子酷似马蹄，只见它直直地站在那

一只从国外带到明朝宫廷的长颈鹿——人们误认为它是神话中的麒麟——被解释为对皇帝的统治以及对郑和船队的神圣祝福。这幅画作和画上的那首颂诗就是为这一事件而创作的。不过，这样的偶然征象不会持续长久。

（GIFT OF JOHN T. DORRANCE, 1977）

里，长而光滑的头上顶着一对圆圆的软骨质的角，高出了身穿丝绸袍服的大臣、使节和星相家好多英尺。这种动物天生的网纹皮毛，与皇宫的金色屋顶以及富丽堂皇的宫廷陈设形成了鲜明的对比。

只有一种可能的解释：这是一只麒麟，据说这种瑞兽曾出现在孔子母亲身前。传统的说法是，麒麟出现在人类面前意味着伟大圣人的到来。在明朝首都出现了麒麟，则被诠释为上天对统治者的统治的认可。[56]

当然，这个所谓的奇观也不过是只长颈鹿而已。但这一预兆出现在皇帝统治时期的时机再合适不过了：除了宝船队的成功，帝国国内也一派繁荣迹象。北京① 紫禁城的建设已经开始了，投入在这个大项目上的人占中国总人口的五十分之一。当如此之多的民众被动员起来支持这项公共工程，当皇帝成为一个包含麒麟这种瑞兽的神秘世界中最神圣的人物的时候，这位大航海家，皇帝的首要侍从，成为某种英雄就毫不奇怪了。

当时郑和的船只正在出使东非，所以当皇帝可能在受赠麒麟时，他并不在场。不过，在 1416 年，郑和归航时又带回一只长颈鹿。此时，郑和及其船队的影响力正处在顶峰。正如郑和的宝船队可以安然无恙地穿越非洲之角那样，他的努力得到了永乐皇帝的盛赞，在他有生之年会一直如此。

然而，这种状况不会一直持续。很快，来自国内的压力迫使皇帝重新考虑郑和的指挥权。

1421 年的春天，北京新落成的紫禁城上空阴云聚集。[57]大雨过后，巨大的闪电击中了紫禁城的三大殿，大殿高耸的房椽上燃起了大火。在

---

① 永乐元年（1403）改北平为北京。——编辑注

这一天结束之前，宫墙里看起来就像是点燃了"十万只火把"。整个紫禁城里，许多办公、居住和举行典礼的建筑都在这场大火中烧毁了。

对皇帝的统治来说，这已不是第一次出现如此不吉利的事件了。[58]不久前，一位已住进皇宫附近的馆舍的外交使节赠送给皇帝一匹用于狩猎的马。当皇帝试图在野外骑乘这匹马时，被马摔下不说，还被马给弄伤了，这一事件在当时引起了很大的外交恐慌。

但是在紫禁城遭遇大火之后，对帝国政策的批评开始在暗地里更加肆无忌惮地蔓延。[59]

帝国似乎陷入了混乱：修建北京紫禁城的木材需求推动安南行省（交阯布政使司）爆发了公开叛乱[60]，此时京城对宝船队的投资正受到皇帝的儒家文臣的密切审视。农村发生了饥荒，不久，就连皇帝的一些大臣也因违抗他的旨意而或是自尽，或是锒铛入狱。[61]

这些国内危机迫使郑和的远航在 1421 年船队第六次返回后暂停了下来，他的船舶只能停靠在港口，一下就是近十年。[62]在此期间，郑和独自完成了一项前往旧港（今印尼苏门答腊的巨港）的外交使命。当明朝在国内混乱中暂停与外部世界的互动时，那些文人官僚们肯定感到宽慰和释怀。

1424 年，皇帝亲自率领军队从北京出发，在他的领土北部与蒙古人作战，结果死在了前线，留下一个权力真空，也使郑和失去了主要支持者。郑和从旧港完成使命归来后才得知永乐皇帝去世，随后他被授予守备南京的职责——南京在北京紫禁城大火后仍然是中国的首都。郑和在这个职位上干了长达七年之久。

到了 1431 年，郑和的船队开始了第七次远航，他预感到这将是他最后的一次远航。永乐皇帝的继承人在永乐皇帝死后奉行孤立主义政策，含蓄地表示宝船队的冒险只不过是些"浪费性的开支"。[63]郑和最后一次远航的任务是向朝贡国通报自船队上一次航行以来中国国内状况的许多变化[64]，这一旅程将使他的水手们最远到达今天的沙特阿拉伯[65]①。

在准备启航的过程中，郑和在福建竖立了一块石碑，石碑上记载了船队过去在海上的冒险经历，将他们的成功归功于神圣祝福：

> 自永乐三年奉使西洋，迨今七次，所历番国……大小凡三十余国，涉沧溟十万余里。观夫海洋，洪涛接天，巨浪如山……[66]

1433 年，当船队绕过印度返回中国时，郑和与世长辞了，享年 62 岁。[67]失去了带头人，船队的返航便成了最后一次返航。

此后不久，郑和协助建立起来的朝贡体系逐渐走下坡路了，这就是人们所谓的明朝"大撤退"的开始。[68]随着维持这个国际网络的兴趣下降，走私者和小偷们开始公开伪装成外国使节，腐败的地方官员们也开始夺取所有运往南京的贡品。[69]

郑和远航的朝廷官方记录也被"意外"地销毁了，这或许是旨在消除对郑和成就的记忆的最大胆图谋——这是朝廷里那些力主政策转变的文人官僚所为。[70]

经过这番周折，郑和与他的船队被遗忘了——至少在一段时间之内。

适时复兴

最后一只宝船在南京的停泊处腐坏几个世纪后，一个春天，一群外国代表进入了北京市中心的一个灯火通明的会场，就连一些国家元首也参加了会议。这些聚集一堂的政治家代表着来自亚洲和太平洋沿岸，以

---

① 原文如此。实际上这次航行最远抵达了今天的索马里。——编辑注

及欧洲和美洲的 100 多个国家。他们迅速就座，做好了聆听东道主发表开幕式演讲的准备。

中国领导人很快登上了讲台。2017 年第一届"一带一路"国际合作高峰论坛召开。中国领导人通过演讲向与会代表解释了自己国家的议题：建设新丝绸之路，通过新的基础设施投资，以"和平合作……开放包容"的关系把东西方连接在一起。

讲话的开篇把这个项目人性化，并将其放在更广阔的历史背景中。讲话通过郑和七下西洋来解释中国寻求的是和平合作：

> 15 世纪初的明代，中国著名航海家郑和七次远洋航海，留下千古佳话。这些开拓事业之所以名垂青史，是因为使用的不是战马和长矛，而是驼队和善意；依靠的不是坚船和利炮，而是宝船和友谊。一代又一代"丝路人"架起了东西方合作的纽带、和平的桥梁。[71]

郑和去世后，中国不再希望在海外扩大影响力了。中国的海事能力曾远及重洋之外，最终却在 16 世纪下降到中国海岸经常遭受日本海盗袭击的地步。然而，到了 21 世纪，对郑和及其船队的兴趣重新被唤醒了。

鸦片战争和"庚子国变"的创伤深深地铭刻在中国的民族记忆中，清政府的仇外心理和守关锁国曾导致了军事上的屈辱和外国人的支配，这持续了几代人之久。[72] 也许这一时期最伤害人心的时刻是 1860 年英国人焚烧圆明园，这是一种蓄意破坏中国人的"自豪感……和感情"的行为。[73] 这个时代在中国历史上被认为是"耻辱的世纪"，它令一些中国人相信自己不应该逃避国际参与和国际探索。

让郑和遗留下的成果重新广为人知，有助于抚慰受过伤害的民族自豪感。黄慧珍和薛金度的论文《郑和研究八十年》最好地体现了这一意图：

> 从郑和时代到社会主义建设新时期，郑和下西洋的事迹，成为中华民族进行爱国主义教育的一篇很好的教材。[74]

最终，这种教育兼及外国和国内的受众。对郑和的回忆有可能形塑未来几代人的思维。中国的小学生在学校了解了郑和的生平事迹。大量资金用在郑和航路沿线的基础设施项目上。这些坚定的国际举措[75]——如涉及资金达万亿美元[76]的"一带一路倡议"涉及在整个亚洲大陆建设大量贸易基础设施，以及围绕印度洋和太平洋建设商业基地和保障基地网络——提供了一个类似郑和在600年前帮助建立的国际体系的框架。

2005年，中国在全国范围内开展活动纪念郑和远航600周年；2008年在北京奥运会开幕式上，中国以戏剧化的方式展示了郑和的宝船队。[77]随着中国重回世界大国地位，郑和的形象完全恢复了——甚至比他一生中曾达到的高度还要高。到2012年，一个关于郑和的主题公园在南京曾经建造郑和宝船的宝船厂遗址开放了。随着中国的影响力逐渐扩大到新的海岸，中国希望向外界以及本国公民展示一个正在回归其在全球舞台上的应有地位的国家形象。明朝的爱国统帅郑和能够最完美地体现这些雄心。

2012年以来，中国领导人多次在讲话中引用郑和的事例。在提到郑和的遗产时，政府的评论都会强调宝船队的和平意图，郑和对其他文化的尊重，以及他帮助建立的历史关系的互利本质。

无论如何，郑和，这位"身长九尺""腰大十围"的太监，在为大明朝廷效力中脱颖而出的英雄，一定是一位杰出的领导者。尽管中国与外部世界的互动曾在此后止步不前，郑和的作用如今还是再次受到了人们的颂扬。在去世近六个世纪后，郑和，更重要的是郑和所代表的思想，正在指导他的国家和更广阔世界的公民，告诉他们这个新复兴的国家希望如何看待自己，以及如何被别人所看待。

哈丽雅特·塔布曼

对于那些不像我这么了解你的人来说，你所做的很多事情都像天方夜谭。

——弗雷德里克·道格拉斯（Frederick Douglass）

那晚，当她登上美国海军约翰·亚当斯号舰船时，白人军官向这位他们称为"摩西"的黑人妇女脱帽致意。[78] 除了这一礼貌的举止外，她没有受到特别的关注。这 300 名士兵有事情要处理，哈丽雅特·塔布曼是这个团队的一员，她也有自己的职责。

1863 年 6 月 1 日（星期一）晚上 9 点，三艘汽船——约翰·亚当斯号，连同哈丽雅特·A. 威德号（Harriet A. Weed）和圣天诺号（Sentinel）——从南卡罗来纳州的博福特（Beaufort）出发，沿着卡姆比河（Combahee River）向上游航行了 25 英里。他们的目标是袭击河岸两侧内陆方向大约一英里的几家种植园。南卡罗来纳州第二志愿步兵团的指挥官詹姆斯·蒙哥马利（James Montgomery）上校希望以此来测试他新组建的黑人部队的战斗力，破坏叛军的通信线路，烧毁他们的补给，并释放那些随后也可以为联邦作战的奴隶。

当船只向上游驶去时，作为侦察队长的塔布曼站到了蒙哥马利上校旁边。这是一个不协调的场景：一个 5 英尺高、41 岁的黑人妇女在内战正酣时参与解放奴隶的突袭。前往战斗的南卡罗来纳州第二志愿步兵团的官兵们并没有关注一个曾经被奴役的、穿着裙子的中年妇女在所有

哈丽雅特·塔布曼照片。
(PHOTOGRAPH BY MPI/GETTY IMAGES)

穿蓝色制服的男人中的象征意义。他们只关心她的侦察能力。蒙哥马利的人依靠塔布曼和她的团队来引导步兵团安全地沿河而上；早在突袭前的几个星期里，塔布曼和她手下的几个人就已经把消息带到附近的奴隶社区，联邦部队要来营救他们了。

当蒙哥马利的士兵出发前往突袭时，联邦军队正在缓慢地尝试如何应对刚获得自由的黑人，而他们位于罗亚尔港（Port Royal）的营地正处于这个尝试的前沿。两年前，即1861年11月，联邦海军炮轰了守卫南卡罗来纳州罗亚尔港的两个叛军堡垒。堡垒的南方邦联防御者和该地区的白人种植园主们迅速逃离了，留下大约一万名奴隶。此刻已处在联邦战线后的罗亚尔港及其周边地区的那些被称为"违禁品"的前奴隶，吸引了北方废奴主义者的注意，他们蜂拥而至，纷纷前来帮忙。[79] 当始终责无旁贷的塔布曼决定去罗亚尔港时，她后来回忆说，她之所以做出这个决定，是出于"在她的人民中"工作的召唤。[80] 她去南方的选择也说明了她的动机的演变：在她职业生涯的这一个节点上，她已坚定了致力于废除奴隶制的信念。[81]

马萨诸塞州州长约翰·阿尔比恩·安德鲁（John Albion Andrew）通过废奴主义者圈子认识了塔布曼，由于认为"她在敌人后方从事情报和侦察工作方面会很有价值"[82]，他亲自安排她前往南卡罗来纳州[83]。毕竟，塔布曼从1850年开始，花了整整十年的时间，引导在马里兰州的东海岸遭囚禁的奴隶来到相对自由的北方，总共拯救了大约80名奴隶。虽然南卡罗来纳州比起她的家乡炎热多了，不过，地形却很相似。南北战争爆发时，塔布曼是一位在由微咸水冲刷出的肥沃的、植被蔓生的低洼地上潜行的专家。在这场围绕奴隶制展开的战争的高潮，她身为一个黑人女子，在敌人后方的一个蓄奴州进行侦察。这是一项冒险的使命，她既是受自己的信念和对事业的坚定承诺的驱使，同时也是一个经验丰富的专业人士——这是她人生头40年的生存方式的结果。

要么自由，要么死亡

1849年8月29日，马里兰州东海岸的《剑桥民主党报》（*Cambridge Democrat*）发布了一则奴隶拍卖消息：

<u>出售黑人</u>

本人将于9月10日（星期一）

在剑桥城的法院门口

向出价最高者公开出卖一名年约25岁，

名叫**基齐亚**（KIZZIAH）的黑人妇女，

限现金支付。

转让完整的终生所有权。

伊丽莎白·布罗德斯（Elizabeth Brodess）的经纪人

约翰·米尔斯（JOHN MILLS）

将出席出售。[84]

就在一个多月后，1849 年 10 月 3 日，同一家报纸发布了以下内容：

悬赏 300 美元

上月 17 日星期一，三个黑鬼**逃离**本悬赏发布者，

逃离者名字如下：

哈里（HARRY），约 19 岁，

他的脖子一侧的耳朵正下方有一个粉瘤，深栗色皮肤，

约 5 英尺 8 英寸或 5 英尺 9 英寸高；

本（BEN），约 25 岁，他说话速度很快，

栗色皮肤，约 6 英尺高；

明蒂（MINTY），约 27 岁，栗色皮肤，

长相俊俏，约 5 英尺高。

在本州之外抓获上述每个黑鬼将获得 100 美元奖励，

在本州内抓获将获得每个 50 美元奖励。

他们必须被关进马里兰州的

巴尔的摩、伊斯顿（Easton）或剑桥监狱。

伊丽莎白·安·布罗德斯，

马里兰州多切斯特县的巴克敦（Bucktown）附近。

《特拉华州公报》（Delaware Gazette）将连续三周

刊载上述内容，并将对此收费。[85]

这两则广告中提供的细节说明了塔布曼在她生命的头 27 年是如何

度过的。两则都被刊登在《剑桥民主党报》上。此报是专为塔布曼家乡，马里兰州多切斯特县服务的。第一则是拍卖哈丽雅特·塔布曼侄女的广告。第二则是在哈丽雅特和她两个兄弟的第一次逃跑尝试后，试图重新将其抓回的通告。

在塔布曼出生前几十年，多切斯特县的各家庭开始减少烟草种植，取而代之的是依靠木材和谷物出口。转向劳动密集程度较低的经济意味着奴隶主对拥有奴隶和给奴隶们提供衣食也越来越不感兴趣了。为了降低成本，许多奴隶主在奴隶超过劳动年龄（通常在 45 岁左右）时就开始释放，或者是给一部分奴隶自由。在多切斯特县，1790 年到 1800 年期间，自由黑人人口从 528 人增加到 2 365 人；受奴役人口则从 5 337 人减少到 4 566 人。[86] 因此，当塔布曼于 1849 年逃跑时，马里兰州有一大群自由黑人在途中帮助了她。[87] 因为那里有一个自由黑人社区，此外，该地区又靠近非蓄奴州，所以从美国的南方偏北地区逃亡的奴隶远远多于从南方腹地逃出来的奴隶。南方腹地除了在地理上远离自由州之外，那里的奴隶在种植园里普遍过着更加孤立的生活，通常很少与住在主人庄园之外的人交往。

经济力量在 18 世纪 90 年代和 19 世纪初促进了马里兰州东海岸的奴隶解放，但也带来了国内奴隶贸易的增长。棉花主导南方腹地的经济正值 1808 年对外奴隶贸易被取缔，以及佛罗里达州、路易斯安那州和得克萨斯州等新的蓄奴州寻求廉价劳动力的涌入。其结果是，许多 19 世纪初出生在马里兰州东海岸的奴隶，包括塔布曼，生活在不断的恐惧中，时刻担心他们被从家庭中拉出来，卖到南方。"南下"不仅意味着与家庭永久分离，而且意味着他们所想象的地狱世界的鬼怪肯定要远比他们已有的生活更加残酷。

哈丽雅特·塔布曼于 1822 年 3 月出生，刚出生时的名字是阿拉米塔·罗斯（Araminta Ross，即上图报摘中的"明蒂"）。她是布罗德斯家族的奴隶，父母是本（Ben）和瑞特·罗斯（Rit Ross）。布罗德斯一家的兴衰塑造了哈丽雅特与自己父母的关系。在塔布曼被奴役的 27 年中，布罗德斯一家经历了经济困难和法律纠纷；随之，塔布曼和她的家人的生活也难以预知。动荡的基本状况主导了塔布曼的早年生活。她不知道一日之隔是否还能和家人生活在一起。

塔布曼童年的大部分时间都被东海岸的其他家庭雇用或被租借给他们使用，其间经常受到那些租借她人身的主人的虐待。塔布曼的第一位传记作者记得，即使人到晚年，她那"可怜的脖子上还布满了 60 年也无法抹去的伤疤"。[88]

在她十几岁的时候，她遭受了一次创伤，这影响了她的余生。一天晚上——当时她是被雇来在农地干活的——她去了当地的一家商店。这时，另一个奴隶未经允许也来到了商店，结果他的监工在商店发现了他，监工捡起一个两磅重的铁块便向逃跑的奴隶砸去。[89]不幸的是，监工没有击中那个奴隶，却直接击中了哈丽雅特的前额。她一直戴着一条披肩，后来她回忆起这件事时说，那个铁块"砸破了我的颅骨，划破了一块披肩并把碎片砸进了我的头里"。[90]据一位 1863 年写过关于塔布曼的文章的记者说，她头部受的伤会使她"不时麻木或昏昏欲睡；在她谈话中或在做其他什么事时会突然发作，让她沉沉地睡了过去，然后又会突然醒来，继续她的谈话或工作"。[91]

尽管塔布曼和她的家人早在她头部受伤之前就有虔诚的宗教信仰，但颅骨骨折恰逢塔布曼开始产生宗教愿景的时刻，在她生命中剩下的 80 年里，这种愿景一直伴随着她，并促成了她所感受到的召唤。[92]

哈丽雅特被雇用在外确实有一些好处。在她 20 多岁的时候，她干的活儿通常都是男人们干的，包括伐木和赶牛。这种工作的性质将她在身体上与主人的庄园分离开来，让她接触到了一个在切萨皮克（Chesapeake）的水路上往来的自由黑人的世界。在这段时间里，她遇到了她的第一任丈夫约翰·塔布曼（John Tubman），一个自由黑人，并在1844年与他结了婚。随后，她将自己的姓名从阿拉米塔·罗斯改为哈丽雅特·塔布曼，她的名字来自她最爱的一个姑妈。[93] 在多家农场当过雇工也给了她一定的自信。她有必需的资金独自行动，即使不知道如何到达宾夕法尼亚州和特拉华州的州界，她也对地形有一种直觉。

尽管特拉华州在南北战争中为联邦而战，但在战争结束之前一直是一个蓄奴州。威尔明顿是特拉华州的首府，坐落在距离宾夕法尼亚州（一个非蓄奴州）边界仅有十英里的地方。布罗德斯家族的人都知道大多数奴隶为了获得自由要走的路线，威尔明顿常常是从东海岸逃亡的奴隶进入北方的最后一站。这就是布罗德斯一家在结束关于他们逃亡奴隶的通知时，要求威尔明顿的《特拉华州公报》"刊载上述内容"的原因。

通往自由的北上道路得益于一个松散网络的出现：我们已熟知的"地下铁路"。这个网络由遍布美国南方偏北地区和北部各州的废奴主义者临时拼合而成，因此，地下铁路当然根本就不是一条真正意义上的铁路。当塔布曼获得自由时，历史学家弗格斯·博德维奇（Fergus Bordewich）将它描述为一个

> ……多样、可变和相互关联的系统，从美国南方偏北地区延伸至加拿大，由数千名活跃分子组成。实际上，地下（铁路）在行动当中是民主的典范，他们在大多数地区运作时只有最小化的集中指挥，却有最大化的基层参与，并且只有一个战略目标：向任何提出要求的逃亡奴隶提供援助。[94]

地下铁路是一个非正式的实体，包括一系列致力于帮助逃亡奴隶的当地组织，以及连接各个城镇的活跃分子的网络。[95] 除了少数像塔布曼这样真正杰出的人士外，该铁路是由成千上万的偶然的勇敢善举所锻

造的。博德维奇说："敲敲门，提供床铺，给马装鞍子——这一切只有在回顾时才具有戏剧性。"[96] 塔布曼依靠这个由自由黑人和白人组成的网络，从马里兰州奔往宾夕法尼亚州，实现了自己的自由。

哈丽雅特第一次试图逃跑，是在拍卖她侄女凯西娅（Kessiah，拼写有异，见上文第一则报摘）仅仅一周后，这并非偶然。在塔布曼为奴期间，她的家庭成员中曾有几个人先后被卖到南方。哈丽雅特讲述过这样的情景，她"看见骑马者来了，听到妇女和儿童被相互撕扯开时发出的尖叫声，然后匆匆离开，从此以后杳无音信"。[97]

1849 年 9 月 17 日，塔布曼和她的兄弟们第一次尝试获得自由，但由于未知的原因，他们三人又返回来。塔布曼的动机不仅仅是出自被卖到南方的直接恐惧，她回忆道："我在心里已经把这件事梳理清楚了；我只有权利二选一，那就是要么自由，要么死亡；如果我不能拥有其一，就得拥有其二；因为任何人都别想活捉我；只要我还有点力气，我就要为我的自由而战，当我要走的时候，上帝会让他们带我走。"[98] 塔布曼给人的印象就是一个坚强的女人，从她"要么自由，要么死亡"的心态看来，这似乎更容易理解。其结果是，她愿意忍受痛苦以实现她的理想。在和她的兄弟们一起逃亡未遂的几周之后，塔布曼又独自出发了。

经过几天的旅行，她进入了北方。不过，她并没有满意。塔布曼描述了她进入宾夕法尼亚州那一刻的感受：

> 我已经越过了我梦寐以求的地方的界线。我自由了，但没有人欢迎我来到这块自由之地，在这个陌生的地方我是个陌生人，我的家毕竟是在老旧的小屋那里，和老人们还有我的兄弟姐妹们在一起。我做出了这庄严的决定；我自由了，他们也应该自由；我要为他们在北方安个家，上帝在帮助我，我要把他们都带到那

里。哦，当时我独自一人躺在冰冷潮湿的地面上，是这样祈祷的。"哦，亲爱的上帝，"我说，"除了你，我没有朋友。主啊，求你帮助我，因为我有麻烦。"[99]

她决定回到南方，然后一次又一次地这么做，这使她与众不同。这种选择——一而再，再而三地回到那块禁锢她的土地——使她从数千个获得了个人自由的勇敢者之一，到一两次回到南方帮助别人的几十个人之一，再到成为独一无二之人——哈丽雅特·塔布曼，在她出生后近 200 年来，我们铭记她，因为她 13 次回到南方，拯救了大约 80 名奴隶，为另外几十个奴隶提供了建议，并最终使无数的人们坚定了决心。

准备上船

多切斯特县的邮局检查员们聚精会神地盯着那行字。上面写着："告诉我的弟兄们，要时刻留心祷告，等到锡安（Zion）①的古船来了，就准备上船。"[100]

这封 1854 年的信由自由黑人雅各布·杰克逊（Jacob Jackson）的养子威廉·亨利·杰克逊（William Henry Jackson）签名，并不起眼。[101]但杰克逊这个名字足以引起细心的检查员的注意。他们怀疑雅各布·杰克逊促成了最近的奴隶逃亡，也知道不久前离开多切斯特县的威廉·亨利·杰克逊没有"兄弟"，检查员疑惑了。[102]

所以他们直接找到了这封信的来源，想弄清它的意思。但令他们懊恼的是，雅各布·杰克逊扔下了信，声称"我对这事从头到尾一无所知"，然后走出了房间。[103]

实际上，杰克逊很清楚这句话的寓意。他很熟悉与哈丽雅特·塔布

---

① 原为古希伯来语，后来发展出天国、避难所等多重含义。——编辑注

曼的这种暗语通信，后者用伪造的签名提醒他，她会来营救她的兄弟的。杰克逊很快提醒了罗伯特、本和亨利——三人不久将由他们的妹妹带领着奔向自由。

这兄弟三人曾多次试图独自逃离东海岸，但都没有成功。他们的不服从态度激怒了伊丽莎白·布罗德斯，当有人向她提议把这三兄弟卖给当地一个朋友时，她嘲笑着说她"宁愿看到他们给卖到佐治亚州"。[104]到了1854年12月，正式宣布下来了：罗伯特、本和亨利将在圣诞节前后被卖到南方腹地。当塔布曼听说他们即将被卖掉时，便开始了她的旅程，来到了她仍然被视为布罗德斯家族财产的地方，这种事她以前做过很多次，以后还会做很多次。

她曾经说过，尽管"奴隶制""仅次于地狱"，但自由并不意味着幸福，如果自由意味着她的家庭仍被奴役的话。[105]"我是身在陌生地方的陌生人，我的家毕竟还在南边的马里兰州，因为我的父亲、母亲、兄弟姐妹和朋友都在那里。但我自由了，所以他们也应该自由。"塔布曼后来这么说。[106]她对家庭的责任感与她的信仰同等强烈，她坚信上帝会永远保护和引导她。当被问到她回到南方的决定时，塔布曼总是回答说："不是我，是上帝！我总是对他说，'我信任你。我不知道何去何从，也不知道该做什么，但我希望你能引导我'，上帝也总是引导我。"[107]

于是，1854年12月，在给雅各布·杰克逊写了一封暗语信，告诉他她即将到来后（或者更确切地说，在给一个识字的人口授了这封信之后），塔布曼开始了她去东海岸的旅程，她很可能是乘坐火车和船去那里。[108]

战术上，塔布曼到达的时刻堪称完美：圣诞夜。伊丽莎白·布罗德斯打算让塔布曼的兄弟们去40英里外的父母家吃饭，为他们暂时离开提供了借口。[109]但塔布曼听说罗伯特、本和亨利将在圣诞节后的第二天在一次公开拍卖会上被拍卖，因此她救援的机会减少了。[110]

她计划当晚就去见她的兄弟，然后，他们一起去了他们的第一个"安全屋"——他们父母的小屋。那天傍晚，罗伯特的妻子分娩，这使他会面迟到了。塔布曼没有等他。[111]

哈丽雅特、亨利、本和本的未婚妻简·凯恩（Jane Kane）——简在最后一分钟加入了逃亡者的行列——设法来到了他们父母的小屋，他们躲在谷仓里，外面正下着寒冷的大雨。[112]第三个兄弟罗伯特最终赶了上来，在外屋加入了他们。在路上的某个地方，另外两个奴隶也加入了这个队伍。在一天的时间里，这次小型救援的规模整整翻了一倍。

塔布曼小心翼翼地告诉她父母自己的到来：她派了这两个新成员把有关情况告诉了她父亲。塔布曼的父亲在没有告知妻子的情况下，把食物给了逃亡者。为了确保自己确实没有看到哈丽雅特和她的兄弟姐妹，他甚至还一度蒙上了眼睛。[113]他知道奴隶捕手最终会来问他是否见过自己的孩子，所以他这么做以保证他可以诚实地说他从来没有见过。

为了旅行者们自身的安全，塔布曼对他们的要求十分严格。有时，北上之旅如此艰难，以至于奴隶们不得不认真考虑是否要重新回到奴役生活中去，不过，塔布曼则要保证让他们继续前行。她随身带着手枪，既用来保护旅行者，又用来威胁他们，如果他们想掉头的话。正如一名地下铁路工作人员所描述的那样，她明确地表示："时机非常关键，因此路上不允许有任何愚蠢行为。"[114]正是这样的纪律，让塔布曼和她手下的逃亡奴隶，在一个下雨的圣诞夜坐到了寒冷的谷仓里，而她父母温暖的家就在眼前，大概还有一顿节日大餐在等着呢。

她向南走了一段路，找到了她的兄弟们。到了圣诞节深夜，塔布曼已经为她的任务的最后阶段做好了准备：带逃亡者穿过宾夕法尼亚州边界，并继续前行。

1850 年《逃亡奴隶法案》（Fugitive Slave Act，该法案要求北方当局将逃亡的奴隶归还给他们的主人）通过后，到达宾夕法尼亚州边界并不意味着就安全了。塔布曼需要地下铁路来帮助她和她的家人从马里兰州的多切斯特县出发，一直到加拿大圣凯瑟琳斯（St. Catharines，现位于安大略省）的安全地带，那里有一个日益壮大的黑人难民社区，因为那里施行的英国法律早在几十年前就已经禁止了奴隶制。

塔布曼去营救她的兄弟们所走的路线，即使按直达路径算，单程也有大约450英里。她在19世纪50年代走了13个来回。[115] 在长达十年里，塔布曼无惧有人悬赏重金要她项上人头，不顾跟踪她气味的猎犬，把自己的生命奉献给带领一小群奴隶从南方来到北方的事业。

在塔布曼途经的每一站，废奴主义者都挤到客厅里，热切地倾听着关于她营救奴隶的故事。对许多这些积极分子来说，她的勇敢令人瞠目结舌。但是，与塔布曼13次救援中的每一次同样引人注目的是，她在

最左侧是哈丽雅特·塔布曼，她与她帮助营救的奴隶们在一起。
（BETTMANN/CONTRIBUTOR）

19 世纪 50 年代的生活节奏很有规律。在把她最新的一批逃亡奴隶带到加拿大之后，她在新英格兰四处游走，筹集资金，与不断增加的废奴主义朋友们会面。夏季期间，她会设法找一份厨师或体力活的工作，以便挣到足够的吃饭钱。

在不工作的时间里，她会去废奴主义者的家里讲述她逃离奴隶制的故事，以及后来拯救其他人的故事，希望热情而富有同情心的听众们能为她的事业匀出几美元来。在秋季时节，她会返回费城周边地区，为下个季节的"突袭"做好准备。

冬天，当夜晚变长时，塔布曼会秘密地回到东海岸。躲藏长达三个月后，她找到了更多要负责营救的奴隶。就这样，塔布曼脚上穿着一双破旧的鞋子，把逃亡的奴隶从一个安全屋带到另一个安全屋，途经马里兰州、特拉华州、宾夕法尼亚州、纽约州，通常带他们一路来到加拿大。

尽管有寒冷、疾病、抱怨的逃亡者、哭泣的婴儿、奴隶捕手，以及她头部受伤引起的头病发作，塔布曼还是带领着她营救出的大约 80 名奴隶中的每一个人，一路奔向北方的自由。而每当她刚安顿好了她爱到甘愿回去营救的家人和朋友，便会立刻离开他们，回去重新开始下一次拯救。

但是在 1854 年圣诞节的深夜，塔布曼的精力集中在手头的任务上。在黑暗的掩护下，塔布曼和她的兄弟们，以及她负责的其他人继续北进。当终于到达威尔明顿时，他们来到了一个熟悉的人家门前。

"宣扬她的高尚事迹"

1854 年圣诞节的几天后，托马斯·加勒特（Thomas Garrett）听到了敲门声，这次敲门声听起来比平时少了一点谨慎。他和家里其他人都已习惯了深夜来访。对他的妻子雷切尔（Rachel）来说，这种噪声简直比不上他们希普利街（Shipley Street）227 号家里的一块吱吱作响的地板。[116]

托马斯已经 65 岁了，他以其年龄所能允许的最快速度从椅子上站起身来，同时脑子里已在考虑该把客人送到哪里去。他以他特有的热情打开了门，但当他注意到站在门口的是一位朋友时，他笑得更开心了。经过他在特拉华州的家的成千上万人中，大多数人都是持单程票北上的，而哈丽雅特是他的一位老同志。当她和她负责的六个人走进屋子里时，雷切尔已经备好了茶。

当他们坐下时，托马斯发现哈丽雅特和其中一个男人——后来才知道是她的兄弟——脚上的鞋子已经磨损得不成样子。哈丽雅特向热切的听众讲述她最近一次旅行的故事，加勒特一家人全神贯注地倾听着。

在 19 世纪初至 1865 年期间，贵格会的白人教徒托马斯·加勒特，协助 2 700 名奴隶获得了自由——此人是这个州最重要的废奴主义者。在 1854 年至 1868 年期间的通信中，在他帮过的所有前奴隶里头，他像谈论英雄似的反复提及的只有塔布曼。

1855 年 12 月，加勒特写信给两位身在苏格兰，为美国废奴主义事业筹款汇款的著名妇女，这是他第一次把塔布曼介绍给这两位女士："我的信已经写得**够长**了，但我觉得在结束这封长信前，必须要讲述一位高贵妇女的壮举，一位黑人妇女的壮举……她意志坚定，身体强壮。"[117] 加勒特用了两段文字向这两个女人介绍塔布曼的冒险故事，最后在信的结尾说："如果一个**白人**，无论男女，冒着生命和健康的危险，把他或她所赚到的全部身家都花在这样一项高尚而无私的事业上，这个名字将会在全国各地得到宣扬；但**千万不要**在报纸上**宣扬**她的高尚事迹。"一年后，加勒特代表塔布曼对这两位做出捐赠的女士表示感谢。[118] 这封信以及在 1855 年至 1857 年间寄出的其他信件，一如既往地会让人们想起塔布曼的"爱与勇敢的使命"的丰富细节。[119]

1868 年，加勒特与塔布曼的第一位传记作者分享了他的一封总结性的短信，一开始就提到了"哈丽雅特·塔布曼在帮助有色人种朋友摆脱奴役方面的非凡努力"，并向后代解释了在他的眼中是什么使她与众不同：

> 因为事实上，我从来没有遇到过任何人，无论什么肤色，对上帝的声音有更大的信心，就像是直接对她的灵魂讲话那样。她经常告诉我，她与上帝交谈，上帝在她生命中的每一天都与她交谈，她向我宣称，当她身在她的前主人或任何其他人附近时，她并不比在纽约州或加拿大更害怕被逮捕，因为她说她只在上帝派她去的地方冒险。她对至高无上的力量的信念是真的很强大。[120]

和其他书信一样，这封信中的大部分内容讲的都是关于"哈丽雅特……非同凡响事件"的故事。就像她给从托马斯·加勒特在特拉华州威尔明顿的家算起，一路直到加拿大的黑人难民社区的其他主要废奴主义者所留下的印象那样，她给加勒特留下的印象十分深刻。

1854 年，加勒特让他们安全地休息了一两天，做了适当的安排，在为哈丽雅特和她的兄弟提供了新鞋后，加勒特把塔布曼交给了费城两位著名的废奴主义者 J. 米勒·麦金（J. Miller McKim）和威廉·斯蒂尔（William Still）。[121] 斯蒂尔后来回忆说："哈丽雅特·塔布曼曾是他们的'摩西'……哈丽雅特是一个从不自命不凡的女人，事实上，她这个人普通得不能再普通了。……然而，在勇气、精明和无私的努力方面……没人能比得了她……像她这样的人，可能前无古人，后无来者。"[122]

这条"铁路"从费城继续通往纽约。在那里，悉尼·盖伊（Sydney Gay）在他的《逃亡者记录》（Record of Fugitives）中描述了他在 1855 年和 1856 年帮助经过这座城市的所有奴隶，其中用了六页的篇幅来描述他所说的"塔布曼车长"。虽然其他条目很少超过一个段落，盖伊几乎把塔布曼在 1856 年及之前参与的所有营救活动都讲了出来。[123]另一位驻在纽约的地下铁路"列车员",奥利弗·约翰逊（Oliver Johnson）回忆道："那个具有英雄气概的女人,哈丽雅特·塔布曼。……她讲述自己的故事时总是很谦虚,这表明她所做的任何超出义务的事,都是下意识的本能使然。听过她讲话的人,没有一个会怀疑她的真心实意和诚实正直。"[124]

新英格兰是铁路沿线上的下一个"车站"。1859年,后来在南北战争期间指挥南卡罗来纳州第一志愿步兵团,来自伍斯特（Worcester）的牧师托马斯·温特沃思·希金森（Thomas Wentworth Higginson）在给母亲的一封信中写道："她的冒险故事超越了任何小说情节,她的创造力和指挥能力都非同寻常。……奴隶们称她为摩西。……如果她被抓到的话,大概会被活活烧死,因为她又要去（马里兰州）,这很可能早晚会发生。"[125]

这条"轨道"的末端通常是加拿大的圣凯瑟琳斯。著名的黑人废奴主义者和前奴隶威廉·韦尔斯·布朗（William Wells Brown）回忆道："1860年,在加拿大时,我们遇到了几个由这位妇女从奴役之地带来的人。他们都相信她有超自然的力量。我们问其中一个人：'你不怕被抓吗?''哦,不,'他说,'摩西有神力。''你的意思是?'我们问道。他回答说：'白人是抓不到摩西的,因为你瞧,她天生就有神力。上帝把能力赐给了摩西。'"[126]

除了被她的事迹深深吸引之外,废奴运动的领导人还利用塔布曼的故事筹集资金。她通过营救尽可能多的奴隶,证明了这些钱会得到很好的利用。但在最终的"会计核算"中,她的领导力就不仅仅是体现在数字上了。据估计,从1830年到1860年,每年都会有1 000到5 000名奴隶逃亡。[127]在19世纪50年代,塔布曼所解救的逃亡奴隶占总数的0.14%到0.80%[128],占那段时间从马里兰州逃出的奴隶的比例则更高一些（粗略估计约为 3%）[129]。

她的名望之大，表明她做了一些远比这些不起眼的数字还要重要的事。塔布曼的特定行动具有象征性的意义。在关于塔布曼的信中，她的行为——和它们所引发的故事——坚定了其他人的决心，并鼓舞了废奴主义者采取比原本更为有力的行动。在塔布曼的案例中，这是通过一个非凡时期与一个非凡女人的偶然结合而发生的。

塔布曼从未打算被人称为领导者，或是英雄。尽管废奴运动在全国各地都有领导者，但最著名的人物在东北部，塔布曼在那里度过了她大部分时间。她是这场运动所需要的一种领导者类型，在特定的时刻，这场运动需要一个像她这样的领导者，而她则纯粹是出于需要才与其他的运动领导者建立起关系。

哈丽雅特·塔布曼带领奴隶来到加拿大的画像。
（NATIONAL GEOGRAPHIC CREATIVE/ALAMY STOCK PHOTO）

虽然塔布曼在政治上很精明，但她的日常目标很切合实际。即使是在公开演讲时，她也常常竭力为下一次的营救行动筹集资金。除了在她所解救并带到北方脱离奴役的几十名奴隶面前，塔布曼从未选择要成为一名领导者。她参与了废奴主义运动，这场运动反过来又使她成为一个领导者——她需要资金，而他们则需要一个象征。这是一个从未被明确界定的角色，但很容易在塔布曼同时代人的通信中被察觉到。

虽然地下铁路是一个松散的网络，但它的领导层会定期通信。整个19世纪50年代，塔布曼是唯一多次亲身陪同奴隶走完从马里兰州到加拿大这条路线的人，因此她必须与东海岸的废奴主义领导者建立牢固的关系。塔布曼与每一位关键领导者都有着私人关系，而他们又围绕她相互沟通。她在不知情的情况下成了他们网络中的一个节点。

她还利用这些关系获知了后来在南北战争中使用的通往南卡罗来纳州的安全通道。

护士、侦察员和间谍

当塔布曼1862年到达南卡罗来纳州时，她大部分时间在做战地护士。由于给伤员缝合伤口是没有报酬的，所以她在傍晚时分还要经营点小生意。每天晚上，她烤制馅饼和姜饼，再酿造两桶根汁汽水，然后雇人在联邦营地出售她的产品。[130] 在其他日子里，根据一份有关她在军队服役情况的官方报告，她"在敌方战线后方充当间谍，提供了很多非常有价值的服务，还被承认为该政府部门雇员中的最有价值侦察员和向导"。[131] 她招募了一个由大约七个熟知当地地形的当地黑人组成的小队。她的团队去往南方邦联阵线后方，为联邦军队指挥官搜集情报，还为南卡罗来纳州的联邦军队充当向导。据推测，她还开辟了从联邦阵地，到内陆的南方邦联阵线后方那些仍然被奴役的黑人区之间的通信线路。

1862 年 8 月，经美国战争部长埃德温·M. 斯坦顿（Edwin M. Stanton）授权成立了五个团的黑人军队，这可能加速了她作为间谍的工作。几个月后，来自马萨诸塞州的白人废奴主义牧师托马斯·温特沃思·希金森上校抵达罗亚尔港来指挥南卡罗来纳州第一志愿步兵团，这是联邦军队的第一个由前奴隶组成的团。当希金森到达联邦军队营地时，塔布曼可能是他认识的少数黑人之一。几年前，塔布曼曾在希金森的伍斯特会众中间发过言，她的演讲结束后，希金森在给他母亲的一封信中称塔布曼为"这个时代最伟大的女英雄"。[132]

蒙哥马利上校作为南卡罗来纳州第二志愿步兵团的指挥官，领导卡姆比河突袭。他本人就是一位资深废奴主义者，19 世纪 50 年代中期曾在堪萨斯州与约翰·布朗并肩战斗过。蒙哥马利抵达南卡罗来纳州时，已经听说塔布曼的传闻好几年了。[133]

鉴于塔布曼拥有在南部行动时从未被发现的辉煌记录，以及她之前与南卡罗来纳两位最高级别的联邦军队指挥官之间的关系，她自然会被美国军队视为一位"有价值的女人"，正如一份关于她服兵役情况的政府报告里所说的那样。[134] 尽管此举可能与外界的期望不符，但罗亚尔港的人都认为塔布曼将会担任领导者的角色。

哈丽雅特·塔布曼在卡姆比河突袭期间的具体工作，是担任蒙哥马利上校的侦察队长（本篇的开头就给予了陈述）。在这个岗位上，1863年 6 月 1 日晚，她——也可能是她小队中的某个在该地区长大，应当熟悉卡姆比河水域的成员——带领约翰·亚当斯号、哈丽雅特·A. 威德号和圣天诺号向上游航行。途中，圣天诺号搁浅了，不过在登上其余两艘船后，所有的 300 名联邦军士兵在 6 月 2 日凌晨 2 点 30 分前都抵达了他们的既定目标。[135]

整个上午，蒙哥马利上校的士兵赢得了与南方邦联发生的几次小规模战斗，破坏了叛军用来在阵地之间运送物资的浮桥，并摧毁了价值约

100 万美元的敌人财产。[136]

有数百名奴隶从内陆方向的种植园中跑了出来，他们的人数可能会挤爆联邦方面的运输工具。因此，据塔布曼后来回忆："蒙哥马利在上层甲板上喊道：'摩西，你得给他们唱一首歌。'"[137] 为了让那些叫嚷着要上船的新获自由的奴隶们平静下来，她唱了一首当时在废奴主义者圈子里很流行的歌曲："'东方和西方那么多国家/光荣的扬基之国最棒也最伟大/来吧！来吧！别惊慌/山姆大叔很有钱，给你们每人一个大农场。'"

最后，多亏了南卡罗来纳州第二志愿步兵团、指挥官和侦察员的共同努力，这次突袭拯救了 727 名奴隶，并取得了成功。虽然塔布曼没有指挥作战，但她确实扮演了一个重要角色。根据蒙哥马利上校在 1863 年 7 月发出的一封电报，塔布曼是个"最杰出的女人，也是一个有价值的侦察员"。[138]

当船只返回博福特时，威斯康星州的一名记者记录了这样一个场景。他的报道指出，在突袭行动结束并返回后的第二天，蒙哥马利上校和塔布曼都在博福特的一座教堂里向新获自由的黑人发表了讲话，"因为思维清晰和与生俱来的口才，她的讲话面面俱到，这引起了相当大的轰动"。[139]

可想而知，同一篇文章在一些地方浪漫化了塔布曼的角色，让读者相信塔布曼本人可能是那个全权指挥的人。据威斯康星州的这位记者说，塔布曼"这个黑人妇女领导了这次袭击；袭击是在她的启发下发起和实施的"。这种措辞偏离了作者的本意，促成了人们对塔布曼在南北战争中的特殊角色的误解，包括说她实际上获得了将军军衔的神话。[140]

虽然记者夸大塔布曼在卡姆比河突袭中的作用是不难料想的，但更有趣的，则是思考塔布曼为什么会以及如何成为记者想要加以夸大的那种人。对于南卡罗来纳州第二志愿步兵团的人来说——他们知道她是一名称职的侦察员和罗亚尔港与博福特港黑人社区的领导者——在突袭期间，塔布曼自然会坐在步兵团指挥官身边，大家也会希望她第二天能与获释的奴隶交谈。对于一个需要好故事的记者来说，这样一个场景对他来说真是太棒了，他不肯轻描淡写也是很自然的事。

战后

1865 年 10 月 22 日，星期天，哈丽雅特·塔布曼来到纽约市布鲁克林的布里奇街非洲裔卫理公会圣公会（African Methodist Episcopal［AME］）教堂的讲坛上，她的手上缠着绷带。几天前她在费城坐火车时，车上的一个列车员认为一个黑人妇女不应该购士兵半价票乘车。当列车员叫她"黑鬼"时，塔布曼对此表示了反对。绷带就是这场扭打的结果。[141]

在她背后是 43 年的艰苦生活：27 年的奴隶生涯，10 年返回南方拯救奴隶之旅，最近几年在联邦军队担任护士、侦察员和间谍。她前面站着一大群人，大约一半是白人，一半是黑人，简直人满为患，就连底楼长凳上面的走廊上都站满了人。

牧师威廉·霍华德·戴博士（Dr. William Howard Day）读了几封推荐信，把塔布曼介绍给会众，其中包括三封来自美国一些最著名人士，他们是：国务卿威廉·西华德（William Seward）；战争部长埃德温·斯坦顿；以及大卫·亨特（David Hunter）将军，大卫·亨特将军最近担任了旨在调查去年 4 月暗杀林肯总统者同谋的军事委员会的负责人。戴博士最后要求会众通过捐赠一些钱来帮助塔布曼。塔布曼的余生一直都在为了维持生计而努力挣扎。

尽管塔布曼是一个令人难忘的讲故事的人，但那个周日晚上在布里奇街非洲裔卫理公会圣公会教堂的一位记者记录道："她的话没有什么特别令人印象深刻的。"[142]当她向听众讲述她过去 15 年的故事时，她说的是"种植园的方言，她的白人听众有时听不懂"。尽管不清楚有多少人只是觉得她的口音很有趣，有多少人只是喜欢她回忆过去的方式，但她还是设法引起了"会众的大笑"。塔布曼与弗雷德里克·道格拉斯（Frederick Douglass）① 不同，道格拉斯的主要工作是演讲，而塔布曼首先并不是一个演说者。比她讲的故事更重要的，是别人讲述的关于她的故事。

塔布曼超越了传统的领导者，她还是一个象征。她是平静的勇气和坚定的承诺的化身。对于是什么使塔布曼成为那种以特定行为产生更广泛意义的人，道格拉斯提供了一些洞见。他给塔布曼写了一封信，把她与自己区别开来，这封信包含在一份关于塔布曼生平的早期记录中：

> 我为我们的事业服务时所做的和所承受的大多数事情都已公开，我走的每一步都得到了鼓励。我在白天努力，而你是在黑夜辛苦。我得到了群众的喝彩，并因受到人们认可而欣慰，而你所做的大多数事情仅仅被一些战战兢兢、伤痕累累、脚部酸痛的男女奴隶所见证，你把他们从奴役的牢笼中解救了出来，而他们由衷的"上帝保佑你"是对你唯一的奖励。午夜的天空和寂静的繁星，见证了你对自由的奉献和你的英雄精神。除了关于约翰·布朗的神圣记忆，我知道没有人比你心甘情愿为我们的奴隶面对更多的危险和困难。对于那些不像我这么了解你的人来说，你所做的很多事情都像天方夜谭。[143]

像弗雷德里克·道格拉斯这样的领导者塑造了废奴运动的意识形态轮廓。哈丽雅特·塔布曼只是解救了奴隶，她做得比任何人都好，而且做得更多。[144] 她冲在第一线改变了现实。她从来没有想过要做领导工

---

① 19 世纪美国废奴运动领袖，杰出的演说家、作家和政治活动家。——编辑注

作，但事实表明这并不重要——她仍然成了一个英雄，一个领导者。

人类需要英雄

英雄式的领导力不仅仅是某人拥有的才能或本质，它是领导者和被领导者之间的一种关系。

——詹姆斯·麦格雷戈·伯恩斯（James MacGregor Burns）

好莱坞编剧乔治·卢卡斯（George Lucas）十岁的时候，他问母亲："如果只有一个上帝，为什么会有那么多的宗教？"[145] 20 世纪初，瑞士精神病学家卡尔·荣格观察到相似的传说独立出现在不同的文化中后，提出了一个相关的问题。他的答案是，人类心理中存在着一个"原型"，即"神话是揭示灵魂本质的首要心理现象"。[146]

把卢卡斯的问题与荣格的答案关联起来的人是约瑟夫·坎贝尔（Joseph Campbell），他在 1949 年写了一本名为《千面英雄》（*The Hero with a Thousand Faces*）的书，探索了世界上各种各样的神话中相同的故事情节。受荣格影响，坎贝尔写道："神话的象征符号不是捏造出来的。……它们是心灵的自然产物。"[147]

坎贝尔在各种历史神话中看到的是一种他称为"英雄的冒险"的类似模式，它是围绕坎贝尔所说的"单一神话"而建立的。乔治·卢卡斯认为坎贝尔对这种叙事形式的描述，对他的史诗般的《星球大战》（*Star Wars*）的故事发展至关重要。[148] 到目前为止，好莱坞的很多人都已研究过卢卡斯从坎贝尔那里学到的东西。重述史诗故事的电影，如《宾虚》（*Ben-Hur*），或跟随英雄的冒险的电影，如《狮子王》（*The Lion King*），往往是最赚钱的电影之一。

郑和和塔布曼的道路，实际上遵循了坎贝尔所说的英雄的冒险的"核心单元"，这是一道"'成年式'所代表的公式：**分离—传授奥秘—回归**"。坎贝尔继续解释说："一个英雄从日常生活的世界出发，冒险进入一个充满着超自然奇观的领域；在那里遇到了神话般的力量，赢得了决定性的胜利；英雄从这神秘的冒险中回归，带回了能给他的同胞造福的力量。"[149]这一公式，跟塔布曼和郑和的史诗生平有着明显的相似之处。如果我们接受坎贝尔的分析，就随时可以对郑和与塔布曼的生平故事加以重新讲述了。

他们两人都是从相对无名中脱颖而出，然后被精英们所接受的，那些精英将这两位领导者重塑为群体价值观的内在、极致和直接的象征。他们两个人都真正踏上了史诗般的冒险，一个是踏上了海上的冒险，另一个是踏上了地下铁路的冒险。他们生平中得到最大限度重塑的部分——郑和的航行和塔布曼的奴隶救援——让两位英雄都进入未知，逐渐获胜，然后回归，或者像坎贝尔所说的："分离—传授奥秘—回归。"

塔布曼回归马里兰州东海岸，郑和回归中国大陆后，他们每个人都给他们的同胞"造了福"。对于同时代的人来说，郑和和塔布曼都是远在无法企及的边疆之外的未知世界的象征。例如，塔布曼在她所拯救的奴隶面前代表了自由，并能发自内心地向她所激励的废奴主义者解释奴隶制。

他们的故事也有显著的差异。我们对郑和的领导力知之甚少，因为他的许多记录已淹没于历史长河。相比之下，塔布曼的功绩记录更完整些。郑和的故事细节是否真实无关紧要，但塔布曼的英雄主义之所以重要，恰恰是因为我们知道它是真实的——废奴主义者能够使她成为英雄的原因，是她一贯的成就；但他们需要使她成为英雄的原因，是她可以为他们的事业服务。

他们在各自故事中的角色也迥异。郑和符合典型的英雄标准，也具有英雄的外在形象：人高马大，身体强壮，面容也流露出高尚品质。相比之下，塔布曼打破了这个模子。她有充分的理由成为故事中的受害者，但她并没有如此认命。相反，她站起身，不断地挑战人们的预期——她的事迹不是一个个头不高的黑人妇女能够做到的。

最为重要的是，塔布曼和郑和的故事都表明，英雄满足了一种需要。英雄的地位总是由追随者赋予的，而不是英雄本人自命的。这就解释了为什么人类创造了像"诺贝尔奖"或"荣誉勋章"这样的非凡表现的标志。获奖者的真正成就往往与未获奖者没有那么大区别，但是这种表彰仍然是必要的。

我们崇拜英雄的倾向，似乎关乎令领导力不可或缺的原因所在。这两者都捕捉到了人之为人的一个必不可少的部分——我们构想一种不同的未来，甚至一种虚构的未来的能力。在这样做的过程中，我们在现在和未来之间创造了一个缺口，一个推动我们不断前进的缺口。英雄提醒我们，不同的事物是可能的——尤其是在艰难时世。

第一批超级英雄漫画书之一《超人》(Superman)，是在大萧条之后的 1938 年出版的。对超级英雄的崇拜在"9·11"事件之后和 2008 年金融危机之后再次高涨起来。[150] 也许，当受到挑战时，我们会指望另有他人去做我们做不到的事情。例如，塔布曼的同时代人写的关于她的记录的共同之处，就是近于无法置信的震惊。即使只考虑纯粹事实，在这两个英雄的故事中也有一些神秘的东西。

如果英雄崇拜总是在危机中兴盛，那么它的根源就是勇气，塔布曼和郑和都流露出了勇气。郑和成年后一直为皇帝效力疆场，经历了无数充满血气之勇的场面。塔布曼则把她不可思议的勇气归因于她的信仰和家庭的吸引力。这完全没有削弱她的成就；相反，这揭示了即使是最著名的英雄人物背后也存在的人际联系。

最后，没有领导者或英雄独立于他们无法控制的环境而存在。领导力不是魔法，认为世上存在着个人英雄，是一种诱人的幻想。更确切地说，这种明显的魔力源自在合适的时间安排合适的人，并在其周围环以一群人，这群人既能开展活动，又能发现像塔布曼或郑和这样的人的付出的意义。

很明显，英雄们并不存在于追随者的思想之外，但又不止于此。我们需要英雄，是因为他们传播的价值观念，以及他们作为目标和可能性的象征的角色。几十年后，当他们结束了自己史诗般的人生，像乔治·卢卡斯和普鲁塔克这样讲故事的大师，还将继续利用英雄来吸引受众和传达价值观念。

第七章　权力掮客

> 权力就像一位淑女。如果你不得不告诉别人你是淑女，你一定不是。
>
> ——玛格丽特·撒切尔

这间被称为"坦克"的会议室，按照公司的标准来说很朴素，而且具有讽刺意味的是，它的主要装饰是一幅描绘一次会议的画。但背景就是一切：五角大楼的这个房间是美国最高级军事领导人开会的地方，这幅画也恰如其分，它是一幅油画原作，描绘了格兰特将军和谢尔曼将军同亚伯拉罕·林肯总统讨论战略的场景。

八名海军和其他各军种的四星上将坐在"坦克"坚实而简朴的木桌前，组成参谋长联席会议，包括了美国陆军、海军、空军、海军陆战队、海岸警卫队和国民警卫队的首长，由参谋长联席会议主席领导，副主席陪同。这些领导人全都已经升到了他们职业生涯的顶端，他们的联席代表着此时世界军人的最强大组合。

在2008年到2009年的一年里，作为联合参谋部主任，我一直都在这个房间，但桌边却没有我的席位。我的椅子放在一旁，离主宰房间的首长们的"内环"有几英尺远。我是下级军官，职责只是做笔记和给出评论——如果被问到问题的话。如果我是一个年轻的没有经验的士兵，降到那个角色似乎再正常不过。但经过了32年的部队生涯，最近五年在伊拉克和阿富汗领导特种作战部队作战之后，乍一看，这似乎是一个令人难堪的命运逆转。

然而，表象往往是骗人的。虽然与戴四颗星的其他军官相比，陆军中将只戴了三颗星，但我很清楚，权力在于感知。这种感知不仅是针对现在的地位或权威，而且同等地针对潜在的或未来的权力。在军队里，大多数职位都有固定任期，提升到最高阶序也就敲响了领导者离去的时钟。虽说"跛脚鸭"（lame duck）① 这个词从没用过，但是对未来权力的感知实际上可以给一个下级领导者比上级更多的真正权力。这是无法衡量的，但奇妙的是，坐在一旁，我似乎有了前所未有的权势。

对权力的描述难到令人疯狂。就像著名的色情俏皮话所说的那样，"你一看，就会明白的"，我们最终常常把权力仅仅定义为——让某件事情得到执行的能力。但即便如此，我们仍在为它的本质纠结不已。它既具体又虚幻，既持久又短暂。即使在战斗中，我也发现自己的直接权力远远低于军事指挥的神话的暗示，因而需要另外找到比我的预想大得多的能力，去影响我的正式权力之外的事情。根据我的经验，权力更多地来源于声誉而非职级，更多来自说服而非指示，更多来自榜样的力量而非解决方案。

我们考虑了一系列历史上具有代表性的立法者和行政高官，然后确定下来一对不太相称，但又很有趣的搭档。首先，我们选定的是玛格丽特·撒切尔，一位著名的"杂货商的女儿"，她那不可思议的旅程推动她成为英国自温斯顿·丘吉尔以来最著名的英国首相，也是20世纪任职时间最长的首相。在英国选举政治风云变幻的世界，"铁娘子"成了

---

① 在美国指即将届满卸任的官员。——编辑注

胜利者，她拿的是化学学位，但在运用权力方面却拓展了一种广受关注（并屡遭非议）的技能。

　　为了平衡我们对权力掮客的看法，我们略微越界，选择了一个1823 年在纽约下东区的平凡市井出生的男性。此人在 55 年后死于此地附近的勒德洛街（Ludlow Street）监狱，当时身无分文。但在其间的几十年里，威廉·马格尔·特威德（William Magear Tweed），坦慕尼协会（Tammany Hall）的政治机器领导者，众所周知的"老板"，逐渐支配并象征着他那个时代的纽约市政治。特威德张扬恣肆的腐败最终将他送进了监狱，但他也正是通过赞助并为他的支持者提供"零售政治"（retail-political）式的价值，实现了灵活的权力配置，令最耐人寻味的画面出现了。

　　作为领导者，权力掮客居于关键位置。除了天才、勇气、魅力或绝佳口才之外，他们还提醒我们，我们通常选择或追随领导者，仅仅是因为他们提供了一些东西，这意味着他们要利用权力，最好是为了追随者的利益。他们的个性和技巧不尽相同，有些人主要是利用职务之便和妥协，另一些人则采用更加强硬的方式。最好的情况下，他们会无私而真诚地助人，但往往又会表现出过度、贪婪和操纵事态的一面。权力关乎影响一个群体——它必定会牵涉领导力，然而，我们将一种消极的内涵赋予"权力掮客"的观念，却对"领导"的观念积极相待。

　　我们不要下结论，但或许应该问：权力在领导力中所起的作用是什么，领导者是如何被授予权力的，以及权力是如何被剥夺的？

主要参考书目

- 肯尼思·D. 阿克曼（Kenneth D. Ackerman），《特威德老板：塑造现代纽约灵魂的腐败政客》（*Boss Tweed: The Corrupt Pol Who Conceived the Soul of Modern*

New York），Falls Church，VA: Viral History Press，2011。

• 玛格丽特·撒切尔，《玛格丽特·撒切尔：自传》(*Margaret Thatcher: The Autobiography*），New York: Harper Perennial，2013，节选合订版。

• 查尔斯·摩尔（Charles Moore），《玛格丽特·撒切尔授权传记　第一卷：从格兰瑟姆到福克兰群岛》(*Margaret Thatcher: The Authorized Biography: Volume I: From Grantham to the Falklands*），2013，《第二卷：在她的巅峰时期——于伦敦、华盛顿和莫斯科》(*Volume II: At Her Zenith: In London，Washington and Moscow*），2016，New York: Knopf。

威廉·马格尔·特威德 "老板"

政客上台后就要接受现状。

——特威德老板

　　午餐对威廉·马格尔·特威德来说很重要。1877 年，他在勒德洛街监狱铺着地毯的用餐区吃着一块牡蛎派，对《纽约先驱报》(*New York Herald*）的一名记者说："我从来没有抽过雪茄，也没有嚼过烟草。我从来就没喜欢过威士忌。我这个人的块头很大，就喜欢吃好吃的。"[1]

　　特威德孤零零地一个人死在了同一座监狱的牢房里。但就在七年前的 1870 年春末，他还处于权力的顶峰，那时的他还笃定地坐在办公室里，几乎每天都会与同样的几个同僚共进午餐。这些餐点是由纽约市的高级餐厅提供并送到他位于杜安街 85 号的曼哈顿下城办公室里，特威德经常在筵席上为客人提供一些白兰地和雪茄。[2]

　　外面，这座城市正在蓬勃发展着。沿着街区往下走就是新的县法院，再往北靠近中央公园的地方是新铺好并拓宽的林荫大道，穿过东河，布鲁克林大桥才刚刚开始施工，上城区的快速开发已经把这里的大块荒地变成了"居民眼中最令人向往和最迷人的去处"。[3] 房地产价格飘升，城市不断扩大：在过去的 20 年里，城市人口几乎翻了一番。[4]
在同一时期，外国出生的人口已增长到了占该市居民的 40% 以上。

那时纽约市拥有的建筑、人口和金钱比以往任何时候都多，而午餐
时间的威廉·特威德办公室则是这座城市最重要的房间，聚集了该市最
有权势的人。挤在特威德 300 磅重的身体旁边的有：纽约市审计长理查
德·康诺利（Richard Connolly）、公园专员彼得·B. 斯威尼（Peter B.
Sweeny）和纽约市市长 A. 奥基·霍尔（A. Oakey Hall）。这些人并非多
么好的朋友，他们之所以都出现在那里，是因为他们都在追求自己的权
力，而在那一刻，需要四个人通力合作。

从名义上讲，特威德是纽约市的公共工程专员，此外还同时担任
州参议员，纽约桥梁公司董事[5]、"伊利铁路公司[6]、第十国民银行和

这是一幅 1871 年由托马斯·纳斯特（Thomas Nast）画的特威德"午餐
俱乐部"漫画。左边，是特威德，一个留着大胡子、戴着一个巨大的钻
石吊坠的男人；往右依次是斯威尼、康诺利，然后是戴着一副夸张眼镜
的市长霍尔。这幅漫画在特威德倒台后不久印行，描述了所有有罪之人
都将责任指向了除自己以外的所有人。
（PHOTOGRAPH BY UNIVERSAL HISTORY ARCHIVE/UIG VIA GETTY IMAGES）

纽约印刷公司董事，大都会酒店业主和阿梅里克斯俱乐部（Americus Club）主席"的职务。办公室里的这四个人中，特威德无论是声望还是就实际而言，都是能负责的那个人，正如他所说的那样，"但凡千钧一发的时刻"，他是他们之中唯一会"走到前面去"的人。[7]

这个四人组的职权广泛，权威牢固——它代表了管辖纽约市的非正式政治权力，和几乎绝对的法定权威，也导致了巨大的腐败。这个组合的多个名称反映了它不同的角色。在过去的十年里，这个被广泛称为"午餐俱乐部"的小团伙，或类似名声的团体，一直在市政厅、特威德的办公室或附近的一家餐馆碰头，讨论纽约市和纽约州的日常政治事务。

根据法律规定，特威德、康诺利、斯威尼和霍尔四人也组成了纽约市的拨款管理委员会。在1870年初签署的纽约市新城市宪章中，该委员会"将审批所有的城市开支，确定预算，甚至控制法官职权"。[8]每个职位（市长除外）的任期为六至八年，这意味着他们的任期将超过任命他们的市长。他们有权力，并且给人的印象是他们不可撼动。

这四个人不仅作为"午餐俱乐部"和城市的拨款管理委员会，还作为"特威德帮伙"（Tweed Ring）而名留后世。学者们估计，这个帮伙和他们的前任利用针对拖欠该市的巨额款项的回扣计划，从该市的纳税人手中窃取了2 550万至4 500万美元。[9]1877年，该市调查人员将这一数字确定在接近6 000万美元[10]，即相当于现代的12亿美元。换一个更清楚的角度，至1871年，纽约市的账面上有9 000万美元的债务。其中将近三分之二的债务（约6 000万美元）是在1869年到1871年特威德腐败最严重的时期增加的。单特威德办公室的那四个人就差点使这座城市破产。

人们可能认为，午餐俱乐部只不过是间接地谈论广泛的一般问题，而日常的待办事项则由下属和跟班来处理。然而，事实并非如此。对他们来说，权力的运用是明确和详细的。特威德曾经说过："我们所谓的权力，总是不稳定地保持着。"[11] 除了他们的职位、他们的权力和随之而来的装腔作势外，保持权力还需要不断的协调和费心。在某种程度上，这是因为尽管他们的金钱和权力在这一过程中帮助实现了临时目标，但这条道路永无尽头。在特威德的领导下，这个帮伙想要的东西只会越来越多。

每一天，也许是在吃着烤鸭、牡蛎并喝着上等香槟时（特威德从不过度饮酒，但他在午餐时会喝上一杯），这个小团体会讨论一系列问题，从政治和政策，到竞选和贿赂，总是着眼实际。在某个阶段，他们讨论了纽约市的新城市宪章草案，以及需要在州众议院和参议院给予谁回报才能让它通过。他们定期决定整个市政府要做的具体拨款。有一次，在一个选举季，他们仔细考虑了一个想法来延迟通报以电报报告的选票数，"如果必要的话，可以把整本《圣经》发电报来拖延计票"。[12] 这样的延迟会为特威德的计数器争取时间；正如他后来出庭作证时承认的那样，在他权力的顶峰之时，"投票没有产生结果，计数器却产生了结果"。[13] 这四个人几乎每天都签署了遭夸大的付款要求，这使他们每个人都富了起来，而特威德则富得耸人听闻。

从 1869 年到 1871 年夏天，这个午餐俱乐部控制了纽约市，并从纽约市实施偷窃，策划地点通常是特威德的办公室。俱乐部的领导者有着各种各样的名字：威廉、比尔、参议员、董事、国会议员和专员，但人们只记得他是"老板"。他是通过在纽约县的民主党机器中崛起而获得这一称号的，而这个机器更以坦慕尼协会的名字而著称。

领头老虎

1850 年的纽约市拥挤而喧闹。但建筑还不算高。耸立在曼哈顿下城仅 281 英尺之上的圣三一教堂的尖顶，已是这座城市的最高点。市政厅坐落在北边几个街区之外，它的圆顶比圣三一教堂稍矮一些。看守者24小时站在市政厅的钟楼里，警惕着火灾，这座城镇大部分建筑物是用木头建造的，因此火灾仍然是严重危险。当看守者发现有烟时，他会敲响钟声，钟声一响便会在整座城市引发一系列其他的钟声。如果火灾发生在白天，他会朝着起火的方向竖起一面旗；如果在夜晚，他会举起一支火炬。然后，曼哈顿周围的几十个志愿消防协会就会立即行动起来。[14]

如果旗子升起或火炬点燃的方向是曼哈顿第七区——在市政厅以东仅仅大约十个街区处——那么"六巨头"消防队就会做出回应了。在27岁的比尔·特威德（Bill Tweed）的领导下，他们会靠人力拖着沉重的抽水泵疾步赶到火灾现场，把软皮管连接到城市的一个新消防栓上灭火。当地居民会聚集在外面，观看身穿色彩鲜艳的红色衬衣和白色防火服灭火的当地英雄们，或是两个或更多的志愿消防队为谁是第一个到场而吵架的场面。消防队员是当地的名人。比尔·特威德是"六巨头"消防队的领班，年轻的他以强硬和善于社交著称，在这个选区里享有盛名，并受到了大家的尊敬，经他的队友推举负责管理这个75人的消防队。他就是那种能吸引当地政治组织的人才。六巨头的红色抽水泵侧面画着一只咆哮的红色老虎，这幅图画后来将象征把特威德带到权力殿堂的机构：坦慕尼协会。[15]

特威德曾指出，大约在1870年，"坦慕尼协会将从我们（特威德帮伙）那里获得它所有的权力，而不是我们从他们那里获得所有权力"。[16]在他职业生涯的最后关头，这可能是真的，不过，特威德老板的上台依靠了坦慕尼协会的机制——事实上，他一心要爬到坦慕尼领导层的顶峰。虽然流行的传说认为特威德是最杰出的坦慕尼人，但坦慕尼协会是在特威德倒台后才达到顶峰的。

坦慕尼既是一座建筑物，又是一个机构。[17]这座建筑最初位于曼哈顿下城，后来搬到了联合广场附近的不同总部那里。更重要的是，坦慕尼协会是控制纽约县，或曼哈顿的民主党的机构。坦慕尼这座建筑很漂亮（1868 年，坦慕尼协会主办了民主党全国大会），但坦慕尼协会与之相比可以说是更加宏伟：在坦慕尼协会权力的鼎盛时期，他们不得不把麦迪逊广场花园租下来，以容纳他们的一半会员。[18]

该机构持续了近 200 年，在 19 世纪中期至第二次世界大战的近 100 年间，它一直是纽约政治的主导力量，甚至塑造了美国政治。[19] 在其悠久的历史中，坦慕尼协会有很多角色，从支持新爱尔兰裔美国人的进步力量，到彻底腐败的推动者。

1850 年，特威德在坦慕尼协会一路攀升之时，纽约近一半的人口是外国出生的，继 1845 年马铃薯饥荒之后，越来越多移民是信仰天主教的爱尔兰的农民。[20]这种人口格局改变了纽约的政治格局。正如长期任职的纽约州联邦参议员丹尼尔·帕特里克·莫伊尼汉（Daniel Patrick Moynihan）所说的那样，爱尔兰人"来到美国时，就充分意识到政治的可能性，并带来了非常有效的政治官僚制技巧"。[21]这些新爱尔兰裔美国人不是任由少数特权人士控制政治，而是拥有一套针对大众政治参与和影响的组织制度——一种"政治机器"。

在曼哈顿的 22 个选区中，坦慕尼协会拥有一个由选区主管、街区长和楼长组成的庞大的等级制度。[22]组织的负责人既是个大首领，一个仪式性的角色，又是党魁，党魁是由坦慕尼政治组织的总务委员会选举产生的。[23]正是通过这一基础结构，坦慕尼才提供了工作作为赞助，听取了当地的不满，确保每个人都能把票投给"正确"的候选人，并培养了未来的领导者。到了 19 世纪 60 年代，特威德从这个官僚体系中脱颖而出，成了大首领兼党魁。

按照现代标准衡量，坦慕尼的传统战术应该被视为一种犯罪行为。一个常见的做法是为坦慕尼的支持者找工作作为赞助。正如一位坦慕尼的领导者所说："我忠于我的朋友，无论他们身份高低，只要有机会，我都会善待他们，并为我的选民寻找所有的工作。"[24] 除了通过运作有时多得不正常的选票数和为忠诚的选民找工作来赢得选举外，坦慕尼的高层还通过所谓"诚实的贪污"而致富。乔治·华盛顿·普朗基特（George Washington Plunkitt）作为一个坦慕尼人，从19世纪末到20世纪初执掌大权，他曾有过一段著名的描述："我看到了机会，我便抓住它们。"接着他解释了自己的意思："我的党在这座城市当政，将负责对很多公共设施进行改进。嗯，我会得到消息，比如说，我听说他们要在某个地方规划一个新公园。我看到了机会，我便抓住它们。我就去那个地方，尽我所能买下附近所有的土地。"[25]

虽然普朗基特从来没有如此明确地定义贪污，但他确实曾坚持说，像他这样"诚实的"政治家"从没有从市财政偷过一美元"。[26] 坦慕尼有一套制度规范，规定了允许领导人为自己的利益做什么，以及不允许他们做什么。如果"诚实的贪污"给政治领导人带来超出一般公众的不公平优势，那么他们的理由便是，这也会使许多事情快速办成，并创造更多的就业机会。正如参议员莫伊尼汉所回忆的那样，这些人"可以在四年零一个月内把乔治·华盛顿大桥建成"。[27] 换句话说，坦慕尼的领导人声称，他们是通过获取私人收益在一直支持公众利益，并且他们通过代表被该市的政治精英们忽视的选区民众，而发挥着至关重要的作用。

特威德的与众不同之处不在于发明了贪污，而在于他对这个制度的娴熟掌控和在腐败方面的恬不知耻。他从市财政窃取的财富不仅仅是违法这么简单，其规模达到了史无前例的水平，即使按坦慕尼协会的标准衡量也是如此。特威德式的贪污，不是那种通常被合理化为完成工作的成本的低水平腐败。他是直接从城市的纳税人那里盗窃，但在他55年的人生中，除了少数几年外，他一直都是一个受欢迎的人。

特威德的权力之路始于他在坦慕尼协会的崛起，这个机构培养了他，并将公众的信任给了他。对于每一个坦慕尼领导者来说，旅程都是从基础单元开始的：选区。

特威德是在第七选区成长起来的。1823 年，特威德出生于曼哈顿下城东部的一个信仰新教的苏格兰裔美国人家庭，他青年的大部分时间都在家里从事毛刷和椅子制造生意。[28] 早在 1843 年，在他达到"六巨头"志愿消防队所要求的年龄之前，他曾拒绝了竞选进入市政委员会的机会。在 1850 年，他被选为"六巨头"的领班的同一年，鉴于特威德在袭击另一个志愿消防队时所扮演的角色，纽约市消防队的总工程师希望把他开除出该部门。[29] 特威德向市政委员会上诉，可能还曾行贿，对他的处罚减为停职三个月。[30] 到了 1850 年，第七选区的大多数人都知道了特威德到底是个什么样的人，而特威德也了解了当地的权力。

1851 年，坦慕尼再次要求他竞选公职，在第七选区担任市政委员会委员助理。他在这次选举中失败了，但一年后他又尝试了一次，在 1852 年获得了第一个政治职位，成了市政委员会委员，即我们今天所称的市议员。第二年，他赢得了一个美国众议院议员的席位，但他痛恨这个席位，并在国家立法机构任职一届后又回到了家中。1856 年，他在当地继续崛起，加入了学校委员会，在 1858 年成为县政委员，1861 年又担任了街道副专员。[31] 就在同一年，新的县法院开始建设，该大楼至今还矗立在钱伯斯街 52 号，通常被称为"特威德法院"。[32] 与 1927 年至 1931 年用四年零一个月建成的乔治·华盛顿大桥相比，特威德法院花了 11 年的时间才完成，最终花费了 400 万到 1 200 万美元，而最初的成本预算只有 25 万美元。

正是特威德在县政委员会中的这个角色，让他首次利用全市范围的权力来染指城市资金。县政委员负责监管城市资金，特威德和几个同僚

1868 年民主党全国代表大会。大会在坦慕尼协会举行，提名纽约州前州长霍拉肖·西摩（Horatio Seymour）为代表民主党的总统候选人。尽管西摩最终在总统选举中输给了尤利西斯·S.格兰特，但坦慕尼在当年的地方选举中大获全胜。一份联邦报告称，1868 年的纽约选举"涉及了每一项已知的侵害选举权的罪行"。

借机向摊贩索取了 15% 的收入。他也是在这个职位上，开始把他的午餐俱乐部的未来成员提拔到权位上——把彼得·斯威尼提拔为地方检察官，把理查德·康诺利提拔为县书记员。[33] 1863 年 1 月，他被选为坦慕尼协会总务委员会主席，开始了他为期将近九年的坦慕尼政治"老板"生涯。[34]

特威德的崛起不仅基于幕后交易，抑或在权力之路上精于算计，尽管这些都很重要。他也是一个公众人物，众所周知拥有着巨大的权力。每当危机袭击纽约时，人们就期望他采取行动。1863 年 7 月，当林肯总统要求征兵参加内战，骚乱便在曼哈顿的街道上肆虐起来。大多数工人阶级的爱尔兰暴乱者并不急于为美国黑人的权利而战斗和死亡，他们还强烈反对 300 美元的免兵役款——这一数字对他们来说是

遥不可及的——有钱的纽约人可以支付这笔钱来免于参战。暴乱导致
120 人死在纽约市街头。暴乱者将大量建筑烧成了平地，其中包括"有
色人种孤儿院"（Colored Orphan Asylum），这是一个安置黑人孤儿的
机构。[35]

　　在这场危机中，特威德离开了安宁的办公室，离开了美味的午
餐，亲临一线指挥。正如特威德的传记作者肯尼思·阿克曼（Kenneth
Ackerman）所说："特威德认识到那天在街上被人看见的迫切需要。[36]
他把坦慕尼打造成了自己的俱乐部，多年来坦慕尼的命运与那些正在撕
裂这座城市的移民联系在一起。许多人是他的选民，没有人能比特威德
和他的同伴更了解他们。"

　　当林肯总统拒绝取消征兵令时，特威德与县政委员会的共和党领袖
奥里森·布伦特（Orison Blunt）联手合作，以满足联邦政府对士兵的
需求，减轻当地对 300 美元的免兵役款的不公平感。特威德与布伦特一
起前往华盛顿特区，同战争部长埃德温·斯坦顿敲定了协议。根据他们
的计划，该市将通过出售债券筹集 200 万美元的基金。这些基金由包括
特威德在内的一个六人委员会监督，该委员会负责审查征兵救济的具体
个案，并在纽约的穷人有充分理由避免征兵的情况下支付 300 美元的费
用。[37] 在这种情况下，委员会会找来志愿者替换每个不能上前线的人。
如果新兵参军，他们每人就可以保留这 300 美元作为入伍奖金。

　　对特威德的领导力的评价在不断飙升，即使是通常不友好的报纸，
像《纽约时报》，也是如此。1863 年 9 月 11 日，《纽约时报》发表社论，
称赞特威德的"监督委员会"在"履行职责时令各方都非常满意"，并
得出结论说："没有金钱和托管基金得到过比这更诚实的管理。"[38]

　　特威德在这场危机中的表现让他巩固了对坦慕尼协会的控制。在
1863 年至 1868 年期间，他将坦慕尼协会的总务委员会的规模从 21 人
增加到了 150 人，使该组织变得更加笨拙，决策能力也因此下降。[39]

于是权力越来越多地落入了特威德和他的午餐俱乐部手中。他也开始用其他方式扩大他的权力：1867 年，除了他在县政委员会的职位，作为街道副专员、党魁和坦慕尼协会的大首领，特威德还在州参议院赢得了一个席位。

随着特威德的权力越来越大，他也变得越来越富有了。除了通过贪污牟利，特威德还涉足了几项生意。其中，他是纽约县的官方印刷商纽约印刷公司的所有者。[40]到了 1868 年，他拥有了刊登他所在城市选举投票结果的报纸。

1869 年尤利西斯·S.格兰特当选了总统，共和党人随之入主白宫，但在纽约的选举中民主党的坦慕尼大获全胜。州长、市长和其他许多官员，把他们的胜利归功于特威德。在一份关于 1868 年选举舞弊的国会报告中，调查委员会发现，纽约的选举舞弊是该国历史上最严重的一次，报告说："这些舞弊是一项规模庞大的系统性计划的结果。……它们得到了巨大的、腐败并具腐蚀性的官方赞助和官方权力的帮助。……这些诈骗案的性质千差万别，以至于它们涉及了每一项已知的侵害选举权的罪行。"[41]在各种各样的骗局中，有一个是新爱尔兰移民的快速入籍。1868年选举前几周，一名法官在一天内就让 955 名市民加入了美国籍。[42]根据 1865 年人口普查的选民人数，纽约市的选民投票率为 108%。[43]

特威德曾经对一位记者说："事实上，纽约的政治在我之前就一直不诚实。从来没有你买不通市政委员会的时候。……政客上台后就要接受现状。纽约市民无可救药地分裂成不同种族和派系，无法依靠普选进行管理，只能靠赞助这种贿赂形式和直接收买。"[44]这种实用主义是坦慕尼政治哲学的核心，也是坦慕尼得以长久维持的部分原因。长久来看，像坦慕尼协会这么庞大而持久的机构不仅仅要坚持其文化、规范和价值观念中最重要的部分，还为最遵从这些要义的代表提供了一个平台。一旦一个领导者掌管了一个机构，他就要使用这个机构的权力，而不管他的价值观念是什么。到了 19 世纪 60 年代末，特威德控制了纽约的政治。问题是他将如何使用这种权力。

"一个坦率到令人震惊的流氓"

像往常一样，他在招待客人。1870 年 4 月 4 日下午 4 点 30 分，州参议员特威德在奥尔巴尼（Albany）的德拉万大厦（Delavan House）的套房里挤满了客人。[45] 这是一套豪华的七居室公寓，特威德在纽约州首府时就在这里待客。[46] 在过去的一周里，"特威德先生的住处被打开了，一个胡桃木的餐柜里摆满了上等的点心和雪茄，一大群政客不受限制地取用着它们"。[47] 今天，由于当前要务引起的普遍兴趣，房间里的人比平时更多了。[48] 特威德正担任纽约州参议院的市政事务委员会主席。那天下午，他在自己的公寓里主持了委员会的最后一次听证会，第二天将就立法会议上最重要的议题——纽约市的新城市宪章进行表决。

自 19 世纪 50 年代以来，纽约市的大部分日常管理工作都由设在100 多英里以外的奥尔巴尼的立法机关控制着。纽约市拥有 "对自己的卫生、消防、教育、公共工程、慈善机构、建筑和码头"的权力已经长达 13 年了，实现纽约市的 "地方自治"得到了广泛的支持，而且，推动立法的时机在政治上恰到好处。[49] 坦慕尼的选举成功意味着在 1870年，坦慕尼人将担任纽约市市长和纽约州州长，民主党人在州参议院和州众议院中都占了多数席位。[50]

在 1870 年初，特威德有一个优先事项：在州立法机构通过纽约市的 "地方自治"法案。*"老板"将宪章的内容委托给了他的同僚，特威德午餐俱乐部的成员彼得·斯威尼。斯威尼从 1870 年 1 月开始就在特

---

* 纽约州立法机构由上议院（州参议院）和下议院（州众议院）组成。立法机关是一个兼职机构，每年 1 月开始为时半年的会期。

威德在德拉万大厦的门厅里住了下来，并在几周之内拿出了一份历史上所称的"特威德宪章"的草稿。

纽约著名律师查尔斯·奥康纳（Charles O'Conor）认为：

> "特威德宪章"是一份近乎完美的文书——作为一份用以约束市政事务管理的文件，它似乎毫无瑕疵。……但它失败了。……因为它的起草人没想到会有一群盗贼可以夺取这座城市，并且在每一个检查点都为他们自己的团伙安排了极佳的眼线。[51]

这正是特威德想要的。

尽管"老板"授权他人起草宪章，但他对令宪章通过负有个人责任。一位报道特威德的记者曾经写道："他有理解力、机智和魄力。……但他没有道德意识，有时就是一个坦率到令人震惊的流氓。"[52]为了达到目的，特威德会毫无内疚地去做他需要做的事。在1870年初，为通过宪章，他必须做两件事：确保州参议院的那少数共和党人投票赞成该法案，并赢得一场内部的权力斗争。

特威德后来做证说，他承诺提供工作，并且根据他的说法，还提供了60万美元的贿赂，以确保宪章通过。特威德的所作所为没有任何遮掩。他想通过一个宪章，所以他从支持者那里筹集资金，雇了一个游说者来打点议员，弄明白哪些州参议员处于骑墙状态，确定他们的价码，并收买他们的选票。在宪章于1870年通过近八年后，当时受到监禁的特威德向市政委员会做了证。他的语气突出了他有一说一的态度。特威德为此事雇用了一个政治顾问，他描述了与该顾问的谈话：

> 然后他问我是否有伍丁先生（Mr. Woodin，共和党参议员）参与。我说"没有"。他问我都有谁参与。我告诉他有温斯洛

（Winslow）先生，还有伍德（Wood）和米尼尔（Minier）。他说："你最好去找伍丁先生，因为他是一个非常有权势的活跃人物，一个很会说话的人。"我问他和伍丁先生谈话是否安全。他说："是的，安全。"我说我想和他谈谈，于是，我第二天就去了。[53]

在一系列类似的无聊谈话之后，特威德给少数共和党州参议员付了钱——包括伍丁——每人四万美元，以确保他们对该法案的支持。[54]

在宪章最终通过的前一周，特威德必须赢得与坦慕尼协会的"青年民主党人"的内部权力斗争。[55]1870 年的宪章将权力——和贪污的机会——集中在市长和拨款管理委员会的三名主要官员身上，并剥夺了市政委员会批准市长任命的权力。由 29 岁的县治安官吉米·奥布赖恩（Jimmy O'Brien）领衔的青年民主党人认为他们被排除在外了。

3 月 28 日，由特威德担任主席的坦慕尼协会的总务委员会要召开一次会议，讨论宪章和其他与城市事务有关的事宜，但特威德此前被告知，青年民主党人打算利用这次会议投票罢免他的主席职务，并有可能阻挠宪章通过。在当天晚上召开会议之前，奥布赖恩和他的盟友们在欧文大厅（Irving Hall）见了面，青年民主党人认为，他们已经获得的总务委员会的票数足以击败特威德。但当这些自命不凡的新手抵达坦慕尼总部时，发现自己被数百名警察拒之门外。[56]特威德曾打电话给市警察局长，警告说当晚坦慕尼协会可能会发生骚乱，于是便将青年民主党人关到门外了。第二天早上，报纸的头条新闻称这件事是"本世纪最大的政治笑话"[57]，再往后一天，"各方都承认，欧文大厅的民主党人已经完全被特威德派给包抄了"[58]，到了 3 月 30 日，特威德派已经在州众议院通过了这项宪章法案。后来，《纽约先驱报》报道说，青年民主党人"表现出了足以赢得任何事业的勇气和毅力，只要这些品质能确保胜利的话。但结果证明，毕竟，领导一支军队需要一个将军，而不幸的是，对他们来说，将才不在他们这一边"。[59]

当特威德于 4 月 4 日在他破旧的公寓里要求州参议院市政事务委员会召开公开听证会时，这位"将军"已经赢得了他的战斗。他得到了公众的支持，他贿赂了关键的共和党州参议员来支持宪章，他已使宪章在州众议院通过，并消除了来自青年民主党人的威胁。

三天前，几十名纽约市精英签署了一份支持宪章的请愿书，说："我们认为这项法案（宪章）应该得到所有希望给纽约市一个平稳和诚实的地方政府的人的支持。"[60]第二天，1870 年 4 月 5 日，参议院以 30:2 的投票结果通过了这个宪章。

《纽约先驱报》指出："参议院的这一幕，也许是多年来这里见证过的最引人注目的景象。大厅里人满为患，可以利用的每一寸空间都被占用了。……如投票结果所示，参议院的意见非常坚定，认为这是纽约有史以来最好的宪章。"[61]

特威德得到的支持不仅仅来自城市精英。在宪章通过的当天晚上，在第十四街和第三大道的"民主党人友谊协会"举办的一次群众集会上通过了一项决议，其中一部分写道："我们特别感谢威廉·M.特威德先生，感谢他最近所展示的作为一位明智且有鉴别力的领导者的才能。"[62]宪章的通过在曼哈顿的街道上受到了普遍欢迎。[63]

一旦成为法律，同一部宪章意味着他将不再向现在赞扬他的选民负责了。市长 A.奥基·霍尔迅速任命特威德的午餐俱乐部组成该市的拨款管理委员会，自这个节点起，特威德的腐败愈演愈烈。

争斗时，特威德是冷酷无情的；贿赂时，他是慷慨大方的。这种风格帮助特威德把事情搞定，但也促成了他的垮台。

价值 30 万美元的项链

1871 年 5 月 31 日（星期三）晚上，根据《纽约太阳报》(New York

Sun）上发表的一篇头版文章，"西二十五街的圣三一教堂 7 点就已经人满为患了。……这些好奇者渴望见证期待已久的安布罗斯·马金尼斯（Ambrose Maginnis）先生与威廉·M. 特威德阁下的二女儿玛丽·阿梅莉亚·特威德（Mary Amelia Tweed）的婚礼"。这是本季的一大社交事件。仪式结束后，在第四十三街和第五大道的特威德家举行了招待会，那里的"客厅简直无法用语言来描述"，整个家里都装饰着鲜花。出席婚庆活动的是纽约的"贵族阶层"，包括"所有更著名的政治家和他们的妻子"。新娘和新郎收到了 50 多万美元的礼物。[64] 在女儿婚礼的当天，"特威德先生身穿黑色晚礼服，胸前闪烁着一颗华丽的钻石"。自从上一个圣诞夜收到一些朋友送给他的这块钻石礼物以来，他就一直戴着：一个闪亮的、10 克拉半的钻石球，连着项链，挂在胸前。它的价值是 15 000 美元，相当于现在的 30 万美元。[65]

特威德肆无忌惮地炫耀着他拥有的大笔财富。他没有必要隐藏自己的财富，因为人们知道他是谁，他们要么接受他的所作所为，要么并不理解他腐败的性质和程度。一年前，《纽约时报》开始攻击特威德所谓的腐败行为，理由是"他是现在正在努力摧毁这座城市，并在这一过程中大发横财的那个狂妄派系的主谋"。[66] 与《纽约时报》结伴而行的是《哈珀周刊》（*Harper's Weekly*）的攻击，其中包括由著名漫画家托马斯·纳斯特画的反对坦慕尼的卡通画。托马斯·纳斯特的画作集中刻画了坦慕尼的腐败，经常强调特威德和他的腰围以及大钻石吊坠。《哈珀周刊》的社论提到了一个"'普遍的看法'，即坦慕尼很腐败"。[67] 然而，模糊的、说教式的、非具体的攻击没有影响到特威德的公众地位。

当然，攻击并非不正确。特威德是直截了当地从城市纳税人那里行窃。一旦 1870 年的宪章成为法律，就需要制定新的规则，来支付以该市名义根据旧法律开展的工作的未付款项。特威德的午餐俱乐部提出了 1870 年的征税打算，要求在承包商提出付款要求后，由审计委员会来结清该市的所有账单。

审计委员会由特威德、霍尔市长和斯威尼审计长组成。通过中间人，该团伙向少数承包商传话，要求他们提交伪造的账单。经过一些内部的讨价还价后，双方达成了协议，承包商拿到的大约是虚假账单的三分之一，特威德本人将获得 25%，康诺利获得 20%，斯威尼获得 10%，霍尔获得 5%，剩下的 5% 留作日常开支。[68] 起初，特威德提出，这项计划是为了偿还那些为确保 1870 年宪章获得通过而捐钱的人，但最终被偷的钱远远超过了特威德和他的同伙支付的 60 万美元贿赂。从 1870 年 6 月开始的大约一年时间里，这一计划最终使他们通过盗窃该市财政资金净赚了 360 万美元。为了给城市膨胀的预算提供资金，城市以市政债券的形式举债，这意味着金融家在盈利，而税收不需要提高。这是一个危险的安排，但暂时而言，运转良好。

陷没

特威德被捕后，他在生命中的最后六年——从 1872 年到 1878 年——失去了权力。他经历了一系列复杂的法律博弈，尝试了国际逃亡，到了佛罗里达州、古巴和西班牙，并最终在他 1878 年去世之前受到了公开清算。

虽然对他的刑事起诉花了几年的时间，直到他死后才告结束，但特威德的下台是一系列事态迅速发展的结果——首先是 1871 年夏天的一起管控不当的危机。如果没有一群枕戈坐甲的记者和政客，以及一座建立在腐败基础上的"纸牌屋"，它可能不会发生，但是相比任何其他因素，巧合与特威德的垮台同样紧密相关。

信仰新教的爱尔兰裔纽约人，被称为"奥兰治派"（Oragemen），正如他们以前所做的那样，计划于 1871 年 7 月 12 日举行一年一度的游行，以庆祝博因战役（Battle of the Boyne）的周年纪念日。[69] 计划中的游行在爱尔兰裔天主教徒中引起了争议。7 月 10 日，在特威德的支持下，警察局长禁止了游行。第二天，州长约翰·T. 霍夫曼（John T. Hoffman）从奥尔巴尼过来，取消了禁令，并向奥兰治派游行者提供国民警卫队护送。12 日上午，游行队伍陷入混乱，国民警卫队向人群开了火。最后，60 名平民丧生，100 多人受伤。13 日早上，《纽约论坛报》头版文章的开篇写道："困扰我们的坦慕尼的懦弱以及官员的犹豫和无能，给纽约市带来了可耻而可悲的结果，这很骇人，却又再自然不过。"[70]

这一次，对坦慕尼的攻击紧追不舍。在暴乱发生前几个月，特威德的政治老对手，青年民主党人运动领袖吉米·奥布赖恩付钱给审计长办公室的一名职员，让他把可疑的账目记录下来。[71]奥布赖恩感觉机会来了，在奥兰治派骚乱发生后的一周内，他把账簿的一份副本交给了《纽约时报》。1871 年 7 月 22 日，《纽约时报》在头版的顶部刊登了一个头条标题：秘密账户。[72]其中有多份伪造和虚抬的付款材料系来自特威德帮伙的征税计划，而大多数虚假付款都与钱伯斯街上的县法院——"特威德法院"有关。像一份历史著述巧妙地总结的那样，在多份令人发指的付款中，"一个与特威德有瓜葛的俱乐部的一名成员，因提供 36 个雨篷而获得 23 553.51 美元——他将每个雨篷的价格从 12.50 美元的市场价提高到了 654.26 美元。县法院的建设招来了大量这类伪造账目，而这座大楼最终的造价是国会大厦的四倍，是购买阿拉斯加价格的两倍"。[73]

这个夏天，奥兰治派骚乱引发的这场危机进一步恶化了。与 1863 年特威德在街头对征兵暴动做出的强烈反应不同，那时他走上了街头，但这一次他几乎整个夏天都待在他位于康涅狄格州格林威治的庄园里。托马斯·纳斯特——迅速成为美国最著名的政治漫画家——开始在《哈珀周刊》上刊登越来越多的漫画，其重点直击特威德和坦慕尼的腐败。[74]在特威德的老对手、1876 年民主党总统候选人塞缪尔·蒂尔登（Samuel Tilden）的调查工作的帮助下，《纽约时报》最终在一本名为《纽约是如何治理的：坦慕尼民主党人的欺诈行为》（*How New York Is Governed: Frauds of the Tammany Democrats*）的书中公布了一份收入所有账目的记录，这本书后来卖出了 50 万册。[75]

特威德并不是被一场道德运动打倒的。1871 年 7 月，他还被认为是无所不能的，所以当暴乱发生时，特威德和该市的领导者只是被视为有管控不当的责任。[76] 在同一周，特威德的一个政治对手嗅到了一个机会，把偷来的账本交给了《纽约时报》。在《纽约时报》的报道和《哈珀周刊》的漫画发表出来之后，人们对特威德和他的帮伙是否真的有错，抑或《纽约时报》和纳斯特只是根据别有政治图谋的人物提供的道听途说而行事的天真慈善家，有着复杂的反应。特威德并没有彻底垮台，直到该市的债主们开始担心自己要不断偿还其债务，一个"70 人委员会"——一群城市精英——才聚合了起来，开始了一场将坦慕尼赶下台的改革运动。

到了 1871 年的秋天，特威德失去了权力——他被逮捕了，并最终被踢出坦慕尼协会。[77] 在当年 11 月的选举中，改革者在 35 场选举中，有 34 场击败了坦慕尼的候选人。

最后一次胜利

在 1871 年 11 月的选举中，唯一的坦慕尼胜利者是特威德。尽管他从未要求践履自己的席位，但在秋季他第三次也是最后一次在纽约州第四参议员选区当选州参议员。在最初的腐败证据公布三个月后，特威德继续得到了当地政治人物的支持。10 月 23 日，靠近特威德曾经成长过的地方，一家"特威德俱乐部"在东百老汇 105 号开业了。在一个让人联想到德拉万大厦的场景中，房间里挤满了"几乎所有的该市法官、议员和市政委员会委员。……'老板'本人坐在大厅里，周围环绕着许多自从他开始登上政治舞台以来一直依附于他命运的人"。[78] 聚会包括"数百人"，庆祝活动持续到"晚上"。两天后，《纽约时报》发表了最具毁灭性、最精确的关于特威德的腐败行径的文章，随后"老板"就被捕了。[79] 屋子里的那一干人在这一个节点基本上都是树倒猢狲散，抛弃了特威德，他的权力再也不能保证他们的权力了。

但是对于那些在特威德被捕后还把他选上去的人来说，事情就不是这么简单直接了。1871 年 10 月，特威德在离他曾经救火的地方不远的一个街角参加了他的州参议员竞选集会，参加者至少有 1 500 人。正如《纽约先驱报》所描述的那样："台阶和人行道上挤满了热情洋溢的人群，他们在自娱自乐中期待着正式程序的开始，主要是对威廉·M. 特威德的每一次示意，无论多么频繁，都发出震耳欲聋的欢呼声。"[80] 对这个群体来说，《纽约时报》、纳斯特和所有的改革者都不过是攻击"他们的人"的局外人。对他们来说，跟随特威德不仅仅是一个选择，还是他们的习惯——就像他们居住的街区一样，这也是他们身份的一部分。

玛格丽特·撒切尔

自由有效，并且成本更低。[81]

——玛格丽特·撒切尔

1976 年，玛格丽特·撒切尔站在英格兰北伦敦的当地保守党（或"托利党"）支部前，再次向"皈依者""布道"。但她的"布道"发生了变化，因为一个千载难逢的机会出现了。早些时候，撒切尔不可或缺的政治战略家，戈登·里斯（Gordon Reece），兴奋地冲进了她在威斯敏斯特的办公室，打断了正在准备发言的她。

里斯的建议一向简明扼要，但这一回他让她分心了，他告诉她苏联报纸《红星报》的一期文章，并问她是否有件缀有亮片的红色连衣裙。这家报纸把她称为"西方世界的铁娘子"，他坚持认为她的演讲现在应该改一改，但首先，她通常穿的"权力套装"也需要更新。

撒切尔接受了他的建议。英国第一位反对党女领导人去找了裁缝，又对她的讲话做了一番重要的修改后，发表了一些经过精心撰写、现在已经很出名的语句：

> 今晚我穿着"红星"雪纺晚礼服站在你们面前，我的脸化了淡妆，头发轻轻烫了波浪卷。……西方世界的铁娘子！一个冷战的斗士！亚马逊的非利士人！……是的，我就是一个铁娘子，毕竟做一个铁公爵也不是一件坏事；是的，如果他们想要如此解释我何以为我们生活方式的价值观念和自由辩护的话。[82]

这篇演讲是撒切尔打动人的修辞方式的一个经典例子。撒切尔强烈地反对英国的左翼思潮，又与苏联缓和关系，经常把政策与英国的超然理想结合在一起。当时，她的强硬令人惊讶，其部分原因是她的性别、不时展露的魅力和激烈的政治信条之间存在着反差。她强烈的信念和自信感是有力的说服工具。

这点上，保守党的忠诚似乎也起了作用。早些时候，在她发言的一次保守党大会上，一名不属于她意识形态阵营、在场边观望的党内官员后来回忆道："她给大批人带来的鼓舞，超过了自丘吉尔以来任何一位保守党领袖。"[83]

卷入政治纷争

撒切尔发起的反工党运动很早就开始了，但她又花了 29 年时间来改进、完善英国社会主义的实施，并让英国人民认识到其真正的潜力。

这个故事始于 1945 年，撒切尔，也就是当时 19 岁的牛津大学本科生玛格丽特·罗伯茨（Margaret Roberts）小姐，在她的家乡英格兰北部的格兰瑟姆（Grantham）花了一个大学暑假的时间，为一位保守党候选人助选。领导保守党的是令人生畏的战时首相温斯顿·丘吉尔，此人刚刚带领英国度过了"至暗时刻"，并在第二次世界大战中取得了胜利。

在 1945 年 6 月至 7 月竞选活动的高潮时期，撒切尔在她的选区四处奔走，每天晚上在当地的市政厅活动中发表多达六次的演讲，以确保保守党再次执政，而不是让位给自 1931 年以来一直在野的左翼工党。多年后，她回忆起她坚定不移的对于国力和国家自豪感的呼声："大英帝国是世界上有史以来最重要的民族共同体，绝不能被肢解。"

不过，撒切尔为当地候选人，从而为保守党助选，也是为了她的英雄："我支持投票给保守党的主要理由是，通过这样做，我们可以让温斯顿·丘吉尔继续负责我们的外交政策。"[84]

在联合王国，投票不是直接投给首相的。在大约 650 个英国选区，选民要选择当地的下院议员（MPs），让其在伦敦的议会下院来代表他们的选区。在所有选区的选票都清点完后，在议会中赢得最多席位的党，会有一名领导该党的下院议员要求君主（或"恳求"君主）允许他们组建一个政府。这一要求一旦得到许可（在现代从未被拒绝过），这位领导者，现在正式称为首相，会宣布："女王（或国王）陛下要求我组建一个政府，我接受了。"

在像英国这样的议会制度中，变革型的首相比在总统体制的国家更少见。英国宪法理论家沃尔特·白哲特（Walter Bagehot）在 1867 年写道，英国宪法（与美国不同，英国宪法没有成文，而是分布在不同类型和时代的许多文件中，并未在一个文件中正式化）分为"效率"部分和"尊严"部分。[85] "尊严"部分包括像君主制和贵族院（即"上院"，类似于美国参议院的未经选举版本）这样的机构，而"效率"部分包括平民院（即经过选举的"下院"）和由其最高级别的成员组成的政府。

女王陛下的政府是由 100 多名经首相任命的民选下院议员组成，其中包括政府各部门的最高级别领导者。如此一来，英国政府领导层的大多数成员便通常由职业政治家组成，这些人通常兼为国家政治机器的学科领域和实践知识方面的专家。大多数首相都是从这个体制中产生的，他们都有着广泛的个人经历，然后才升到最高职位。例如，丘吉尔在 1940 年 5 月成为首相之前，曾担任过八个不同的政府职位，从战时国务卿（1919—1921）到财政大臣（1924—1929）等。

因此说，英国政治中的领导层是在一个包括不同机构、规范和个人的混杂环境中形成的。首相是君主的仆人和臣民，也是国王或女王陛下的政府的领导者，其所行使的权力并不明确，在很大程度上是基于历史惯例而非正式权力。正如 20 世纪初的首相 H. H. 阿斯奎斯（H. H. Asquith）所说，首相的权力"是持有者所选择去做并且能够做到的事"。[86]

尽管在 1945 年的大选中，撒切尔在其中的作用很小，但选举结果却是影响深远的。虽然选民是把"X"潦草地画到当地候选人的名字上，但投票同样，甚至更多地是关于选择一个政党及其领袖——要么是温斯顿·丘吉尔的保守党，要么是克莱门特·艾德礼（Clement Attlee）的工党。英国人在看到了第二次世界大战期间主宰舞台的世界领导者之后，很可能认为战后的英国走向将由掌权者来决定。

随着选举的临近，撒切尔后来回忆，丘吉尔在经历了五年的激烈冲突后，不再能准确判断民众的政治倾向了。丘吉尔对工党的更具社会主义色彩的政策提出了招致分裂的看法，认为这需要"某种盖世太保"来强制执行。[87] 在英国及其帝国——两者都陷入了经济崩溃的摇摇欲坠的边缘——迫切需要和解与复兴的时刻，撒切尔认为丘吉尔抱怨的语气适得其反。

尽管她还是一个政治新手，但她对公众舆论的本能判断是正确的。1945 年 7 月 26 日，在纳粹德国投降不到三个月之后，撒切尔和她的父亲——一个中产阶级下层的杂货商，当地保守党政治活动的积极分子——在选举结果公布后陷入了绝望。她记得：

> 情况很糟糕，而且变得更加糟糕。……迷惑不解的状况加深了。当时我觉得，英国选民如此对待这个比任何人都更有力保障了他们自由的人，是无耻的。不过，埃德蒙·伯克（Edmund Burke）不是说过吗："完美的民主是世界上最无耻的事物。"[88]

对撒切尔来说，保守党未能赢得 1945 年的选举，是该国转向工党理念的一个主要原因，也是英国衰落的原因。对她而言，这条道路背叛了基于资本主义制度的个人主义自由和国家主权的价值观念，而这个国家在 20 世纪的很长一段时间里都在捍卫这些价值观念。

不过，丘吉尔被英国选民赶下台符合历史先例，因为英国有解雇强势领导者的历史。在撒切尔自己升职之前，她观察到，丘吉尔的继任者、英国战后现代社会状况的缔造者克莱门特·艾德礼的首相职位被一个分裂的内阁给撕裂了。她本人的任期也会结束得非常痛苦：在担任首相 11 年半（1979—1990）后，她在政治上被自己的内阁给谋杀了。在一个首相及其政府的任期没有上限的国家里，选民们会认真考虑他们何时该决定让一个领导者下台。女王陛下政府的同僚们也是如此，这些人总是能意识到在即将到来的选举中，他们自己的选区席位是否安全，以及通过驱逐他们的领导者来提升自己职业生涯的可能性。

如果倒台会令人伤痕累累的话，那么崛起就更不容易了。在英国获得政治职位可能需要几十年的时间，这之后政府职业才能成为一条可行的道路，更不用说进入高级职位了。撒切尔对跻身政治领导层的渴望始于两次选举的失败。但是当她看到英国在二战后失去了它最伟大的领导者，失去了帝国和信心时，她对获取改弦易辙的机会越来越迫不及待了。

议会成员

在 1950 年至 1951 年期间，撒切尔曾两次参加政治竞争，试图在议会寻求一个席位，但均未成功。竞选公职完全显示出她令人印象深刻的勇气和对自己能力的强烈信心。当时，一个未婚女性寻求竞选公职，远不是一个典型的例子。撒切尔，当时还是玛格丽特·罗伯茨小姐，第一次参选时才 24 岁，而这时《男女平等选举法》（Equal Franchise Act）通过（1928 年）仅仅 22 年，该法赋予了所有妇女投票权。

因此，在撒切尔的第一次竞选活动中，与她合作的草根组织完全以涉及性别的词汇描述她并不令人惊讶："丰满、聪明、漂亮，可爱的帽子，可爱的皮肤"，以及一个"看起来总是很得体"的女人。[89] 在英国，直到 1975 年，妇女才可以开立自己的银行账户，直到 1982 年，才可以在酒吧里自己买饮料。

九年后，她的突破出现了。1959 年，撒切尔夫人——当时已与一位富裕的商人丹尼斯·撒切尔（Denis Thatcher）结婚——终于赢得了议会下院的一个席位，该选区是位于伦敦北部、正在蓬勃发展的芬奇利（Finchley），一个她将在接下来的 33 年中代表的选区。她在中产阶级的投票中大有斩获，特别成功地吸引了重要的犹太少数族裔。她宣称犹太人是"《旧约》中的人民：如果你不相信《旧约》，你怎么能相信《新约》呢？"她谈到了她对传统的本能尊重，以及一种深挚的宗教信仰，这两者都将是引导她的事业向前发展的指路之星。

撒切尔认为她的犹太选民是最具典范性的公民，是"最有学识的

玛格丽特·撒切尔，当时的玛格丽特·罗伯茨小姐，一位有抱负的年轻的保守党候选人，摄于1950年。第二年，她嫁给了成功的商人丹尼斯·撒切尔。
（PHOTOGRAPH BY CENTRAL PRESS/GETTY IMAGES）

种族之一"和"好公民……不只是耍耍嘴皮子，还拿出行动，做出奉献"。[90]他们是"天生的商人"，他们"积极地靠自己的努力获得成功"。她热切地相信，在正确的指导下，英国人民会做得一样好，也会成为同样的人。

在第一次选举获胜后，撒切尔担任了一个初级政府职位，在养老金和国家保险方面负有限责任，成了最年轻的女政府大臣，也是第一个拥有年轻家庭的大臣①。[91]毫不奇怪，观察家们仍然把更多的时间花在关注她的性别上，而不是关注她的领导雄心或初具雏形的政治议题。一家报纸报道说："那天她穿得和其他要进城的家庭主妇一般无二。一顶兔毛皮的哥萨克帽子遮住了她大部分的金发，而她两鬓的头发刚开始变灰白。她穿着一件绿色的羊毛针织连衣裙，脖子上挂着一条漂亮的双排珍

---

① 撒切尔当时担任的是议会副大臣，也译为初级副部长、政务次官。——编辑注

珠项链。"[92]

1959 年，人们仍然轻易地低估了玛格丽特·撒切尔。后来，她的一位心腹顾问这样评论了她之后难以置信且令人惊叹的掌权之路：

> 只有……纯粹的浪漫。……一位来自首都以外的中产阶级下层的妇女，在没有家庭关系，没有演讲技能，也没有高智商的名声或任何派系支持的背景下，当上了一个代表等级制度、社会分层和男性支配的大政党的领袖。[93]

尽管撒切尔在政治上的成功十分奇异，但一个历史性时刻也就要到来，这一时刻需要一位具有坚定信念的领导者——一个她会抓住的角色，就像这个角色是专门为她精心设置的一样。

到了 1968 年，这一机会又近了一步。她的保守党现在下了台，正在寻求新的政治方向。玛格丽特·撒切尔在担任议会成员九年后，被认为是个充盈着思想的后起之秀，还被给予了在党内大会上发言的光荣机会。尽管如此，很少有人会认为她是一个严肃的领导者候选人。事实上，一位后来成为她盟友的人在 1973 年还写道："撒切尔可能会走得更远，但不会登上顶峰。她不是块当首相的料。"[94]

撒切尔在大会发言中总结了一种将成为她毕生政治哲学的特征的信条，那就是，信念比共识好，进攻比绥靖好："没有一个伟大的政党，能够不基于对它想做的事的坚定信念而生存。仅仅得到勉强的支持是不够的。我们还想要人们的热情。"[95]

撒切尔尤其深信不疑的是，国家在一个人的生活中只应该扮演有限的角色。她发现了一个明显，但并非真的对立的矛盾，即一方面我们自视为社会中相互依存的人，另一方面又是作为负有一定责任的个体。她的有力论断是："政治智慧的全部，在于使这两种观念保持正确的相互关系。"[96]

　　下列非此即彼的二元思维，对 20 世纪中叶的保守派来说毫不稀奇，它们开始支配着她的政治话语——共识和信念，或是个人和社会。它们揭示了玛格丽特·撒切尔的核心信条，并预示了她将成为哪种类型的领导者。

　　当时有许多人认为，撒切尔之所以满脑子教条，是为了不懈地追求权力。但对其他人来说，她的信念，以及其他个人品质，意味着她具有推动英国的利益不断得到实现的独特能力。然而，第一次把她带到全国聚光灯下的，并不是她的信念和政治意识形态。那是一个远没有那么宏大的问题：牛奶问题。

抢牛奶的撒切尔夫人

　　在某种程度上，玛格丽特·撒切尔的事业归功于爱德华·希思（Edward Heath），他从 1965 年开始领导了保守党整整十年。希思本人就打破了保守党的领导模式，因为希思曾就读于一所精英公立高中（在英国被称为"文法"学校），而不是像伊顿和哈罗这样几个世纪以来主导英国政治生活的精英私立学校（也称公学）。

　　撒切尔也是一所首都之外的文法学校的毕业生，当希思赢得了 1970 年的大选时，他认为教育和科学大臣的角色（撒切尔在 1970 至 1974 年接受并在保守党政府中担任该职）可能适合像撒切尔夫人这样的中产阶级妇女——很少有人认为，她对党的领袖职位怀有任何自命不凡的想法。

　　尽管她有政治使命感，但这个新角色并没有让她觉得完全适意。在她担任内阁大臣的早期，她曾经向部门官员——英国著名的非政治性政府机构的公务员——抱怨伦敦大学书店出售的马克思主义书籍数量过多。后来，她在她的回忆录中谈到了教育部的"自以为是的社会主义"氛围。她还将全国教师联合会描述为一个亲近共产党人的"封闭世界"。[97]

在一周内，她一言不发，把尖刻的语言宣泄在了纸上，她在一个关键研究项目的中期部门报告的底部写了一段评语："这是我读过的最令人失望和沮丧的文件之一。1971 年 12 月之后，一分钱都不给了。"[98] 她有一个表示鄙视的习惯，即拒绝发出报给她签名的不合格文件，取而代之的是把那些她认为不合格的文件的页首撕掉。[99]

这个时期，撒切尔第一次有机会行使行政权力。不出所料，她与公务员交谈的态度和赤裸裸的政治性方式，都没有使她在自己的部门内受到欢迎。她对职业官僚的态度，预示着她作为首相时经常对公务员表现出的粗暴作风。她会时不时地突然到政府部门来，好像试图在他们反对她的政治议题的过程中抓他们现行似的。[100]

在某种程度上，正是由于她在自己的部里越来越不受待见，她才卷入了她成为首相前最大但又最乏善可陈的丑闻。

"学校的牛奶！学校的牛奶！"抗议者的尖叫声不断地打断了撒切尔巡视英国学校时的演讲。她开始以"抢牛奶的撒切尔夫人"而闻名，一句朗朗上口的话，似乎真的让她感到忐忑不安起来。

其幕后故事真的没有什么戏码。自从 1970 年夏天以来，财政部官员一直在敦促这位新大臣削减该部预算。削减在早间休息时给孩子们提供的免费学校牛奶，是一个容易实现的目标，预计将节省数千万英镑。[101]

撒切尔接受了必要的削减，但政府试图将其作为更广泛立法的一部分进行秘密包装，却被搞砸了。[102] 作为大臣，她对这一削减提议负有责任，她承受了公众最强烈的反对。牛奶是一种抗争呼声，一场轻而易举就能发起的运动，因为它对日常生活有如此明显的影响。它可以被包装成对保守党的福利制度改革和小政府理想的更广泛批评。大众媒体对她发起了猛烈的抨击。"撒切尔夫人有人性吗？"小报《太阳报》（Sun）

如是质问，后来还把她说成是"英国最不受欢迎的女人"。[103]

在牛奶纷争中，希思考虑过解雇撒切尔，这可能会过早地结束她的前排生涯。* 不过，他还是提出了异议，部分原因是为了让他唯一的女阁员留在内阁中，当然也是因为从 1972 年 1 月起，他、媒体和公众因破坏性的矿工罢工而分心。[104]

罢工代表了国家的创伤。尽管随着时间的推移，人们对这些罢工的记忆已逐渐模糊了，但它们却导致了供电中断和全国性的紧急状态（1974 年形势更加糟糕，当时第二轮大罢工迫使政府引入每周三个工作日的规定）。在这种政治分裂的气氛中，希思在 1972 年 1 月来到议会下院参加撒切尔的公开辩护。他的举动是战术性的，表明他把她看作是支持他日渐衰弱的权威的后盾，而不是给他的领导地位带来威胁的人。

最后，他试图巩固支持的努力没有奏效。希思在接下来的两次大选中都失败了，它们都发生在 1974 年，且每一次都见证了以哈罗德·威尔逊（Harold Wilson）为首的工党获胜（尽管差距微乎其微）。撒切尔离开政府办公室后，对希思恢复权力的方法感到不安。他提议以"全国团结"来治愈一个分裂的国家，这意味着他愿意与左翼政党组成联合政府。

她的不安是可以预料的。与这个主张大相径庭，撒切尔夫人的信条是英国的政治应该具有对抗性：英国人必须做出选择。她认为，绥靖政策不会解决迫在眉睫的国家信心危机，英国的经济和地缘政治顽症只会加剧。她眼睁睁看到乌干达的强人统治者艾迪·阿明（Idi Amin）单方面将所有英国企业国有化，并驱逐印度裔居民，要求英国接纳由此而产生的难民。冰岛大胆地宣布，不允许英国渔船进入离其海岸 200 英里范围内的水域，这似乎是在嘲弄不列颠人统治这片海域的记忆。在国内，英国自身的所谓"红色恐慌"正在酝酿之中，有人指责共产党人渗

---

* 议会下院的前排议员是政府的大臣，而后排议员是不属于政府的议会成员。

透进全国矿工联盟。在任内，希思甚至还收到了关于武装起义可能性的简报。他办公桌上的一份备忘录上写道："社会革命不一定会具有破坏性——尽管越来越多的人开始认为其难免会有破坏性。"[105]

英国的衰落已在意料之中。一位退休的英国驻巴黎大使在一份泄露的备忘录中遗憾地总结道："我们不能再扮演我们的历史角色了。……似乎还有必要激发一种国家目标感。"[106]对撒切尔所珍视的国家价值观作出妥协，并不是她愿意接受的做法。在她看来，面对明显的分歧，还主张团结，是英国战后衰落的一个主要原因。

在两次选举失败后，撒切尔夫人和她的保守党同僚对希思做了一件英国政治领导者在生涯末期都会遭遇的事：他们让**他**靠边站了。

赢得议会

1977 年 3 月，保守党的一位旧显贵———位含着金汤匙出生的人，撒切尔无论在社会、文化还是政治上都与此人相差甚远——对另一个人说："好吧，如果她进来的话，那么她进来之后我们该怎么办？"[107]

此时，撒切尔已经是保守党领袖，也就是说，她已是"女王陛下最忠诚的影子内阁"（实际上是"等待中的政府"）的领导者长达两年之久了。但是，尽管她是党的领袖，她的回旋余地却很有限。在泰德·希思（即爱德华·希思）被赶下台后，他拒绝再与撒切尔说话，但她还是发现自己被他的盟友，也就是所谓的希思派包围了，并且没有权力解雇他们。

为了能够改革自己的政党，进而改革自己的国家，几年来，撒切尔不得不与保守党的旧"中间派"，即和解派人士密切合作。正如一位保守党的议会成员所说，她的当选是一场反对希思和党内大佬的"农民起义"。[108]但真正的工作是令政党和国家相信她有能力去领导。在英国，有效的公共关系传统上要求获得对议会下院的牢固掌控。

要想在议会下院取得成功并非易事，撒切尔早期担任反对派领袖的日子尤其艰难。她身穿定制的套装，脚蹬漆皮浅口鞋坐在那里，与大片的灰色羊毛法兰绒和不断退却的发际线形成了鲜明的对比。每周，撒切尔都会在议会下院与该国领导者进行一场名为"首相问答时间"（Prime Minister's Question Time）的面对面辩论。

开始时，撒切尔竭力让人们能听清楚她的声音。在撒切尔第一次提问时，在座的一名工党工作人员谈到了她的平庸表现："她看上去很苍白，嗓音听起来很刺耳。这在某种程度上是选举前的一次试演，我们离开时感到信心十足。"[109] 关于撒切尔的历史记载完全不是这样，她后来被描述成了一位有着独特能力的政治领袖，能够利用恰到好处的机智和华丽的辞藻赢得议会下院支持。

在这些早期的唇枪舌剑中，工党后排议员会在她登上讲台时有意发出"女性式的呼喊"。她的对手，首相詹姆斯·卡拉汉（James Callaghan），回避了她对他的尖刻评论，对坐在过道对面的"女士阁下"（"阁下"是议会下院成员称呼彼此的标准用语）说："我仍然希望有一天问答时间会是一个严肃的时段，没有（议会）成员提前想出抖机灵的短语，然后隔着案头公文箱 ① 大声喊出来。……我相信总有一天，这位女士阁下会把这些事情理解得稍微好一点儿。"[110] 这是一种高度的傲慢态度，但撒切尔当时是日复一日面对着这类挑战。

为了成为一个能够掌控男性主导的议会下院的领导者，她必须去适应。她寻求跟著名的莎士比亚扮演者劳伦斯·奥利维尔爵士（Sir Laurence Olivier）进行正式的演讲训练，请了一位辅导教师来帮助她让嗓音更深沉，并全面提高她的演讲能力。虽然有些人会抱怨她讲话造作，但这种文雅的声音和外表却成了撒切尔的政治烙印的一部分。对英国选民来说，撒切尔夫人的声音听起来像一个来自英国精英阶层之外，

---

① 置于英国议会下院议事厅中央的长桌上，议会重要成员站在此处发言。——编辑注

白手起家的中产阶级女性。[111]

不过，只增强她自己声音的力量还不够；她还需要在连番的大声质询中有人帮腔，来在声音上压倒对方。在自己的个人办公室之外，撒切尔的第一圈盟友是一帮被称为"四人组"的议会成员。

从1975年起，撒切尔的"四人组"，诺曼·特比特（Norman Tebbit）、乔治·加德纳（George Gardiner）、奈杰尔·劳森（Nigel Lawson）和杰弗里·帕蒂（Geoffrey Pattie），作为撒切尔主义的煽动者，越来越坚定效忠于他们的新领导者。[112]虽然他们对议会中的保守党党团没有任何正式控制，但在议会下院为撒切尔夫人做了大部分基础工作。

"四人组"会为她准备好首相问答的答案，为此他们要全面预测她可能遭遇的问题，并起草一些机智的俏皮话，来让议会下院那些因吵闹而臭名昭著的政客产生共鸣。凭借已经成为现代英国政治制度一大特征

1981年4月11日，撒切尔的第一届保守党政府的议会下院前排（1979年当选）。从左到右依次是首相玛格丽特·撒切尔、财政大臣杰弗里·豪（Geoffrey Howe）、教育大臣基思·约瑟夫（Keith Joseph）、国防大臣约翰·诺特（John Nott）和就业大臣诺曼·特比特。

（PHOTOGRAPH BY CENTRAL PRESS/GETTY IMAGES）

的"嘘"和"哇","四人组"帮助提高了工党政治家起身说话时所遭遇的起哄强度，从而形成了一种敌对的氛围，在这种氛围中撒切尔的信念政治将最有力地发挥作用。此外，他们还将自己的问题分发给保守党成员来提出，以便撒切尔可以针对她和他们认为最有利于自身的问题，来抨击工党政府。

随着时间的推移，撒切尔成为四面楚歌的卡拉汉政府的强大对手，后者相比保守党领导人及其同事发起的造势显得越来越僵化。随着每一次新危机的出现，撒切尔对这个国家的评估似乎变得更加真实，她的直率、气势汹汹的作风也得到了信任，于是卡拉汉居高临下的奚落开始显得空洞起来。他在 1979 年初"祝贺"她就工业危机发表的演讲，高声喊道："这是我们辩论的最佳态度，而演说的风格也是这位女士阁下能够引以为豪的。……我多希望我也能对其中哪怕一部分内容给予同样的美誉。"[113]

赢得国家

正如撒切尔在议会下院所宣称的那样，她也在取悦一个越来越失去自我的国家。撒切尔巧妙地将她的激进议题隐藏在宽泛的概念中，而不是放进可能受到具体攻击的指令性政策中。为了掌权，她需要创造出条件，让能引起数以百万计选民共鸣的政治时机到来。从最宏大的意义上说，这关系着重构政治格局，以及这个政治格局所基于的制度。

选民可以观察到经济问题的明显事实，但不太可能理解潜在的政策解决方案。撒切尔喜欢引用拉迪亚德·吉卜林（Rudyard Kipling）的诗句："突然，所有人都被束缚破裂的声音吵醒，/ 每个人都对着邻居微笑，告诉他说，他的灵魂是属于自己的。"[114] 这些诗句与撒切尔的信条产生了共鸣，即英国的经济问题根源于更基本的道德问题；工党的鬼祟前行正在破坏支撑英国民主的人类自由。她正是试图从这种道德和社会的维度，来动员一个处于困境的国家来支持她。

为明确这一议题，保守党年度大会成了撒切尔日程表中的一个焦点。正是在这些活动中，她通过不断向该党的忠实信徒进行宣讲，以不加遮掩但又易于传播的方式阐述了她对当下的政治共识的拒绝，和她的政治哲学。[115] 1975 年，撒切尔在她第一次以党的领袖身份参加的年度大会上，开始表露出她未来的打算：

> 让我把我的设想告诉你们：一个人有权利随心所欲地工作，有权利支配他所挣的收入，有权利拥有自己的财产，有权利让国家作为仆人，而不是主人——这些都是英国的遗产。它们是一个自由国家的本质，而我们所有的其他自由都是建立在这个自由的基础之上。[116]

尽管这些表述似乎没有引起争议，但撒切尔还在与英国的"共识政治"划清界限。按照"共识政治"，英国的一系列产业已经国有化了，税收制度规定最高收入者支付 83% 的所得税，而工会类似于政府的另一个分支机构。但当撒切尔开始抨击她认为的缓慢腐朽问题时，谁要是想在她 1979 年上台之前的这次或是她的许多其他演讲中找到切实的政策细节，那么几乎是完全找不到的，而这是她有意为之。

撒切尔在公众面前将不同的意识形态色彩混合在一起，包括占据道德制高点，灌输对迫在眉睫的危机的深切感受，以及谴责"共识型"政府的无能。

因此，她、她的同僚们，毫无疑问还有她的对手们都知道，在联合政府*的环境下，她永远也不会成功。她无法在她所描述的战斗条件

---

* 联合政府是指两个或两个以上政党同意共同组建的一个政府，因为没有一个政党获得了议会下院的多数席位。在这种情况下，需要不断妥协和建立共识。

下，以及她将代表的那种领导方式下提出和解。

从 1978 年到 1979 年，大选的获胜希望节节攀升。撒切尔和她的团队在快马加鞭，就像气象学家预测该国不断加剧的风暴那样。她引用 18 世纪现代保守主义创始人埃德蒙·伯克（Edmund Burke）的话，来界定选择保守党抑或与其对立的党派的区别："邪恶获胜的必要条件……是好人什么都不做。"[117]

她在得克萨斯州的休斯敦对听众说："我们的基本价值观，即建立在希伯来和古希腊基础上的基督教价值观，从来没有像今天这样受到如此大威胁。"

撒切尔认为，一堆社会和经济上的顽症正在渗入国家的肌体中去。她接着说："家庭的生活、儿童的纯真、公众的体面、对法律的尊重、对良好工作的自豪、爱国主义、民主——这一切都在受攻击。"[118]

撒切尔以杂货商的女儿自居，支持或反对种种笼统的哲学流派，这一策略被证明是简单而有效的。鉴于她仍然处于反对党位置，促成这样的环境，几乎没有为实际政策留下空间，也使得没有必要谈论实际政策。

"现在是我们宿怨的严冬"

撒切尔夫人对国家困境的诊断本身，还不足以使她上台。直到 1978 年，她的抗议无非预示着一场迫在眉睫的全国道德危机。但在遭遇一场真正的危机冲击时，她的旋风式领导作风获得了全国性的，而不仅仅是草根保守派的坚实支持。当英国濒临危境时，撒切尔对抗性的从政作风让人觉得越来越可行了，对许多人来说，也越来越必要了。诸多事件和撒切尔本人的合力，使她走上了历史的十字路口。

1978 和 1979 年之交漫长而潮湿的英国冬季，被普遍称为"宿怨的寒冬"[119]，此话援引自莎士比亚的《理查三世》著名的开场白："现在我们宿怨的严冬／已给这颗约克的红日照耀成为融融的夏景。"正是在这个清算季，撒切尔才得以趁势而起，把自己展现为引领大不列颠前进的指路人。

她并不缺少能利用的荒谬但终究令人痛心的事件。罢工使国家陷入了瘫痪。军事政变的传言也出现了。[120]卡拉汉首相的政策组（policy unit）①负责人在他的回忆录中描绘了他对一个处于困境的国家的严峻印象：

> ……流动纠察队封锁了港口，食品和医疗用品严重短缺——大臣们考虑向（英国帝国化学工业公司）医疗总部派遣坦克，以取回药品和基本设备。自新年以来，自来水工人的罢工已经让英格兰西北部许多地方得不到淡水。污水处理工人威胁着要加入自来水工人的行列。卡车司机拒绝了15%的（协商加薪）提议，要求加薪20%以上。铁路运输工人呼吁举行全国性罢工，因为他们希望在20%的加薪要求基础上再获得10%的奖金。每天晚上电视上播放的暴力画面和工会主义的冷峻面目，对政府也对工会运动本身造成了严重的损害。……

即使是人员死亡似乎也没让局势缓解多少，（英国）全国公务员联合会宣布，他们不会允许病人进入医院：

> ……一位官员站在电视摄像机前说："如果有人死了，也只能这样。"在许多地方，这个差劲工会的会员们甚至还拒绝让死者下葬。[121]

---

① 隶属于首相办公室，通常包括八名重要的政策顾问。——编辑注

撒切尔发起了挑战，填补了政治家风范的空白，并在全国性的政治广播中——一反常态地——宣布，她认为政党之间的妥协和团结是摆脱危机的唯一途径。不出所料，她先是"忍不住"长篇大论，抨击工党如何依赖于工会（它们正在瘫痪国家）的资金和利益，然后才得出结论："我们必须再次学习做回一个国家，否则总有一天我们会国将不国。……我们所面临的是对我们整个生活方式的威胁。"[122] 最后，经过一段漫长的旅程，她终于爬升到英国政治的女家长的位置。

卡拉汉很快就面临着来自议会下院的不信任动议（以 311 票对 310 票通过）。[123] 英国正在面对的决战是如此滑稽，就连下院的餐饮工作人员也在当天举行了罢工，于是撒切尔的助手不得不从当地一家熟食店购买食物和大量酒水，以供参加决战和观看决战之用。英国的顶级大报《泰晤士报》同样恰逢劳资纠纷而暂停印行，没有报道这些政治势态的

1979 年，撒切尔由同为候选人的尼尔·索恩（Neil Thorne）陪伴，在东伦敦伊尔福德（Ilford）保守党俱乐部参加大选。两人都赢得了他们在议会的预期席位。

（PHOTOGRAPH BY GRAHAM WILTSHIRE-GETTY IMAGES）

进展情况。[124]

卡拉汉输掉了不信任动议，随后很快也失去了首相职位。在 1979 年 5 月的大选中，撒切尔和她的保守党同僚一举获胜上了台。她的胜利和升任首相是英国政治史上一个决定性的转折点，也是自第二次世界大战以来居于主导地位的一种从政作风的结束。卡拉汉首相说："有时，也许每 30 年一次，政治会发生一次变化。……公众想要的东西会发生变化。……我怀疑现在发生了这样的巨变——一个有利于撒切尔的巨变。"[125]

唐宁街 10 号

1979 年 5 月 4 日，撒切尔夫人成为首相的那天，她在下午 4 点左右抵达唐宁街 10 号，参观了她的新办公室，包括顶层的小公寓，这将成为她未来 11 年半的家。从下午 4 点到她正式上班的第一天之前，她已经阅读、全面审查，并回复了源源不断地送到她办公桌上的备忘录。她没有理由慢慢地开始工作。她等待这一刻的到来已经有好几年了：现在她的理想已经变成现实了。

撒切尔当过律师，并以注重细节闻名，当晚她已经在简介性备忘录中提供评论，说明她希望如何完成任务。[126]她对一份关于能源政策的备忘录的质量表示不满，并暗示德国总理赫尔穆特·科尔（Helmut Kohl）的即将到访给她在时间上造成了不必要的负担。关于经济、国防、教育、能源和津巴布韦局势的更多备忘录放到了她的办公桌上，向她简要介绍了她上任伊始的负担和责任。

那些与撒切尔合作的人很快就会习惯这种特立独行的书面命令。撒切尔是一位通过口头而不是书面话语来发现自己的政治方向感的领导者。这方面的重要表现是，她很少写自己的备忘录或指示，而是在关键点下方画线，并在具体行动要点旁边写上"是""否"或"同意"的字样。大量的"MT"（撒切尔姓名的首字母），偶尔会匆忙写下的更长指令，这些文件会被放回一个镶有金色的"首相"字样的红色公文匣里，准备发送给相关的收件人。5月4日，她已经开始按照自己的意愿工作了。

不过，首相并不是仅凭备忘录的力量来领导的。内阁的正式机构，女王陛下的政府的最高级层面，由领导各主要政府部门的大臣所组成。在担任首相的头几年里，尽管撒切尔率领她的政党进入了政府，但她仍然在最高职位上处于弱势地位，每个大臣都领导着他或她相对独立的领地。位于唐宁街10号的英国首相办公室，与白宫的机器相比，是一个小型实体。此外，首相的职责和权力，就像英国宪法本身一样，是无定形的。相对于她的内阁来说，她不过是**同侪之首**（primus inter pares）。与此同时，大臣们领导的则是庞大的各官僚机构，拥有一支具备学科专长的、远为强大的团队。

撒切尔夫人以做"自己的专家"而闻名。她的一位经济顾问描述了她的做派：

> 通常，撒切尔更倾向于"接二连三地决策"或者干脆无视官方说法，而不是通过正式渠道寻求政策改变。她常用"他们的政策"来形容她不喜欢的各部政策——尽管她所质疑的该政策实为政府自身的官方政策。[127]

她留给人们的印象还是一位集权力于一身的领导人。乍看起来，英国的政治体制似乎并不适合撒切尔的作风。但撒切尔愿意听取专业意见，前提是它来自盟友——并且能让她加强自己的力量。

像许多领导人一样，撒切尔也使用非正式渠道来加强对她的支持。但她利用这些渠道的方式，有着她对抗性领导作风的独特印记。她主持了一个排他性的"早餐俱乐部"，由她最亲密的盟友组成，他们后来被称为"干派"（Dries）。撒切尔传教士般的热情没有给怀疑者留出什么空间，那些在她的政治议题上表现"软弱"的人，因对撒切尔主义理想不够投入而被称为"湿派"（Wets）。这个叫法传了开来，两年后，一位曾希望撒切尔夫人的政策走向失败的评论员说："保守党湿派的麻烦在于，他们太他妈湿 ① 了。"[128] 她的对手跟不上她为她的第一届政府投入的全部精力。

她的早餐俱乐部在星期四碰头，因为下面的争论需要最充分的准备：与相互争斗的内阁会面。她的这些客人在她的家里，同时也是她的办公室很受欢迎。撒切尔和她的丈夫丹尼斯住在唐宁街顶层的小公寓里，这是英国现代历任首相们曾经住过的地方。撒切尔似乎生来就该住在这里，她喜欢"在商店上面"生活的想法，就像她年轻时住在英格兰北部格兰瑟姆的父亲的杂货店上面一样。[129]

在上台初期几年，撒切尔虽然天生好斗，却处在一个脆弱的政治地位上。在内阁会议上，最有可能对她提出挑战的人是希思派，即那些"湿派"，他们反对她采取的政策或方法——她私下里把他们称为"愚蠢的兔子"。[130] 撒切尔夫人没有去直接面对内阁内部的分歧根源，而是改变了政府机器的运作方式。

尽管从表面上看只是同僚关系，但唐宁街10号的早餐与之前的"四人组"有一个基本的相似之处：是为了帮助撒切尔本人加强她的信条体系和对政策事务的指挥而设计的。这种个人作风有助于推动她的主张，但也导致了她的政府变得越来越两极分化：要么支持她，要么就反对她。

这些早期的岁月对撒切尔来说尤其艰难。每个人都希望她放弃激进

---

① 英语中的"wet"有窝囊、没骨气之意。——编辑注

的立法计划，回到以前强调共识的执政风格。[131] 但是，当她和她的第一任财政大臣杰弗里·豪的经济药方——他们视之为治疗每况愈下的英国经济的唯一良方——开始引发非议时，她更加激进了。正如豪反复对同僚们说的那样："别无选择。"[132]

唐宁街 10 号的早餐是为了加强对撒切尔的支持，但事实上，早餐的出现助长了诋毁者对撒切尔的领导方式的批评。是否厕身其间，具有某种神秘性。甚至杰弗里·豪，撒切尔的"第二号人物"，在记录里把自己写成出席者，也承认："即使是在亲近的同僚中，也不能确定谁在'内'谁是'外'。"[133] 撒切尔本可以利用这种非正式的会议建立支持联盟，以便作为更广泛战略的组成部分。然而，她却利用它们来重申她那些根深蒂固的信条，并将其应用于政府机构。为了在内阁中树立一个坚定的立场，她与她的"内部人士"进行了激烈的讨论。

如此一来，她可以在全体内阁会议上避免实质性的讨论，因为她的立场往往已提前确定。一位前顾问写到了这种心胸封闭的倾向是如何在她担任首相期间发展起来的，"在她担任首相的后期，这一切都太常见了。……官员和大臣……提出的是他们预料到她想听到的建议"。[134]

她最大声疾呼的是经济政策，且最不愿意与核心圈子之外的同僚们协商。在她的第一个任期内，经济消息越是变得悲观，她就越不可能讨论政策本身是否正确。其中一个问题是利率问题，如果提高利率，就有可能削弱企业投资，但根据撒切尔和豪的经济政策，这样可以减少货币供应，他们认为货币供应正在导致失控的价格上涨。

1980 年 10 月，她对她最热心的支持者们说："对于那些屏息以待最受欢迎的媒体口号'回头'的人来说，我只有一件事要说：如果你想回头那就回头吧。"当他们大声鼓掌时，她面无表情地总结道："首相女士是不会回头的。"[135] 与此同时，"湿派"希望采取一种更慎重的经济政策，这样部分通过避免预期中的商业投资崩溃，以及可能随之的社会动荡，才不会导致大规模失业。

撒切尔非但没有努力巩固那些紧张不安的同僚们对她的支持，相反却把他们排挤在外。豪在他的回忆录中写道，在这个阶段，主要是他和撒切尔以权力搭档的身份执行决策。[136] 在 1979 至 1980 年冬季期间，随着经济消息的恶化，她没有试图在自己的政党内建立共识，而是置身于最亲近的支持者中，他们像为赛前的拳击手做准备那样为她做着准备，以便确定如何在内阁的重大异议面前表现得不可撼动。

维持"湿派"与"干派"、调解者与煽动者这种引发分裂的标记，可以说是撒切尔上台初期几年的一种行之有效的领导方法，因为这位仍然是新首相的人试图强行通过一项激进的政治和经济议题。也许有必要排除某些选项。当然，直到 1983 年经济开始反弹之前，萧条的强烈余波导致了严重的不满，动摇了对政治体制的信心，并引发了大规模的骚乱。不过，撒切尔幸存了下来。

她的领导作风的可持续性和有效性经常受到质疑。一位保守党议员援引她的话说："嗯，真的很孤独。这真的是我和杰弗里（指杰弗里·豪）在同其他所有人对抗。"[137] 她天生对抗性的性格，塑造了她践行领导力和观察世界的方式。正如她向一名记者透露的那样，这种对抗性行为是她政治哲学的重要部分：

> 我必须说，当他们真的出来和我斗的时候，我的肾上腺素会流动，我会还击，我站在那里并且深知："上吧，玛吉（Maggie），你得完全靠自己。没人能帮你。"我喜欢这样。[138]

尽管撒切尔有着以坚定的决心在唐宁街 10 号执掌政务的强韧能力，但她在战略和政策协调方面的能力却相当弱。她所使用的机制，例如她排他性的秘密早餐俱乐部，是私人的，而不是正式的施政工具。正如撒切尔主义的主要设计师之一奈杰尔·劳森所说的那样："她从来没有把自己看作是队长，而是一个鞭打马匹的车夫。"[139] 从长远来看，这种作风被证明是她真正的弱点之一。

尽管撒切尔不受欢迎——她在第一个任期内的支持率是战后历任首相中最低的——但她仍然赢得了后两次大选，这一衡量指标很难被忽视。[140] 部分原因是文化因素：对于以君主为国家元首的英国选民来说，政治领导者的个性不如在总统制下重要。另一部分原因是他们不直接投票给政治领导者，英国人不需要爱上他们。此外，撒切尔还得到了力量变弱的工党的"助攻"，该党某种程度上是在她的刺激下，将自己逐到了政治格局的极左位置上。

但是，她成功的一个要素是一场不可预见的危机带来的礼物，在那场危机中，她突出的果断特质和对英国力量的信念涌现了出来，事实上还帮助她确认了自己的领导作风：战争。

2007 年 6 月 17 日，是马岛战争结束的 25 周年，玛格丽特·撒切尔，此时的头衔成了凯斯蒂文（Kesteven）的撒切尔女男爵，在英国伦敦的购物中心会见马岛老兵。（PHOTOGRAPH BY ANWAR HUSSEIN COLLECTION/ROTA/WIRE IMAGE）

在士兵层面上，英国在 1982 年 4 月发动的马岛战争是一次寒冷、泥泞的征程。但从远处看，对于一个坚定的英国领导者来说，这似乎是一种几代人都没有经历过的胜利。撒切尔和保守党在 1983 年 6 月赢得压倒性胜利的选举，在一定程度上是发生在南大西洋阿根廷海岸外的外交政策成功的产物。这些事件使撒切尔成了国际焦点。正如传记作家查尔斯·穆尔（Charles Moore）所写的那样："若说只有她才能做到这一点，可不仅仅是奉承。"[141] 他接着重申了撒切尔在英国乃至世界历史上的地位是多么新颖："她是不列颠群岛自伊丽莎白一世以来第一位总揽行政权的女性战争领导者，在民主时代更是有史以来的第一位。"这一事件抓住了大众的想象力，正如一位保守党议员所写到的："这场战争成了全国观众每天晚上都在观看的一场大型体育赛事。"[142]

很难想象还有什么事件更能显示撒切尔夫人是一位坚定的、爱国的、有能力完成使命的领导者。这也是历史上的一种典型的特殊时刻，很少有领导者能够预见它或为它做好准备，但领导者所做出的反应会成为他们留下的遗产中不可磨灭的一部分。撒切尔的第二次选举胜利赋予了她真正改变英国命运的权力。

胜利总是苦乐参半

"别担心，迈克尔，"撒切尔夫人笑着说，"我和奈杰尔已经解决了整个问题——没问题了。"41 岁的公务员迈克尔·肖拉（Michael Scholar）在 1983 年前担任撒切尔的财政部私人秘书，他盯着这位刚连任的首相和新任命的财政大臣奈杰尔·劳森。他"绝望地"赶来，因为他与该国最有权势的女人会面迟到了。但撒切尔和劳森没有表现出傲慢来，而是对他们 40 分钟的双边会晤成果"笑逐颜开"。[143]

肖拉回忆说，这个时间"对他们来说是非常甜蜜的时刻"。[144] 撒切尔和劳森正处于他们工作关系的蜜月期，他们一致认为，现在终于是削减政府开支，进而可以大幅减税的时候了。他们刚刚决定了他们在下一届任期的战略。一切似乎都很合意，肖拉松了一口气，因为他的迟到没有给会面带来不快。

正是在 1983 年 6 月 9 日撒切尔以压倒性优势赢得选举胜利后的这些令人兴奋的日子里，她对保守党和英国来说不可或缺，她也开始陶醉其中。在那些仲夏之日，撒切尔看上去像是宫廷中的女王，周末她在自己最喜欢的住所、官方乡村度假胜地契克斯（Chequers），与新任财政大臣讨论经济战略。这是撒切尔完美地干完一件大事之后的一次小憩。她的一位助手回忆起她的竞选作风时说："这是一场真枪实弹的战争，她是一名步兵。她不是待在后方总部的一位将军。她置身于第一线。"[145] 次年将是撒切尔主义政治的最高潮。然而，她几乎无意将她的选举实力与联盟建设结合起来，后者对于说服那些仍然怀疑她的方法和意图的人不可或缺。

尽管如此，撒切尔还是想在公众眼中继续保持强硬但不专制的态度。在 1983 年取得压倒性的胜利后，撒切尔与英国广播公司（BBC）讨论她的内阁重大改组时用了一个比喻，把她在两次成功的大选中发展成个人标志的杂货商和家庭主妇的形象恰当地结合起来："我不是一个好屠夫，但必须学会切开关节。"[146]

自马岛战争以来，撒切尔夫人便成了一个全国性和国际性的标志性人物，尽管许多人对她的政策和领导作风还持保留意见。诸如抵达怀特岛（Isle of Wight）选区的宣传噱头，她的头巾迎风飘扬，她挺立于气垫船头，以及"假装的疯狂购物之旅"，要求购买英国（当然不要进口的！）培根，这些都见证她成了英国政坛上一个大胆而又坚定的人物。[147]

撒切尔利用她 1983 年的胜利来辩称，尽管她领导的前一届政府的政策有争议，但她在选举中取得的重要胜利证明了它们是正确的。这也大大有助于经济衰退之后的复苏。她继续把自己的任期构建成一场捍卫国家灵魂的战斗，挽救英国的大国地位，并将她所说的"社会主义"驱逐出英国。她 1983 年的胜利，是自克莱门特·艾德礼 1945 年在战后英国掌权以来最具压倒性的胜利，而且像艾德礼一样，撒切尔和劳森都知道，如果正确行事就可以改变国家的社会经济指标。撒切尔主义阵营之外的一名保守党议员将这一时期称为她的"帝国时期"，1983 年的竞选活动则见证了"撒切尔夫人从自己的狂热中获取了无穷尽的能量"。[148]

撒切尔越来越多地使用非正式的"厨房内阁"会议，如跟劳森和非经选举产生的私人秘书的会议，来表明她对英国新方向的愿景。[149] 与此同时，在内阁中，撒切尔对持不同政见者更加怀有敌意，她所营造的环境令许多人觉得自己无法坚持己见，或是在撒切尔通过公开斥责来羞辱同僚时无法支持他们。[150]

人们普遍认为撒切尔倒台的原因是所谓的人头税（poll tax），它导致了 1990 年的大范围骚乱和抗议。[151] 这是她最后一届任期出现的最明显的分歧，与她那年晚些时候的卸任相吻合。然而，腐坏更早就开始了，事实上，这涉及撒切尔—豪—劳森的权力三驾马车的根本性分裂。

他们面临的是三个环环相扣的问题，这些问题一直贯穿于政府的核心：经济、领导力和欧洲。一个主要的争论点，即欧洲汇率机制（ERM），是这三个问题的致命混合物。这是一项技术性很强，但最终受制于意识形态影响的政策，它要解决的问题是英镑是否应与其他欧洲货币挂钩。撒切尔夫人本能地寻求令英国的主权独立于欧洲，她不喜欢将德国马克与英镑挂钩这一可能损害英国利益的主张。她甚至更加怀疑欧洲汇率机制的终极目的（劳森本人事实上也会反对），即开创一种后来以欧元形式出现的欧洲共同货币。[152]

在欧洲汇率机制的具体问题上，撒切尔的两位最亲密的顾问豪和劳森不赞成她的观点。[153] 这一分歧不是一次性的事件，而是在撒切尔夫人执政初期就开始酝酿，当时劳森第一次表示支持与欧洲大陆联合。[154]撒切尔和她的高级经济团队同意将进入欧洲汇率机制推迟"到时机成熟"，这是一个模棱两可的意向声明，也终将是一个症结。[155]到了1985年初，抛售英镑迫使汇率问题浮出水面。[156]战线划定了。那年9月下旬，一次旨在消除紧张局势的灾难性会议使撒切尔陷入孤立，她以往的支持者几乎都不反对豪和劳森在经济上获得更大影响力。[157]

撒切尔随后的战术显露了她作为一个政治战术家的自豪感和方法。劳森游说了所有参加定于11月13日举行的摊牌会议的大臣，然而，撒切尔却忽略了这一点。[158]劳森是撒切尔领导的最高管理层中最具经济素养的大臣，他可以有力地证明加入欧洲汇率机制的好处；而撒切尔，通常都会准备得很充分，她在本能和经济学考虑上都同等地拒绝欧洲汇率机制。[159]当这一时刻到来时，撒切尔却没有唤起她最精明的盟友来捍卫她的立场。[160]一如既往，撒切尔不肯屈尊采用建立联盟的战术，也没有一个富有凝聚力的计划来顾及她的最高管理层中发展起来的不同利益——这些利益到目前为止已经造成了多年的分裂。

11月13日的会议时间到了，像害羞的学童一样，密谋支持欧洲汇率机制的那群内阁成员从临近的唐宁街11号进入了会场。接下来便是与会者所称的"一次痛苦的、令人厌恶和不愉快的会议"，会上撒切尔拒绝改变她含糊不清的推迟"到时机成熟"的态度。[161]另一位与会者回忆道，撒切尔宁可辞去首相一职也不同意改变政策。[162]

接下来三年，一直就是这样。与以往一样，密谋者们无法在反对他们的领导者方面扩大声势，于是他们重新回到了唐宁街11号，考虑他们究竟该如何应对来自世界上最有权势女人的这种无休止的异议。[163]

渐渐地，奈杰尔·劳森和杰弗里·豪在为欧洲汇率机制争取支持方面取得了新的进展，从而损害了撒切尔的可信度。但最终，三位高级领导者陷入了僵局。没有人肯让步。于是工作关系恶化了，一名记者观察

撒切尔一直是保守党大会的标志性人物，1989 年在英格兰布莱克浦（Blackpool）召开的大会上，她在接受欢呼。最左边的是约翰·梅杰（John Major），他将在 1990 年 11 月接替她担任首相。
（JOHNNY EGGITT/AFP/GETTY IMAGES）

到，这一状况显示劳森与豪成了"痛苦的下属……是首相绝对无法满足的统治欲望的受害者"。[164] 豪以他讽刺性的轻描淡写天赋，在回忆录中写道，这位记者"十分令人不快地接近了真相"。[165]

尽管人们越来越不满意，但 1987 年撒切尔还是赢得了史无前例的第三个任期。保守党在议会中的多数席位虽然有所下降，但仍然相当牢固。奈杰尔·劳森向保守派支持者吹嘘道："没有一个英国政府被击败过，除非思想潮流与之相逆而行。"[166] 撒切尔和她的团队仍然在很大程度上控制着这股潮流，不过，她和她的团队想要表达的团结形象已经风光不再了。此时，在外交政策舞台，撒切尔是她的英雄温斯顿·丘吉尔就任以来最成功的首相。在她的任期内，英国巩固了自己作为欧洲大国和美国最亲密伙伴的地位。撒切尔通过与罗纳德·里根和苏联的米哈伊尔·戈尔巴乔夫的高度私人关系，在促成冷战结束方面产生了非凡的影响。然而，尽管撒切尔对外交政策充满了热情，但在国内她个人的不安全感却在分裂她的政府的腹心。

"刺杀"

到撒切尔夫人快垮台的时候，不论是她的支持者还是批评者，都认为她在过去的十年里取得了显著的成就。如今，在议会下院议事厅里，一尊她的铜像与另外三位重量级英国首相并肩而立：大卫·劳埃德·乔治（David Lloyd George）、温斯顿·丘吉尔和克莱门特·艾德礼。在任职期间，撒切尔重整了英国政治的基础，打破了工会的约束，将一系列产业私有化，使英国重新成为一个有影响力的全球参与者，并在国际政治格局中占有举足轻重的地位。在她那个时代，她成为世界上最知名的女人，担任着人类历史上最有权势的职位之一。但撒切尔主义并不是由掌舵的这位女士独自实现的。

到了 1990 年底，撒切尔最初的内阁成员里，只有杰弗里·豪一人在铁娘子周期性的重组、清洗和公开闹翻中幸存了下来。撒切尔总是对他那更为迟缓、温和与外交性的人格感到愤怒。1989 年，他也遭到洗牌，被赶去做了副首相和议会下院领袖，不过首相还是承认他对撒切尔主义是不可或缺的。

尽管撒切尔在国际上享有盛誉，她权力的触角也恣意伸展，但与几乎所有的领导者一样，只有当撒切尔的核心盟友公开支持她的立场，她才能够坚持下去。可一段时间以来，她一直在破坏这个核心，认为他们是竞争对手而不是合作伙伴。当她把豪换到副首相的职位上时，尽管给了他这个头衔，实则是把豪从以前的外交大臣（在此之前则是财政大臣）的位子上给降了下来。虽然她从来没有对豪这样说过，但这是有意为之，因为她觉得劳森和豪在加入欧洲汇率机制的问题上逼得她走投无路。[167] 她的内阁调整，常常反映出一种排挤老盟友的潜在努力，她认

玛格丽特·撒切尔于 1986 年 10 月在布莱克浦的保守党大会上发表讲话。从左到右依次是奈杰尔·劳森、杰弗里·豪、威廉·怀特洛（William Whitelaw）和诺曼·特比特。这四位议员以不同的方式构成了撒切尔主义叙事的一部分。（PHOTOGRAPH BY KEYSTONE/GETTY IMAGES）

为这些老盟友对自己的权威构成了挑战。

奈杰尔·劳森于 1989 年 10 月 26 日辞职，原因是在欧洲汇率机制的各种问题上陷入了僵局，以及撒切尔越来越依赖于她曾安排在唐宁街 10 号任职的一群核心顾问。撒切尔不把他当作掌握经济情况的人给予信任，而是试图将决策集中在唐宁街 10 号。正如劳森所说的那样："首相有权不受限制地解雇任何内阁大臣，无论他的级别有多高。……但一名首相让他人不可接受的行为……就是出于各种顾虑而不去解雇一名大臣，却在有步骤地削弱他的力量。"[168]

劳森的离职，使撒切尔的政治机器的内部破裂变成尖锐，而且公开的焦点。她对欧洲汇率机制的敌视态度演变成了对欧洲主义的更全面的反对，这一分歧随后在保守党内发酵了几十年，在英国人通过投票退出欧盟的 2016 年全民公决中表现得最为突出。豪，虽然不是中立的旁观者，还是抱怨"首相的整个语气中越来越多的民族主义的粗俗"，以及她在内阁中日益频繁的"发脾气"。[169]

也许比她的政策立场更关键的是她在民意调查中的处境。她的支持率创下了历史新低（当工党的支持率逼近50%时，她个人的民意测验支持率仅为20%），曾使她获胜的同样的信念政治，现在开始在政治上显得鲁莽了。[170]几乎为了证实豪对自己在内阁中的角色的日益怀疑，撒切尔斥责了豪，原因是计划中的立法案存在明显的错误，这是在1990年10月31日内阁会议上，也将是她对豪的最后一次斥责。事后看来，撒切尔在她的回忆录中写道，那天她对豪的抨击"或许太猛烈了"，其程度足以使豪辞职。[171]

五天后，豪对他的旧老板实施了政治上的致命打击。他扮演了布鲁图的角色，在议会下院拥挤的后排向议会发表了辞职演说。这是撒切尔在公众面前蒙受的最大尴尬。撒切尔在豪前面两排，背对着他，坐在那里仔细地倾听着她的前同僚、密友和"撒切尔主义的建筑大师"的讲话。[172]

豪站在保守党和工党等议会同僚面前，发表了一份他对自己个人辞职的原因的说法，其中包括一些讽刺他的旧老板的俏皮话。[173]有那么一会儿，整个议会都被豪的那些尖酸刻薄的玩笑弄得哄堂大笑起来。这是一个离奇的时刻，也是撒切尔近31年来在议会下院所培养的权力和礼仪的瓦解。她在豪的整个"行刺"过程中始终不动声色。

撒切尔似乎无法承认她是如何疏远了自己最亲密的盟友，或者无法理解这一不祥之兆。她的核心团队的纷纷离散，加上诸如人头税等糟糕的政策措施，使人们普遍认识到，该党和该国的这位领导者不愿改变其领导作风，却愿意攻击她最亲近的民选支持者，以维持她对权力的掌控。这种掌控已经在减弱了，而不管豪是否预料到自己的叛变行将产生的全部影响，他终究是把他的领导者给抛弃了。撒切尔虽形单影只，深受伤害，却仍在坚持以她的独特方式参与政治游戏，而其游戏规则曾由她如此深刻地改造过。

11 月 2 日，迈克尔·赫塞尔廷（Michael Heseltine）正式就党的领导权向撒切尔发起挑战。[174] 负责挑选他们的领袖的保守党普通议员，与撒切尔夫人没有直接交往已有一段时间。他们担心与这样一位招致分化的人物交往，会在下次选举中失去他们的席位。

撒切尔在第一轮投票中未能赢得足够的选票，而在议会中失去了很大权力，于 11 月 22 日退出了领袖竞选，在她余下的议会任期内重新成为后排议员。[175]

玛格丽特·撒切尔是一位具有无与伦比的信念的领导者，在她的掌管下，英国变成了一个不同的国家。豪和劳森这两个男人，不管出于什么目的和打算，结束了她的事业，但都认可她追求事业的独特力量和能力。然而，一个人的信念既需要少数人的坚定支持，也需要对多数人的争取。正如劳森所说："没有核心团队，玛格丽特是不可能做到这些的。是她的核心团队将她的坚强意志、勇气和信念——虽然其信念可能是任性和自相矛盾的——转化成为连贯一致的行动方针。"[176]

即使倒台后，撒切尔依然保持着她的骄傲感，甚至直到最后关头，她还能露出一定程度上心照不宣的微笑。1990 年 11 月 22 日，在议会下院的最后一次演讲中，撒切尔遭到工党议员丹尼斯·斯金纳（Dennis Skinner）的质问。当撒切尔回答，她是否会在卸任后继续反对欧洲央行时，斯金纳插话说："不，她将成为那个（银行的）行长！"[177]

全场顿时爆发出哄堂大笑声，直到下院议长（实际上是主持人）在半分钟后发出命令时，撒切尔才有机会继续发言。被赶下台的首相露出了微笑。礼貌恢复了，即使铁娘子的尊严不再完好无损，她还是以自己完好无损的独特声音反驳道："多么好的主意！"

这时，嘈杂的大笑声再次充满了整个议事厅。

权力的殿堂

> 领导者专注于权力，就像是一个网球运动员专注于打出对手无法回击的球一样。

——约翰·加德纳（John Gardner）

1984 年 10 月，玛格丽特·撒切尔一动不动地站在讲台上，任凭长时间的起立鼓掌之声涌向她。在声音之外，还有能够从内而外感受到的认可，这激发了信心。她很了解这种感觉，但在她第二个英国首相任期的中途，就很少会有人群这么欢迎她了。

这位资深的权力掮客刚刚在保守党的一次常规集会上发表过讲话，但在不到六小时前，一枚炸弹炸毁了布赖顿酒店（Brighton Hotel）的一侧，造成五人死亡，首相的私人浴室在她离开几分钟后也被炸坏。[178] 爱尔兰共和军声称对这次袭击负责，而首相便是袭击的目标。

袭击发生后不久，她就出现在讲台上，显然是在表现出蔑视。和往常一样，这位铁娘子拒绝了她的安全小组的建议，从正大门进入会议厅，她抓住了这个机会，让媒体捕捉到她——一个刚刚联合起来反对恐怖主义的国家的象征。这在同一时间成了政治舞台，强硬的领导力，和一个巩固她的权力的机会。

"权力掮客"一词，指的是一个掌管着影响力的人，就好像它是一种有形的商品，如一桶石油或一个独户住宅。但权力比我们通常承认的更加转瞬即逝。这位衣着保守的铁娘子不可能在手提包里装入 12 盎司的"权力罐"，就像特威德老板不可能把它放在背心口袋里随时取用一样。事实上，权力主要存在于人们对领导者的感知中，当人们相信领导者已经失去了权力时，他们很可能就已经失去了权力。

感知非常重要，因为权力很少只存在于个人身上。权力不是一种绝对的状态，而是利益相关者之间的安排。权力既是外界授予领导者的，又是领导者主动获取的。我们常把权力说成是领导者夺取和分配的东西，但更准确的说法是，权力存在于环绕着领导者的制度中，并反映出该制度对领导者的期望。

这就解释了为什么如此多的权力掮客尽管有显赫的职位和权威，却看似沮丧而无能为力。内心里，他们知道他们的权力是暂时的，是来自其他地方，无论是另一个政府部门、董事会、股东、选民还是某个粉丝群体。

尽管撒切尔和特威德在领导方式上存在明显的差异，但他们都是民主制度中的政治领导者，他们的领导故事也包含着相似的元素。为了获得权力，他们每个人都必须由选民和机构授权。撒切尔不得不说服芬奇利的公民投票支持她，但更大程度上，她不得不动用她的言辞赢得一场捍卫保守党和国家灵魂的意志之战。通过对特定意识形态的顽强坚持，她改变了党的路线，并给了英国人一个重新树立国家自豪感的机会。特威德的追随者们一部分来自基本的资助行为，另一部分则来自社会认同感——特威德的邻里，还有许多只投票给坦慕尼人的纽约穷人和移民。

如果你想在 19 世纪成为纽约最有权势的人，你就必须领导坦慕尼协会。如果你想统治英国，你必须成为它的某个主要政党的领袖。领导层充斥着这样的机构，这些机构的存在，部分就是为了提升领导者。领导者的权力来源于提升他们的制度，他们只有在服务于该制度并按其规则行事的情况下才能获得权力。他们可以变通规则，但这样做的风险需要他们自己承担。

当然，另一方面，追随者的选择受限于同样的机构所赋予他们的选项。当玛格丽特·撒切尔被选为保守党领袖时，她在党内并非特别受欢迎——在与泰德·希思竞争保守党领袖的第一轮投票中，她只是以 130 票对 119 票击败了他，希思在第二轮投票中主动退出。[179] 无论是赢了

11 张选票还是 100 张选票，她都将成为党的领袖。

一旦领导者被授予了权力，保持权力同样充满悬念。撒切尔在暗杀她的未遂行动几个小时后从前门进入会议厅的决定，似乎是一个勇敢的举动——这既是在保护她的权力，又是在展示她的权力。如果不保持住她一直向英国人推销的这种形象，她受赐的权力就有可能很快被剥夺。

一旦权力掮客掌握了权力，他们就会联合与他们一起实际做决策的群体。其中一些联合是易变的，因为撒切尔和特威德都不关心复杂的过程，两个人都喜欢个人接触。但还有一些联合是讲求实用的，因为两者都必须完成任务。特威德的"午餐俱乐部"和撒切尔的"早餐俱乐部"的定期会面虽然不得体，却是他们管控自身权力的方法当中更具操作性而更少象征性的一面。

撒切尔的全部浮沉都有赖于她最亲近的密友，例如豪和劳森。没有这些核心追随者的微妙影响和行动，撒切尔永远不会以历史上那种方式崛起。随着时间的推移，撒切尔的作风使这一群体日渐边缘化和沮丧。随着他们最终的背叛，她昔日的支持者成了针对她的刺客。撒切尔夫人在爱尔兰共和军的爆炸袭击中幸存了下来，但当她最亲近的支持者离她而去时，她就没有那么幸运了。

特威德的垮台是由于一系列突发事件，始于对奥兰治派骚乱的治理失败。从那时起到他最终被起诉，所有支持者——坦慕尼、他的午餐俱乐部、城市的精英们——都弃他而去了。尽管他失去民众的支持还需要更长的时间，但奥兰治派骚乱是一个转折点——在他掌权十年，并作为这个城市最有权势的人超过十年后，一切都在几个月内消失了。

我们盲目地附和"权力归于个人"这样的神话，部分原因是我们不得不这样做。公司董事会、选区和政府这类实体的存在理由，部分是决定谁将掌握权力，并且制定他们如何使用权力的规则。因为权力如此紧密地与特定的机构联系在一起，所以一个想要掌权的领导者至少可以据此制定自己的行动路线，尽管获得最高职位还另外需要大量运气和技能。领导者所面临的挑战是，在他们行使领导职能的同时，形势也在不断发生着变化，而赋予领导者权力的追随者和机构永远在寻找能做得更好的人。要想看清楚权力掮客的领导力，人们就必须把目光从领导者身上，转移到成就他们的追随者和机构身上。

第八章　改革者

> 人类的进步既不是自动的，也不是必然的。……向正义前
> 进的每一步，都需要牺牲、痛苦和斗争，需要具有献身精神的
> 个人不懈的努力和热诚的关心。
>
> ——马丁·路德·金博士（Dr. Martin Luther King Jr.），
>
> 《迈向自由：蒙哥马利的故事》
>
> （A Story Toward Freedom: The Montgomery Story）

  我至今记得夜空中的那片火光。几个小时前，下午 6 点 01 分，从美国孟菲斯（Memphis）一家出租公寓的浴室窗户里，一支高速来复枪射出一颗点 30—06 口径的子弹，越过了 207 英尺，击中了马丁·路德·金博士的脸部右侧，将他击倒在洛林汽车旅馆（Lorraine Motel）306 号房外的阳台地面上。1968 年 4 月 4 日，金在这座城市支持环卫工人罢工，被谋杀了。就像不到五年前美国总统约翰·F. 肯尼迪遇刺事件一样，凶手的身份——据称是一名被确认为逃犯詹姆斯·厄尔·雷（James Earl Ray）的单独行动的枪手——成了备受争议的话题。不过，人们后来才关注这。在那天晚上 11 点左右，华盛顿特区爆发了骚乱。

  从我们居住的弗吉尼亚州北部，波托马克河对岸，也可以看到火焰的反光。在暴力事件于 4 月 8 日平息之前，1 000 多座建筑物遭到严重破坏或完全毁坏，12 名市民死亡。城市的经济中心，首先是非洲裔美

国人社区，遭到了灾难性的破坏。华盛顿特区只是暗杀发生后爆发暴力事件的上百个城市之一。很少有领导者的丧生能引起如此之大的反响。

那时，我虽然还不到 14 岁，但我对金博士却有着非常多的了解。我母亲是在亚拉巴马州和田纳西州长大的，是个自由主义者，她本能地、发自内心地反对亚拉巴马州州长乔治·华莱士（George Wallace）这样的人物，所以金是我们家里经常讨论的话题。我记得 1963 年 8 月举行的"为工作和自由向华盛顿进军"，以及金博士在林肯纪念堂台阶上的热烈演讲《我有一个梦想》。但是，正如许多美国人，我的记忆往往集中在高潮的部分：游行、抗议、逮捕，以及被胶片捕捉到的社会和政治变革的痛苦过程。对于在新闻报道的表面现象背后起作用的复杂互动，我只有肤浅的理解，更不用说对其中的领导者了。

马丁·路德·金通过领导蒙哥马利（Montgomery）公共汽车抵制活动而登上全国舞台上时才 26 岁。他去世时只有 39 岁。然而，在其间的岁月里，在一场面对着巨大阻力的、非同寻常的改革运动中，他是最著名的领导者，而他身处的社会在经历了 350 年的不平等后早已对偏见习以为常。

与金博士同名的德意志僧侣、神学家马丁·路德（Martin Luther），曾发起宗教改革，比他早了 400 多年。路德是一个虔诚的信徒，他对自己所接受的宗教及其实践表现之间的矛盾满腹怀疑，并为此所苦。我们不太熟悉他，但他对历史的轨迹却有着更大的影响。两者都是自由选择了教会，并推动了超越宗教范围的改革。

改革者是一类独特的领导者。为了改变现状，他们往往必须同时充当变革需求的倡导者，变革规划的设计师，和执行变革的现场工程师。改革者不仅仅是试图推翻一个政权的革命者，或者试图掌控和驾驭政府这头怪兽的政治权力掮客，他们还要努力改变人们的行为，并且最终改变他们的信念。

我们之所以选择马丁·路德，是因为他的故事是西方和基督教历史的基础。我们中的许多人认同并敬拜路德运动所产生的教会。选择金时则更为顺理成章。马丁·路德·金博士是我年轻时代的关键人物，他是勇敢的领导力的缩影。就像罗伯特·E.李一样，我觉得我写的任何一本关于领导者的书都必须包括他，因为他是我在定义领导力当中的关键人物。

我们的两位改革者都被推上了大规模、错综复杂、波及整片大陆的运动的领导者位置。宗教改革运动和民权运动都涉及相互交叉的思想、利益和领导者等复杂的因素——那么，两个人是如何，又因何成为各自运动的**主要**领导者，并且具备了为数以百万计的人群代言的权威呢？

主要参考书目

- 林德尔·罗珀（Lyndal Roper），《马丁·路德：叛徒和先知》（*Martin Luther: Renegade and Prophet*），New York: Random House，2016。
- 泰勒·布兰奇（Taylor Branch），《分水岭：金时代的美国，1954—1963 年》（*Parting the Waters: America in the King Years, 1954—1963*），New York: Simon & Schuster，1988。
- 戴维·加罗（David Garrow），《背负十字架：马丁·路德·金博士和南方基督教领袖会议》（*Bearing the Cross: Martin Luther King, Jr., and the Southern Christian Leadership Conference*），New York: William Morrow，1986。

马丁·路德

当我在这里布道的时候，我努力让自己适应普通人的环境。我的目光没有落在博士和领主身上，因为在场的博士和领主还不足 40 个，而是落在了成百上千的年轻人和儿童的身上。我正是为了他们而布道，为他们而全力以赴，因为他们，也需要有所领悟。[1]

——马丁·路德，1537 年

火焰吞没了祭坛的两侧。底部的紫罗兰色布料开始扭动和皱缩。很快，在祭坛中央的主要装饰物，一个孤独矗立的十字架周围，橙色的火焰也舞动了起来。随着火焰的合围，十字架也变成了灰烬，紧接着火焰又窜到了木制的屋顶上。

地板上散落着五颜六色、上了漆的陶瓷碎片，越发映衬了形形色色的愤怒。这些神圣的碎片曾经是宗教造像的躯干和飘逸的衣装，袭击者在放火前砸碎了这些圣像。有些圣像仍然还矗立在那里，但大多数都四下散落在地上，像军队洗劫后遗留在那里的阵亡战士。圣母玛利亚破碎的雕像之所以作为主角躺在这场暴烈的大火中，是因为他们就是冲着她来的。

劫掠者以胜利的姿态站在教堂外面。他们所得的丰厚回馈——一只大箱子、许多钱币、一些高脚杯和一个大烛台——在火焰中闪闪发光。此刻，火焰正穿过教堂的缝隙蜿蜒地爬行着，不断地发出嘶嘶音和爆裂声。在他们看来，这是一项神圣的使命，是以激烈但必要的方式，催生出一场很快就要席卷基督教世界的运动。

1524 年 3 月，马勒巴赫（Mallerbach）的朝圣圣母堂被摧毁了，这是第一座在那场血腥战火中燃烧的教堂，其烈焰很快就席卷了中欧，后来称为德意志农民战争（1524—1525）。[2] 农民对领主阶级的经济剥削感到愤怒，路德的宗教教义则承诺解放被压迫者。于是，经济不满和神学不满之间产生了联系，这一联系引发了一场导致超过十万人死亡的冲突。

马丁·路德是德意志一个小城镇的僧侣，时年 40 岁，此刻他正在东边大约 80 英里处的自己家中，他的住所又大又空，以前曾是一座奥古斯丁派的修道院。和他在一起的是一群亲近的支持者，他们中的许多人来到维滕堡（Wittenberg）是为了寻求庇护的，还不知道马勒巴赫刚刚发生的暴力事件。消息是沿着简陋的道路（马车、马匹和行人只能徐徐行进），通过信件和闲言碎语传播的。因为路德被认为是教皇和神圣罗马帝国的敌人，他的运动基本上被限制在萨克森选侯国（萨克森地区的两个诸侯邦国之一）的一个小地理区域内，这里由选侯"智者弗里德里希"统治着。

但马丁·路德的其他影响力却难以被限制住。在过去的八年里，这位从僧侣演变来的改革者通过他的著作和公开行动，传达了一个越来越令人兴奋的、反对他眼中腐败的教皇和天主教会的信息。路德领导的宗教改革割断了多个世纪以来曾维系天主教欧洲的纽带。路德虽人不在马勒巴赫，但他的观念却点燃了那里的火焰，而且这些观念在近 500 年后还继续保持着活力。

尽管如此，这位令人望而生畏的领导者和高调的改革者也只是一个有着人类情感和弱点的人。他以阴暗和自居为先知的性情而著称。其中包括令人不安的、恶毒的反犹太主义情结，这种情结深深地植根于他的神学之中，甚至超越了当时的常态。[3] 然而，路德有时也是一个无忧无虑、快乐的人，一个能够对自己的宗教信仰开玩笑的人。在一本叫作《桌边谈话录》（*Table Talk*）的作品集中，认识他的人记录了他多年的餐桌谈话。其中一条记录说："当时路德的小狗恰好站在桌旁，从主人那里企盼着一点食物，它张开嘴，眼睛一动不动地望着，他（马丁·路德）说：'哦，要是我能像这只狗盯着肉那样祈祷就好了！'"[4]

然而，在德意志的其他地方，路德所传播的那些在当时具有高度煽动性的观念制造了一个动荡的环境。他把他的《九十五条论纲》张贴在维滕堡诸圣堂（这一著名壮举也可能是虚构的）五年后，追随者受到了路德说教的激励，开始焚毁各类圣物和圣像。隐居家中的路德，基本上无力阻止这种行为堕为暴力。

从现代视角来看，路德和他所生活的时代是很难被理解的。那是一个具有高度宗教性的时代，当时，基督徒除睡眠外的所有时间和实际关切——工作、婚姻、纳税、私人行为和宗教崇拜的稳定节奏——在很大程度上是由教会界定的。大多数人相信，尘世生活只是通往与天主永恒统一之路上的一个中转站。

在这样的背景下，路德的行为产生了巨大的影响，他的观念塑造了我们今天的生活和思维方式。可以说，是马丁·路德使得清教徒朝圣者在1620年登陆英国普利茅斯。而另一个颇有争议的说法是，路德和他的同时代人对宗教形象的激烈争论，导致了华盛顿纪念碑被建造成方尖碑，而不是骑马雕像。的确，美国的"公民共和主义"（civic republicanism）反映了宗教改革的关切，即对领导者和机构的偶像化可能导致暴政。[5]

具有讽刺意味的是，当马丁·路德敦促教会摆脱偶像时，路德的追随者却把他偶像化。最终，他们听从这个偶像超过了听从这个人。尽管路德拥有神明般的权威，但他所激励的德意志农民，包括那些在马勒巴赫烧毁圣母堂的农民，并不一定听从于他的指示。德意志农民战争是由成千上万颂扬路德和他的教义的农民实施的，但当维滕堡的这位前僧侣恳求他们放下武器时，他们却对其置之不理。

像许多领导者一样，路德的实际影响力并非来自战场上的英勇行为或外交技巧，而是来自他对笔的运用和他巧妙的措辞方式。路德经常远离战斗前线，在家里利用他的精神权威和名声发挥作用。为了理解路德对名声的渴望和对改革的热情，首先，我们需要认识他的革命精神。路德是一个自相矛盾、内心充满了冲突的人，这些性格始于他小的时候，那时他拒绝了父亲为一个受宠爱的孩子选择的道路。

从矿工之子到学者，到修道院，再到维滕堡

当马丁·路德还是个孩子的时候，很难预料到他最终能拥有如此显赫的宗教影响和历史地位。路德出生在艾斯莱本（Eisleben）的一位铜矿工人的家庭里，是这位工人和妻子所生的八个孩子之一，从小在曼斯费尔德（Mansfeld）这个尘土飞扬的矿区镇子里长大。路德父亲的梦想是让他的这位长子上大学学习法律，然后再回到家乡，以此来帮助路德家族在曼斯费尔德的社会结构中崛起。

路德不仅是曼斯费尔德的居民，还是萨克森人、德意志人和神圣罗马帝国的公民。在神圣罗马帝国里，天主教是官方宗教，也是主导信仰。这个帝国是从意大利中部的托斯卡纳延伸到德意志北部的荷尔斯泰因的各邦国和领地组成的联合体。最高的统治者是神圣罗马帝国皇帝，1519 年由查理五世接任。查理五世是由包括路德所在的地方统治者"智者弗里德里希"在内的多个选帝侯选举出来的。

1498 年，少年路德这位未来的律师到了他母亲的家乡爱森纳赫（Eisenach）上学。然后，在 1501 年，他进入爱尔福特大学，按章程算是德国最古老的大学 ①。路德到来时，学校里到处充满了争论的声音。争论的要点是个人道德和政权权力的问题。尤其是，如果一个人单凭信仰，或者说通过信仰和他在尘世的善行就能升上天堂，神学家们是不会同意的。这就提出了一些根本性的问题，即上帝的审判是如何进行的——上帝是否把人们的善行纳入考虑，或者与之相反，上帝是全然不可知，且"非理性"的。[6]

对于这些问题的讨论令教会和各政权当局警惕起来。他们的权威建立在这样一个信条上：他们已经弄清楚了一位理性的上帝对其子民的要

---

① 爱尔福特大学在 1379 年就由对立教皇克莱门特七世批准了成立章程，但因天主教大分裂，到 1392 年才正式建立，晚于 1386 年建校的海德堡大学。——编辑注

马丁·路德生平
中的关键地点
1483—1546

◨ 重要地点

N W E S

50 0 100英里
0 50千米

挪威

瑞典

丹麦

哥本哈根

北海

弗伦斯堡

波罗的海

汉堡

什切青

不来梅

易北河

维斯瓦河

海牙

阿姆斯特丹

汉诺威

柏林

波兹南

波兰

明斯特

威悉河

曼斯费尔德
(1484—1498)

维滕堡
(1511—1546)

莱茵河

莱比锡

布雷斯劳

奥得河

安特卫普

波恩

艾斯莱本
路德诞生之地
(1483)

马斯河

科布伦茨

瓦特堡
(1521—1522)

爱尔福特
(1501—1511)

布拉格

卢森堡

维尔茨堡

兰斯

沃尔姆斯
(1521)

神
罗
帝
圣
马
国

巴黎

塞纳河

梅斯

斯特拉斯堡

圣瑙河

维也纳

布拉迪斯拉发

奥尔良

慕尼黑

萨尔茨堡

匈牙利

法国

第戎

巴塞尔

因斯布鲁克

穆尔河

阿利埃河

阿
尔
卑
斯
山
脉

里昂

米兰

威尼斯

的里雅斯特

奥斯曼帝国

罗纳河

都灵

波河

威尼斯

亚
得
里
亚
海

马赛

热那亚

利古里亚海

佛罗伦萨

教皇国

那
不
勒
斯

地中海

台伯河

罗马
(1510)

注意：图中
所示边界反
映的是公元
1500年时的
情况。

由基尼·索普（Gene Thorp）绘制。

求是什么。如果没有了这个信条，他们担心许多人会忽视他们的指令，甚至会反抗他们的统治。[7]

后来，路德将打破由旨在调解这些问题的各机构所组成的传统等级制度，从而拒绝辩论双方的观点。但就此时而言，他与法律渐行渐远，走向了宗教，成为那些机构的忠实拥护者。正是与它们的亲密关系，对于他理解它们最明显的缺陷至关重要。

回家和离家的路线对路德来说有着特殊的意义。在去爱尔福特的路上，枯燥的学术材料在等待着他，他可能已经考虑过法律的召唤是否真的适合他。在回曼斯费尔德的路上，他不得不设法调和这种无精打采的感觉与满怀期待的父亲的夙愿。相比对他的兄弟姐妹，他父母更为重视对他的教育。他担心如果让父母失望，他们会有什么反应。

有一次，路德回曼斯费尔德的路上，用自己的剑刺伤了自己，切断了大腿的一条动脉。伤口肿胀起来，流血不止，路德祈祷道："噢，玛利亚，救命啊！"一位医生应召来照顾他，但在同一天晚上，伤口破裂了，这时路德再次向玛利亚祈祷来救他。因为伤口愈合了，路德开始相信是上帝介入了治疗。

第二个更为著名的事件发生在路德从曼斯费尔德返回爱尔福特时。在爱尔福特四英里之外，路德遭遇了一场暴风雨，其间，路德呼唤圣安妮保护他，并发誓，如果她肯施予援手，他就进入修道院修行。当时，人们普遍认为暴风雨是由魔鬼或女巫引起的，所以路德实际上是在祈祷自己免受恶灵的伤害。路德在暴风雨中幸存下来之后，他信守诺言：在1505 年 7 月 17 日，加入了爱尔福特的奥古斯丁派修会。[8]他逃离了法学的生活——但是，为此他不得不把自己的家庭和以前的生活统统地抛在了脑后。

居住在"黑色修道院"的奥古斯丁人严格遵守戒律，恪守服从、清贫和贞节的原则，并有着斗志昂扬的勤奋精神。[9] 在这里，路德面临着一种惩罚式的生活，以示对上帝的服从，包括使自己遭受肉体的折磨。例如，穿着粗羊毛制成的长袍，令其擦伤皮肤，并令他的伤口始终裂开而不能愈合。宗教仪式的要求也意味着剥夺睡眠——半夜醒来参加一个仪式，为新的黎明做第一个祈祷，即晨祷；然后，分别在早上六点、九点和中午参加三场类似的仪式；之后在整个下午和傍晚再参加另外三场仪式。

所有这些仪式的间隙，是每天数小时阅读和书写宗教材料，从而使得修道院陷入了一种神圣幻想的状态。路德以特别严格地坚持这一作息制度而著称，他选择这条道路除了出于深刻的信仰和对上帝审判的极度恐惧之外，没有其他原因。[10] 改革的观念远非他所能想到的，这位未来的偶像破坏者在他生命的头 29 年里，一直是一个不起眼的、名不见经传的墨守成规者。[11]

后来，路德发现自己的注意力集中在与 100 英里外维滕堡新建的一所大学的联系上，这也是少数获得准许的与修道院围墙外世界的联系之一。路德与维滕堡的接触是经由他的告解神父——约翰·冯·斯陶皮兹（Johann von Staupitz）实现的，这是一位在萨克森选侯"智者弗里德里希"的邦国宫廷具有强大影响力的神学家。自从路德进入修道院以来，斯陶皮兹就成了路德的第一位父亲般的长者，这段关系后来对路德很有帮助。[12]

斯陶皮兹认为路德是一个认真的年轻僧侣，但被恐惧缠身：他对上帝的爱并不够，上帝对他的最后审判迫在眉睫。对于一个献身于亲近上帝的人来说，这些都不是小事。

尽管这位门徒精神混乱，斯陶皮兹看到路德在充满惊恐的祈祷和自我否定的修道院体制之外，还有某种更强大的能力。与维滕堡大学的接触给了斯陶皮兹，并通过他给了路德一扇窗口，来了解关于公民和宗教信念意味着什么的辩论。很快，这种联系就成了路德解脱的途径。随着时间的推移，这将使他能够在宗教改革早期承担起关键的角色。

《九十五条论纲》和一场印刷革命

斯陶皮兹不得不说服路德去攻读博士学位。这位年轻的僧侣因为长期的神职人员生活而悲观厌世，他甚至相信自己可能活不到完成学业的那一天。可是他做到了，他在 1512 年完成了学业，并以足够的资格和声望成为维滕堡的全职教授。那时，路德身上仍穿着长袍，恪守着奥古斯丁派的誓言，住在大学建筑旁边新建的维滕堡"黑色修道院"里。

幸运的是，这所大学的一名创始教员于 1505 年离职，留下了他的印刷机，而熟练使用这项新技术已经在帮助人们确立声誉。[13] 人文主义学者德西德里厄斯·伊拉斯谟利用印刷机成了欧洲最早的著名知识分子之一。在 1514 至 1517 年期间，伊拉斯谟是欧洲出版作品最多的人，他编译的《希腊文新约》以及塞涅卡和圣哲罗姆的作品版本在市场上热卖，令伊拉斯谟的追随者遍布欧洲各地。印刷机很快也成了路德的有力工具，到了 1518 年，他已经取代伊拉斯谟成为欧洲最畅销的作家。事实上，正如历史学家马克·爱德华兹（Mark Edwards）所计算的，在 1518 至 1525 年间，路德的德语出版物超过了其他 17 位最多产作家的总和。[14] 这是他出版生涯的开始，他在此生涯里会将《圣经》翻译成德语，这一贡献影响了时至今日的语言。很明显，在 1517 到 1518 年，某种变化发生了。

1517 年 10 月 31 日究竟发生了什么，人们已经用很多笔墨探讨过了。人们至今普遍认为路德把他的《九十五条论纲》钉在了维滕堡诸圣

尤利乌斯·许布纳（Julius Hübner）于 1878 年绘制的《张贴路德的〈九十五条论纲〉》。路德死后的几个世纪里，张贴《九十五条论纲》已经成为西方文化想象中的一个根深蒂固的特征，尽管这件事有可能从未发生过。

堂的大门上。但学术上的共识是，即使路德确实张贴了这些论纲——这一事实我们可能永远也无法确定——它也远不是进入历史记忆的那种独特而戏剧性的事件。

不管是否被钉在大门上，这些论纲已在整个神圣罗马帝国传得沸沸扬扬，并激怒了梵蒂冈的神职人员。尽管维滕堡的版本没有保存到今天（只保留下来两份来自其他印刷商的海报），路德印刷了《九十五条论纲》的副本，并在大学及以外的地方分发。

这些论纲遵循了当时的学术论争风格，即以"论争主题"为基础。这样的论纲是一系列相关的主张，教授和学生会在论争的过程中仔细考虑论争的逻辑联系。[15]《九十五条论纲》具有这种典型的体例，而使这些论纲名声远扬的正是论纲的内容和布局谋篇的方式。

其中一张遗存的海报犯了一个明显的错误，将他的论纲按照 25 条为一组编了号；另一张海报上则只出现了"87"条论纲，其原因是印刷商在编号上犯了几个错。从这些错误以及《九十五条论纲》中各种其他不完善之处，可以明显看出，路德从未预料到这将成为影响整个大陆的宗教改革的基础性文件。[16]

实际上，路德的《九十五条论纲》是为学者和神职人员所准备的，这些论纲旨在抗议教会（归根结底是教皇）将教会活动针对平信徒加以制度化的方式。其中有十条是以"基督徒须知……"开始的。这里说到的"基督徒"，路德指的是普通人。另外八条是关于"平信徒的尖锐质疑"的，读起来就像是路德在改述他从维滕堡的会众那里收集到的常见抱怨，现在他正定期向他们布道。[17]他的声音和这些论纲，反映了许多人已经在思考的议题的动向。

最值得注意的是，《九十五条论纲》中包含了路德对教会最具争议性的做法之一的愤怒抗议：出售赎罪券。赎罪券是11世纪后的教会的一个特点，赎罪券最初是颁发给参加十字军东征作战的那些人的，它们是官方的证明，其目的是让拥有者从罪罚中得到正式的救赎。通过累积赎罪券，一个虔诚的天主教徒可以令他或她的灵魂——或是他们所爱者的灵魂——早出炼狱。

到了15世纪末，教会的收入模式已经转向出售这些赎罪券。梵蒂冈已经让出售赎罪券成为一项产业，他们试图通过出售赎罪券来给予资助的最新项目，是在罗马建造一座宏大的圣彼得大教堂。路德的一条论纲冷冰冰地以平信徒的口吻问道："教皇的财富超过今日最富有的人，他为何不用自己的钱，而是用贫穷信众的钱来建造这座圣彼得大教堂呢？"[18]

路德大胆地将他的论纲副本寄给了阿尔布雷希特·冯·勃兰登堡（Albrecht von Brandenburg）大主教，此人是坚持梵蒂冈赎罪券销售的主角之一，他正在利用这些交易帮助自己买来美因茨大主教的显赫职位。在附随的信中，路德毫不客气地写道："那些宵小（出售赎罪券的人）在普通民众中到处传播完全错谬的信念，我真的为误信的民众深感痛心。"[19] 在路德看来，出售赎罪券让人们远离了对上帝的真正信仰。

很快，《九十五条论纲》在纽伦堡、莱比锡和巴塞尔印行了。虽然这些论纲的原始版本是用拉丁语书写的，但历史记录表明它们也被翻译成了德语。[20] 到了 1518 年 3 月，路德发表了一份后续的小册子——《关于赎罪券与恩典的布道》，这份小册子是用德语而不是用拉丁语写的，写作风格很容易被普通读者所接受。在 1518 至 1520 年之间，这份小册子共印刷了 25 次。[21]

路德的名字随着出版狂潮而家喻户晓，他发表的观点在全德意志引起了共鸣。第一批印刷《九十五条论纲》者之一写到过一个名为"奥古斯丁派用餐者"（Augustinian diners）的俱乐部，"餐桌上的几乎全部谈话都是关于马丁的：他们颂扬他，崇拜他，捍卫他，准备为他忍受一切；他们背诵他的作品。……他们亲吻他的小册子。……他们热切地读着他的每一个字"。[22] 多年来几近默默无闻的路德，成功地变成了人们谈论的话题。

梵蒂冈听说了这个持有不同意见的年轻学者后，便立刻做出反击，但与路德这个维滕堡的僧侣不同的是，梵蒂冈的行政机制既繁琐又保守。1518 年 8 月 7 日，即在路德第一次发表论纲接近一年后，他收到了一张要他前往罗马的传票，令他因涉嫌异端邪说而接受讯问。梵蒂冈也附寄了他们自己的文章，标题十分不祥：《斥马丁·路德关于教皇权力的妄断》。尽管路德一直试图批判的乃是一种权力体系，而不是基督教世界由上帝钦定的领袖，但这场公然的冒犯显然引发了教皇利奥十世非常个人化的反应。

在维滕堡，当学生们发现他们的老师显然要受到教会当局的责罚时，他们联合起来，给他的破坏偶像运动赋予了一种更暴力的形式。他们被路德思想的活力点燃了，成了年轻的纵火者。路德渴望与焚烧天主教当局著作这样的挑衅行为保持距离，但他很快就被抓住了某种

"罪证"，因为他给一个支持者寄了一本烧黑的书，是一位亲梵蒂冈派作家写的为赎罪券辩护的书，他声称这本书是他本人从火焰中抢救出来的。[23]

点燃火焰："主兴起"通谕

1520 年 12 月 10 日，在张贴《九十五条论纲》这首个重大的神话性行动之后的第三个冬天，路德值得信赖的副手——菲利普·梅兰希顿（Philip Melanchthon）向维滕堡大学的师生贴出了一份邀请，请他们来参加"一场虔诚的宗教盛会，因为也许现在正是揭发反基督者的时候"。他呼吁"福音真理的热爱者们"在上午 9 点集合。[24]

具有象征意义的是，这一活动没有在大学内或大学附近举行，正式学术辩论通常是在那里举办的。与此不同的是，路德和他的同伴选择了圣十字教堂，一座靠近畜牧场的建筑，那里是用来屠宰牲畜，以及烧掉瘟疫受害者的衣服和接触过他们的医院布料的地方。那是一个充满血腥和灰烬的地方，在此处举行活动，是对这场盛会的性质进行的一次挑衅性宣示，这让人们开始相信其中一些支持者受到了恶魔力量的感染。

天亮后，人们堆起了一个柴堆，一群人聚集在路德和他的奥古斯丁派修会同伴周围，参与戏仿的圣礼。路德把他和他的同伴将要扔进火堆里的物品列了一张清单——他很快就会把这份记录毫不迟疑、理直气壮地送到"智者弗里德里希"的宫廷。到目前为止，弗里德里希都在保护维滕堡的大学，不过路德的这一挑衅，会使弗里德里希保护这些不守规矩的神学家的努力变得大为困难。

自发表《九十五条论纲》以来，路德花了很多时间阐述他对于改革教会的想法。仅在 1520 年，他就出版了 28 部作品。[25] 他最具深远意义的论断之一是，上帝的恩典只来自信仰，而不是来自人们的行为，因此无人能够恰当地履行上帝的旨意。这个被正式称为"因信称义"的思

小汉斯·霍尔拜因（Hans Holbein）的一幅木刻版画，创作于大约 1519 年。路德被描绘成一个德意志大力士，杀死了亚里士多德和阿奎那等人。最终，他的影响将远远不限于震荡学术界。

想是路德一生工作的核心，它与天主教会的以下教义针锋相对，即同时通过上帝的恩典以及人类的努力，有罪的人类可以"无罪"，或成为上帝眼中的正义之人。对于路德来说，拯救是一个免费的礼物，只有通过对基督的单纯信仰，上帝才会给罪人施以恩典。总之，路德的文章声称天主教会已经失去了福音，沦为精神上的枷锁。

当浓烟升入晚秋的清新空气中时，路德戏剧性地展示了一份教皇的通谕——或称为敕令——并用拉丁语宣告："因为你使上帝的圣洁受辱，所以唯愿永恒的火焰毁灭你。"[26] 通谕标题"Exsurge Domine"的意思是"主兴起"，通谕承载着教皇法律的最高权威，并以 41 项罪名谴责了路德的著述。通谕还威胁路德和他的保护者，路德如果不公开宣布放弃他的教义，60 天内就会被逐出教会。

当他把通谕投入火焰中时，浸了墨水的书页在高温的灼烤下卷皱了起来。如此一来，那个曾经自称埃莱夫塞留斯（Eleutherius，希腊语中意为"解放者"）的人，现在成了马丁·路德，一个刚刚对上帝的大祭司做出了终极亵渎的背教者。在维滕堡，学生们继续着路德所发起的盛会，点燃了新的火焰，还上演了一出讥讽教会的恶作剧。在帝国的许多地区，教皇的通谕受到了嘲笑和市民的反对。[27]除此之外，在印刷品的流通情况方面，天主教会根本无法与路德的作品相提并论。双方围绕利用这项新技术的竞争情况，得到了原始数字的再次确认：在1518至1530年期间，路德用德文出版的作品数量五倍于他的天主教对手。[28]

教会和帝国当局很快就决定，他们该当面见见这个人了，希望他会被这块大陆的真正领导者的威严所震撼，或吓倒，进而屈服。

路德的盛大旅程

1521年4月2日，路德知道他可能永远回不来了，但还是从维滕堡出发了。一年多来，他一直与"智者弗里德里希"的顾问乔治·斯帕拉廷（George Spalatin）沟通，表达了他对基督教世界正临近末日的坚定信念，他写道："我陷入了可怖的极度痛苦之中，因为我几乎毫不怀疑，教皇正是大众普遍认为的反基督者。"[29]这种对于自己的末日和世界的"末日"的意识，在他的头脑里汇成了一股源源不断的、预见性的宿命感。路德抑制着任何自我怀疑的念头，他现在有了义无反顾的紧迫感，可以作为一个对恐惧视而不见的神圣战士前进了。

路德离开维滕堡时，一种必胜的平静占据了他的心扉。他曾在前半生漫长而孤独地行走，现在则坐着一辆维滕堡的金匠为他提供的敞篷马车旅行。当他的学生、同事和支持者为他送别时，他是这座城市遭到错误谴责的英雄。为了不破坏帝国内部政治，特别是像弗里德里希这样有独立思想的诸侯们之间的微妙平衡，神圣罗马帝国皇帝查理五世亲自授予了路德安全通行证，路德马车的前部坐着一位佩戴帝国双头鹰标志的传令官，路德和几个最亲密的支持者乘坐这辆马车一起旅行。[30] 路德受到了教皇最严厉的谴责，现在又被认为是异端，尽管如此，他还是非常气派地穿越了德意志。

他的目的地是沃尔姆斯城，那里正在进行一场帝国会议，或者说是议会，皇帝和最高等级的诸侯们都出席了会议。弗里德里希和乔治·斯帕拉廷已经到场了，他们正在千方百计试图就臭名昭著的"路德问题"促成妥协。然而，路德并不在意达成任何妥协：他现在已经破釜沉舟了。

当路德行经德意志各地时，人们像欢迎前去从黑暗势力手中夺回教会的先知那样欢迎他。他很高兴获得了德意志出版作品最多、最著名的人以及头号逃犯的地位。成群结队的人们聚集在一个又一个城市的路边。在爱尔福特，60 名骑手和该城的大学校长骑马出城迎接路德，路德现在已是爱尔福特大学的最著名校友。[31]

途中，路德收到一封来自斯帕拉廷的急件，告诉他去那里最可能的结果是被定罪，他不应该进入沃尔姆斯城。但路德把他的旅程描绘成耶稣进入耶路撒冷，轻蔑地回答说："我们要进入沃尔姆斯城，即便那里是地狱和黑暗势力之门。"[32]

路德终于到达了沃尔姆斯城，由于他一路上的自我推销，旅行被大大地延迟了，只好冒着错过安全通行证的最后期限的风险了。虽然路德迟迟不至，而且城里到处都是教皇的盟友，但当他的车马驶近城郊时，城里的号角立刻吹响了起来。

现在护送路德的有 100 名骑手，路德能听到但看不到在大街两旁延伸开的 2 000 多人，他们出来的目的是看看这个人是否符合那个形象。他的肖像早已由在维滕堡和其他城市的印刷厂印刷的著名木刻版画流传开来，其中一些版画把路德描绘成了一个圣人。当路德走出马车时，一个僧侣伸手触摸了他的长袍下摆三次，这与《圣经》中耶稣荣进耶路撒冷时的场景惊人地相似。[33]

在沃尔姆斯城，路德两次面见了皇帝、诸侯和帝国的最显要贵族。第一次是在 4 月 17 日，路德走进了一个装饰着毛皮和华丽饰物的房间。查理五世身穿飘逸的袍服，独自一人坐在一个巨大的皇座上，一群满身珠光宝气的谋臣依坐在他旁边的低处台阶上。一位代表是这样描述这位刚进门的卑微僧侣的：

> 一个男人获准进入，他们说那就是马丁·路德。此人大约 40 岁，身材粗壮，面容粗糙，眼睛长得不怎么好看，一副不经意变得焦躁不安的神色。只见他身上穿着一条奥古斯丁派修会的长袍，腰间系着修会的皮带，他的僧侣式光头（僧侣头上的一圈秃顶）很大，新近才剪过，头发剪得很糟糕。[34]

路德被推搡到一张长凳边，长凳上放着一大堆他写的书，教皇的一位秘书① 厉声问他，这些书是不是他写的，他是否会放弃其中的内容。他回答说："对我而言，不经适当考虑就给予任何言说，将是轻率而危险的。"[35]

这是路德的一个聪明之举：帝国宫廷和教皇代表有效地阻止了他进行自我辩护。第二天，即 4 月 18 日，路德回来了。路德表现得大义凛然，接着说他不能放弃他的书的原因，解释说这样做可能会"增强……这个（教皇）暴政的力量……由此我便会打开导致不虔不敬的窗子，甚至是大门"。[36]他最后归纳道：

> 我因我所引用的《圣经》经文，已经屈服于我的良知，并束

---

① 指约翰·冯·埃克（Johann von Eck），时为特里尔大主教。——编辑注

缚于上帝的话语，因此我不能也不会放弃任何内容，因为违背良
心行事是危险且有害的。上帝保佑我！阿门。[37]

人们相信，路德还公然无视他面前的皇帝，竟说道"这是我的立场"，这将成为宗教改革中最著名的几个字。或许他从没说过这句著名的话。但即使路德说了这番话，那也不具有我们今天所理解的那种意思。

"这是我的立场"是他对《圣经》简朴真理的信仰的一种表达。路德相信他已体验过了上帝的话语，他是一个不可救药的罪人，只有上帝的仁慈，而不是当时的法律和机构，才能审判和拯救他。在现代人看来，"这是我的立场"意味着坚定的个人信念和一种强大而自由的良知。但路德的神学否认人是自由的：在他看来，上帝的所有子民都是受《圣经》约束的。[38]路德以有罪之躯等待着审判，然而审判者不是他面前这些珠光宝气、鲜衣美服的人，也不是他认为他所了解的上帝，而是他认为神秘莫测、行使着可怕的《旧约》权力的上帝。

路德的立场成为西方历史上一个意义深远的时刻，但这并不是出于人们可能会想到的那些原因。他的信条否认了关于人类的自我完善和世俗机构的公正的观念。"这是我的立场"是路德在上帝的绝对权力面前彻底认罪。这句话引人共鸣的是对被罚入地狱的恐惧，而不是对开明的自由和人类信念的表达。读过路德的神学之后，人们脑海中充斥的恐惧之潮同希望讯息一样多。[39]

路德宣示完这种对于信仰的激烈立场后，离开了帝国会议。斯帕拉廷回想起路德曾对他说过的话："如果他有一千个脑袋，他宁愿让人把它们都砍掉，也不愿放弃己见。"[40]

那天晚上，查理五世愤怒地拿起笔来，认定路德和他的同伙不仅应该被逐出教会，还应该被"铲除"。[41]然而，路德利用了萨克森选侯宫

廷对他的好感，并随身携带着安全通行证，毫发无损地离开了沃尔姆斯城。正式的《沃尔姆斯敕令》给他定下的罪名是"顽固不化的分裂教会者和公然的异端分子"，然而，这一敕令直到一个多月后会议结束时才发布。[42]

弗里德里希深知，如果把路德孤立无援地留在维滕堡，他就活不下去了。所以弗里德里希在爱森纳赫城外策划了一场绑架。路德在完成旅程返回维滕堡之前，正在爱森纳赫探亲。路德被带到弗里德里希的瓦特堡高墙之内后，他被迫装扮成骑士来隐藏自己的身份，对于一个成年后便整天穿僧侣长袍的男人来说，这是一个非同寻常的变化。

回到维滕堡

继沃尔姆斯城之行后，路德的个人形象驰名整个神圣罗马帝国。在宗教改革的过程中，路德的木刻版画被不断地翻刻，他由一个相对卑微的形象，演变为头顶鸽子、笼罩在耀眼光环下的路德，这使他经圣灵焕发而成为一个圣人。在另一幅木刻版画中，他被描绘成一个德意志大力士，向那些欺骗追随者误解上帝本质的人施行神圣的复仇。

在去沃尔姆斯城之前，路德曾针对宗教圣像问题说，"为了改良基督教的遗产"，可以使用合法的力量来驱逐迷信仪式，他甚至呼吁摧毁一些教堂。[43]但是，圣像问题既有神学意义，又有非常切实的意义：每个社群都不得不做出决定，他们是要埋掉他们的圣像，将其破坏，还是把它们留给那些仍然相信它们对于宗教实践至关重要的人。

1522年1月6日，在路德缺席的情况下，维滕堡的奥古斯丁派修会召开会议，根据他们所相信的改革派教义进行了改革（"改革派"概念变得极为模糊，许多拥有不同信条和效忠对象的不同团体都在使用）。会议不顾梵蒂冈数百年来的先例，决定任何想离开奥古斯丁派修会的人都可以离开。[44]

描绘路德的一幅木刻版画，由老卢卡
斯·克拉纳赫（Lucas Cranach）创作于
1520 年。
（INTERFOTO/ALAMY STOCK PHOTO）

另一幅描绘路德的木刻版画，以更为
夸张、如同圣人的形式模仿了克拉
纳赫工坊的原作，由汉斯·巴尔东
（Hans Baldung）创作于 1521 年。

　　僧侣式光头获准长回头发，身上的长袍被扔在了一边。僧侣们开始
出走了，部分原因是对于神职人员来说，社会氛围越来越尖刻，人们向
他们扔石头，他们的家遭到了袭击。四天后，那些留在维滕堡的僧侣们
决定，他们必须依循内在逻辑将改革派的结论贯彻到底。选择留下来的
僧侣们"在回廊中央的广场点上了火，然后闯进教堂，毁坏了木质祭
坛，把它们连同所有的绘画和雕像、十字架、旗帜、蜡烛、枝形吊灯等
一起扔进火堆里烧掉了，他们还砍下了基督、玛利亚和其他圣徒石像的
头，毁坏了教堂里所有的圣像"。[45]

　　改革堕入了暴力，被路德的狂热批评者抓住了把柄，其中不乏被收
买的吹鼓手，把路德描绘成一个精神错乱、被魔鬼附身的僧侣。其间，
天主教当局威胁要惩罚偶像破坏者。在整个帝国支离破碎地传播的新
闻，同花哨的宣传机器和政治阴谋混合，从而使路德的意图和行动更加

爱德华·舍恩（Eduard Schoen）创作的《路德，魔鬼的风笛》（*Teufels Dudelsck*），1535 年。

令人费解。

路德所掀起的改革，正面临暴力镇压的威胁。他在瓦特堡的隐居，令他对于事态发展充其量只能有扭曲的了解。因此，路德觉得他别无选择，只能从躲藏中回来，面对被逮捕甚至是即席判决的可能性，向这场运动逐渐灌输一定程度的节制。这场运动因为没有其最著名领导者的指导，似乎已经失去了控制。

路德于 1522 年 3 月 6 日回到了维滕堡，身上仍然穿着骑士的服装。[46] 起初，那些认出他的人可能会得出这么个结论：路德也认为，僧侣长袍和其他约束对于改革后的宗教信仰不再有意义。然而，他很快又换回了奥古斯丁派修会的服饰，这成为他试图重建秩序的象征。

在接下来的八天里，路德都在圣玛利亚教堂布道，五年半前，他正是在那里帮助点燃了宗教改革的火花。他把混乱归咎于对宗教改革持极端看法的先前支持者，并试图令维滕堡的宗教改革减速。[47]

路德和极端派之间出现的分歧，不利于这场从一开始就被指责为带有革命情绪，而不仅仅是改革情绪的运动。关于圣像的争论，以及改革者无力将他们的成果巩固为一个有凝聚力的运动，将成为路德和更广泛的宗教改革的最大负累。

统一与分歧

1523 年 4 月 4 日，在复活节前一周的星期六晚上，路德正在等待着从邻近邦国运来的鲱鱼。[48]

路德和一个商人莱昂哈德·科佩（Leonhard Koppe）安排这些鱼车运送已有一段时间了，科佩把装在桶里的鲱鱼运到奥古斯丁派修会，路德如今在那里与背景越来越多样的核心支持者们生活在一起。

路德的修道院需要那么多鲱鱼，本身并不令人怀疑。最后一批奥古斯丁派僧侣在 1523 年解除了他们的誓言，此后路德成了唯一住在维滕堡"黑色修道院"的僧侣。但从那时起，他开始把这个地方当作召集当地的宗教改革领导者的中心。其他到维滕堡来的人，仅仅是因为他们受到路德的宗教改革讯息的启发，并到此寻求庇护、同僚和食物。[49]

不过，那个四月的晚上，鲱鱼车里所载的并不是鱼，而是宗教难民。像僧侣和其他神职人员一样，修女们也在开始消化吸收路德的教义，重新考虑她们对誓言的承诺。她们知道了怎么去找路德，必要时通过秘密的手段。科佩和路德商量妥当，把希望离开修道院的修女们偷运出来，带到维滕堡，开始她们作为世俗女性的新生活。

对科佩来说，这是一件有很大风险的事：这种诱拐的刑责是死刑。路德的理由是，他仅仅是想给那些结束了修道院生活的修女们提供一个家。不过，这对邻近邦国的统治者构成了一个公然的挑战：这些修女是他们修道院领地的财产，而她们的工作就是祈祷当地统治者的灵魂可以升上天堂。

1523 年 4 月 4 日，一批"鲱鱼"从位于弗里德里希的相邻领地的

马丁·路德和他的妻子凯瑟琳·冯·博拉的肖像，由老卢卡斯·克拉纳赫创作于大约 1529 年。那时，路德的脸更丰满了，穿得像个德意志中产阶级平民。克拉纳赫工坊绘制了路德和他的妻子的多幅双人画像。

尼姆布森（Nimbschen）修道院运抵目的地。这批"鲱鱼"当中包括斯陶皮兹的妹妹玛格达伦（Magdalene），和一个名叫凯瑟琳·冯·博拉（Katharina von Bora）的女人。前修女们到来后，斯陶皮兹可能曾对路德圈子的策略感到愤怒。维滕堡的一名学生开玩笑地回忆道："几天前，一辆马车载着一车'童贞女'来到了这里，现在就是这么称呼她们。她们想嫁人的愿望就像想活着一样强烈。愿上帝赐予她们丈夫，好让她们未来不会陷入更大的欲望中！"[50]

　　路德开始把这些新来的女性移民嫁了出去。也许正是路德作为媒人的角色激发了他自己人格的变化。他从瓦特堡城堡回来时，曾穿回僧侣的衣服，但经过至少三年的犹豫不决之后，维滕堡的这位领导者终于脱下了他的僧衣。

然后，在凯瑟琳·冯·博拉秘密到来整整两年后，路德于 1525 年 6 月 13 日与她结了婚。这是对既有的教会价值观念的拒绝，在同一时间打破了一个修女和一个僧侣的贞操誓言。路德说，他与凯瑟琳结婚是存心要激怒魔鬼和教皇，但最终这成了一段充满爱和硕果的关系。[51]

德意志农民战争（1524—1525）

1524 年 3 月马勒巴赫的教堂被焚毁后，灰烬的气味和被破坏的圣像的光斑引发了一场由农民主导的战争。起义横扫德意志南部，蔓延至奥地利和阿尔萨斯、法兰克尼亚（Franconia）、图林根和弗里德里希统治的萨克森。几十年来一直在帝国各地酝酿的暴力，现在像墨水一样在吸墨纸上漫延开了。[52]

当路德从瓦特堡归来，并驱逐偶像破坏运动的领导者时，就已经表明了他倾向于站在世俗权威而不是平民百姓一边。在暴力背景下，农民战争现在迫使他深化了他对世俗法律规则的信念：细想一个基督徒有多大责任遵守该国的法律——抑或，每个个体是否应当像他在沃尔姆斯城时那样，遵循自己的良知。自从基督如《福音书》中所描述的洁净了圣殿后，这便成了一个激发基督徒思考的问题。

令路德十分懊恼的是，农民们是受到了路德关于解放和嘲笑当局的讯息的激励。他是改革的终极象征，他揭示了《圣经》的真理，从而使不同信徒个人有同等机会获得福音。在整个欧洲，一群群农民阅读了《农民十二条款》后团结了起来，它是由一位从事皮革贸易的农民和一位赞成路德教义的讲道士合著而成的。如今，他们的这部著作从欧洲的印刷机中喷涌而出，并传播到了许多识字的地方社群领袖手中。对于曾经主导过不受监管的印刷市场的路德来说，这构成了冲击，因为其他人现在也使用这个工具来取得同样的效果。

每个条款都包含着一个要求，例如废除农奴制，这项要求在《圣经》中找到了依据，这就为农民的主张赋予了权威。似乎是为了强调路德在这件事上扮演着关键角色，农民领导者们不久就要求路德裁定他们在《十二条款》中提出的要求。随着暴力浪潮席卷整个欧洲，路德再也不能拒绝给出自己的裁断了。[53]

路德最终印行了两篇文章，以便尽可能直截了当地跟那些自称以路德名义行事的起义农民划清界限。首先，在 1525 年 4 月，他写了一篇《和平训诫：对士瓦本〈农民十二条款〉的回应》。在文章里，他呼吁农民："无论你们多么正确，基督徒不应该诉诸法律或是战斗，而应该承受错误和忍耐邪恶；除此别无他法。"[54]

他的精神指引在很大程度上被无视了[55]，战争正在加剧，当年 5 月路德听说他童年时的家乡曼斯费尔德（从维滕堡顺路而下就是）到处是劫掠的农民[56]。这位反叛的神学家失去了控制能力。

于是，他再次拿起了笔。这一次，他写了一篇《反对杀人越货的农民暴徒》。他没有给读者留下任何空间来怀疑他对世俗权威的忠诚，和对农民的谴责：

> 让每一个明里暗里能打、能杀、能刺的人谨记，没有什么比造反者更恶毒、更害人、更像魔鬼了。这就像一个人必须杀死一只疯狗一样：如果你不攻击他，他就会攻击你还有你的整块土地。……刺、打、杀，任何人都会。[57]

当路德和妻子、顾问、房客以及宾客待在他维滕堡修道院的家中时，一场统一的反对教皇权威的泛欧洲宗教改革运动的前景被粉碎了。70 000 到 100 000 人在德意志农民战争的余波中被屠杀了，其中大多数死者是农民。路德似乎并不后悔他在平息叛乱中扮演的教士角色。一些年后，他在一次餐桌谈话中严肃地说："是我，马丁·路德，杀了起义的农民，因为是我命令他们接受被屠杀。"[58] 这是路德最耸人听闻的表现，但他那阴郁的话语中确实包含不少的事实。

从头建设

到了农民战争结束时，特别是跟随路德的决定站在世俗诸侯一边之后，宗教改革分裂成了一系列不同的宗教改革运动。传统上认为它分裂成了两类运动：一类是由路德和约翰·加尔文主导的威权式宗教改革，他们都大体相信贵族和其他世俗权威的重要性；另一类是激进式宗教改革，其领导者在宗教事务上拒绝世俗权威，并逐渐与路德唱起对台戏。[59] 一如既往，建立新的机构将被证明比最初拆除曾坚不可摧的教皇藩篱要复杂得多，也缓慢得多。

所以，当现在的路德更坚定地扎根于维滕堡一个正在成长的年轻家庭，他也用自己掌握的有限资源来重建新的宗教机构。为了做到这一点，他又回到了自己以往的准则，从事写作和教育——这两项活动曾是他前半生的主要工作内容，直到 1524 至 1525 年的血腥事件发生。

由于瘟疫频繁地在德意志蔓延，路德也强烈地意识到留给他的时间不多了。新成立的路德教会需要新的领导者来引导改革后的教徒。"路德宗"一开始是一个带有辱骂性的绰号，用来挖苦其领导者想要拥有教皇式的宗教领导地位。不过，这种侮辱性的称谓预见到了后来基督教的一个正式派别，这主要是由于路德和他的追随者们播下的种子。在某种程度上，路德福音派的成功是因为路德有教无类的教育观念。向包括妇女、女孩和农民在内的全民提供教育，这是他在身后留下的强大遗产。[60]

路德还希望建立一个新的、持久的宗教信仰体系，而为了用路德宗的价值观念教育年轻人，就需要国家的支持。路德认为，学校是为了"培养那些有能力在教会里施教，和治理俗世的人"。[61] 路德已学到的教训是，为了实现他的改革，需要建立一个由各种不同权威组成的联盟。

然而，由于路德的宗教改革依赖于与世俗机构的联盟，这也意味着他的改革成败取决于许多他基本无法控制的因素的稳定性。但是，世俗领袖所提供的稳定性并没有到来：农民战争的硝烟散尽后，又爆发了一场更有组织的、诸侯之间的战争。[62] 每一位诸侯都要表明自己到底支持还是反对改革教会——推而广之，就是到底支持还是反对路德。1546年战争爆发时，路德已经去世了，那些反对梵蒂冈和帝国统治的人们现在不仅被称为路德宗信徒，还被称为"抗议宗信徒"（Protestants，即新教徒）。[63]

德意志维滕堡城堡教堂，1547 年

1547 年年中，查理五世正低头凝视着路德的坟墓。他的部队占领维滕堡后不久，他就来到了那里。相传，他直接去了城堡教堂（即诸圣堂），他知道有一块简易的墓碑就安放在那里。[64]

他一定感到这场胜利有名无实。1521 年，这位反叛的僧侣从沃尔姆斯会议首次逃脱，此后 26 年，这个来自德意志穷乡僻壤的教义神学家一直是他的眼中钉。现在，就在路德死后一年多，查理必须投入相当多资源来击败由"抗议宗"诸侯组成的"施马尔卡尔登联盟"，而路德曾是这些诸侯的关键战略家、辩手和顾问。

鉴于查理的胜利者地位，他完全有那个权力对这个给他造成了如此大困境的异己、异端和逃犯施予适当的死后追加惩罚。十年后，英国的玛丽一世女王对抗议宗领袖的坟墓正是这么做的。[65] 他们的遗体被挖了出来，与抗议宗书籍一起给烧掉了。但在维滕堡城堡教堂里的这个墓旁，这位皇帝却忍耐住了，也许是为了表示庄严的敬意。不过，查理没有动路德的坟墓，更可能是因为他从关于圣像并招致分裂的争论中明

白，摧毁圣地可能会带来更具破坏性的后患。

滚滚浓烟从这座被征服的城市里升起，这里曾是宗教改革最著名的领导者的家园和大本营。宗教改革带来的满目疮痍，尤其是其高潮"三十年战争"（1618—1648），不能被归咎于任何个人。但是，路德在摧毁罗马教廷的最腐败实践方面的勇气和能量，毫无疑问超过了他完成重建一个与罗马天主教会和平共处的路德教会这项使命的决心。

查理让路德的坟墓完好无损的决定是在承认，即使皇帝的权威也不是绝对的。绝对的权威是帝国朝臣们喜欢呈现的神话，但路德以他的挑衅行为，如在沃尔姆斯会议上那样，极大地损害了帝国的荣光。把坟墓原封不动地留在那里，是路德永远也做不到的那种内敛而精明的政治决定，但这两个昔日的敌人都会同意的一点是，他们留在帝国历史上的形象，掩盖了他们的领导者生涯当中更混乱、更不确定的诸多现实。

马丁·路德·金博士

> ……它有赖于能够在日常生活中行动和奉献的人们的积极参与。为了实现如此根本性的变革，这场运动并不能仅仅依靠少数领导者。
>
> ——贝亚德·鲁斯廷（Bayard Rustin），摘自《给金博士的一封信》

1956 年 1 月 30 日（星期一）晚 9 点 45 分左右，德克斯特大道浸信会教堂（Dexter Avenue Baptist Church）牧师、"蒙哥马利改进协会"（Montgomery Improvement Association）新当选的主席马丁·路德·金站在门廊上，向聚在他家草坪上的人群发表讲话。一座有白色护墙板的单层房子，充当了金的临时新闻发布会的背景，房内有几个警察、新闻记者和朋友，以及金被吓坏了的妻子科雷塔（Coretta），和他们正在熟睡的七周大的女儿约兰达（Yolanda）。[66] 就在金身后，是四扇被一枚炸弹炸得粉碎的房子前窗。要么是一枚手榴弹，要么是半根雷管，30分钟前给扔了过来。与金共用临时讲台的高官，包括紧挨着金右侧的市长 W. A. 盖尔（W. A. Gayle），以及紧挨金的左侧、身穿亚拉巴马州国民警卫队制服的警察局长克莱德·塞勒斯（Clyde Sellers）。

就在这个晚上，盖尔市长坚持说："如果有必要，我会用尽最后一口气来找到歹徒并给其定罪。"塞勒斯局长指出："虽然我不同意你的信条，但我会在我的权限范围内尽我所能，保护你免受这样行为的侵犯。"但就在两天前，同样是这位市长坚持说他已经对蒙哥马利的公共汽车抵制者"忍无可忍"，塞勒斯局长手下的警察随即逮捕了金，因为他在限速每小时 25 英里的路段以 30 英里的时速开车。在门廊和街道之间的30 英尺范围内，紧紧地挤满了 300 名蒙哥马利的黑人市民，这些男男女女们自去年 12 月 5 日开始抵制运动以来一直在靠步行和拼车上班。

金站在犯罪现场——以及由他的家人、媒体、他的追随者和蒙哥马

1956 年 1 月 30 日 晚，马丁·路德·金博士站在门廊上。
（ALPHA HISTORICA/ ALAMY STOCK PHOTO）

利的白人领袖所代表的不同利益的中央——开始了发言。这位 27 岁的英俊小伙儿身穿显眼的双排扣棕褐色大衣、定做的西服、熨过的白衬衫和整齐的黑领带，他首先是告诉大家不要"惊慌失措"或"拿起武器"，因为"我希望你们爱你们的敌人"。在坚持一切都不要失控后，他提醒大家："不是我发起了这场抵制运动。是你们邀请我担任你们的发言人……即使我受到阻止，这场运动也不会停顿……我们所做的一切是正义的，上帝与我们同在。"这番发言之后，人群散开回家了，蒙哥马利黑人的抵制公共汽车运动又持续了 325 天。

并不是金发起了抵制公共汽车运动，发起者另有他人。但是环境推动他成为这场运动的领导者。这位年轻的牧师曾完全依赖于他身处其中的这场运动。然而，从这个晚上开始，这场运动的方向取决于他了。领导者，或者他所说的"发言人"的角色，要求他在一场即兴演讲中向持对立观点的利益相关者传达多种信息，而就在先前不久他尚在襁褓中的女儿熟睡的时候，他的家刚刚遭到了爆炸袭击。

任务相当艰巨。金不得不在平息人群的正当愤怒的同时，鼓励他们无惧法外暴力继续抵制公共汽车。他不得不面如铁石但又平和地站在那两个试图动用国家权力来反对他和他的运动的家伙中间，还要使他们相信，他不会被进一步的暴力威胁所吓倒。在某种程度上，他可能不得不更加顾及他被吓坏了的家人。随着民权运动把金推上了运动的领导者的位置，他将在他短暂生命中的最后 12 年里，考虑如何应对像今晚这样，甚至比今晚更加难以驾驭的危机。

1955—1957 年：给予人们某种归属

两个月前，1955 年 12 月 1 日下午，罗莎·帕克斯（Rosa Parks）下班后乘坐公共汽车回家。当公共汽车司机命令她把座位让给一个白人男性时，她拒绝了，她也因此而一举闻名。她因违反了蒙哥马利的种族隔离法律而立即遭到了逮捕。

蒙哥马利的黑人社区组织得非常出色，他们一直在计划采取某种行动来抗议在公共交通上的不公平待遇。与帕克斯女士不同的是，去年因违反蒙哥马利的公共汽车种族隔离法律而被捕的另外两名女性，未被视为借以发起一致行动的合适人选。但是帕克斯除了在一家当地百货公司做裁缝师外，还是一位受人尊敬的市民和美国全国有色人种协进会（NAACP）蒙哥马利分会的秘书。

罗莎·帕克斯一进监狱，便给母亲打了电话，母亲又给 E. D. 尼克松（E. D. Nixon）打了电话，尼克松是一位当地黑人领袖，他的身份之一是全国有色人种协进会的当地分会和州分会主席。[67]尼克松和当地一个显赫的白人家庭杜尔一家一道去警察局保释出了帕克斯女士。不久，她接受提议为此案抗争。

整个社区立刻行动起来。乔·安·罗宾逊（Jo Ann Robinson），妇女政治委员会的成员，召集了一些朋友前往附近的一所大学使用那里的油印机。一夜之间，他们印制了数千张传单，呼吁下周一抵制公共汽车。罗宾逊凌晨 3 点打电话给尼克松，把这个想法告诉了他，他同意了这个办法。到了凌晨 5 点，尼克松又给蒙哥马利的其他领袖分别打了电话，把抵制公共汽车的计划告诉了他们，并邀请他们当晚（12 月 2 日星期五）在德克斯特大道浸信会教堂开会，金是那里的牧师。那次会议召集了 50 名当地黑人领袖，大多数是牧师，并批准了周一的抵制计划。整个周末，他们通过媒体联络、传单以及他们的星期日讲坛活动，传播抵制的消息。[68]

星期一的抵制取得了令人惊讶的成功。[69]几乎没有黑人乘坐公共汽车，当帕克斯被定罪时，大约有 500 人出席审讯，尼克松给她交了保释金。帕克斯的律师没有接受 14 美元的罚款，而是向州上诉法院提起上诉。斗争开始了。[70]

那天下午，领袖们在罗伊·贝内特（Roy Bennett）牧师的锡安山非裔卫理圣公会锡安教堂（Mt. Zion AME Zion Church）会面，筹划当晚的群众集会。[71] 下午 3 点，18 个与会者退入贝内特的书房。尼克松和两位当地牧师建议成立一个新的组织，即"蒙哥马利改进协会"，简称 MIA，来监督抵制活动的进程和蒙哥马利黑人社区高涨的热情。下一步，贝内特要求推举担任主席的人选。鲁弗斯·刘易斯（Rufus Lewis）——当地一位著名的商人和德克斯特大道浸信会教堂的堂区居民，出人意料地提名了金。刘易斯的朋友附议了金的提名，当时没再提名其他候选人。贝内特问金是否愿意接受这个职责。令屋子里有些人惊讶的是，金接受了，他回答说："好吧，如果你认为我能出一份力，我会的。"[72]

26 岁的金，可能是房间里最年轻的人。他甚至并不是在蒙哥马利长大的——自从在当地教堂当上牧师以来，他只在这里住了大约 15 个月。他是亚特兰大一位杰出牧师的儿子，六个月前才从波士顿大学获得博士学位。在公共汽车抵制运动爆发的前三周，他刚拒绝了竞选美国全国有色人种协进会当地分会的主席，因为他希望把精力集中在他的教堂和他的新家庭上。[73]

为什么选择金来担任这个角色，并不清楚。他是一个很好的演讲者，有着坚实的人脉和不俗的家世。也许，在这个历史悠久、竞争激烈的黑人社区，他的初来乍到意味着他可以心无旁骛地实施领导工作。正如金的传记作者泰勒·布兰奇（Taylor Branch）所说，这可能是一个出于重重顾虑的选择，"那些老牌的牧师之所以让贤给金，仅仅是因为他们首先预料的是会面临指责和危险，而不是获得荣耀"。[74] 或者说，鲁弗斯·刘易斯在提名他青睐的候选人时，可能仅仅是比屋里其他 17 个人的话说得更早，语气更强。不管怎样，当晚金被选为蒙哥马利改进协会主席，他也接受了这个职位。这意味着他马上要在当天晚上召开的群众集会上发表主旨演讲，并负责监督这个组织，正如蒙哥马利改进协会创立会议的会议记录所示，该组织的任务是继续抗议"直到状况得到改善"。[75]

从周四帕克斯被捕，到周一产生了坚持抵制的关键决定，这四天里金在蒙哥马利黑人社区所做的事远远没有其他几十位领袖多。但特定的环境令他被选为蒙哥马利改进协会的主席，而这样的环境也改变了他的人生历程。

现在他的主要任务是，面对不可预见的未来和强大的敌人，维持住推动了这场新兴运动的前四天的能量——这种能量让人们在凌晨3点接听电话，整宿印刷传单，并且放弃公共汽车提供的便利。

1955年12月5日，星期一，霍尔特街浸信会教堂（Holt Street Baptist Church）在晚上7点群众大会开始前几个小时就挤满了人。在成为蒙哥马利改进协会主席不到四小时内，金就要担当当晚的主旨演讲人。[76] 这场爆满的群众集会标志着一个漫长而艰巨的运动的开始，该运动将在来年终结蒙哥马利公共汽车上的种族隔离，并为彻底结束美国种族隔离制度创造法律框架。

但在蒙哥马利改进协会成立的这第一个晚上，它提出的一系列要求较为温和。理事会决定，如果黑人在公共汽车上受到更礼貌的对待；如果座位安排改为先到先得，黑人从后面上车，白人从前面上车（在亚拉巴马州的其他城市已经有了这种安排）；如果公交公司雇用了黑人司机——抵制运动将告结束。[77] 从激动人心却谨小慎微的开端，到出人意料的胜利结局，并非一帆风顺——金是通过在一场展现为一系列危机和突发事件的运动中扮演重要角色，而成长为一个领导者。这场运动是围绕金而掀起的，而不是由金掀起的。

在蒙哥马利的382天里，金学会了如何领导一场运用群众行动战术的非暴力运动。金对非暴力的观念非常熟悉，他在实施领导伊始就提到了这一点："我想说的是，我们不是在这里提倡暴力。"[78] 他上任后在霍尔特街浸信会教堂的第一次演讲中对人群说："今晚我们手中唯一的武器是抗议。"但作为该运动的一种精神的非暴力，是在与蒙哥马利的白人权力结构的一系列对抗中脱颖而出的。正如在 2 月份来到蒙哥马利并长期担任组织者的波拉德·鲁斯丁（Bayard Rustin）的回忆：

> （金）在战术、战略或对非暴力的理解上，都没有做好准备。但值得称道的是，他通过斗争本身，以及在实施抗议的过程中的阅读和讨论，对非暴力产生了深刻的理解。[79]

他是在过程中知道了如何策划和维持一场复杂的运动，并开始建立一个在他领导民权运动的 12 年里给他支持、建议，偶尔与他发生争执并使他感到困惑的网络。例如，在十多年后金被刺杀时，蒙哥马利改进协会执行委员会主席拉尔夫·阿伯纳西（Ralph Abernathy）就在金的身旁。

与这些朋友同样重要的是，在抵制公共汽车的过程中，金也找到了推动他前进的个人使命感。在当选之前，金曾设想过一种作为牧师，并最终成为一名学者的生涯。但是在 1956 年 1 月 27 日这个星期五之夜，在因超速罚单被短暂监禁（这是金几十次入狱经历的第一次）后的第二天晚上，金接到了一个生命恐吓电话。金睡不着了，他到厨房给自己倒了一杯咖啡。他的生命受到威胁已不是第一次了，但在那一刻，金说他"已准备放弃了……我面前的咖啡一口没动，我试着想出一个办法，以便在不显得懦弱的情况下退出"。经过长时间的祈祷，并承认他先前的生活相对容易后，他开始认为自己有一个神圣的使命。他记得："一个内心的声音对我说：'马丁·路德，捍卫正义，捍卫公道吧。我将与你同在，即使到世界末日。'……我听到耶稣的声音在说，继续斗争。"金的传记作者戴维·加罗（David Garrow）称这是"他一生中最重要的一个夜晚，在未来的岁月里每当压力再次大到难以承受时，他总是会回想起这个夜晚"。[80]

这种信念是必不可少的。虽然如果没有民权运动，金永远不会成为领导者，但民权运动本身又需要一个领导者来承担特定的角色。在蒙哥马利，金开始理解其中一些角色意味着什么。其一，他需要成为这场运动的一名"统合者"（unifier）——有时这意味着在幕后悄无人知地解决争端，其他时候意味着要提出一些没人会公开反对的立场。其二，他必须对实际领导一个组织的方法加以深思熟虑。在抵制运动的过程中，蒙哥马利改进协会从一个临时协调机构，演变成一个拥有预算和专职人员的实体，这就需要筹资和监督了。

其三，他必须充当发言人。对于这项任务，他天赋异禀，并终生都在为此准备。在他的牧师同仁中，反复布道至深夜是司空见惯的事，就像音乐家在俱乐部的里屋所做的那样。除了接受牧师在表演方面的文化遗产外，金还在攻读神学学位的同时，至少修了九门"讲坛演讲术"课程，以磨炼他的演讲能力。[81]随着蒙哥马利的运动在全国范围内引起关注，与此相关的是，这位南方传教士完全是在北方接受的研究生教育：先是在费城外的克罗泽神学院（Crozer Theological Seminary），然后在波士顿大学。金是该运动的指定发言人，必须向全国不同的听众传达运动的内在理念。

其四，他是运动的一个象征。在抵制公共汽车的过程中，许多蒙哥马利黑人被捕了。但没有人比金受到更多的关注。金和他的团体都干了什么，以及他的时间和精力倾注在哪里，都向蒙哥马利的运动、运动的敌人，乃至整个国家传递出特殊的信息。

最后，他必须与每个人维系关系，尤其是与那些他反对的人。尽管金强烈反对他们的观点，但作为蒙哥马利改进协会主席，他还是要与蒙哥马利的市政官员面对面谈判。

到了 1956 年底，作为一个统合者、组织负责人、发言人、象征和首席谈判代表，金在公共汽车抵制运动中发挥了作用，抵制也使得民权运动获得了最广为人知的胜利。在地方层面，他帮助维持了这样一个状况：蒙哥马利的黑人在争取自身权利方面，比种族隔离主义者维护现状更为踊跃。贴近看，运动的内容更多是大约 382 天在寒风中行走或凌晨 3 点打电话，而不仅是任何一次特定的演讲。但是，新闻报道，就像运动一样，当其所有的复杂性和斗争都可以聚焦于引发共鸣的个人形象时，效果才最佳。罗莎·帕克斯激发了这场斗争，但当蒙哥马利的故事传到了全国公众面前时，金才是在最前线，或者更恰当地说，在最中央。

远在纽约市，亚拉巴马州蒙哥马利市的公共汽车取消了种族隔离的消息，成了头版新闻。1956 年 12 月 22 日，《纽约时报》的一篇文章在开篇就首肯了这场运动："蒙哥马利的黑人，在长达一年的抵制运动中大获全胜，结束了公共交通中的种族隔离，今天同等数量的黑人又静静地回到了该市已取消种族隔离的公共汽车上。……"尽管金在抵制运动之前从未在蒙哥马利使用过公共交通工具，但《纽约时报》文章的唯一配图，却是他乘坐一辆已取消种族隔离的公共汽车的照片。这个新闻报道把金提升成了抵制运动的最重要成员："在金博士领导下，黑人几乎 100% 坚持了他们的运动。……"[82]

坚定的民权活动家同样看到了金的领导力当中某些可圈可点的东西。曾在蒙哥马利帮助过金的全国性组织者——巴亚德·鲁斯廷（Bayard Rustin），自 1941 年以来一直参与民权运动。他和另外两位长期活跃的活动家，斯坦利·列维森（Stanley Levison）和埃拉·贝克（Ella Baker）"开始讨论……有必要发展一支将在某种程度上与全国有色人种协进会并立的力量"。[83] 虽说全国有色人种协进会组织得井井有条，但它主要是通过诉讼来寻求变革。此外尽管全国有色人种协进会也曾卓有成效，但在 1956 年它对将群众性行动作为主要战略几乎没有兴趣。法院的禁令还导致了几个南方州的全国有色人种协进会停止运作。对于像鲁斯廷这样的活动家来说，他们的一致愿望是依托蒙哥马利改进协会和金的领导力，同时也创建一个基于非暴力的群众性行动的组织。

1956 年 12 月 23 日，在金乘坐蒙哥马利第一辆取消种族隔离的公共汽车的两天后，鲁斯廷在给金的一封信中最好地概括了依托蒙哥马利的成功的必要性。鲁斯廷认为，"蒙哥马利有三个特点，这在其他运动或努力中是找不到的"。第一，它"给予人们某种归属，这些归属具有如'一分钟人'民兵（Minute Men）、'自由之子'（Sons of Liberty）协会和其他组织形式那样鼓舞人心的力量，这些都是美国早期根本变革时代的产物"。第二，蒙哥马利运动凭借其卓越的效能赢得了白人的尊敬。第三，它曾"依赖于坚持日常行动和奉献者的积极参与。这场运动并不是完全依靠少数领导者来实施如此根本性的变革"。[84]

在同一封信中，鲁斯廷建议召开一次区域性的领袖会议。于是，在 1957 年 1 月 7 日，金和其他领袖便呼吁召开一次"南方黑人领袖关于交通和非暴力融合的会议"（Southern Negro Leaders Conference on Transportation and Nonviolent Integration）。[85] 该会议召集了 29 个不同社区的 60 名领袖，都是来自金的父亲在亚特兰大的教堂周边。在这一年中，又开过几次后续会议，这支队伍在逐渐壮大，把金推选为主席，并将会议更名为"南方基督教领袖会议"（SCLC）。它的使命是利用非暴力的群众性行动来结束南方的种族歧视。简单地说，南方基督教领袖会议的目标是将蒙哥马利改进协会在本地取得的成功推广到区域范围。

1958—1962 年："你站在哪一边？"

金和南方基督教领袖会议被推到了一场正在进行的运动中央。

金迅速且出人意料地变得举国皆知，而南方基督教领袖会议则是一个为已经产生了势头的地方性努力提供支持的区域性组织。由于南方基督教领袖会议关注的是群众性行动，所以该组织大多是接洽那些正在积极应对危机的社区。金的名望与南方基督教领袖会议的战略相结合，导致了民权运动中的种种分歧注定成为南方基督教领袖会议，特别是金要解决的问题。

这场运动要想倒逼变革，最佳方式究竟是法律诉讼，还是群众性行动？领导力究竟是依赖于某些个人，还是群众的力量？在巩固地方性成果与进一步争取全国性胜利之间发生不可避免的冲突时，运动应该如何推进？当局势到达一个一触即发的时刻，应当暂停运动相互协商，还是趁热打铁？

1960 年 10 月 25 日，马丁·路德·金拒绝了保释之后被带到佐治亚州的迪凯特（Decatur）。
（BELTMANN/CONTRIBUTOR）

这些问题让民权领袖们彻夜难眠，他们都反对简单的答案。尽管金在蒙哥马利运动之后成了该运动最著名的发言人，但他也要致力于这项吃力不讨好的工作，试图针对上述每一个难以解决的问题达成共识。在接下来的 12 年里，金发现自己始终为如何定位民权运动而纠结不已。

他从未就上述任何问题得出最终答案。虽然金是因为领导非暴力群众运动而为后世铭记，但有时为了有利于谈判，他也会推迟抗议。在其他情况下，他又会不顾更加保守的顾问的建议，在其他人希望谈判时呼吁群众性行动。对金来说，回答这些问题的纠结是如此高度个人化，以至于他在 1958 到 1962 年期间的领导动态，可以通过审视他关于是否让自己入狱的决定来加以解释。对于民权运动中期待金来领导的人而言，他对"我应该进监狱吗？"的回答所传递的信息，比任何演讲所能传递的都要有力。他始终做不到让每个人都满意。

1960 年 10 月 19 日（星期三）上午，马丁·路德·金坐在亚特兰大市中心里奇百货公司二楼廊桥上的一个快餐柜台前。他对前来跟踪当天事件的记者说，尽管他受到了关注，但"我不是领导者。这是学生策划、学生发起并由学生维系的"。金很快就因非法入侵而被捕。那天上午，另外 51 名抗议者，大多是年轻的大学生，在亚特兰大各百货公司的不同快餐柜台因类似的静坐示威而被捕——这是由一个新成立的、学生运转的民权组织策划的群众性行动。

当天在亚特兰大市法院提审时，金对法官詹姆斯·韦伯说：

> 我觉得去里奇寻求服务并没有做错什么。我们平静地、非暴力地并且带着深沉的爱的精神去了。如果我们生活在极权制度下，比如盖世太保手下，去那里就错了。生活在民主国家的荣耀之一是，公民有权为争取他们认为正确的事而抗议。

按照由这个静坐示威运动的学生领导层制定的策略，金也拒绝了保释，他说："如有必要，我愿坐牢十年，也不愿交 500 美元保释金"。他对记者说："坐牢'是一种让这个问题接受社会良心监督的方式'。宁肯坐牢，也不保释……'源于非暴力的整体理念，即你必须接受苦难'。"在金被捕之前，他说学生们的确曾"要求我参与，而我也觉得我有一种道义责任"。[86]

金以直截了当的道义立场来解释他的决定，这掩饰了他选择坐牢实际上多么令人担忧。这个月的早些时候，一位老朋友步出亚特兰大机场，恰好从金的身边经过。他看见金坐在候机楼里，"有六个学生围着他。金双手抱着头，几乎要哭了出来"。[87]年轻的激进分子正向金施压，要求他加入亚特兰大的静坐示威，但他并不确定应该如何是好。

1960 年 2 月初，金把家搬回了亚特兰大，在他父亲教区的埃比尼泽（Ebenezer）浸信会教堂担任助理牧师。搬家使金能够专注于南方基督教领袖会议的事宜，该会议的总部就在那里。在过去的三年里，尽管他名义上是蒙哥马利德克斯特大道浸信会教堂的牧师，但事实上在那段时间，他只有不到半数星期天在那里布道。作为南方基督教领袖会议主席，他每天都有几场演讲活动，尤其在 1957 年 2 月登上《时代》杂志的封面后，他就一直在不停地旅行——这是疯狂生活节奏的起点，这种生活自此不曾减速，直到 1968 年才以血腥的方式戛然而止。

金为他是否该在亚特兰大坐牢而苦恼不已，这反映了三股在名义上都追求种族公正的力量，在如何争夺他的道德信念。学生民权积极分子、亚特兰大的黑人当权派，以及未来的美国总统，都对金有不同的企盼。

当时，埃拉·贝克尔（Ella Baker）担任南方基督教领袖会议临时执行董事。[88]在金搬到亚特兰大几个月后，她在北卡罗来纳州的罗利

（Raleigh）召集了一次会议，以巩固黑人大学生在全国各地领导的数百起静坐示威的成果。其结果是成立了学生非暴力协调委员会（SNCC）。1960 年 10 月，正是学生非暴力协调委员会的领袖希望金加入亚特兰大的一系列静坐示威，然后和他们一起进监狱。

学生非暴力协调委员会之所以寻求金的参与，是因为他是亚特兰大之子，而主要的抗议活动将在里奇百货公司举行，这是亚特兰大的一个商业机构，也是亚特兰大的著名黑人花费大量金钱的地方。[89] 当他们联系到金时，学生非暴力协调委员会的静坐示威正面临失败。如果金坚信非暴力的群众性行动是实现公正的关键，那么这就是他实践自己所宣扬的观点的特殊机会。而围绕他可能遭遇的被捕的宣传，肯定会给学生们争取取消种族隔离的斗争带来一股急需的活力。

另一方面，亚特兰大更保守的黑人领袖，包括金的父亲，认为可以在没有抗议的情况下取得进步。他们认为群众性行动虽然看似壮观，却适得其反：抗议虽然能成为头条新闻，却复杂化了亚特兰大的上层黑人与白人权力结构之间的关系，减缓了取消种族隔离的进程。

而且此时离总统选举只有不到一个月的时间，金需要争取实现和约翰·F. 肯尼迪的第二次会面。[90] 会面地点定在迈阿密，不过，会面只有在不受抗议活动干扰的情况下才能举行。与来自梅森-狄克逊线（Mason-Dixon line）① 以南的一位总统候选人会谈，对所有美国黑人来说将是一个象征性的胜利，而经由与肯尼迪建立关系，金能够帮助将传统上倾向种族隔离主义的民主党推向民权事业。即使无法通过一次会面取得如此大的胜利，金开始进入权力空间也十分重要，因为传统上只有像全国有色人种协进会这样更保守的民权组织的领导者才能占据那里。在

---

① 美国宾夕法尼亚州和马里兰州的分界线，在南北战争前被认为是自由州和蓄奴州的分界线。——编辑注

某些时候，总统需要明白，非暴力的群众性行动不仅仅是一种麻烦，还是一种带来变革的可信赖的战略。

最后，有一个实际的问题，使得金被拘押在监狱里的时间不能过长。南方基督教领袖会议资金短缺，而金计划在克利夫兰发表的演讲有望为他不断扩大的团队挣得 7 000 美元。[91] 如果他在监狱里待的时间太长，可能会使这个组织破产。

1960 年 10 月 19 日，当金坐在里奇百货公司二楼的廊桥上请求服务时，他选择坐牢是出于一种权衡。学生非暴力协调委员会的学生积极分子受到了金的英雄行为的鼓舞，亚特兰大的静坐示威运动也引起了某种全国性关注。但金似乎失去了与肯尼迪会面的机遇。亚特兰大的黑人精英们对他感到不安，而鉴于他们同市长和其他有权势的白人之间的关系，他们原本很容易绕过学生积极分子的领袖，开始相互协商。

然而，正如民权运动中经常发生的那样，白人当局的越权行为改变了每个人的考量。亚特兰大市长已经安排释放所有示威者，但迪卡尔布县（De Kalb County）的一名法官却判决继续拘留金，理由是金因轻微交通肇事违反了假释条例。该法官判处金在佐治亚州的一所监狱里服四个月的强制劳役。

法官拒绝给予金取保候审，鉴于最初的指控只是一种轻罪，法官的这一行为令人震惊。作为回应，肯尼迪出面干预，一周后金获得释放。这一支持表现，激发了金的父亲以及其他许多传统上投票支持共和党的佐治亚州黑人宣布全力支持肯尼迪。金开始抗议后不到一年，亚特兰大的午餐柜台取消了种族隔离。我们无从得知，金的立场是发挥了关键作用，还是仅仅给一个步履蹒跚的运动注入了一点点活力。金的决定最终有了成效，但这一结果多大程度上源自他最初行为的道德准则，却很难看得分明。

1961 年 5 月 4 日，六名白人和七名黑人乘坐几辆从华盛顿特区开出的公共汽车出发了，这次行程预定将穿越南方腹地抵达新奥尔良，历时 17 天。在"种族平等大会"（CORE）的组织下，所谓的"自由乘车者"（freedom riders）将使用非暴力手段来检验"博因顿诉弗吉尼亚案"（Boynton v. Virginia）的落实情况，根据 1960 年 12 月最高法院的这项裁决，各州际公共汽车终点站的种族隔离是非法的。该小组成员包括阿尔伯特·毕格罗（Albert Bigelow），一位 53 岁、由哈佛大学培养的白人建筑师；和约翰·刘易斯（John Lewis），一位来自田纳西州、身材矮小的 21 岁黑人，他曾在前一个夏天领导学生静坐示威。[92]

在每一个公共汽车站，一个黑人"检验员"会进入公共汽车终点站的种族隔离区域寻求服务，而其他人则排队等候。根据检验员的遭遇，小组的其他成员将选择加入、帮助，或重新规划并确定一个行动方案。南卡罗来纳州的洛克山（Rock Hill）是学生静坐示威的一个著名地点，因此约翰·刘易斯自愿要求担任检验员。当两名白人青年阻止他进入实行种族隔离的候车室时，刘易斯说出了准备已久的台词："根据最高法院对博因顿案的判决，我有权进入这里。"他迎面挨了一拳，接着更多的白人青年也加入了进来。排在第二位的阿尔伯特·毕格罗上前挡在刘易斯血淋淋的身体前，一动不动，任由自己被打。[93]

情况变得更糟了。该小组乘坐的其中一辆"灰狗"公共汽车在亚拉巴马州的安尼斯顿（Anniston）和伯明翰（Birmingham）之间的高速公路上遭到了燃烧弹的袭击；在两个城市的终点站，几个自由乘车者都遭到了白人暴徒的殴打。由于暴力事件，该小组开始引起全国性关注，紧接着有更多的自由乘车者也加入了其中。[94]

5 月 20 日，星期六，21 名积极分子乘坐了从伯明翰开往蒙哥马利的公共汽车。当他们到达公共汽车终点站时，有 1 000 名暴徒袭击了自由乘车者。暴力行为肆虐了两个多小时，有 20 人受了伤。一个年轻

的黑人旁观者被浇上煤油并点上了火。美国司法部长罗伯特·肯尼迪
（Robert Kennedy）的一名白人助理因试图帮助一名年轻的女性自由乘
车者逃离这场混战，后脑遭到击打。[95]那天晚上，当局派了400名执
法人员来维持治安。

第二天，金乘飞机到了蒙哥马利。他的出现为自由乘车运动赋予了
声望，使它引起了更多的全国性关注，保证了联邦政府中有影响力的领
导者会亲自上阵处理这次危机。由于金去了蒙哥马利，有更多的美国人
将会看到那里明目张胆的不公正现象。

不过，金的出现也加剧了当地的紧张局势。金抵达蒙哥马利的第一
个晚上，就在阿伯纳西的教堂监看了一场群众集会，要不是一支国民
警卫队介入，这场集会差点被一群白人暴徒所冲垮。[96]亚拉巴马州州
长将这起暴力事件归咎于金："他们因为把金带到蒙哥马利，招致了暴
乱。"州长将金称为"对城市的威胁"。[97]

自由乘车者和其他民权领袖们在蒙哥马利等待着，反复考虑如何才
能继续乘车前往密西西比州及更远的地方。其中约有20人，包括金，
待在理查德·哈里斯（Richard Harris）的家里。哈里斯是一位当地的药
剂师，住址在金以前位于杰克逊南街的家的街对面。在哈里斯家的两天
期间，自由乘车者试图说服金也加入他们。"你站在哪一边？"他们问
道。[98]该小组的一位领导者黛安·纳什（Diane Nash）认为，他可以
"树立一个领导者的模范，从而在任何地方都有望提高非暴力的承诺的
标准"。

詹姆斯·贝弗里（James Bevel）在自由乘车者出发前曾帮助组织
过活动，并计划在从蒙哥马利到密西西比的旅程中加入他们，他记得
自己曾主张："金最好是通过教会和学生的支持，动员和激励人们加
入自由乘车运动。我们其余的人可以去加入，并在监狱里确立各种准
则。"[99]那天不在哈里斯家里的其他民权领袖，如全国有色人种协进会

的罗伊·威尔金斯（Roy Wilkins），也赞成自由乘车者正在"进行一场旨在反对不公正的、亲身上阵且强有力的道德抗议"，但他认为他们已经实现了检验最高法院博因顿案裁决落实情况的目的。自由乘车者已经被捕了，如此一来，可以凭借这个判例提请法庭解决争端。[100]

自由乘车者迫使金做出选择，是要充当这场运动的发言人，还是作为它的象征。如果前者更重要的话，他就应该先活下来，以便第二天还能发言，从而为自由乘车者的事业争取关注和资源。如果后者更重要，他就应该去面对所有自由乘车者在密西西比州所遭遇的那些可能致命的后果。毕竟，这些人是金的非暴力哲学的最热心追随者。后一个选择肯定能满足金的道德准则。

种族平等大会的负责人詹姆斯·法默（James Farmer）回忆说，金借用《圣经》的措辞透露了他的决定。金说，他不想加入自由乘车者，因为他还在缓刑期，他如果被捕将意味着刑期延长。一些自由乘车者指出他们也在缓刑期后，金反驳说："我认为我应该为自己的髑髅地（Golgotha）选择时间和地点。"法默记得一些自由乘车者"大笑和嘲讽"金的严词拒绝。[101]他们的反应是可以理解的：毕竟，许多年轻自由乘车者是受到了金的领导者模范的鼓舞，才挺身而出。约翰·刘易斯记得，他加入民权运动是因为他读了一部名为《马丁·路德·金和蒙哥马利的故事》的漫画书，封面上有一幅光彩照人的照片，穿着讲究的金位于黄色背景的中央，俯瞰着亚拉巴马州首府，在这位领导者的严肃面容右侧用印刷体写着这样的话语："50 000 名黑人如何找到一条终结种族歧视的新路。"[102]

5 月 23 日，金在一个新闻发布会上宣布，乘车运动将继续下去，"我确信这些学生在必要的时候愿意面对死亡"。[103]第二天，他去了蒙哥马利公共汽车站，在那里他祈祷并目送着自由乘车者们在没有他陪伴的情况下启程前往密西西比州。

金决定，最好避免同年轻的积极分子一起入狱的风险。这个决定使他苦恼不已。许多学生活动家在密西西比州监狱里苦苦地熬了几个月。在一期 *Jet* 杂志上恰切地题为"谁为黑人说话"的封面文章中，金面对他为何没有与其追随者共同行动的批评，没有正面回答。"我不相信领导者应当避免入狱。但是，"他接着说，"我在南方基督教领袖会议理事会的顾问力劝我不要这样做。……（他们说）那样一来你脱离公众的时间就会太长了。……人们会说你完全不尊重法律，你是一个有着殉道情结的追名逐利之徒。"[104]

1961 年 11 月 1 日，联邦"州际商务委员会"发布命令，取消全国所有公共汽车上和终点站的种族隔离，这是六个月前从华盛顿特区出发的十几名积极分子的有力行动的最终结果。金没有加入乘车穿越南方的积极分子的行列。他做出了与他面对亚特兰大静坐示威时不同的选择，但结果如出一辙。

1962 年，金花了相当部分时间在监狱内外支持"奥尔巴尼运动"，这一努力旨在结束佐治亚州奥尔巴尼（Albany）的种族不公正，结果却喜忧参半。正如金对一位采访者所说的那样："我在奥尔巴尼所犯的错误是，在整体层面抗议种族隔离，而不是抗议其某个特定的方面。我们的抗议是如此含糊不清，结果我们什么也没得到，这使人们感到非常沮丧和绝望。"[105] 他本可以对南方基督教领袖会议提出同样的整体性批评。该组织自 1957 年成立以来一直在追踪各种危机，并在寻找一个地方来集中其注意力、资源和领导力。到了 1963 年初，南方基督教领袖会议仍在努力重振蒙哥马利公共汽车抵制运动的精神。

1963 年：伯明翰与华盛顿

到了 1963 年，南方基督教领袖会议已有大约 50 名工作人员以及约为 40 万美元的年度预算。[106] 其中大部分预算都是由金四处演讲提供资金，这些演讲也有助于提升金的名声和传播非暴力群众性行动的理念。每年，他都会旅行数十万英里，平均每天演讲超过一次。当南方基督教领袖会议对发生在亚特兰大、奥尔巴尼等地以及自由乘车运动这样的危机做出反应时，他们也在开展项目，其中就包括非暴力培训讲习班和选民登记项目。

由于南方基督教领袖会议的努力，通过非暴力手段实现变革的想法已经广泛流传，但是一般公众对它的力量还没有深刻的理解。在这一年中的大部分时间里，南方基督教领袖会议理事会秘书——弗雷德·舒特斯沃思（Fred Shuttlesworth），一直在敦促金将该会议的工作集中在伯明翰。金让该会议的执行董事怀亚特·沃克（Wyatt Walker）拿出一份深思熟虑的行动计划。按照 1963 年后每当有重大的战略问题需要反复讨论时，金就会使用的那种方法（他后来使用了几十次），1963 年 1 月

1963 年 5 月，在亚拉巴马州，伯明翰当局用水炮喷射抗议者。
（PHOTOGRAPH BY MICHAEL OCHS ARCHIVES/GETTY IMAGES）

金在佐治亚州多切斯特（Dorchester）的一个休养中心召集了一个由关键领导者组成的小型工作组，开了两天会。[107]

会上，沃克简要介绍了一个名为"C 项目"的计划，"C"即"对抗"（Confrontation）的意思，打算将南方基督教领袖会议部署到亚拉巴马州的伯明翰。沃克的计划分为四个阶段：

> 第一，他们将开展小规模的静坐示威，以为他们的反种族隔离平台吸引关注，同时通过每晚的群众集会来增强力量。第二，他们将组织对市中心商业区的全面抵制，然后转变为规模稍微大一点的示威行动。第三，他们将进行群众游行，既加强抵制，又增加监狱负担。最后，如有必要，他们会号召外地人从全国各地来到伯明翰，就像自由乘车运动当中一样，使城市在公众关注、经济抵制和监狱爆满的组合压力下陷入瘫痪。[108]

该计划反映了南方基督教领袖会议前六年的机制性知识的升华。"C 项目"获得了批准，但在伯明翰发生的事件当然会与沃克在多切斯特的简要汇报大不相同。比计划更重要的是这个决定：南方基督教领袖会议和金将为伯明翰全力以赴。

金曾称伯明翰为"美国种族隔离程度最严重的城市"。[109]

种族隔离几乎在伯明翰生活的每个方面都根深蒂固。剧场上方用粗体字标明"有色人种楼座"。洗手间标志上的箭头区分了"白人"与"有色人种"的入口。一家洗衣店全部用大写字母写着"我们只为白人清洗"。在一个宣传 35 美分的金枪鱼沙拉三明治和 39 美分的香蕉圣代的餐厅柜台[110]，伯明翰的黑人被禁止用餐[111]。黑人公民宣誓时，甚至不被允许把手放在白人使用的同一本《圣经》上。"如果伯明翰被突破，"金在南方基督教领袖会议的一份内部通讯中写道，"南方的整个非暴力运动的方向都可能发生重大转变。"[112]

历史上，伯明翰的管治机制一直由三名专员共享权力。1962年，三人中最具影响力的是公共安全专员、人称"公牛"的提奥菲卢斯·尤金·康纳（Theophilus Eugene "Bull" Connor），他控制了警察和消防部门，是一个无情的种族隔离主义分子。康纳在1961年让三K党成员殴打了路经伯明翰的自由乘车者，这体现了此人的品质。[113]这一事件和白人对黑人施暴的其他恶性事件损害了这座城市的声誉，也随之损害了这座城市的商人阶层。到了1962年底，伯明翰的居民采取了行动，投票决定将政府形式改为市长议会制。在南方基督教领袖会议到来之前，改革就已经在酝酿之中。

1963年3月5日的市长竞选中，康纳同承诺要改变伯明翰的负面形象的保守温和派阿尔伯特·布特威尔（Albert Boutwell），以及自由派汤姆·金（Tom King）对决。三名候选人都没有获得多数票，所以得票前两名康纳和布特威尔，在大约一个月后的4月2日参加了决胜选举。布特威尔以7 982票赢得了选举，这主要是由于黑人的投票。[114]但是康纳在亚拉巴马州最高法院对新政府的合法性提出了质疑。在最终判决下达之前，布特威尔和康纳暂时分权，隔日轮流执政。南方基督教领袖会议不得已而发起的迄今最强有力的运动，就面对着这样不稳定和独特的背景。

"C项目"的实施被推迟了两次，以避免选举的天平向康纳倾斜。在决选后的混乱中，虽然考虑过继续延迟，但他们还是决定向前推进。

即使经过漫长的等待之后，集中于抗议午餐柜台的运动第一日仍没有达到预期的效果。《纽约时报》报道说："伯明翰市黑人社群对种族隔离的攻击今天仍在继续中。但这远远谈不上先前承诺的'全面进攻'。"[115]该运动通过组织针对市政厅的抗议，重新调整了方向。虽然4月6日的第一次游行取得了成功——有 40 多人被关进了监狱——但志愿者人数却减少了，公众支持同样如此。[116]

随着游行的滞后，这场运动的敌人试图发动致命一击。[117]乔治·华莱士（George Wallace）州长签署了一项法案，将伯明翰的轻罪最高保释金从 300 美元提高到 2 500 美元，企图耗尽南方基督教领袖会议的保释资金。此后不久，伯明翰市以"群众街头游行……'静坐'示威"和其他策略"意在挑唆破坏伯明翰市的治安"为由，企图争取禁令来禁止这一运动。[118]4 月 11 日（星期四）凌晨 1 点左右，当金与阿伯纳西、舒特斯沃思、沃克和其他领袖一起坐在一个汽车旅馆的餐厅里时，金收到了由一名副治安官出具的禁令。[119]如果他们继续参加示威活动，他和其他被提到名字的领袖将被关进监狱。

作为回应，大约 11 小时后，金在一份新闻稿中写道："凭良心，我们不能遵守这样的禁令。"他还承诺，他们将"继续他们的示威和活动或是运动，'今天、明天、周六、周一，一直进行下去'"。[120]

但是金在发布他的宣言之后收到的信息，使他犹豫不决了：南方基督教领袖会议为了给狱中的志愿者交保释金几乎已花光了钱。[121]正如金后来自己回忆的那样，他面临的冲突是，一方面要筹集资金以"为我们的在押人员"履行该运动的"道德责任"，另一方面又要"将我热情宣扬的东西付诸实践"。[122]金回忆起他是如何做出决定的："这个美好的星期五早晨，一大早，我坐在加斯顿汽车旅馆的 30 号房间里，和 24 位关键人物讨论这场危机。……最后，有人明确表态了，当他说话时，我看得出他是在表达每个人的心声。"金的多位顾问告诉他，不要进监狱。[123]然后他便离开房间，独自思考去了：

> 我走进套房后面的另一个房间，站在地板中央。我想我正站在我的生命当中所有角色的中央。我想到了在隔壁房间等待着我

的那 24 个人，想到了在监狱里等待着的那 300 个人，想到了等待着我的伯明翰黑人社群。然后，我那备受折磨的思绪越过了加斯顿汽车旅馆，越过了城市监狱，越过了这个城市和这个州的边界，我又想起了那 2 000 万梦想着有朝一日能够穿越不公正的红海，设法去往融合与自由的应许之地的黑人。不容再迟疑了。

　　我对自己低语道："我必须去。"[124]

　　他做出了一个痛苦的决定，优先考虑名义上自由却被压迫的数百万人而非被监禁的数百人，优先考虑全国同胞和所有人而非当地人和特定人群。4 月 12 日下午，金和阿伯纳西一道，带领 50 人从锡安山教堂（Zion Hill Church）前往市政厅。金记得"两个肌肉发达的警察一把抓住我们衬衫的后背，把我们给拖走了"。[125]

　　金被单独监禁起来，大约三天与外界没有任何接触。金直到在接下来的星期一见到他的律师克拉伦斯·琼斯（Clarence Jones），才得知了这场运动的最新进展情况。[126]琼斯在探访期间，偷偷地把报纸带给了金。在其中一份报纸上，金读到了一篇由一些宗教领袖写的联合声明，文中谴责了金和他领导的这场运动，这促使金以一篇现已闻名遐迩的《伯明翰监狱来信》加以回应。[127]金回忆道，此信一开始是写在"发表这份声明的报纸的空白处"。[128]尽管他的领导力主要体现在驾驭危机上，但他从未忘记所有日常挑战背后的目的，而且他特别擅长传达运动的基本理念。

　　金在监狱里待了一个多星期后，于 4 月 20 日获得保释。伯明翰的运动已经开始 17 天了，而"C 项目"并没按照怀亚特·沃克在一月份简要汇报的计划进行。静坐示威失败了，公众舆论没有支持该运动，资金和志愿者也在减少，而金在被监禁的九天中与外界几乎没有接触。

　　金和他的顾问们断定，他们需要一场得到广泛关注的群众性行动来重启这次活动，并将 5 月 2 日定为行动日。他们希望仿效 1961 年在田纳西州纳什维尔市（Nashville）市政厅前面举行的抗议，当时有 4 000 名黑人活跃分子参加。[129] 为了弥补志愿者的不足，金做了一个备受争议的决定：让孩子们也参加这次伯明翰运动。

这个决定很是冒险——家长和局外人很容易将这一决定作为批评这次运动的理由，南方基督教领袖会议的领导层可能会被指控犯有涉及未成年人的罪行，最重要的是，孩子们将不可避免地面临伯明翰警方的严酷无情和亚拉巴马州监狱的囚禁。[130]

正在举办非暴力讲习班的詹姆斯·贝维尔，认为孩子们是他最始终如一、最精力充沛的学员，孩子们吵着要参与进来。他向金争辩说，伯明翰的黑人青少年会使这场运动发生迫切所需的变化。

在金原则上同意之后，他和他的顾问们商讨了参加 5 月 2 日活动的孩子们的最低年龄。最终他们商定在六岁，因为这个年龄的孩子可以成为教堂的一分子。[131] 这不在"C 项目"的计划中，但是伯明翰的形势需要做出一个艰难的抉择。这次定于 5 月 2 日星期四——后来以"D 日"（D Day）而闻名——举行的抗议，将是一次只有学生参加的抗议。

下午，当 50 名学生抗议者排成两列从"第十六街浸信会教堂"走出时，警察已严阵以待了。正当他们抓捕这群学生时，另一波学生走出了教堂。然后是第三波、第四波，源源不断。"在 5 月 2 日的'D 日'，"金后来写道，"有 1 000 多名青少年参加了示威并被捕入狱。"他们蜂拥向街头。"高潮时，各自有 10 到 50 个男孩和女孩的几个队伍，同时在相隔几个街区的四个不同地方示威。……每辆警车都被派去将年轻的示威者押到监狱或少年法庭。"[132] 最后，这个城市不得不动用校车来押送所有的孩子进监狱。[133]

下午 4 点左右，示威活动结束了，活跃分子开始涌入弗雷德·舒特斯沃思的教堂，他们坐满长椅倾听布道。金参与的每一次危机，都是以这样的节奏进行的。下午举行示威。然后在当地一个或多个教堂召开夜间会议，以便传递信息，让整个社区同步行动，并争取支持。会后，金和他的顾问们还将会晤至深夜，制定战略和商讨决定。稍事睡眠后，这个循环又重新开始。这种周密的安排使得这场运动能够在形势迅速变化的艰难斗争中，做出迅速而有效的决定。

第二天下午，又有1 000多个孩子做好了抗议的准备。[134]据《纽约时报》报道："第一批年轻的示威者于下午1点从第十六街教堂走出，向几个不同方向行进。当一个大约60人的队伍到达第十七街和第五大道的路口时，警察局长G. V. 埃文斯（G. V. Evans）命令他们止步并退散，'否则你们就要挨淋了'。"[135]

当他们开始喷水时，一部分人散开了，但有十名学生坚持不走。警察靠拢过来，学生们干脆挑衅地坐了下来。于是警方使用了一种新型的武器——特制的消防水炮。这种武器将两根水管的水压集中到一股强大的水流中，能"在100英尺外将用砂浆砌合的砖块敲松，或将树皮从树上炸离"。随着更多的学生出现，警察动用了警犬。警犬和高压水流开始逼退抗议者。[136]正如金后来所写的那样："5月4日报纸上刊登的照片，显示着俯卧的妇女，以及俯身冲着她们高高举起棍子的警察，显示着向张牙舞爪的警犬行进的孩子们，显示着把人体横扫到大街上的高压水管的可怕力量。"[137]

这些图像让这场危机获得了全国性的关注。5月7日，伯明翰商业区又发生了一场大规模的、出人意料的抗议活动。当天，在罗伯特·F. 肯尼迪派遣的两名司法部助理的协助下，伯明翰的商界领袖与该市的黑人领导层达成了初步协议。5月10日，在金因违反禁令而再次短暂入狱后，伯明翰的种族隔离制度通过一项由四部分组成的协议而宣告结束。[138]

在伯明翰38天的行动过程中，"C项目"完全改头换面了。现实状

况迫切需要冒险的决定，这些决定碰巧奏效了，但若是时移世易就可能
不会奏效。虽然怀亚特·沃克的计划发生了变化，但结果还是南方基督
教领袖会议朝思暮想的。

金和其他领袖希望巩固伯明翰的成功，并要求国会通过肯尼迪总统
最近制订的民权法案*。菲利普·兰多夫（Philip Randolph）是卧车搬运
工兄弟会（Brotherhood of Sleeping Car Porters）的创始人，也长期充任
民权领袖，他建议向华盛顿进军。1963 年 8 月 28 日（星期三）被确定
为"为工作和自由向华盛顿进军"的日子。

鲁斯廷是总组织者，他打算按时行动。为了避免任何麻烦，他计划
在黄昏前结束活动，全员撤离华盛顿市中心。他的很大一部分工作是协
调全国民权运动的各位领袖，他们是当天的发言人和表演者。每个发言
人只有七分钟的时间，而每个人都要发挥一个特定的作用。全国有色人
种协进会主席罗伊·威尔金斯在鲁斯廷的议程表上排在第 13 位，他着
重评述了总统的法案。[139]

著名的福音歌手玛哈莉亚·杰克逊（Mahalia Jackson）排在威尔
金斯的后面。她的第一首歌《我是怎么熬过来的》(How I got over) 让
人群骚动起来；她的第二首歌《我被责骂了，我被蔑视了》(I've Been
Buked and I've Been Scorned)，则让人群面带微笑沉浸在严肃的沉思中，
只在结束时才一齐起立热烈鼓掌。[140]

她退了下去，站到了设于林肯纪念堂台阶上的讲台边。在犹太拉比
约阿希姆·普林茨（Joachim Prinz）发言后，排在议程表第 16 位的金
走了上来，他是当天的特邀发言人。[141] 杰克逊注视着 A. 菲利普·伦
道夫（A. Philip Randolph）把金介绍为"我们国家的道德领袖"，她也

---

* 这项法案在次年 7 月通过，即《1964 年民权法案》(Civil Rights Act of 1964)。

看到金先于预定时间 30 分钟登上了讲台。

在杰克逊向来亲切地唤作"马丁"的这位老朋友面前，她凝视着挤满了林肯纪念堂和华盛顿纪念碑之间每一寸空间的 25 万人。刚刚聆听她演唱的人群包括大约 19 万美国黑人，约占美国黑人总人口的 1%。[142] 尽管气温是宜人的华氏 83 度（约 28.3 摄氏度），湿度也很低，但人群如此拥挤，在很多出席者的记忆中那天都闷热难当。一些观众爬上了树，好在汗流浃背的人群上方看得更清楚些，而另一些人则脱下袜子，把脚放入国家大草坪上的浅水池里，乘着凉更加惬意地聆听演说。[143]

杰克逊不知道的是，下午有一段时间，金以及伦道夫、约翰·刘易斯和一名白人牧师曾待在林肯纪念堂下面的一个小警卫站里，闭门不出。[144] 在议程中排在第 6 的刘易斯发言前，鲁斯廷让他们设法缓和刘易斯事先准备好的演讲稿中的一些措辞，以消除一场危机。[145]

金终于走到了讲台前，他是漫长一天的最后一位演讲者，此时杰克逊听到观众们发出期待的欢呼声。当金开口发言时，极度的沉静与渐强的喧哗并存。[146] 在那天的所有发言者中，人们最期待金能给予他们一些值得记忆的东西——他在 1963 年 8 月 28 日的领导力，同等地体现在这种期待感以及他最终载入史册的话语中。一些人只是想从金那里听到一些激动人心的话语；对另一些人来说，金所传递的信息可能有助于使成千上万的地方性斗争合法化并充满活力，许多观众正在全国各地进行这些斗争；对其他一些人来说，金有可能为他们已经采取的抗议行动赋予更普遍的意义。[147]

当他开始发言时，他讲的都是当天早上 4 点左右才准备好的内容，他用牧师的语调娓娓道来，间或低头扫一眼笔记。当最终 16 分钟的演讲进行到 11 分钟时，杰克逊注意到，现在麦克风后面的这位同台嘉宾就要开始即兴发言了——信号或许是金的一个眼神，或许是他语调的一个变化。

她想起了金以前曾说过的一组句子，鼓动他"跟他们讲讲梦想，马丁！"不知金是否听到了她的话，不过，接下去金便说出了他的名言。[148] 在演讲的最后 5 分钟，当他向世界宣告自己的梦想时，他的目光直视人群，偶尔也抬头望向天空。在白宫，肯尼迪总统和许多待在家的美国人一样，第一次在电视上观看着金的演讲。"他真他妈的太棒了！"总统评论道。[149]

仅仅一年之后的 1964 年 10 月，金穿着他的深色丝质睡衣——和他以前几次入狱时所穿的是同一款——躺在亚特兰大一家医院的病床上。他把电话机放在腹部，把听筒放在左耳旁。他那种疯狂的生活把他送进了医院——他超重了，患上了一种医生说因疲劳引起的病毒性疾病。根据一项估计，金每天工作 20 个小时，每年奔波 32.5 万英里，发表 450 篇演讲。[150]

电话那头告诉金，他还需要再做一次长途旅行，这次是去挪威的奥斯陆。35 岁的金博士刚刚成为诺贝尔和平奖最年轻的获得者。[151] "向华盛顿进军"和诺贝尔奖改变了公众对金的看法，但令人惊讶的是，这种认可几乎没有改变他。他的偶像地位令他感受到一种高度的责任感，但他很少改变自己的做事方法。最重要的是，金始终积极响应民权运动的机制性知识的重要性，这使他心甘情愿地介入一场又一场危机。简单的逻辑是，行动造就了变化。换句话说，《1964 年民权法案》的通过正是 1963 年发生在伯明翰的事件促成的。

那年秋天，金在他的年度报告中强调："南方基督教领袖会议的规划的支柱，仍然在非暴力的直接行动领域。"他接着说："只要我们闲下来，白人主流很快就会忘记引发我们运动的种种不公，只会把对进步的呼声视为不负责任者的不合理要求。"[152] 几乎没有时间细细品味他们已

1965 年 3 月 25 日，在从塞尔玛（Selma）向蒙哥马利进军的终点，马丁·路德·金博士向游行者发言的场景。

（PHOTOGRAPH BY STEPHEN SOMERSTEIN/GETTY IMAGES）

取得的成果。金利用他的道德权威，忍受着他那疯狂的生活节奏，试图找到下一次危机，新的危机又随之可能在实现公正方面造就下一个伟大的进步。

1965 年：在塞尔玛掉头

约翰逊总统在 1964 年大选中以压倒性优势战胜巴里·戈德沃特（Barry Goldwater）一周后，金在伯明翰的上次那家加斯顿汽车旅馆召开了一次南方基督教领袖会议的工作人员退修会，这里在 1963 年的运动中曾是他的总部。那场运动结束以来，该市的局势仍然很紧张。在"向华盛顿进军"不到一个月后，白人恐怖分子在一所教堂的地下室引爆了炸弹，导致四名年轻女孩丧生。

紧接着，戴安娜·纳什向金送交了一份报告，讲述了伯明翰的气氛。她的结论之一是："除非你向他们提供一种无需暴力即可伸张正义的方式，否则你不能劝他们别去战斗。舍此别无体面选项。在孩子被谋杀后，仅仅告诉大家不要去战斗，就此罢手，是错误的，如此一来你是在期待并呼吁他们不要像个人样。"[153]

就在同一天，她和詹姆斯·贝弗里给金送交了一份《蒙哥马利行动方案》，这是一份两页的备忘录，详细地描述如何通过群众性行动，将乔治·华莱士从亚拉巴马州州长职位上赶下台，并将每个达到法定年龄的亚拉巴马黑人登记为选民。[154] 尽管备忘录的细节后来发生了变化，但其精神却演变成了"亚拉巴马项目"。1964 年 11 月南方基督教领袖会议的工作人员退修会的目的，是确定亚拉巴马项目是否应该特别聚焦于塞尔玛，当时塞尔玛是该州种族隔离主义最严重的城市。在退修会结束时，金同意了在塞尔玛部署一个团队。

1964 年的整个 11 月和 12 月，南方基督教领袖会议的少数工作人员一直在制订计划，随后的 1965 年 1 月 2 日，在塞尔玛召开了一个有700 人参加的群众大会，金在大会上启动了这场运动。他宣布，这次奋斗的重点是："让全国人民深知，许多人想登记为选民却被阻止了。我们希望这次行动将促成这个州修订选民登记法律。"[155] 除了在这个州外，南方基督教领袖会议还希望他们在塞尔玛的行动最终使华盛顿出台一项新的选举权法案，约翰逊总统曾说，这项法案在当前的政治环境下是不可能在国会通过的。

金在 1 月 18 日（星期一）回到了塞尔玛，他率领着 400 名居民游行到县法院，在那里他们等了一整天都没有成功登记。随后金又前往塞尔玛的阿尔伯特酒店，试图成为那里的第一批黑人顾客之一。金遭到了一个白人的袭击，此人在被带走并被逮捕之前，在金的太阳穴上打了两拳。[156] 以之前曾在蒙哥马利和伯明翰维续运动的相同节奏，当天的活动结束后，金监看了一次夜间群众集会，随后又与一些主要领袖举行了深夜战略会议。

与在其他运动当中不同，金并没有一直待在塞尔玛。当他的工作人员告诉他可以帮上忙时，他才前来。他在 1 月中旬离开塞尔玛后，有数百名黑人被捕，南方基督教领袖会议的成员认为，他们的主席最好也进监狱。1965 年 2 月 1 日，星期一，金和其他 260 人一起被捕，并拒绝保释。

在挪威的奥斯陆接受诺贝尔奖 52 天后，金在亚拉巴马州中部的一间牢房里过了夜。[157] 金的家在蒙哥马利公共汽车抵制运动开始时就遭到了炸弹袭击，至今已近九年了，现在金是一位经验丰富的民权斗争老手。他在监狱的第一个晚上，给一位助手下达了十二点指示。与他刚刚在诺贝尔奖演讲中发表的高谈阔论不同，一道接一道的命令更像是出自一个将军而不是一个牧师："为了让全国的注意力集中到塞尔玛，务必照此行事。"金如是写道。清单的开头是：

1. 致电（社区关系服务处的）柯林斯州长①，敦促他亲自前来塞尔玛，与市、县当局就加快登记和争取更多登记时间进行协商。

2. 落实请一个国会代表团到此亲自调查的建议。如果他们前来，也应在群众集会上露个面。

清单上还有十点，每点都非常具体，充满了得自经验的智慧。

三天后，即 1965 年 2 月 4 日（星期四），约翰逊总统在与金的助手沟通后发表了一份声明："我希望所有美国人都能和我一道，对任何美国人丧失投票权表示关切。……我想要看到我们所有公民的这项权利

---

① 即勒罗伊·柯林斯（Leroy Collins），曾任佛罗里达州州长，后担任联邦"社区关系服务处"负责人。——编辑注

都能得到保障。"[158] 第二天，正如金从监狱里发出的指示的要求，一个
15 人的国会代表团抵达了塞尔玛，金离开了监狱去会见他们。在接下
来的一周，他前往华盛顿，就选举权法案向总统施压。

在接下来的一个月里，当金穿梭于全国各地时，塞尔玛的暴力事件
也在升级。治安官和该州的公路巡警一直都在使用警棍和赶牛棒实施逮
捕。2 月 26 日晚，在塞尔玛西北 30 英里的马里恩（Marion），一名 27
岁的黑人在一次夜间抗议游行后被一个州警杀死。[159] 作为回应，在当
地的领袖计划于 3 月 7 日（星期天），开始一场从塞尔玛到蒙哥马利的
54 英里进军。[160]

华莱士州长警告说，州警将"以任何必要的手段"阻止进军。根据
南方基督教领袖会议的当地工作人员的建议，金没有回来领导进军。星
期五在华盛顿的会晤后，他回到了亚特兰大的家，并于周日在他的教
堂里布道。当 600 名塞尔玛游行者穿过 80 号公路上的埃德蒙·佩特斯
大桥（Edmund Pettus Bridge）时，州警挡住了他们的去路。当行军的
领导者，南方基督教领袖会议的霍西娅·威廉姆斯（Hosea Williams）
和学生非暴力协调委员会的约翰·刘易斯拒绝了要求撤离的命令后，
州警们发起了攻击。接下来的暴行被铭记为"血腥星期日"（Bloody
Sunday）。[161]

在接下来的星期二，这场运动计划重新尝试进军，于是，金被召来
带队。在进军之前，一位联邦法官曾默许，如果星期二的事件可以推
迟，他就会批准一场进军，但是金，部分是为了满足自己的良心，部
分是为了满足他的追随者的要求，坚持按计划行事。如此一来，再次
发生暴力冲突的可能性很大。于是，就在星期二的进军开始前，约翰
逊总统的特使通知金，他们已经与亚拉巴马州当局商妥，允许金和他
的追随者步行到他们上个星期天被阻拦的地方，做做祈祷，然后掉头
返回。

　　金在来不及和自己团队仔细商讨的情况下[162]，同意了这一妥协，但他的回应也有些保留，理由是"我不能做任何承诺，因为我不知道我能让我的人做什么"[163]。进军开始后，金带领着他的行军队伍来到离佩特斯大桥上列队的州警不到50码的地方，高唱《我们终将胜利》(*We Shall Overcome*)，然后掉头返回。行军者紧随其后。事后，南方基督教领袖会议的多位领袖对金与政府达成了他们所谓的"幕后协议"感到愤怒；而约翰逊总统的特使则对金放纵进军继续进行而恼怒，因为他们保证过只要推迟进军就会为他们提供联邦层面的保护。

　　在塞尔玛使用的战术并非由金所构想，他甚至并未打算到那里去。当这里的运动遭遇到最严重的暴力，即"血腥星期日"时，他不在这座城市。事实上，金是在一个困难的时刻才被召来领导运动的。他做的那个用意含糊的决定激怒了每一方。但这个决定奏效了——在联邦政府的

金在田纳西州孟菲斯的洛林汽车旅馆被暗杀。
(PHOTOGRAPH BY JOSEPH LOUW/ THE LIFE IMAGES COLLECTION/GETTY IMAGES)

保护令下，游行者从塞尔玛走到蒙哥马利，而且塞尔玛的运动最终导致了 1965 年《选举权法》在当年 8 月通过。但他的领导力不是体现在某次演讲里或某个计划中。在进行了十年运动后的这个特殊时刻，金的领导力不在某次演讲或某个计划里，而是在他充当这场运动的象征和它最大痛苦的守护者的意愿中。他既站在队伍的最前列，又愿意为一个痛苦的决定承担责任。就像九年前在蒙哥马利一样，他既是运动的一分子，又有着独特的角色。他的领导力的特点是，在同一时间既与他负责领导的事务保持和谐，又保持疏离。

奋进

1968 年 2 月，《华盛顿邮报》的一位特派记者跟随金一起旅行。"在塞尔玛、伯明翰和蒙哥马利，"她写道，"金博士的非暴力运动经受住了消防水管、警犬、催泪瓦斯和挥舞牛鞭的南方治安官的考验——正是在这里，这位黑人领袖正在从过去寻求更大的力量。"但金的目的并不感情用事——他去那里是为了筹备另一次向华盛顿进军。这是一场"穷人运动"的组成部分之一。金和他的团队设想让"穷人的大篷车赶赴华盛顿"。

继塞尔玛的运动之后，南方基督教领袖会议越来越关注经济平等了。[164]"我们必须认识到，今天的斗争要远为困难，"金承认，"……整合一个午餐柜台，要比保证一份足以维生的收入和一个稳定的好工作容易得多。"金一直就不仅仅关心种族公正，现在他选择了推动一场长期的、更广泛的斗争，一场看不到尽头的斗争。

短短两个月后，金便会在孟菲斯的一个汽车旅馆房间外被暗杀。可想而知，即使早知道 1968 年 4 月那可怕的一天，他也不会改变太多。我们大多数人可能会试图与家人共度时光，但在金对往昔的回忆里，这场运动和他的家庭时常是密不可分地交织在一起。12 年前，当他在蒙哥马利领导公共汽车抵制运动时，他的家就遭到了爆炸袭击，此时他的第一个女儿约兰达才七周大。科雷塔怀着金的小儿子德克斯特时，他正在佐治亚州遭监禁，现在已经过去八年了。他的大儿子马丁三世（Martin Ⅲ），六年前就该上幼儿园了——此时金正为了奥尔巴尼运动而入狱。五年前他去了伯明翰，那是在他的小女儿伯尼斯（Bernice）出生后的第二天。现如今塞尔玛的运动也已过去三年了，从那以后，有多少个夜晚他是在汽车旅馆、客房和监狱牢房度过？

但现在它既没停止，也没减速。1968 年 2 月的那一天，马丁·路德·金博士带着记者乘坐包机，在一天之内就造访了亚拉巴马州的上述全部三座城市。

矿工、僧侣和牧师

> 战友们，你们看，毅力比蛮力更有效；面对无法从整体上战胜的事物，就一点一点地去降服它们。
>
> ——普鲁塔克，《塞多留传》

马丁·路德·金博士出生时，曾得名小迈克尔·金。但在 1934 年，当老迈克尔·金去欧洲参加世界浸信会大会时，他们两人都有了一位新的同名者。传说，老金在旅途中深受他所了解到的马丁·路德事迹的触动，他便把自己的名字给改了，也改了五岁儿子的名字，以纪念这位宗教改革领导者。据老金的一个孙子说，改名是"他在他同名儿子身上播下的愿景……的确凿证据"。[165]

我们记录的两位改革者，都有对他们抱有宏大且坚定期望的父亲。正如金博士对他的成长过程的描述："我是在教堂里长大的。我父亲是一名牧师，我祖父是一名牧师，我的曾祖父是一名牧师，我唯一的兄弟是一名牧师，我父亲的兄弟是一名牧师。所以，我没有太多的选择。"[166] 马丁·路德的父亲，一位铜矿工人，曾设想让他的儿子当一名律师，但路德却违背父愿成了一名僧侣。虽然两人是经由不同的途径从事了相似的职业，但这两种职业——浸信会牧师和奥古斯丁派僧侣——在将两位马丁确立为领导者方面都至关重要。

当金脱颖而出时，教会是黑人行动主义的那颗跳动的心脏，而牧师则是实际上的政治领导者。他意外当选为蒙哥马利改进协会主席的那次会议，是在一个教堂里举行的。[167] 当天在房间里的18个人中，大约有一半是牧师，而提名金的鲁弗斯·刘易斯是他的堂区居民之一。

路德的崛起是在最终被他颠覆的同一个天主教会里实现的。作为一个恪守教规的僧侣，路德最终应他导师的要求来到一所新大学做帮手。成为一名天主教知识分子使他有资格对当时的重要议题发表评论，所以对他来说，写出一组论纲这样的行为并不反常。路德在一夜之间引起了轰动，因为他对信仰的态度与成千上万的欧洲人产生了共鸣。

他们跃升为领导者并非命中注定。马丁·路德·金成为一名全国性领导者，是因为他恰巧成了蒙哥马利改进协会的主席，而蒙哥马利公共汽车抵制运动——由其他多位知名领导者发起——则成了已艰难前行几十年的民权运动的一个转折性事件。同样，路德在他的《九十五条论纲》中所表达的观点，久已在1517年的维滕堡传播。他的观点并不新奇——他只是碰巧在某个特殊的时刻以特殊的方式明确表达了这些观点，这些观点又出乎意料地与神圣罗马帝国的虔诚群众产生了共鸣。

我们这两位领导者都未曾主动引发各自的运动，但在有机会成为领导角色时，他们两人都同意肩负重任。虽然我们这两位改革者都作为领导者留下了不可磨灭的印记，但如果我们忽视要求他们领头的体制，那么我们就会高估他们个人的作用。

对他们两个人来说，改革的过程比他们所能想象的更为困难。路德的许多年人生是在被暴力处决的阴影中度过，而金则因其领导力被谋杀。但更简言之，改革之路异常艰辛，不可简化为一部剧本，而是涉及在不断变化的环境中找到正确的方向。金的领导力是通过一个组织的框架及其战略来发挥作用的，因为他在整个职业生涯中正式担任着蒙哥马利改进协会或南方基督教领袖会议的主席。身兼这些角色，他只能不断地调和非暴力群众性行动和其他推动变革的方法之间的分歧。

相比之下，路德更倾向于做一个评论者而不是组织者。例如，他对农民战争的爆发做出回应，不是经由试图与其他领导者协商或者撮合一个解决方案，而是通过出版表明自己立场的文章。

作为领导者，他们都利用了新技术——特别是分别利用了印刷机和电视——就像这些技术是专为供他们使用而被发明似的。路德在数量级上是他那个时代最畅销的作家。对金而言，电视将抗议和暴乱，以及他的演讲和新闻发布会的画面播送到了全国的千家万户；他是美国历史上最伟大的演说家之一。

在阅读、聆听路德和金的文字言谈之外，为什么人们会被他们如此鼓动？事后看来，很明显两个领导者都推动了实质性的改变。但若是随着事态发展而逐日观察，画面从不是如此清晰。在任何特定时刻，两位领导者都有大批支持者与自己意见相左——无论是路德最终谴责农民，还是马丁·路德·金在民权运动中的角色不得不千百次受制于不同的利益和组织，因为它们在实现改变的最佳方式上存在情有可原的分歧。

改革，似乎不可能被简化为单一的决定性事件、演讲或诉讼案件。事实上，它是一个延伸的过程——一个充满突变、转折、开始和停止的旅程，就像是一个无法被某个个人控制的有生命之物。我们的改革者就像是骑在一匹烈马上的骑手，通常既要花费精力来免于坠马，又要花费同等精力来控制这匹马的去向和速度。虽然他们取得了实质性的成果，但成功从来不是理所当然。不仅改革没有通用公式，而且改革者更多是充当某个事业的象征，而较少身为变革的力行者。

当追随者们仅仅盯着路德和马丁·路德·金这样象征性的领导者时，他们对改革者及其领导的运动的看法就会出现扭曲。由于成为受到如此多关注的焦点，改革的领导者便背负起过高的期望。我们这些追随者们会开始期待起不合理的事物，看到不真实的事物来。

例如，有传奇故事说，马丁·路德把他的《九十五条论纲》钉到了维滕堡的城堡教堂大门上，从而引发了宗教改革。这件关于路德的最著名"事实"可能从未发生过，虽然路德著述中的观点仍旧具有重要的历史意义。同样，马丁·路德·金最著名演讲中的最著名语句甚至都不在他当天的演讲稿里。像往常一样，他凭着直觉就知道群众想听什么，于是就讲给了他们。他多年领导民权运动的生涯往往如此。无论是金还是路德，当他们被授予"领导者"的重任时，他们都不完全知道自己将遭遇什么。但他们接受了这个角色并坚持了下去。

领导者往往会变成一个独立的象征。对于追随者来说，将期望寄予处在顶端的个人，要比思考在多个层面发生的无数复杂行动容易得多。尽管真正的议程和权力来自更接近底层的人，但往往是顶端的象征性人物为那种议程赋予了一致性。改革运动并不太需要这些顶级领导者来宣示行动方略，而更需要他们以一种整体感使运动团结一致——尤其当这些运动的表象之下如此意见纷呈时，其实这种意见纷呈才是运动向来的常态。

当两位迈克尔·金都改名为马丁·路德·金时，这位负责更名的父亲可能并没有考虑到领导角色的重负——也许他正为新名字可能赋予爱子的声望感到兴奋呢。当我们这两位领导者突然被推上那个角色时，他们都曾面临一个基本抉择：他们想要自己去领导吗，抑或他们想让别人承担这个重负吗？说"是"，既意味着取得控制权，又意味着放弃控制权。

第九章　三个神话

神话不是存心地，或必定有意识地虚构出来的。

——詹姆斯·罗伯逊（James Robertson），

《美国神话与美国现实》（*American Myth,*

American Reality）作者

1922 年，温斯顿·丘吉尔的政治生涯大约刚走了一半，还远未到顶峰的时候，曾写到"一种任你支配的表现方式，只要你能弄明白如何利用它，它就能提供真正的力量"。[1] 丘吉尔将会成为英国最受爱戴和得到最多研究的首相，但他提及的"力量"不是来自领导力，而是来自绘画。这是他在自己权力低谷时的一项发现。

在第一次世界大战中，丘吉尔作为英国海军大臣对英国海军拥有政治控制权。1914 年底，他提议在达达尼尔海峡发起一场冒险的海军行动及随之的两栖作战行动，旨在击败奥斯曼土耳其人，并与英国的盟友——俄罗斯会师。正如历史学家丹尼尔·巴特勒（Daniel Butler）的评价，这场战役"依赖于速度、凶猛和十足的无畏"，并且"本可以成为伟大的战略杰作之一……前提是它能成功的话"。[2]

行动（被称为加里波利［Gallipoli］战役）一开始就举步维艰，但丘吉尔坚持推进，结果英国遭到了耻辱性的失败，44 150 名盟军战死。[3]时年40岁、野心勃勃的丘吉尔受到指责，被发配到一个较次要岗位上，不久便离开了政府。"我以为他会因悲伤而死。"他的妻子克莱芒蒂娜（Clementine）后来回忆道。[4]

就在那时，在他的"杰作"落败的黑暗中，丘吉尔第一次拿起画笔来逃避痛苦。"我就像一只从深海给捞上来的海兽，或是一名太快浮上来的潜水员，我的血管可能会因压力下降而爆裂。……那个时候是绘画的缪斯拯救了我。……"[5]绘画成了丘吉尔一生的朋友，一直陪伴着丘吉尔直到他去世。这份友谊最终产生了500多件作品。

丘吉尔选择作画是因为绝望，他的抑郁倾向可能是他从未放下画笔的原因。他会说起他的"黑狗"，这是对他的抑郁情绪的隐晦描述，这种情绪严重到让他不愿意"在特快列车经过时站在站台边缘"。他解释说："我喜欢往后站，如果可能的话，站到一根柱子后面，隔开火车。我不喜欢站在船边低头看向水面。结束一切，只需一秒钟的时间。"[6]

在加里波利战役六年后，丘吉尔在他的文章《绘画作为一种消遣》中解释了他的画架和油画颜料是如何成为他个人宁静的源泉的，因为画布是他发泄自己的冒险偏好的出口。他解释道："最需要的品质就是无畏。实在没有深思熟虑的余地。"[7]

丘吉尔不仅作为艺术家，还作为绘画的题材感受到绘画的"力量"。1954年，英国议会揭开了一幅由格雷厄姆·萨瑟兰（Graham Sutherland）为丘吉尔80岁生日绘制的肖像画，丘吉尔将画像描述成"强力与坦率"的结合。[8]

他的话含着微词。丘吉尔私下里很讨厌这幅画，他说这幅画让他看起来"愚笨至极"（half-witted）。[9]他把这幅画"放逐"到了地下室里，从此再也没有人看到过。1978年，他的遗孀丘吉尔夫人透露，在他死前的某个时候，她在半夜偷偷地让人把画给烧掉了。[10]

格雷厄姆·萨瑟兰笔下的温斯顿·丘吉尔爵士肖像，1954 年。此画后来在丘吉尔夫人的指示下被销毁。
（ZUMA PRESS, INC./ALAMY STOCK PHOTO）

只要匆匆扫一眼这幅画，就可以知道症结所在了。画中的丘吉尔穿着紧身的三件套晨装，显得既胖又不自在，这幅画以夸张手法描绘了一位虚弱又易怒的老人。这幅画的问题不在于画得多么糟糕，而在于画得那么逼真，从而很可能与丘吉尔和他妻子期待他在世界眼中的形象相冲突。正如萨瑟兰的一位讣告作者所说，这位现代主义艺术家本能地致力于"画下他所看到的东西"。[11]

在写这本书的时候，我们也想写下我们所看到的东西。丘吉尔对萨瑟兰的现实主义的徒劳拒绝，贴切地隐喻了领导者如何看待自己，追随者如何纪念他们，以及更赤裸裸的现实之间的脱节。因为事实和虚构常常会相互渗透，这种脱节可能既严酷又让人不适。瞬间的印记，如绘画、雕像和演讲，很容易成为解读领导者的一种方式，尽管这样的印记很少反映出一个人的过去或可能的过往。

事实上，我们对丘吉尔——他的领导力——的最深刻印象，既是我们创造并继续维持的那个神话的产物，又同等地是他无疑非凡，但更复杂、更有争议的真实生平的产物。

尽管如此，温斯顿·斯宾塞·丘吉尔还是成了战时领导力的代名词。就像把爱因斯坦说成天才的典范一样，人们用同样的夸张言辞谈论丘吉尔的领导力。即使是那些了解他的绘画技巧的人，也忍不住将这种技巧与他的领导力联系起来；艺术史学家恩斯特·贡布里奇爵士（Sir Ernst Gombrich）曾宣称，丘吉尔的绘画及其在保持他的理智方面的作用，为"拯救西方文明"助了一臂之力。[12]

然而丘吉尔的记录并不是一贯光辉，只是偶尔才值得这样言过其实。是无畏使他成为一名有成效的画家，无畏也成为他的领导力的标志，但这种无畏对他有多大的帮助，在很大程度上取决于具体形势。丘吉尔的无畏使他有勇气与看似不可战胜的纳粹德国作战，而不是与之媾和，但也不时导致一些灾难性的袭击，诸如加里波利战役。

这种著名的战时无畏作风也会令一名和平时期的领导者大大丧失效力。[13] 在第二个首相任期，丘吉尔搞砸了与苏联就核武器问题进行双边会谈的重大努力，他的政府班子在决定谁应该接替他方面耗费了太多的精力。对他的战时领导力至关重要的特质，不能轻易地适应战后英国的新现实。尽管如此，随着时间的推移，他因大胆而获得的成功的遗产将遮蔽他因无畏而造成的失败，而他作为战时领导者的记录，也将他的绘画消遣贬低为一段传奇生涯中的一个区区注脚。

就像我们对丘吉尔的回忆一样，我们的 13 个传略揭示了我们经常听信的领导力的理想，与领导力实际起作用的现实之间的脱节。在我们对这十几位著名领导者的探索中，我们经常被提醒，包括本书作者在内的我们所有人，何以都倾向于关于一位领导者的静态理想，而不愿去应付更加复杂的现实。

但凡概述一批领导者——政治家、将军、首席执行官等——的书籍，写到目前阶段通常会尝试回答这样一个问题：他们有什么共同点？

在我们的案例中，我们所有的领导者都可以在他们自己的背景下被公平地说成富有成效，尽管他们的风格、性情和个性有着根本的不同。事实上，即使是按单一类型，也不可能将他们的有效性提炼为一个成功的公式。在一种环境中或与一组追随者构成的有效领导力，很可能会在其他情况下产生糟糕的结果。同一个特质——或者说构成任何人的一组特质——有可能促成完全不同的结果，这取决于历史的风向、那种形势的具体情状和领导者可以获得的资源等等。

我们打算把这种试图寻求有效领导者特质的"圣杯"的倾向，称为"公式神话"（Formulaic Myth）。这是我们围绕领导力形成的三个相关神话中的第一个。"公式神话"反映了我们将领导力规整成一个静态的清单的愿望，尽管现实是，领导力与背景紧密相关，并且总是依赖于因时而异、因地而异的特定环境。这本书包含了大量关于重要领导者成就的案例研究和故事，但它们都只在各自的特定背景下才有意义，我们想要跨越不同的环境推而广之的努力都只会徒劳无功。

例如，马丁·路德著名的张贴《九十五条论纲》，就彰显了这种忽视环境作用的倾向。抛开他是否真的把论纲钉在了教堂大门上不说（似乎不太可能），这些论纲本身也并不那么重要。路德认为这些论纲不过是应急之作；论纲写得也不太好，原件早被扔进了垃圾桶，迷失在历史中。真正重要的是这个事件发生的时机，因为此时其他人恰好准备好了将路德视为独一无二地响应时代脉搏的领导者。

当教会通过出售赎罪券使信仰商业化而自甘堕落时，路德在这个正确的时机成功地指斥了教会。他的观点找到了之前就已经信服了他的论据的现成听众。《九十五条论纲》很无畏，但不具有革命性，而是欧洲一个充满狂热的虔诚和求知欲时期的产物。只有审视了划时代的，也许只是虚构的张贴论纲之举的前前后后，才能真正理解路德领导力的背景。

实际上，路德的论纲是在一片干燥的森林里点燃的一根火柴。路德知道他正在产生争议，而且可能在煽风点火，但他不可能知道会有一场狂风来袭，把他的小小火焰吹遍整个欧洲大陆。路德固然智勇双全，但如果不是1517年维滕堡的独特动态彰显了这些品质，它们就不会成为传奇。

时机把握的问题常常被人们忽视了。我们所说的"领导力"通常就是领导者行为，以及机缘或产生积极结果的其他背景因素的某种组合。决定"效法路德"不太可能产生同样值得纪念的结果——我们多半会被冠以"疯僧"之名。

总之，我们的领导者不仅因时空而异，还因哪种领导作风能让他们的特定角色和位置在一定时间、时刻和背景下卓有成效而千姿百态。然而，我们还是会时常重复提到"强硬的"或"正直的"领导者这种模糊的评价，就好像它们包含着能够复制到不同背景下的公式似的。例如，不可否认，撒切尔和金都是强硬的领导者，但为了取得成效，他们展现出了迥然不同的日常领导力。李在西点军校作为一名年轻的学员时就被称为"大理石人"，因为他非常严格地遵循了美国军队规定的领导力公式。但恰恰在这份清单至关重要的时刻，它被证明是有缺陷的。

把领导力当作一份收罗成功领导者的诸般特质的清单，带来的另一个问题是我们有时会看不到事物的全貌。香奈儿的确具有激发灵感的魅力，但前提是她在工作室里花费了无数光阴。塔布曼确实很勇敢，但如果离开她的基本战术能力，这种勇敢将转瞬即逝。

此外，虽然领导者的特质确实在一定程度上有助于成功的领导力，对这些特质的描述也往往不够准确。例如，李被标榜为决策的典范，但事实是他放弃了他一生中最具战略性和道德意义的决定。即使我们更加忠实地描述一个领导者的特质，对那种有效特质的忠实描述也往往与我们渴求的特质有出入。

例如，你可能会公正地批评香奈儿和迪士尼的专横。然而，如果没了那种居于他们粗暴风格核心的完美主义狂热，他们谁也不会那样富有创造力。正是这种创造力激发了华特的动画师们为他工作，也激发了香奈儿的员工们在她离开 15 年后成群结队地回到她身边。香奈儿和迪士尼作为创始人，他们创立的公司是基于引人注目的品牌而成功，然而他们所宣传的象征符号——温情的华特大叔和冷傲的社交名媛香奈儿，却与他们令人烦躁的微观管理的日常现实相抵触。在通常情况下，我们所称的"好"特质和"坏"特质是一个不可简化的混合物，这些特质通过某种方式累加起来才构成了有效性。

罗伯斯庇尔和扎卡维充其量只是心理学上的异类，但他们的独特人格和对各自世界观的顽固追求使他们的追随者把他们视为纯粹主义者。这种纯粹主义又反过来意味着，尽管他们日常生活的现实不为人知，往往还平凡乏味，他们仍旧成了各自运动的中心。我们可以清楚地看到——但仍视若无睹——这样一个令人尴尬的现实，即有效的领导者往往具有大多数领导力指南要么唾弃，要么认为根本不值得讨论的某些特质。

"公式神话"的真正问题在于我们忽视了以下现实：领导行为是动态的，必须根据不同的情况加以调整。以金为例。从整体上看，他对于是否入狱的选择在逻辑上前后不一致。金不能总是"坚定"或总是"务实"，他必须在不同的时刻两者兼顾。他不断地想要弄清楚他的追随力（followership）和他的使命需要他做什么，结果发现他与自己领导的这场运动一直处于紧张状态。每逢这样的时刻，无论他选择展示哪种特质，或者选择扮演哪种角色，民权运动中都会有一些人认为他的选择是错误的。

关于领导力的神话思维的这第一个根本缺陷，是我们以为能找到某种东西，可以将其归结为一个规定性的理论，或一个具有固定系数的方程。这种倾向之所以富有蛊惑力，既是因为这正是我们看待世界的方式，又是因为领导者似乎如此至关重要。普鲁塔克告诉我们应该努力效法有效的领导者，这必然意味着我们需要了解成功的秘诀。

但是这种神话思维并不止于寻求一种领导力公式。无论过去还是现在，我们都相信领导者在实现令人满意的结果方面具有特殊和非同寻常的作用。而这一点的神话色彩也大于现实色彩。

如今，人们很少用普鲁塔克写的《名人传》一书来装点床头柜，但在 19 世纪，这本书随处可见。《名人传》在美国最热销的时期，销量仅次于《圣经》[14]，这一时期的权威版本是由牛津大学学者阿瑟·休·克劳夫（Arthur Hugh Clough）编辑的，他的全译本于 1859 年出版。克劳夫和苏格兰人托马斯·卡莱尔（Thomas Carlyle）是好朋友，一旦你熟悉了卡莱尔对历史学的可疑影响，两人的这种联系就不足为奇了。[15]

卡莱尔在 1841 年出版的《论英雄、英雄崇拜和历史上的英雄业绩》（*On Heroes，Hero-Worship and the Heroic in History*）一书中，系统总结出了一个久已存在的观点，即具有非凡特质的杰出人物通过互不相关的行动改变了历史的轨迹。事实上，正是卡莱尔创造了“大人物”（great man）这个词——此词源于他现已广为流传的断言：“世界的历史只不过是大人物的传记。”[16]

卡莱尔担心，强有力的、由性格驱动的领导力正在衰退。《论英雄、英雄崇拜和历史上的英雄业绩》一书，是一部对历史名人的总体研究，以一系列讲演的形式呈现。在前四讲中，作者论述了一位神明英雄（奥丁）、一位先知英雄（穆罕默德）、两位诗人英雄（莎士比亚和但丁）和一位教士英雄（马丁·路德）。面对自己的读者，卡莱尔试图让关于英雄人格的观念令人陶醉，他打破了千年间的时间藩篱，让稍早之前的领导者顾盼自雄、兴奋不已。但如此一来，他也扭曲了"大人物"在决定历史进程中的作用。

"大人物"理论的神话无疑具有明显的父权属性。历史记载一直由这种"大人物"所主导，直到最近这种趋势才开始变得平衡了些。尽管如此，即便是历史上的大人物领导者也并不都是男性，埃及艳后克利奥帕特拉和圣女贞德就是经典的反例，本书收录的玛格丽特·撒切尔也是如此。然而，领导力的性别失衡既令人不安又很不健康，这一现象深深植根于领导力的历史之中。

近期的指标显示，我们还任重道远。例如，2015 年标准普尔 1500 指数的首席执行官中男性多于女性，这并不让人意外。但单单是其中名为约翰的男性就多于全部女性，则令人不安。[17] 有足够的数据表明，性别不平等对企业乃至整个社会都会起反作用。研究显示，在性别多样性与组织偏好之间存在一种关系。正如许多关于领导力的研究所示，这通常是一个相关性问题，而不是因果性问题，不过似乎很明显，包含更多女性高级领导者的组织可能会更有优势。[18] 至于其原因，人们已提供了一系列看似合理的解释。

一些研究表明，拥有更多女性领导者的组织有更高绩效，因为女性具有更高的情商，这可以改善人际关系和整个公司的整体健康状况。[19] 如果事实的确如此，那么很少有人认识到了这一点。在麦肯锡（McKinsey）公司 2015 年的一项研究中，一位女性商业领袖针对多元化组织为何可能更有效这个问题，提供了一个简单的解释："女性高管要达到相同层级，必须至少比男性同僚出色两倍才行。"[20]

我们以为领导力存在于个人的秉性、行为和特质当中，性别偏见不过是造成误导的少数几个因素之一。有证据表明，人们在合理化领导者的理想形象方面是多么轻率和肤浅。一项又一项研究显示，一个人成为领导者的机遇与性别、身高甚至脸部宽度密切相关。[21] 郑和被任命为海军统帅，原因之一就是他的相貌预示着他对皇帝的忠诚，600 年后，这还在提醒我们，一切没有太多的变化。

另有一些研究表明，当人们按照并无恶意并且中立的要求，"画出一位有效的领导者"时，他们的素描通常会反映出男性的特征，即使女性拿着铅笔也是如此。[22]这些刻板印象可能在消退，并且在不同的文化中有所不同，但仍然普遍存在。[23]

似乎显而易见，领导职位的性别失衡问题至少部分是我们以领导者为中心的思维方式所致。但它仅仅是这种根深蒂固的领导力观念的众多有害影响之一。大人物理论，顾名思义，鼓励人们成为伟大的个体，而不是鼓励整个组织成为伟大的团队。大人物理论显示其更关注单一领导者的属性而非整个体系的属性；更关注"我"而不是"我们"。

卡莱尔的大人物理论的镜头不仅过度聚焦在领导者身上，它的玫瑰色染色也导致了浪漫化和短视的扭曲。我们倾向于美化我们想要记住的领导者，而不是真实历史中的领导者。领导者的遗产不是实时记录，而更像是一幅画布，我们可以把画布上那些我们认为最好不要进入历史记载的细节涂抹掉。这种聚焦于领导者而忽略领导者周围一切的、片面的"隧道视野"，造就了我们第二个流行的领导力神话，我们称之为"归因神话"（Attribution Myth）。

归因神话基本上是把领导力曲解为领导者运筹划策的过程，基于这个观点，结果主要就归因于那个领导者。当我们判断应该把何种成功和失败归因于领导者的时候，当领导者的追随者对他们有过高期待的时候，我们就看到这个神话在起作用。其结果是，我们典型的领导力框架忽略了领导力生态系统中固有的许多其他因素。我们通常会夸大领导者个人的影响，而忽视了领导力的真正机制与由追随者构成的体系密切相关。

对于撒切尔在她首相任期内的领导力，各种报道常常暗示，她的执政方式就如她是一艘大船的掌舵者，可以海阔天空任意驰骋。不过，与其说撒切尔是一位掌舵者，不如说是地平线上的一颗星，为一艘在惊涛骇浪中颠簸前行的大船指出一条大致的航线。她代表的是一种模糊的愿景，模糊到可能刚刚才越出地平线。

此外，如果没有英国议会制，撒切尔的愿景就无甚意义，这说明了领导者周遭的制度框架的重要性。领导力绝不在于某个个人的能力和影响。为了公正评判，必须不仅在特定的时间，还要在特定的框架中审视领导作风。一个有利的机构背景往往是领导力得到证实的必要条件。

例如，马丁·路德和马丁·路德·金博士都是由成就了他们的崛起和有效性的机构所挑选和网罗的。路德作为一名虔诚信徒加入了天主教神职人员的行列，正是他对自己教会的虔诚促使他去改革他眼中的陈规陋习。他试图从教会内部推动改革，但失败了，这让他将自己重新定位为一个独立于天主教会的领导者。马丁·路德·金博士是在一场已如火如荼的民权运动中崭露头角的。李是从美国军队一级级晋升的，特威德是想方设法登上了塔曼尼机器的顶端，扎卡维是在一场迅速扩散的暴力圣战运动边缘崛起，塔布曼成了废奴运动的英雄，罗伯斯庇尔则只是致力于塑造大革命期间的法国的众多政治家之一。即便是我们的两位更加离经叛道的领导者——爱因斯坦和伯恩斯坦——也需要各自的领域来为他们的开创性贡献赋予意义。似乎显而易见，单独考虑一个领导者时他就无关紧要，然而，这正是我们看待和谈论领导力的通常方式。

在极致情况下，且假以足够时日，归因神话可能会发展为英雄崇拜的一种形式。就郑和而言，这个神话对于现代中国人的民族认同的意义超过了对于他本人。尽管如此，我们还是会在仍有确证空间的历史光辉背后追逐这位英雄，并被他像大力神一样的身形激起兴趣。在这种情况下，我们会有意地接受神话和现实之间的缺口，不仅因为尚不确凿的历史记载提供了理由，而且因为我们喜欢这样做。

在另一个时代和背景下，当科林·鲍威尔在联合国会议上的演讲中21次提及阿布·穆萨布·扎卡维时，我们发现神话偏离了这个人本身。阴差阳错间，美国出手相助，强化了扎卡维的领导力对于美国在中东利益的威胁，继而使得扎卡维更有能力自居为对抗美国领导的驻伊拉克联军的最重要领导者。

杰出英雄的神话几乎都经过了美化，而且肯定不是事态的全貌。想想我们的两位天才吧，他们提醒我们，把效力过度地归因于"孤独的天才"实在是太容易了。但是天才既有着个体的成分，又有着社会的成分，天才的形式和效用是受周围环境影响的。

这前两个神话，即我们倾向于令我们的领导力观过于公式化，并将过多的因和果归于领导者，并不是新的观念。的确，这两个神话在过去的半个世纪里贯穿了关于领导力如何发挥作用的诸多辩论。然而，这些辩论至今仍然悬而未决。

也许这是因为，神话思维还有着一个更深邃的层面，一个我们还没有给予足够关注的层面。

丘吉尔作为首相的第一次全国广播讲话就是以战争为主题。"我们的重型轰炸机，"他宣告，"每天晚上都在攻击德国机械化部队的指挥枢纽，并且已经对纳粹为了统治世界所直接依赖的炼油厂造成了严重损失。"[24]这是丘吉尔典型的无畏作风，尽管此时几乎没有外部观察者相信英国能够或愿意战斗到底。

在1940年的那次演讲，以及其后丘吉尔通过英国人的收音机噼里啪啦传出的、更令人难忘的录音中（如"他们最美好的时刻"和"我们将在海滩上与他们战斗"），丘吉尔的目标是激励那些遭受蹂躏的人民。亲自实时聆听过那些演讲的历史学家们甚至可能难以将传奇与记忆区分开来。72年后，其中一位历史学家写道："他的所作所为，据我对自己

19 岁时心境的回忆，更多是为了产生一种对最终胜利的非理性信念的振奋感。"[25]

丘吉尔独特的讲话方式带有童年语言障碍的一种挥之不去的痕迹。自 1897 年以来，他一直在看医生以获得诊断，甚至一度要求医生对他的舌头做手术，而丘吉尔对此的自我诊断是舌头"打结了"。因此，他努力通过重复"我看不见的西班牙船因为它们还没踪影"这样的短语来解决口齿不清的问题。他非常注意自己的发音，以至于他在写演讲稿时会特意避免这种嘶嘶的"s"音。[26] 这项努力得到了回报，他将用自己的言语的力量打动英国人。

普鲁塔克被演讲术的力量所吸引，把希腊演说家狄摩西尼（Demosthenes）和更为刻板的罗马政治家西塞罗（Cicero）配成了一对。狄摩西尼像丘吉尔一样，也有语言障碍，据普鲁塔克说，这令他"发音不清，结结巴巴"。[27] 为了提高口语表达能力，狄摩西尼对自己进行了一种严格的个人训练。不过，他没有练习绕口令，而是嘴含小鹅卵石说话，边往山上跑边背诵诗文。他的努力也获得了回报，他与西塞罗一样用话语影响了重要的听众。

今天，我们在讨论领导力时，往往要刻意讨论领导者们做了什么，而不是他们说了什么，仿佛这种方法更能洞明世事。这就引出了第三个神话，即"结果神话"（Result Myth），它指的是这样一个谬误，即领导者活动的客观结果比其言语、风格或外表更重要。事实是，当我们仔细观察时，就会发现领导力不仅在于我们的领导者实现了什么，还同等在于他们象征了什么。

对于我们的两位英雄来说，他们的特定行动焕发出了更加深远的意义，因为他们所取得的成果与群体价值产生了共鸣。例如，塔布曼的领导力来源于她令人印象深刻的成功记录，但当其他废奴主义者讲述起她无往不胜的神秘故事时，她便具有更加深远的影响力了。只有回忆到她所解救的奴隶的实际数量仅占 19 世纪 50 年代逃亡奴隶总数的一小部分，我们才明白，她的领导力较少在于她取得的实际成果，而更多在于她的超越期待和她所维持的象征意义。

我们的两个狂热者之所以都成了同样有效力的领导者，是因为他们的主张，而非仅仅因为他们的所作所为。罗伯斯庇尔作为一个民粹主义者而闻名，然而，他正是在无惧大多数雅各宾派同仁的动摇，坚持己见的时刻，才夯实了自己"不可腐蚀者"的名声。而扎卡维则是在条件允许时身赴一线指挥袭击。但是这些行为本身的重要性却比不上他们的行动所传达给追随者网络的价值观，而大多数追随者永远不会当面遇到他们所追随的领导者。

罗伯斯庇尔和扎卡维更多是顺势而为，而非造势而起。他们对各自信条的固执，特别是相比与之争夺权力的其他领导者，让他们聚集起各自运动的能量——当然，直到属于他们的时刻过去，他们曾经利用过的能量令他们粉身碎骨为止。这两个狂热者都更多是作为他们运动的象征，而更少作为其中的决策者，他们成为领导者的原因，是分别反映了一组特定的价值观。

此外也想想迪士尼说服他的动画师致力于制作《白雪公主》的时刻吧。在为他未来最重要的电影而表演时，他不仅在宣示他的愿景，他还体现了他的动画师们决定前来为他工作时为他们自己设定的期望。

为了能够崛起和穷奢极欲，特威德必须履行他对工作，一部新的城市宪章，甚至贿赂的承诺；这些结果很重要。然而更重要的是，他的选民们如何看待他的——他们的态度不仅来自提供工作这种硬通货，还同等地基于权力的动态和认同的影响。1871 年秋，当其他坦慕尼人全都在选举中落败时，特威德的社区选民依然投票让他重揽州参议院席位，这可不仅仅是因为他比其他人更有成效。

就香奈儿而言，这位领导者的整个品牌都是基于她人格的自我强化的吸引力。她的手艺固然很重要，但她公司的成功主要不是因为一种香水的味道或者一种织物的衰落，而是因为女人们想要更像可可的渴望。在这种情况下，领导力仅仅与取得成果间接相关。

马丁·路德·金因其雄辩而闻名，这是名副其实，《我有一个梦想》也许是20世纪美国最令人难忘的演讲。然而，他发言前的全场静默，和他的言辞在演讲中和演讲后留下的不可磨灭的印记，两者向我们透露了同样多关于领导力的认识。他之所以能奉献这种振奋人心的演讲，不仅因为他已成竹在胸，还同样因为这恰恰是人们对他作为民权运动的象征的期望。

再如伯恩斯坦的交响曲。是管弦乐队"制造"音乐，而非指挥者"制造"音乐。尽管如此，指挥家仍然被认为是乐队的领导者，整个乐队中他的形体和外表是观众最感兴趣的。随着音乐变得越来越复杂，管弦乐队越来越依赖作为协调者的指挥家，但也更加依赖彼此对于细微差别和感觉的暗示。复杂性的增加固然意味着音乐是由不同的元素产生出整体的效果，尽管如此，将创造有声和无声的力量视为集于一人之身，仍然更易于理解和更令人满足。

现实中，工作当中的复杂性意味着不仅这位"天才"指挥者和他的合作者彼此受益（这位领导者和追随者之间的工作关系纠缠不清），而且这位指挥者对于观众和他的管弦乐队都有着特殊的意义。这就是为什么伯恩斯坦最后一次指挥波士顿交响乐团演出时，乐团原本可以在没有他的情况下继续演奏，却仍然执意要他回到指挥台上，以便通过他来继续诠释音乐。这位标志性的指挥者是演奏者的完整感和观众的完整感的中转人，他强化了这样一种感觉："世界上有些东西是正确的……它们值得我们信任，且永远不会让我们失望。"

这三个神话的盛行并非由我们第一次发现，其实几十年来学术理论界一直在揭示其中的多种要素。但不知何故，这三个神话的存在遭到了忽视；对它们的讨论局限于那些不适合普通人阅读的文献。一部又一部著作，一个又一个研究，试图引导我们从个体领导者的特质转向由追随者构成的网络间的关系。然而，在我们所认为的领导力与实际运作的领导力之间仍然存在很大的缺口。这是为什么呢？

在这本书完成大半之后，我们才以后见之明发现，这个基本问题有一个出人意料的答案。其实在我们完成这本书的过程中，这个答案的线索无处不在。

我们很难放下普鲁塔克的杰作，然后去查看他认为值得效仿的"十大"品质清单，因为他没有针对如何成为一个有效的领导者而留下这样的"拱顶石"。普鲁塔克的目标并不是为领导者提供一个可以随身带走的标准镜头，他通常明智地避免把他的观察提炼成结论。相反，普鲁塔克希望他的读者们能够自己去探索如何效仿他论述的领导者以及他们美德的维度。因此，普鲁塔克的基本问题是："他的品格是什么？"

这就是我们严重偏离普鲁塔克的方法的地方。我们的兴趣不在于领导者的品格，而是在于领导力本身。我们最初的研究题目就不同：简言之，"他或她是如何领导的？"我们经常提醒自己这个基本问题，当我们一页又一页翻阅每部传记，浏览每个档案时，我们就这样问彼此。"他们是如何领导的？"这个问题似乎不会引发争议，有着速记的客观表象。然而，随着时间推移，我们逐渐发现这个问题实在是荒谬，因为它本身就反映了我们寻求探究的相同神话。

我们这个问题的谬误是，暗示了可以在剥离相关背景的领导者身上找到一个答案。我们在对这个错误问题加以反复探索后，才找到了更加明智的问题，那就是："他们为什么会成为一个领导者？"或者，更具体地说，"到底是什么情形使得这种领导方式卓有成效？"

实际上，我们自己成了证据，证明了大人物理论的蛊惑力，以及转向更切合实际的领导力观念要遭遇的挑战。我们不仅掉入了提出错误问题的陷阱，还试图通过13幅不同个人的肖像，全面研究领导力的360度全景。我们心知肚明却又无法抗拒地违背了显而易见的事实：重温普鲁塔克的《名人传》反倒是助长了那些我们试图揭穿的神话。

对于陷入这种模式的我们所有人来说，教训是，要想调和关于领导力的神话，就不能仅仅敲响这些古老神话的鼙鼓抑或挖掘大人物的坟墓。如此一来，关键问题不仅变成了为什么大人物理论有如此大的毒性，而且变成了：是什么使它如此令人陶醉？

大人物思想有如此大蛊惑力，原因显而易见。正如我们从莎士比亚那里学到的，我们对叙事剧的关注是众所周知且司空见惯的。作为作者，我们再清楚不过了，一部好故事的读者比分析理论的读者多得多。大多数修习领导力的学生更喜欢从一位首席执行官自传的精彩篇章中，而不是从领导力文献的枯燥分析中获取他们的教益。

大人物也提醒我们，我们对个人的自由意志拥有怎样的信念。构成今日西方世界根基的启蒙理想有充分理由坚持认为，个人具有内在价值，是理性和自由思考的存在，有能力塑造自己的生活。我们也是这样看待我们的领导者，并希望他们也拥有大量这类品质。而这一假定很容易就会转化为这样一种信念：是领导者个人成就了万事。

我们除了喜欢故事，并相信我们自身的因果关系之外，还对简单性情有独钟。把世事归结为特定的几个主角的各自行动更能引人共鸣，也能更容易归功和归咎于他们。相比复杂、陌生但通常更准确的叙述，简单化的解释更能令人满意。

现实是复杂甚至无聊的，那种单调的混乱可能不会令人满意。当生活要么变得简单，要么变得具有轰动性时，生活就会更加有趣和怡人。因而我们会乐意接受简单或具有轰动性的解释，而不是准确的解释。

这些富有蛊惑力的思维方式意味着很难让历史大人物让位于更加客

观冷静的现实。重塑我们思维的努力总是举步维艰。因此，与其摆脱这些倾向并且继续与这些神话作斗争——这样只会强化这种神话思维——我们不如另辟新路，以便相对接受，且更能契合这种尴尬的现实。

第十章　领导力的再定义

> 士兵们一见到他，便用马其顿方言向他致意，然后拿起盾牌，用长矛把它击打得震天响，激使敌人出战，因为他们现在有了一位领导者了。
>
> ——普鲁塔克，《欧迈尼斯传》

随着法国大革命如火如荼地进行，法国国王和王后被处决，整个欧洲惊恐地注视着这一切，担心这个病毒会蔓延开来，威胁构成现实秩序基础的君主制。到了 1792 年，多支军队集结在法国边境上，许多人认为那些革命者和他们的事业在劫难逃了。

不可思议的是，他们没有就此倒台。马克西米利安·罗伯斯庇尔和他的雅各宾派空想家伙伴们成功维护了法国的主权，并得以继续他们建立一个新的社会的实验。对许多人来说，这说明了为一项事业而狂热献身的力量——和领导者个人的影响力。

但是，这个故事可没这么简单，因为保卫法国不仅仅是一种意识形态运动。这项伟业还需要法国造的大炮和火枪，而这又取决于充足且优质的火药。18 世纪的火药需要硝石，法国以前是从印度引进硝石。但是在 1763 年，法国在印度的殖民地被英国人夺走了，于是英国人现在相对于自己的宿敌拥有了这项巨大的优势。这使得法国需要制定自己的硝石国产计划。

法国人很幸运。1777 年，化学家出身的发明家安托万-洛朗·德·拉瓦锡（Antoine-Laurent de Lavoisier）写了一本关于如何制订这样一个计划的书，在王国成为共和国后，他领导下的硝石矿国有化体系使得年轻的共和国得以实施反击。拉瓦锡完善了火药生产，优化了最佳比例、工艺和设备，最终将产量提高了五倍。他的创新和由此产生的科学文化，帮助法国在那场大革命中幸存了下来。[1]

然而，在罗伯斯庇尔被斩首的三个月前，拉瓦锡也被送上了断头台。革命者普遍对科学家持有怀疑态度，认为有许多科学家与保王派精英为伍（出于反智主义考虑，他们甚至关闭了王家科学院）。主持拉瓦锡死刑审判的主审法官判处这位英雄般的法国化学家罪名成立，并简洁地陈述道："La Republique n'a pas besoin de savants."——可以简单地翻译为"共和国不需要天才"。[2]拉瓦锡的朋友、著名的数学家约瑟夫-路易斯·拉格朗日（Joseph-Louis Lagrange）悲痛地写道："他们顷刻之间就砍掉了那颗脑袋，而法国可能在一个世纪内也不会再出现他这样的头脑。"[3]

虽然人们通常认为，是罗伯斯庇尔和他同胞的狂热掀起了大革命的浪潮，撕碎了旧制度，推动法国进入了近代，但随着大革命的展开，火药对于保卫法国的领土完整至关重要。这让人们不禁怀疑，使共和国安然无恙的会不会是拉瓦锡那样的科学家，而非罗伯斯庇尔这样的政治家。[4]

通过援引这样一种二元思维来简化复杂的困境是很有诱惑力的，就这个例子而言，便是争论是火药科学还是领导艺术拯救了共和国。这种冲动反映了我们对于以非此即彼的二分法来思考这个世界的偏爱：要么科学要么艺术，要么精英主义要么民粹主义，等等。这样的错误选择随处可见，它们很好地反映了我们理解这个复杂世界的方式，却不能正确反映那个世界如何运作的现实。

这种做法通常是没有说服力的，并且可能是在令人沮丧地自说自话，或是循环论证。举例来说，就算我们选择了其中一方，将力挽狂澜之功归于大革命的领导者们，我们仍然会留有费解的难题。毕竟，拉瓦锡和罗伯斯庇尔之死血淋淋地提醒我们，法国大革命虽然是由他们这样的精英知识分子领导，但大革命也杀死了它视为威胁的知识分子领导者。

在此似乎显而易见的是，错误的选择是无法解决问题的——要么是追随者努力击退强硬的领导者，要么是领导者抛开追随者独自奋战。例如，尽管法国的革命者不惜付出巨大的流血代价，他们萌芽的新共和国还是演变成了拿破仑·波拿巴的独裁统治。拿破仑在摧毁了旧制度下的大部分第一和第二等级后，开启了一个甚至比路易十六时期还要强调精英主义的时代。[5]

拿破仑的出现，在一定程度上是对国王被斩首所造成的合法性危机的回应，因为随之而来无可回避的问题是：法国下一步会发生什么？那些自此告别了王权的人有了一个新出现的机会，可以解开我们认为大人物理论当中所有毒物的枷锁。然而，相比将权力从城堡的高墙内扩散到周围的千家万户，砍掉国王的脑袋还是相对容易。那么，当追随者们不得不自己来决定他们想要生活在哪种政体下时，又会发生什么呢？

我们可以通过将时钟调回更早之前，回到英吉利海峡彼岸更早的一次斩首事件，来寻找答案。

查理一世国王的军队在英国内战中于 1645 年和 1649 年两度被击败，1649 年，他因叛国罪被处以死刑。哲学家约翰·洛克（John Locke, 1632—1704）经历了查理一世被斩首后的 11 年，在此期间英国没有君主。这一时期被称为"大空位"（Interregnum，字面意思是"两位国王之间"），斗争焦点是如何产生权力，以及谁来行使权力。虽然托马斯·霍布斯（Thomas Hobbes）是第一个分析这场战争的政治理论家，但第一个提出"英国下一步会发生什么"这个问题的是约翰·洛克。

洛克的代表作之一《政府论》（*Two Treatises of Government*）得出的结论是：不惜一切代价服从领导者既荒谬又危险，并且最终是追随者的道德失败。毕竟，如果英吉利共和国仍然能够在没有国王的情况下运转，那么，洛克相信，权力的真正来源必定是那些在失去国王后继续发挥作用的追随者。

洛克逐渐认识到，其实是追随者必须判定他们的统治者的权力是否合法，唯有提供了他们需要的实用事物，比如保护他们财产安全的统治者，才能牢固拥有这种合法性。如此一来，洛克有效地将领导者——特别是国王——重新定位成仆人，其作用是为追随者，他的臣民们看管资源。洛克的《政府论》通过提出一个强有力的主张，形塑了随后350年的西方政治领导方法，即我们并非因为我们别无选择才跟随领导者；相反，我们因为他们提供了我们共同需要的东西才赋予他们权力。

尽管洛克的著作把重点转移到了追随者的作用，这意义非凡，但并没有取代关于领导力的"特质本位"思维方式。自从普鲁塔克时代以来，这种理论就假定可以通过研究有效的领导者来发现令他们成功的特质。随之，这种理论认为，理解这些特质就有助于理解谁应该成为一名领导者。

但是到了19世纪，这些针对领导力的"特质本位"方法的不足日益显著。即使是卡莱尔《论英雄、英雄崇拜和历史上的英雄业绩》一书的同时代批评者也抨击道，这样的作品企图鼓励想要成为领导者的人拥有"跳动的脉搏和红润的面颊"，一位评论者如是说。[6] 卡莱尔的批评者认为他在鼓励人们去模仿"画中的偶像"，而非真正的人类。这种早期的批评带来了解放一种过时的领导力观念，纳入对追随者力量的更复杂理解的希望，但它进展缓慢。

行为理论家在 20 世纪中叶引入了"特质本位"领导力的第一个真正竞争对手，他们主张领导力涉及教育；他们坚持认为领导者是后天造就的，不是天生的。[7] 按照这一假设，领导力主要并非内在于一个人的品格，而更关乎习得的行为，因此更容易获得。

不足为奇的是，正是在那个时期，"大人物"似乎在失去一些光彩，想成为领导者的人们也就不再阅读普鲁塔克了。

这一转变适逢二战后的工业化热潮，这为针对工厂工人的管理创造了强烈的需求。在这个新的现实中，领导者现在可以彻底改头换面了。同样不足为奇的是，这一时期兴起了一个以营利为目的的"领导力产业"，旨在培养和发展领导者。随之，这种认为领导力可以传授的看法，仅仅助长了认为领导力是一套可习得的技能的观念。不过，尽管把领导力看作一套习得的行为的思维就其本义而言是民主化的，但它最终在把注意力从领导者个人身上转移开方面收效甚微。

这种向"追随力"的转变直到 20 世纪 70 年代才发生，当时领导力理论随着"仆人式领导力"（servant leadership）概念的到来迈出了另一个重要步伐。与之相应，那些鼓吹和实践仆人式领导力的人是从系统的角度，而非权力自身的角度看待权力，他们谴责强者的命令式影响力具有剥削企图。相反，对于仆人式领导者来说，最重要的是金字塔的底部。事件和结果是由一个特定人群实现的，领导者的工作就是为他们提供他们需要的一切，并营造最有利于集体成功的环境。

最近，领导力理论家们开始谈论一个"后领导力"（post-leadership）时代——在这个时代，使我们得以高效组织起来的是系统，而不是个人。例如，芭芭拉·凯勒曼（Barbara Kellerman）在其著作《领导力的终结》（The End of Leadership）中写道，"历史的大势"就是"近期事件所证明的权力和影响力的下放以及权威的弱化"。[8]

有一个被广泛引用的去中心化变革的例子，据说在 2011 年，是一个街头小贩的自焚抗议和社交媒体的兴起推动了那场自下而上的暴动。[9] 在埃及，在位 30 年的独裁者胡斯尼·穆巴拉克被赶下台，但取而代之的穆斯林兄弟会的穆罕默德·穆尔西，短短 14 个月后就在由阿卜杜勒·法塔赫·塞西领导的一场军事政变中被解职。就像法国大革命的余波一样，对于寻求权力来推动变革的小人物，这是一个令人失望的循环。

无可否认，有时草根行动主义似乎表明，人们可以在没有一位公认领导者的情况下产生影响。然而还有同样多的例子表明，有些人之所以成为领导者，仅仅是因为**他们貌似强大**。如果今天的确是所谓追随者的时代，为什么管理类书架上仍然堆满了关于领导力的指导书籍？为什么我们仍然会相信那些对我们许下明显无法实现的承诺的强者？

2014 年，英国政治家鲍里斯·约翰逊（Boris Johnson）出版了《丘吉尔因素：一个人如何创造历史》（*The Churchill Factor: How One Man Made History*）一书，以纪念丘吉尔逝世 50 周年。约翰逊把丘吉尔赞誉为一根企图亲身阻挡奔驰过欧洲的"纳粹列车"前进的"命运的撬棍"。[10]

尽管约翰逊的书有诸多优点，但仍然在我们以为的"后领导力"时代里支持大人物理论。约翰逊毫不掩饰自己对丘吉尔的崇拜，但他并不孤单，如此多丘吉尔传记所隐含的暗示是，他的领导力彻底改变了战争的结局。

因此，不知何故，大人物理论依然富有生命力。尽管在为追随者赋能方面做出了如此多的理论化和进展，但我们仍然习惯于把领导力看作个人的属性，而非系统的属性。如果我们要超越关于领导力的神话思维，我们就需要弄清楚，为什么经过如此多的掘墓工作，大人物理论还没有被埋葬。

丘吉尔带领盟国战胜纳粹德国十年后，获得了诺贝尔奖，但他没有出席 1953 年的颁奖典礼。丘吉尔夫人代他前往并向瑞典国王行了屈膝礼，这位国王隆重地将一小叠诺贝尔奖奖品交给了她，奖品最上面就是奖章，被浇铸成了丘吉尔 1937 年出版的书《伟大的同时代者》(*Great Contemporaries*)的纯银模型，这首先是表明了丘吉尔获得的诺贝尔奖是文学奖。银书的另一面刻着获奖评语：由于他"精通历史和传记写作的艺术，以及他捍卫崇高的人类价值的光辉演说"。[11]

既有讽刺意味又发人深省的是，20 世纪最受追捧的领导者之一获得了诺贝尔文学奖，并且获奖理由之一还是他的"光辉"演说。这有讽刺意味，因为丘吉尔小时候有语言障碍。它又发人深省，因为它突显了领导力如此经常地取决于沟通和叙事。

丘吉尔不仅通过演讲，还通过写作，甚至基于演讲的写作，精通了沟通技巧。丘吉尔在他最早的文章之一《修辞的支柱》(*The Scaffolding of Rhetoric*)中写道："演说的高潮，要在快速闪现的一连串声浪和生动画面后才能出现。"就如在法国大革命当中一样，我们在这里也发现了艺术和科学，但现在它们在相互碰撞，而不是呈现为一项错误选择。对丘吉尔来说，修辞有一个明确而易于理解的科学维度，但它也包含了一个不那么明确、令人费解的人文维度。事实上，丘吉尔明示，无论从科学角度还是从纯人文角度都不足以理解演讲：

> 对于结构加以如此详细又如此脱节的检查后，留给人的印象似乎是，修辞是一门人为的科学。……经验显示，这个结论是错误的。……将分离时毫无意义，汇聚时却意蕴万千的不同元素加以组合的微妙艺术，只为极少人知晓。[12]

伯恩斯坦在谈到音乐中艺术与科学交融时，也有类似的倾向，很明显，他考虑了音乐魅力的科学维度，并将音乐视为传达人类理想的载体。作为一名作曲家，伯恩斯坦认为，他的使命就是要精通隐藏的科学和更为明显的技艺之间的共生关系。

这种"音乐中的科学"的例子之一，发现于切分音，或对非常规节奏的节拍的使用中，研究表明，正是包括其在内的那种无形事物使得某些音乐风格特别引人入胜。[13] 伯恩斯坦在他的一个电视节目中解释说："所以随着一个个切分，音乐变成了一场非常激烈的拳击比赛，突如其来的左一拳右一拳在你最意想不到的位置和时间击中你，加之这个节拍不断重复，那就解释了为什么当你听到这种音乐时就想随乐起舞。"[14]

当一个有效的领导者在场时，人们常常就像是受到优美的音乐或振奋人心的演说的吸引。即使我们不解其中奥妙，仍旧始终受到富有魅力的领导者的鼓舞。我们不能非常确定地说答案是"科学"，因为对于领导力的存在性问题，它还仅仅是一个拿不出什么有意义答案的粗糙工具。想用超凡个人魅力的魔幻气息来解释它，也同样令人难以接受。

试图解决这个难题，感觉就像是一次注定要失败的旅程。这就好比追问，是哪个独一无二的原因令法兰西共和国在外国侵略面前幸免于垮台。如同伯恩斯坦的切分音，或者丘吉尔的修辞，也许更有力的答案只有通过避免错误选择，接受两个看似对立事物的共生关系，才可以找到。

这样一种方法可能有助于调和关于领导力的神话思维。无论有多少领导力理论试图揭穿"大人物"，让他走下神坛，结果终究是成群结队的追随者继续对他五体投地。难道，就像面对艺术和科学一样，在大人物理论和其任何替代理论之间二选一，其实也是一个错误选择吗？倘若如此，关于领导力的更牢靠答案，就应当诉诸旨在理解其轮廓的第三种方法。

幸运的是，这种方法已有先例可循。特别是，经济学的一个分支最近弥合了自身的经典理论和关于人类实际行为的心理学之间的缺口。

2017 年 12 月 8 日，理查德·塞勒（Richard Thaler）站在斯德哥尔摩的一个讲台前，接受了瑞典国家银行奖（Sveriges Riksbank Prize），即众所周知的诺贝尔经济学奖。他语气轻松地开场："我对引力波的兴趣久已有之。……"观众一阵大笑。随后他更为郑重地向他们讲述了他最早也最简单的实验之一的故事，那是在他于研究生院招待一群经济学家的晚宴上。

宴会开始时，他端上了饮料和一碗腰果。[15] 但是过了一会儿，为了不破坏客人的胃口，他把这碗坚果撤了下来。令他惊讶的是，客人们特意谢谢他这么做，并且表现得特别高兴。这种效应与理论相悖，对一群经济学家来说更是如此，因为传统的经济理论认为，人们更乐意有**更多**的选项，而不是更少的选项。但在这个案例中，情况恰恰相反，这在很大程度上是因为，撤下腰果就解决了自我控制的挑战。

在 20 世纪 90 年代，新古典主义经济学面临着许多这样的难题：理论所假设的"经济行动者"（economic actors）的行为方式，与人类的实际行为方式之间存在诸多缺口。很长一段时间以来，经济学的基础就是"理性行动者"（rational actor）概念，而"理性行动者"的行为方式被假设成可预测的。例如，按该理论，人们对一件商品价格上涨的反应是减少购买量。然而，有充分证据表明，人类的经济选择常常会违背这一简单而合乎逻辑的原则。

解决这种脱节的方法，是将行为科学和古典经济理论的不同领域弥合并交融起来，这个"联姻"将产生出对"理性行动者"假设发起挑战的行为经济学。这个新学科对于解释人们在涉及诸如存钱养老和花钱购物这样简单的决定时，为何以及如何表现出看似不合理的行为，很快就价值非凡。该领域的重要理论家，如塞勒、丹尼尔·卡尼曼（Daniel Kahneman）和阿莫斯·特沃斯基（Amos Tversky），自他们为腰果问题而冥思苦想的时日以来，已经详细指出了影响决策的系统性认知偏差，并针对决策结果何以经常违背传统经济理论绘制出了一张社会系统地图。

经济学和心理学的融合，既是一项巨大的成就，也是一项尚在进行的变革，其间，经济学的一些法则正在得到改写，以解释人类行动者的实际行为方式，而非将其限定于某种理论性和理想性的模型。塞勒写道，古典经济理论的问题在于其高度理想化的本质，而现实是，"我们不像特级大师那样下国际象棋，不像沃伦·巴菲特（Warren Buffett）那样投资，或像食神那样烹饪。……更可能的情况是，我们只会像沃伦·巴菲特那样烹饪（他爱在冰雪皇后餐厅吃饭）"。[16]

关于领导力的理论和神话也不外如是。不仅我们无力像丘吉尔的传奇那样去领导，甚至丘吉尔自己也未必能像丘吉尔的传奇那样去领导。此外我们的理论和我们的耳闻目睹间也存在类似的脱节。举一个简单的事实，领导力理论提倡谦逊的美德，然而高级领导者当中的自恋者比比皆是。[17]

为了更充分地理解领导力，我们需要考量它实际的发生方式。领导力领域需要一场经济学领域所发生的那类变革。最重要的是，应当催生出一个能够更好地解释人类的真实行为的领导力理论。与行为经济学一样，我们需要正视，神话何以继续主导我们看待领导者和领导力的方式。

1979 年，当玛格丽特·撒切尔夫人第一次以首相身份进入唐宁街 10 号时，她宣读了阿西西的圣弗朗西斯（St. Francis of Assisi）的一段祈祷文："混乱处，愿我们带来和谐。谬误处，愿我们带来真理。有疑虑处，愿我们带来信心。绝望处，愿我们带来希望。"[18] 撒切尔所声言的这个道德准则是基于这样的二元思维："我们每个人都要在善与恶之间做出选择，没有什么可以免除我们这份责任。"[19]

撒切尔当然是英国历史上一个特殊时刻的一个独特领导者。尽管如此，她始终在应对领导力当中的持久紧张关系，比如在一个复杂世界对简单性的渴望，在混乱中对安心的需要，以及我们兼得自主权和强硬领导力的经常冲突的渴望。

我们对领导者的期望当中存在这样的矛盾，是因为人性本身就存在类似的冲突。有时我们关心集体，但我们也可能会同等地并不可调和地自利。有时我们会要求公平合理，有时我们会由更加感性的力量所驱使。这些人类固有的二元思维使得领导力如此复杂，并且常常令人如此困惑。

在所有的二元思维中，最轻而易举地吸引人类注意的，是当下的现实与未来的可能性。撒切尔在朗诵圣弗朗西斯的祈祷文时就是在述及这一点，并且彰显了领导力较少关乎**过去或现在**的结果，而更多关乎**未来或预期**的结果。领导力较少由现状，而更多由可能性所牵引，无论后者是呈现为积极的希望，还是呈现为消极的恐惧。人类特别倾向于牵挂自己的未来状态，而领导者们往往会利用这种倾向来施加他们所寻求的影响。

这也许是本书各篇传略间唯一的共同点。我们讲述的许多领导者之所以变得强大，较少因为他们的作为甚至他们的言论，而更多出于他们的追随者经由接受领导者的要求，认为自己**必须**独自或共同完成的使命。他们代表着人类对未来存在状态的希望和恐惧，而他们作为领导者的角色，在于创造一种对于可能事物的切身领会。

例如，我们分析的两个狂热者主要是在混乱时刻充当了指明方向的北极星。就扎卡维而言，在所有暴力和宗教迷狂的背后，哈里发国象征了政治伊斯兰的另一种未来。就罗伯斯庇尔而言，新共和国的许多公民相信他体现了卢梭所启示的**美德**。这个理想本身是不可能实现的，所以许多人至多能做的就是与那个被认为最接近理想的现实代表发生联结。

爱因斯坦这样的天才也是如此，他是物理学界最平易近人的巨子，他拓展了已知事物的界限，以期创造新的可能性。

我们的各篇传略提醒我们，成为成功领导者的人，不一定是那些拥有最佳价值观念或最全面业绩记录的人，而是那些符合人类动机之源的人。这就解释了为什么追随者可能会把注意力转向肤浅但乐观的领导者，或者被夸夸其谈但记录不佳的领导者所吸引。正如我们将英雄作为理想的象征寄予厚望，我们寄望于领导者更多是因为我们对另一种未来抱有希望，或者是因为我们恐惧一种步步紧逼的威胁，而领导者则成了这种希望的寄托者，或抵御这种恐惧的守护者。这是难以抗拒的，甚至必要的，因为希望和恐惧对于牵引人类社会向前发展都不可或缺。

对于我们作为一个物种的全部进化和进步而言，制造神话始终是令我们不断前进的驱动力之一，我们仍然会轻而易举地被帮助塑造我们身份的象征所折服。神话为我们赋予了个人和集体层面的意义。因此，也许我们之所以曾对关于领导力的神话思维感到沮丧，是因为我们还没有看清领导力的本质：使人所以为人的事物的一种反映。

若如此，我们最好是从原点开始，重新审视我们对领导力的基本定义。

在第一章中，我们概述了领导力是如何通常被理解为一种过程驱动、行动导向的实践，它常常被描述为支配一个**群体**走向某种既定**结果**的过程。

换句话说，领导力通常被认为是由领导者执行的某事务，其有效性是通过领导者是否成功动员团队取得期望的成果来加以衡量的。

但以上所述的三个神话表明，这个定义往最好了说也不完整，而且有可能大错特错。这个典型的定义非常直接地助长了归因神话和结果神话，赋予了领导者相当大的因果影响，并以他或她的具体成就来衡量领导者。它也几乎无助于应对领导力在更深层次的复杂性，更别说解释我们对领导力的典型理解和追随者的期望。

以罗伯特·E.李为例，李在道德判断和美国内战的结果方面都失败了，但对许多人来说他却是领导力的一个典型模范。以任何客观标准来衡量，他在道德或结果层面都并不成功。尽管如此，李仍然凭借着他的风格和人格（这是一个衡量学术上的伪史的可靠标准）成了一个传奇的民间英雄。如果我们一味强调这种通常基于结果的定义，那么李就不可能作为领导力的典范长达一个多世纪。

只有当你是一个试图有所成就的领导者时，把领导力定义为一个旨在取得成果的过程才有意义。对于我们中的其他人，我们需要某种定义来说明，为什么我们会以与单纯的组织性结果相分离的、往往不同寻常或令人惊讶的方式去追随领导者。否则，领导力理论不仅会在理论与现实之间脱节，还会在领导者的感知与其追随者的体验之间脱节。

为此，首先，关于领导力的更完善定义应该至少要应对以上所述的关于领导力的三个神话，并阐明它们相应的现实：

1. 领导力与环境相关并且是动态的，因此需要不断调整，而不可归结为一个公式。

2. 领导力主要是具有丰富反馈的一个复杂系统的一种"涌现性"（emergent property）①，而较少是一位领导者所主导的一个单向过程。

3. 领导者对于领导力至关重要，但不是因为我们通常所归结的那些原因。领导力往往更多关乎象征、意义以及领导者为他们的体系提供的未来可能性，而较少关乎他们造成的结果。

---

① 指多个要素组成系统后，出现了新的属性。也就是"整体大于部分之和"。——编辑注

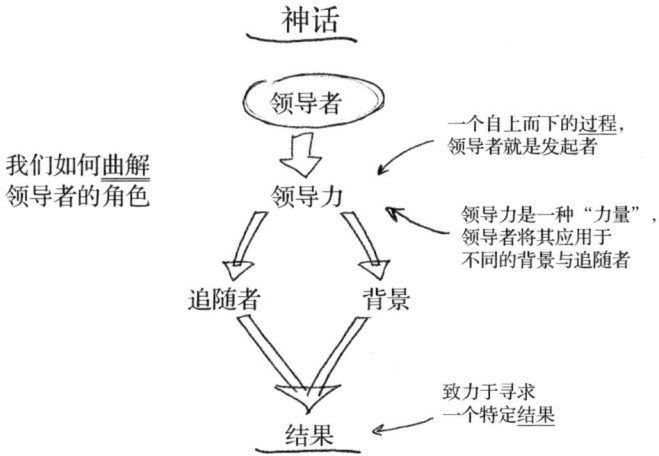

神话

领导者

我们如何曲解
领导者的角色

领导力

一个自上而下的过程，
领导者就是发起者

领导力是一种"力量"，
领导者将其应用于
不同的背景与追随者

追随者　　　　背景

致力于寻求
一个特定结果

结果

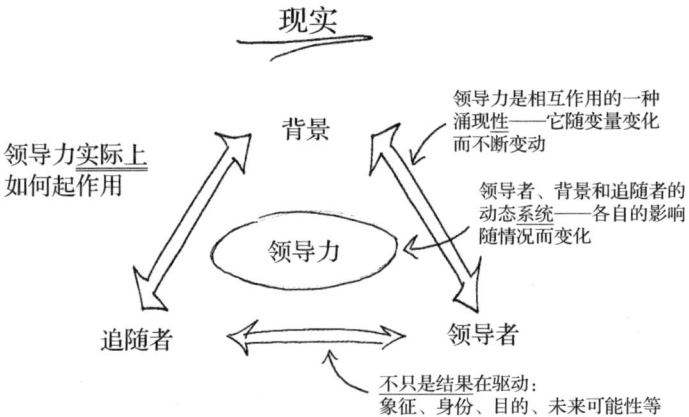

现实

领导力实际上
如何起作用

背景

领导力是相互作用的一种
涌现性——它随变量变化
而不断变动

领导者、背景和追随者的
动态系统——各自的影响
随情况而变化

领导力

追随者　　　　领导者

不只是结果在驱动：
象征、身份、目的、未来可能性等

如果用一个更准确的定义来限定这三个现实，我们或许可以说，**领导力是在一种为其成员赋予意义的特定背景下，领导者与追随者关系的一种复杂系统**。这一含义有时可能会呈现为驱动和取得结果的形式，有时则会呈现为获得某种理解意识、希望意识或认同意识的形式。但是，如果将领导力局限于这个或那个方面，我们就会错过让领导力变得强大的一部分因素。*

这个新定义为我们上述的三个神话提供了新鲜的视角。

首先，它回应了结果神话，并尝试解释为什么我们如此乐于将领导力定义为对特定结果的追求，并且仍然仰视那些辜负我们期望的领导者。人类系统令人惊讶地惯于选择或容忍不道德和不称职的领导者，这是因为他们在其他地方提供了一种不同类型的意义，如社会认同或意识形态归属。领导力，就如人性，往往既聚集于目标**又**依赖于路径。我们甚少止步思考我们为什么要追随领导者，以及我们这么做究竟是为了他们提供的目标感，还是为了他们能够提供的结果。在某些情况下，我们认为我们需要一个象征，而在其他情况下，我们需要一个实干家。在现实中，尽管结果神话盛行，但若二者仅有其一，并不足以满足需要，至少长期而言不能。

其次，它回应了归因神话，并将领导力描绘为一个关系网络，同时又顾及了领导者在该网络中仍然至关重要这个事实。此外，它从单向的因果过程，转向了作为一个系统的一种属性，并受到推动系统运转的多种多样因素影响的领导力。

---

* 精神分析学家、人类学家迈克尔·麦考比（Michael Maccoby）表达了类似的沮丧，即将领导力视为激励追随者实现最终目标的过程或一个人来加以探讨，总是会事与愿违的。与此不同，他提议："关于一个领导者，只有一个无可争辩的定义，那就是人们所追随的某人。……领导力总是意味着领导者和被领导者之间的一种关系，而这种关系只能存在于一定背景中。"迈克尔·麦考比，《我们需要的领导者：是什么让我们追随他们》（*The Leaders We Need: And What Makes Us Follow*），Boston: Harvard Business School Press, 2007, xvi—xvii。

再次，它回应了公式神话，并非常直接地解释了领导力之所以不能被规范化，正是因为有效的领导力只有在一种特定背景下才有意义，而背景总是在变化。不仅不存在"正确答案"，而且有效的领导力往往呈现为两种看似矛盾的行为的共生关系，因此它必然不能被提炼为"正确的"领导力类型。例如，这有助于解决这样一个谜题，即谦虚而脆弱的领导者有可能与表现得坚强而自信的领导者同样有效，因为我们更愿意承认，这个明显的悖论的双方都是真实的。

最后，这种领导力观也说明了什么使得领导力既如此不可或缺，又如此令人困惑。领导者不可或缺，因为我们倾向于通过个人（他们组织成各种结构从而满足集体需求）来理解世界。在当今的数字化时代，这一点尤其重要，因为人类学习和有机智能仍将有一个独特的用武之地，正是在这个持久的领域，领导力仍将备受珍视。

总之，这种领导力观扩展而不是削弱了领导力；它有助于我们理解世界，维持我们的共同身份，并对更美好的明天怀抱希望。就像领导力本身一样，我们对这些象征——意义、身份、希望——的需求是我们人性的重要部分，很少有人认为人性是如此简单。接受我们复杂的自我，使得我们认识到领导力也必然是既令人费解，又永远鼓舞人心。

改变我们对领导力的定义和思考方式，应该有助于纾解我们面对关于领导力的神话思维时，以及面对我们所谈论的领导力和体验的领导力之间的惯常脱节时的某种沮丧之情。这个新的定义对领导者、追随者以及我们中间那些学习领导力的人也具有实际意义。

作为某个系统的一位驱动者，领导者应该改变他们的思维模式，把自己看成一个网络中的一个节点，而不是一个三角形的顶端。作为一个节点，他们从单纯的决策者转变为一个更强大的培育者，并且既充当一个自下而上的服务者，以成就行动，又充当一个自上而下的象征，以激发和提供意义。如此一来，领导者需要接受再培训，并且应当认识到自己要同时履行这两项职能。

此外，由于这个网络的复杂性，行为不仅需要得到调整，而且常常还会横跨一组明显的矛盾的两面。对领导者而言，关键在于读透形势，知道如何以及何时根据动态的诸多细节来对行为加以调整。

领导力的这个方面，连同影响人类行为的科学，解释了为什么领导者善于关注那些通常不被视为领导力的要害的因素，比如说利用讲故事的方法甚至是他们的仪表。如果我们把更多的行为科学引入领导力，我们英雄们的遗产和传奇就会不无裨益地提醒我们，为什么那些既帮助理解又带来神秘感的叙事，可以成为一种强大而令人信服的影响力形式。

这一切都意味着领导力远比我们所认识到的更富挑战性，并且领导者必须更加清楚地认识到他们所承担的重负。领导力既不迷人又不直截了当。即使在最积极的情况下，它也令人痛苦和困惑。因此，它也不是每个人都能肩负。

对于追随者而言，教训不只是破除神话思维，还包括认清我们的领导者的偶像化和浪漫化。为了这个目的，追随者应该承认领导者难免犯错，并且要进一步意识到他们的局限性和我们过高的期望，即便领导者作为意义的象征和守护者而价值非凡。如此一来，追随者最好是积极将信息、反馈和建议往上推送给领导者，而不是被动等待决策和指导向下传达。简言之，追随者的行动机制应当是一个推动系统而非一个牵引系统。

这个概念的一个逻辑延伸是，要求追随者实行反向问责，或者说追随者向领导者问责的过程。这种领导力观意味着，领导者的操作参数通常是由追随者定义的，并且一个领导体系的真正效力取决于追随者。如此一来，追随者应当更加乐于去形塑和限制其领导者的风格。

对于那些以研究领导力和训练领导者为业的人来说，这也意味深长。我们介绍的 13 个人几乎都没有接受过任何正式的领导者训练。早在现代领导力产业兴起之前，领导者就已经在各种各样的背景中找到了领导的路子。很多人只不过是因缘际会担负了这个角色，或者被动地被推举为这个角色。对于其中大多数人，没人能告诉他们如何为这些角色做准备。

不过，正如这种领导力观并不意味着领导者不重要，它也不意味着领导者不应该接受训练。相反，它显示对领导者的训练仍然必要且重要，只不过如何训练和培养领导者应该得到重新审视而已。特别是，不应该给予领导者一份特质清单。相反，领导者应该把领导力作为一个系统来理解，将自己视为该系统的驱动者，并学习如何根据该系统的需要来调整他们的领导方法。

最后，也最重要的一点是，如果我们开始从这个新定义的视角看待领导力，就有了进行更广泛变革的机会。也就是说，有可能重新唤起这样一个期望，即领导力的职能是推动人类的全面进步。基于结果的领导力往往只关注最终损益，试图在实现使命和照顾好追随者之间达成一种可感知的权衡。而通过这个新的概念视角，我们大可摒弃这类非此即彼的思维方式。与之不同，这两者将呈正相关，我们也能更容易地看到，社会繁荣如何与全员的成就感相关联，组织单位的有效性如何与士气相关联。将领导力重新定义为某个人类系统的驱动力，就以一种更积极的方式令繁荣和生产力再次联结起来。

最重要的是，重塑我们对领导力的定义，有可能减少我们面对理论与现实之间形形色色的脱节时的沮丧和困惑。我们不会很快放弃我们对领导力的过分追求，也不应该减少我们对社会以及我们赋予其领导者的使命的期望。但是，我们应当开始将领导者视为我们的一部分，并将我们自己视为解决方案的一部分。

在曾属于法国殖民者的城市新奥尔良，有一座 68 英尺高的瞭望塔俯瞰着这座城市，从 1884 年建塔起到 2017 年，如今已光秃秃的塔顶上曾装饰着一座罗伯特·E. 李的雕像。这是李为数不多的几座没有骑马的雕像之一，与这样一个窄小的基座十分相称。与骑马雕像不同，他的这副形象笔直站立，双臂庄严地交叉，在制服下可以看到一双齐膝的马靴。这座通体白色的塔楼，是众多这类大理石和混凝土遗迹之一，它们都标志着针对李的遗产的争议和粉饰。

在大西洋的彼岸，在法国首都，数十座法国领导者的雕像如同哨兵般矗立，俯视着巴黎卢浮宫博物馆著名的玻璃金字塔。拿破仑的雕像矗立在那里（庭院正是以他的名字命名），卢梭的雕像也矗立在那里。不过，在那里或巴黎的其他地方却都找不到马克西米利安·罗伯斯庇尔的纪念像。就如李一样，罗伯斯庇尔的遗产也备受争议，在法国首都唯一以他的名字命名的地标是一个地铁站。

尽管罗伯斯庇尔的雕像引人注目地不在拿破仑庭院，一座安托万·劳伦特·德·拉瓦锡的雕像却自豪地矗立在那里，守卫着卢浮宫。它的雕刻者雅克-奥纳尔·梅利特（Jacques-Léonard Maillet）也相当有名，他在 1847 年获得了享有盛誉的罗马大奖（Prix de Rome）① 奖学金。[20] 梅利特恰如其分地刻画了一位陷入沉思的拉瓦锡，只见他双臂交叉，右手拿着一支羽毛笔，左手握着一卷羊皮纸。

梅利特也是一位研究普鲁塔克时代盛行的希腊风格雕塑的学者，而普鲁塔克本人也对雕刻家和雕塑之间的关系颇感兴趣。普鲁塔克在他的伯里克利传略中就思索了为什么我们会仰望某些男人和女人，以至于要把他们刻成石像（在他那个时代），并将其放置在基座上。

普鲁塔克尤其指出，艺术观察家往往青睐表现对象更甚于青睐艺术

---

① 由法国政府颁发的一项著名艺术奖学金，于 1666 年由路易十四设立。——编辑注

家。[21] 再真实不过的是，拉瓦锡在历史上比梅利特更负盛名，而萨瑟兰最广为人知的就是丘吉尔对这位艺术家的作品的憎恨。

真正的教训是，我们以为我们看到了什么——在艺术品或一位领导者身上——往往比现实更加影响深远。例如，李作为一名领导者的遗产越来越体现在他如何被描绘成一种象征，而较少体现在他作为一名前军事将领的表现。这再一次证明我们所说的领导力可能会与背景密切相关，并会随着时间推移而变化。但它更为有力地证明了，领导力与人类系统获得意义的方式不可分割。

这就是领导者在整个人类文明中无处不在，并且在每个文化中都以某种形式表现出来的部分原因。他们是变化的脉搏。他们创办公司，发明创造；他们领导民族、法庭和国家；他们使别人快乐和满足，沮丧和孤独，充满希望或备受鼓舞。

普鲁塔克至今仍然如此引人入胜的原因就在于此。虽然他似乎常常显得遥不可及，使用的是一种与我们现代世界的紧迫问题相隔了许多世纪的漫谈风格，但他的故事的永恒性却贯穿了两千年，让我们感受到人类经验中似乎无法消解的、永恒的真理和沮丧。

普鲁塔克让我们不仅注意到我们对领导者的痴迷，还注意到这种痴迷几乎经久未衰这个事实。即使是那些并非领导者的人，也争相寻求领导力所要求的重任。17 岁的大学申请者们也热衷于确保他们的申请材料中充满了在"领导"位置上表现出的能力。

其原因一目了然。日甚一日，领导者在获得越来越多的报酬、越来越多的认可和越来越多的纪念。鉴于领导力、权力和富裕之间目前存在的关联性，许多人渴望获得领导职位。很难判断这一趋势是否更多反映了我们认为领导者确实至关重要因此值得拥有，抑或是否领导者只是越来越善于从中得利。无论怎样，我们对领导力的痴迷即使没有继续加深，也未曾变化。

我们这么说，是因为充分意识到了生活在一个"后领导力时代"的逻辑。但我们也认识到，随着人类社会变得更加复杂，领导者对于这些社会只会更形重要。因此，如果我们不能对更清晰地认识到何以如此，以及为什么他们仍然对我们至关重要，那么关于领导力的神话思维将成为日益增长的沮丧之源。

人们不禁好奇，普鲁塔克在今天会写谁，以及他会如何描述这位现代领导者。普鲁塔克的散文很可能还会绘声绘色地提醒你，为什么他自己成了历史上的大人物之一，但也会坦然地承认，他也就是一个凡人而已。

尽管许多人不会同意罗伯特·E.李或马克西米利安·罗伯斯庇尔堪称榜样，但普鲁塔克可能还是会选择他们。时代已经变化，战斗已经结束，我们大多数人表演的舞台上已经没有那么多阴谋诡计。尽管如此，如今站在基座上的众多男性，和少之又少的女性，仍旧反映了我们获得意义的方式，他们通常是充当了我们作为一个社会而共同支持或摒弃的价值观念和美德的象征。有些是好人，少一些的是坏人，大部分则好坏兼具。

在决定这些领导者应该被当作英雄、凡人还是恶棍被载入史册的拉锯战中，我们仍然会举棋不定。与其同面前的错误选择纠缠不休，我们不如选取第三种方式，承认领导者相比我们通常的认识既可能更重要，又可能没那般重要。普鲁塔克的遗产提醒我们，即使把旧日的领导者推下基座，我们所竖起的基座依然会屹立不倒。

后　记

> 科学必须始于神话，始于对神话的批判。
>
> ——卡尔·波普尔（Karl Popper）

　　我母亲曾读给我听的那本希腊神话儿童书，现在已经有差不多90个年头了，书封用老化的胶带勉强固定在一起。书里所讲述的故事，那些吸引我的故事，就更古老了。但我现在还是很喜欢那些故事。故事用简单明了的方式传达了这样一个观念：美德、英雄主义和荣誉会得到回报。我一定程度上希望，也许至今仍然相信，它们是真实的。

　　普鲁塔克的杰作《名人传》一书比我那本橙色的书古老得多，几乎和我喜欢的神话一样古老。它吸引了一代又一代人。普鲁塔克在他的各篇传略提供的娱乐和灵感之外，还传达了一个令人欣慰的讯息，即领导者是帮助撬动历史的关键支点。只要找对了领导者，其他一切就水到渠成了。

　　将普鲁塔克的观点视为他的复杂身份和经验的自然结果，是富有裨益的。出生在德尔斐城（Delphi）附近 ① 的希腊公民普鲁塔克，是希腊

---

① 普鲁塔克出生在德尔斐以东约 80 千米的喀罗尼亚（Chaeronea）。——编辑注

城邦文化的产儿。在这种文化中，领导者个人在当地社会众所周知，并对当地社会负责。普鲁塔克原本只会接触到那些在受到当地社会严格监督的有限舞台上发号施令的领导者。但随着时间的推移，并有了当时世界新超级大国——罗马的第一手经验，普鲁塔克的领导观进化了。他接受了强大的、四通八达的罗马帝国的公民身份及其扩张主义观点。他开始在一个无论其规模还是复杂性都急剧扩展的舞台上观察领导者的所作所为。

与雅典、斯巴达、科林斯和希腊的其他伟大城邦不同，罗马的领导者个人不能亲自主导这种复杂的环境，也不能在他们面对的每个新环境中施展相同的领导作风。随着罗马的理念和疆界的扩张，罗马的领导者不得不加以适应，并寄望于由他们的新生态系统相互关联的本质和巨大规模所提供的机遇。

最重要的是，罗马的领导者必须认识到不同的罗马公民是如何看待他们的——罗马公民并不由一个共同的宗教、种族、语言或文化维系在一起，罗马军团行经的每一方水土养育了不同的公民。如何精心编排关于罗马的伟大领袖的故事，变得和元老院中的雄辩，或者守卫边疆抵御入侵蛮族的战士同样重要。普鲁塔克横跨了这两个世界，既看到两者的共性，但也愿意正视变化。普鲁塔克的世界已然变化，对其间领导者的要求也就随之变化。

像普鲁塔克一样，我的观点也随着年龄、职级和责任的改变而改变，并同样与一个现代的世界发生了碰撞。曾串联起久远的罗马世界的道路、船只和法律，因技术和千百年来日益紧密的互动而更是今非昔比。速度、公共性和网络时代显而易见的变化无常，改变了领导力的节奏和给人的印象。在一名军人的服役生涯里，变迁实在令人震惊，并且常令那些亲历者错愕不已。

虽然我必须在一个无可否认更广阔、更复杂的环境中作战，但我以为自己——或者至少理应——做好了准备。按大多数标准，我都是一个胜任的领导者。我曾在西点军校接受教育，在本宁堡受训，经历过无数挑战的锤炼，并领教了一系列了不起的领导者的垂范。我专业技能娴熟，经历了一支庞大军队的几乎每一个层级。我通常能察觉到风险或机遇，然后足够果断地采取行动，从而激发信心。面对士兵，甚至他们的配偶，我学会了如何引导他们和激励他们。无论我要去何处，年轻的战士总会跟随着我——或者心甘情愿地冲在我前头。

尽管如此，实施领导仍然困难重重，而且从未容易过。阅读历史、模仿成功的榜样、听取他人的建议，能够有所助益。但是它们提供的智慧和解决方案从不能真正若合符节。一次都没有过。

我以及我所跟随或领导的人所迎接的挑战，就如变幻无常的变形怪一样不断变化，创造出一系列独特的、永不重复的组合，进而需要相应的独特解决方案。预先制定的解决方案从未奏效。

尤其是当我所遭遇的环境日益提速、越来越复杂，各种问题交织在一起，个性鲜明的人似乎越来越多，此时，既要做我被培养成的那种领导者——拥有清单上列明的可贵特质和行为——又要保持真正的有效性，就经常发生冲突了。作为一名年轻军官，我被灌输的作战法则是："如果一个蠢办法奏效，那么它就不蠢。"随着时间推移，我遇到了差劲的领导方式也适用的不少情况，便自问："如果一种差劲的领导方式奏效，那么它真的差劲吗？"我见过无数领导者接受了这样一个前提：结果是衡量领导者的有效性的最佳标准，也是唯一的真正标准。

很容易理解他们为什么会这么想。19世纪的一艘海军战舰，如纳尔逊海军中将的"胜利"号要想有效运转，舰上850名水兵必须遵守的可怕纪律通常都包括定期残酷鞭打表现不佳的船员。即便是今天，首席执行官们也很快就会明白股东们最终还是对利润最感兴趣。虽然遵循一个清单或一种公式化的领导方法从来都不是舒适之选，但"成败论英雄"的态度也不是。

我以往的决定和行为都得到了来自不同观察位置的审视，其中每个位置的视角都不相同。我经常由于同一种领导方法被诅咒、赞扬或忽视——因为令人不安的现实是，其中每一项评价从观察者的独特角度来看都可能是绝对正确的。就连我对自身领导力的个人判断，也常常自相矛盾得令人发狂。我可能会为同样的行动既骄傲又尴尬，或是对看似毫无疑问的成功战例而不满和不安。

作为一个领导者的成功，也会随时间的推移而呈现出不同的样貌。所采取的行动可能在近期是积极的，但在较长的时间范围内来看却有害。在有些情况下需要专注当下，但拥有着眼长远的勇气也弥足珍贵。

多年来我一直在力求掌控有效领导力的技艺，最终却认识到，领导力是一个不断移动的目标。今天的完美解决方案，到明天就可能令人大失所望。同一个问题的正确答案也会改变，这让人觉得不可能也不合理，但事实确实如此。做一个好领导者是一段旅程，而不是一个目的地，这让人深感荒谬，但事实确实如此。

几年前，在多次尝试运用类比来解释爱因斯坦的狭义相对论之后，我认识到我根本理解不了这个理论，而且永远理解不了。这有点令人恼火，但还算可以接受，因为我不是物理学家。但我理当成为一个领导者，但凡在努力实施领导的过程中遭遇类似的挫败，总会令我深感不安。

最后，我实现了一个和解。我永远也无法掌控领导之道，但我永远不会停止为此而努力。面对不确定性和变化，我会力求适应我所能驾驭的情境，忍受我所不能驾驭的情境。我发现，成功并不总是意味着你做对了，失败也并不意味着你做错了。

1941 年，23 岁的泰德·威廉斯（Ted Williams）在一次双重赛中凭借 8 打数 6 安打，戏剧性地结束了本赛季，并实现了创历史纪录的

0.406 的赛季平均打击率。这个成就令人惊叹，但我仍提醒自己，他创造历史的平均打击率仍然意味着，他有接近 60% 的击球失败了。

我们不可能掌控领导力的所有变量，从而确保达成一个完美的结果。归根到底，你至多能做的就是提高成功的概率。失败在所难免，但成功总是需要接受风险。我发现，我充其量能做的，就是相信自己的承诺，但决不太相信自己左右结果的能力。

是否担当领导者，我们可以自己说了算。我们通常控制不了自己的成败，也控制不了我们的所作所为要经受的毁誉荣辱。不过，我们可以控制我们一心一意**想做**的事情，或许我们应当希望的是，人们能据此来评判我们。

致　谢

　　若非我们在创作本书的早期幸运地找到了一个由三位能力超群的研究助理组成的团队，这本书不可能得以出版。这本书的一字一句既是我们的辛勤结晶，也是他们的辛勤结晶。

　　哈里·贝格是牛津大学和伦敦大学学院的毕业生。2017 年，我们在哈佛大学做研究员的时候，他的导师梅根·奥沙利文把他介绍给了我们，为此我们深感幸运。这本书快速纵览了 13 个人物的复杂生平经历。若非哈里的严谨治学，我们或许只会浅尝辄止，因为他总是迫使我们深挖细掘。

　　查尔斯·古德伊尔毕业于耶鲁大学，是《一个使命》(*One Mission*)的合著者。他的稳重和经验给了我们信心较快完成这本雄心勃勃的书。选择哪些领导者加以论述是我们最艰难的任务之一，而查理十分善于推荐有趣的人物。

　　迪克斯·斯基拉奇在帮助我们撰写这本书的时候，还是耶鲁大学的一名大四学生，在我们刚好进入文字加工阶段时毕了业。她几乎每星期都要往返于纽黑文与亚历山德里亚之间，践行这样一种承诺，非特殊之人不可。迪克斯坚持让我们整个团队以故事的形式来传达我们的主张。如果我们写出了一本有阅读趣味的书，要多多感谢迪克斯。为此，我们对耶鲁大学杰克逊学院的吉姆·莱文森深表谢忱，是他向我们介绍了这位精通写作技巧的年轻迷人的女子。

　　我们接下来要感谢的是一些作家——他们大多都是传记作家——我

们已经在每一章提到他们的作品。我们尽可能做原创性的研究，但他们的研究成果总是帮助我们奔往正确的方向。

几位专家给了我们面晤的机会并审阅了相关章节。我们感谢加里·加拉格尔分享他对南北战争和罗伯特·E.李的洞见，还要感谢理查德·卡沃丁把我们引荐给了他。黛安娜·科尔莫什-布赫瓦尔德主持"爱因斯坦全集计划"（Einstein Papers Project），我们很感谢她与我们交流，以及她的团队所做的重要工作。露丝·莱昂慷慨地把我们这个音乐盲团队引荐给了古典音乐界，帮助我们理解了伦纳德·伯恩斯坦。彼得·麦克菲和詹姆斯·辛普森帮助我们理解了初涉者难以把握的两个时期——法国大革命和欧洲宗教改革——并且两人都花了相当长的时间分别审阅了本书关于罗伯斯庇尔和路德的章节。弗林·克拉蒂也是路德传略不可或缺的审稿人，而美国国会图书馆的埃里克·弗雷泽则引领我们参阅了他们涉及法国大革命的馆藏。与约比·沃里克的交谈对于我们理解阿布·穆萨布·扎卡维此人绝对必要。瓦莱丽·汉森的帮助使我们关于郑和的章节比初稿更加精确。凯特·克利福德·拉森格外亲切，格外关心自己的时代，她致力于讲述关于哈丽雅特·塔布曼的故事，这使我们的书变得更加充实。肯·阿克曼是个很棒的午餐伙伴，他关于特威德老板的专业知识，帮助我们把后者当作一个领导者来理解。尼莱·加德纳、特德·布罗蒙德、蒂姆·兰克斯特爵士和查尔斯·鲍威尔勋爵帮助我们提炼了玛格丽特·撒切尔半个世纪的英国政坛生涯，有时还是来自一手经验。亚历山大·施文尼克向我们无私分享了他关于普鲁塔克的所有专业知识。戴维·加罗指导我们探索了马丁·路德·金领导民权运动长达12年的历程。

科林·艾伦、马蒂尔达·阿斯皮纳尔、托比·休林、萨拉·鲍塔尔、卡罗尔·J.奥亚、玛丽-何塞·克拉维斯、阿利克斯·巴克菲尔德·德·拉罗什和沙恩·赖纳·罗思都分别审阅了他们所专精的章节。埃米尔·辛普森、阿拉蒂·普拉巴卡尔、特迪·柯林斯、迈克尔·麦科比、杰弗里·普费弗、简·拉瑟福德、查尔斯·奥赖利、汤姆·里克斯、尼尔·弗格森、约翰·加迪斯、格雷格·赫维茨、芭芭拉·埃格斯、彭妮·伊斯梅和沃尔特·艾萨克森分别审阅了手稿的不同部分，他们的反馈总是特别有益。巴拉克·奥巴马总统和乔治·W.布什总统接受了我们的采访——他们的智慧和慷慨令我们十分感激。本书所有的不足之处，都是作者的过错。而书中但凡有些许真知灼见，都可能是因我们得了很多帮助才将其形诸笔端。

萨姆·艾尔斯，一位才华横溢的陆军中士，给予我们的帮助使得关于扎卡维的章节更具可读性。菲尔·卡普兰除了对这一章给予帮助之外，还为我们提供了借镜普鲁塔克的体例的最初想法。我们是在格雷格·贝尔曼和 NationSwell 委员会主持的晚宴上开始讨论这本书。贾森·福里斯特、伊兰娜·达菲和纽约大学退伍军人未来实验室（Veteran Future Lab）的克雷格·威尔逊帮助我们在布鲁克林获得了办公空间。卡罗莱娜·麦克费尔和罗斯·金翻译了一些法语文件。吉恩·索普、凯瑟琳·朗和莉娜·坦在地图和图片方面给予了帮助。埃里克·鲁滨逊则提议我们写哈丽雅特·塔布曼。

我们很高兴能与一个优秀的编辑团队合作。阿德里安·扎克海姆在为大胆的想法提供坦诚建议，并帮助作者对自己正撰写的书更加自信方面，堪称大师。布里亚·桑福德不得不仔细梳理无数版手稿，她的认真负责态度从未松懈过。我们感谢海伦·希利和其他所有为我们的书稿润色加工，使之更具价值的人，当然还要感谢玛戈·斯塔马斯和她的团队。

最后，我们还要向我们的家人表达一份感激之情。其中两位作者，谨向在我们完全沉浸于阅读和写作时照料家事的亲人表示特别的谢忱。最重要的是，每位作者都非常感激我们的妻子——安妮、梅根和卡拉——她们忍受了大清早的电话搅扰、我们周末的远离，以及其他许多带给家庭生活的烦心事。

注 释

第一章 神话思维

[1] Plutarch, *Plutarch's Lives*, ed. Arthur Hugh Clough, Modern Library Paperback Edition, vol.2(Toronto: Random House, 1992), 221.

[2] Fernando Lillo Redonet, "How Julius Caesar Started a Big War by Crossing a Small Stream," *National Geographic History*, April 2017, www.nationalgeographic.com/archaeol ogy-and-history/magazine/2017/03-04/julius-caesar-crossing-rubicon-rome/.

[3] Plutarch, *Plutarch's Lives*, 2:235.

[4] Plutarch, *Plutarch's Lives*, 2:235.

[5] William Shakespeare, *Julius Caesar*, ed. David Daniell, The Arden Shakespeare, Third Series(London: Thomson Learning, 2000), act 3, scene i, line 77.

[6] Christopher Jackson and Lin-Manuel Miranda, "One Last Time," *Hamilton*(Original Broadway Cast Recording), accessed June 11, 2018, https://genius.com/Lin-manuel-miranda-one-last-time-lyrics.

[7] The Rockefeller Foundation, Lin-Manuel Miranda: "The Tough Lesson of Leadership," *Insight Dialogues*, accessed June 10, 2018, www.youtube.com/watch?v=ku9zotAkF3c.

[8] Plutarch, *Plutarch's Lives*, 2:221.

[9] Shakespeare, *Julius Caesar*, act 3, scene i, line 77. 文学研究者 David Daniell 注意到，类似的短语出现在苏维托尼乌斯 (Suetonius) 的希腊语著作中，而 "Et tu, Brute" 最早记录于 1595 年。

[10] Plutarch, *Plutarch's Lives*, 2:242.

[11] Corey Kilgannon, "Crossing the Delaware, More Accurately," *The New York Times City Room*(blog), December 23, 2011, https://cityroom.blogs.nytimes.com/2011/12/23/a-famous-painting-meets-its-more-factual-match.

[12] Ron Chernow, *Alexander Hamilton*(New York: Penguin Books, 2005), 505.

[13] Bernard M. Bass and Ruth Bass, *The Bass Handbook of Leadership: Theory, Research, and Managerial Applications*, 4th ed. (New York: Free Press, 2008), 15.

[14] Joseph C. Rost, *Leadership for the Twenty-First Century*(New York: Praeger, 1991), 44.

[15] David Reimer, "For the Board, Leadership Is a Risk Factor," *Medium*(blog), September 13, 2016, https://medium.com/@david.reimer/for-the-board-leadership-is-a-risk-factor-why-that-matters-now-more-than-ever-d005d32bfcdf.

[16] Alexander Hamilton, "To Major General Horatio Gates," November 5, 1777, U.S. National Archives, https://founders.archives.gov/documents/Hamilton/01-01-02-0335.

[17] Alexander Hamilton, "To George Washington," January 29, 1778, U.S. National Archives, http://founders.archives.gov/documents/Hamilton/01-01-02-0353.

[18] Alexander Hamilton, "Alexander Hamilton Papers: Miscellany,-1820; Military Papers; By Period; American Revolution, 1775 to 1783; New York Artillery Company Pay Book, Includes Notes by Hamilton on a Variety of Subjects, 1776, Aug.-1777," 1776, Library of Congress, https://www.loc.gov/item/mss246120811/, Image 146.

[19] Thomas H.Russell, *Life and Work of Theodore Roosevelt*(L.H. Walter, 1919), 260, www.theodore-roosevelt.com/images/research/scholars/trlifeandwork russell.pdf.

[20] Erica Benner, *Be Like the Fox: Machiavelli's Lifelong Quest for Freedom*(New York: W.W. Norton, 2017), 34, 165—66.

[21] G. J. Barker-Benfield, *Abigail and John Adams: The Americanization of Sensibility*(Chicago: University of Chicago Press, 2010), 230; John Adams, "John Adams to John Quincy Adams," October 4, 1790, http://founders. archives.gov/documents/Adams/04-09-02-0067; Thomas Jefferson, "To John Quincy Adams," November 1, 1817, U.S. National Archives, http://founders. archives.gov/documents/Jefferson/03-12-02-0120.

[22] "Plutarch & the Issue of Character," *New Criterion*, December 2000, https://www.newcriterion.com/issues/2000/12/plutarch-the-issue-of- character.

[23] D. A. Russell, *Plutarch*(New York: Charles Scribner's Sons, 1973), 103.

[24] Plutarch, *Plutarch's Lives*, ed. Arthur Hugh Clough, trans. John Dryden, Modern Library Paperback Edition, vol.1(Toronto: Random House, 1992), 202.

[25] Russell, *Plutarch*, 113. 根据 Russell 的说法，"如何选择配对，计划如何发展，在很大程度上还不能确定"。Russell 提出了一个令人信服的论点，普鲁塔克写希腊和罗马人是因为他希望希腊的文化理想能影响罗马的政治权力，就像他在罗马帝国鼎盛时期所做的一样。Russell 写道："按照普鲁塔克的思维方式，人性，是希腊教育可以为由罗马军队潜在的破坏性力量统治的世界做出贡献的东西。"(98)

[26] Plutarch, *Plutarch's Lives*, 1:291.

[27] Plutarch, *Plutarch's Lives*, 1:326. 用 D.A.Russell 的话来说："最重要的是正确地利用教育和环境，当然不是为了掩盖邪恶，而是为了加强良好的倾向和根除邪恶。"(87)

[28] Plutarch, *Plutarch's Lives*, 1:325.

第二章　大理石人：罗伯特·E. 李

[1] J.F.C. Fuller, *Grant and Lee: A Study in Personality and Generalship*(London: Eyre & Spottiswood, 1932), 57.

[2] 关于李是否真的说过这句话，存在争议，但很多人都喜欢把它归在他名下。Elizabeth Brown Pryor, "Thou Knowest Not the Time of Thy Visitation—A Newly Discovered Letter Reveals Robert E. Lee's Lonely Struggle with Disunion," *Virginia Magazine of History and Biography* 119, no.3(2011):277—96.

[3] "Symposium to Honor Lee, Villain or 'the Noblest Ever' ?," *The Washington*

Times, April 25, 2007, www.washingtontimes.com/news/2007/
apr/25/20070425-121951-5499r/.

[4] Gary W.Gallagher, ed., *Lee the Soldier*(Lincoln: University of Nebraska Press, 1996), 181.

[5] Franklin Delano Roosevelt, "Extemporaneous Remarks of the Unveiling of the Robert E. Lee Memorial Statue," June 12, 1936, US National Archives, n.d., https://catalog.archives.gov/id/197566.

[6] S. C. Gwynne, *Rebel Yell: The Violence, Passion, and Redemption of Stonewall Jackson*(New York: Scribner, 2015), 530.

[7] Gallagher, *Lee the Soldier*, 365.

[8] Gwynne, *Rebel Yell*, 523.

[9] Robert K. Krick, *Civil War Weather in Virginia*(Tuscaloosa: University of Alabama Press, 2007), 98.

[10] Michael Korda, *Clouds of Glory: The Life and Legend of Robert E. Lee*(New York: Harper Perennial, 2015), 514.

[11] Korda, *Clouds of Glory*, 513.

[12] Gwynne, *Rebel Yell*, 522.

[13] Korda, *Clouds of Glory*, 513.

[14] Gwynne, *Rebel Yell*, 530.

[15] Gary W. Gallagher and Joan Waugh, *The American War: A History of the Civil War Era*(State College, PA: Spielvogel Books, 2015), 113.

[16] "The Last Victory," *Daily Dispatch*, May 7, 1863, Library of Congress, https://chroniclingamerica.loc.gov/lccn/sn84024738/1863-05-07/ed-1/seq-1.pdf.

[17] Gary W. Gallagher, *Becoming Confederates: Paths to a New National Loyalty*, Mercer University Lamar Memorial Lectures, no.54(Athens: University of Georgia Press, 2013), 17.

[18] Gwynne, *Rebel Yell*, 550—51.

[19] Gallagher, *Lee the Soldier*, 57.

[20] Douglas S. Freeman, *Lee's Lieutenants: A Study in Command*, ed. Stephen W. Sears(New York: Simon & Schuster, 2001), 24.

[21] Korda, *Clouds of Glory*, 13—14.

[22] Elizabeth Brown Pryor, *Reading the Man: A Portrait of Robert E. Lee Through His Private Letters*(New York: Viking, 2007), 63.

[23] Korda, *Clouds of Glory*, 34.

[24] "Selected Manpower Statistics," U.S. Department of Defense, 1997, www.dtic.mil/dtic/tr/fulltext/u2/a347153.pdf, 54-64.

[25] Brown Pryor, *Reading the Man*, 72.

[26] Gallagher, *Lee the Soldier*, 98.

[27] 格兰特的名字实际上是海勒姆·尤利西斯·格兰特 (Hiram Ulysses Grant), 但在他军旅生涯早期遭遇的一次行政失误后 , 他使用了尤利西斯·S。

[28] Korda, *Clouds of Glory*, 154.

[29] Brown Pryor, *Reading the Man*, 164.

[30] Korda, *Clouds of Glory*, 135.

[31] Korda, *Clouds of Glory*, 137.

[32] Brown Pryor, *Reading the Man*, 164.

[33] Brown Pryor, *Reading the Man*, 160.

[34] Gallagher, *Lee the Soldier*, 99.

[35] "Winfield Scott to John B.Floyd," May 8, 1857.

[36] Brown Pryor, *Reading the Man*, 212, and Korda, *Clouds of Glory*, 186—87.

[37] Brown Pryor, *Reading the Man*, 252—53.

[38] Brown Pryor, *Reading the Man*, 279—283.

[39] Sarah Booth Conroy, "The Founding Father and His Slaves," The Papers of George Washington, at the University of Virginia, 1998, http://gwpapers. virginia.edu/history/articles/the-founding-father-and-his-slaves.

[40] "R.E. Lee to James Seddon," January 10, 1863, Lee Family Digital Archive. https://leefamilyar chive.org/press-room/9-family-papers/1180-robert-e-lee-to-james-a-seddon-1863-january-10.

[41] James M. McPherson, *Battle Cry of Freedom: The Civil War Era*(New York: Oxford University Press, 1988), 235.

[42] Korda, *Clouds of Glory*, 220.

[43] Korda, *Clouds of Glory*, 220.

[44] McPherson, *Battle Cry of Freedom*, 266.

[45] "152nd Anniversary of the *Star of the West*," The Citadel, January 2013, www. citadel.edu/root/star-ofthe-west-152.

[46] McPherson, *Battle Cry of Freedom*, 235.

[47] Brown Pryor, *Reading the Man*, 258.

[48] Korda, *Clouds of Glory*, 222—23.

[49] Brown Pryor, *Reading the Man*, 286.

[50] Virginius Dabney, *Virginia, the New Dominion*, Virginia ed(Charlottesville: University Press of Virginia, 1983), 294—96.

[51] Korda, *Clouds of Glory*, 227.

[52] McPherson, *Battle Cry of Freedom*, 280.

[53] Korda, *Clouds of Glory*, 227—28.

[54] Robert E. Lee, "Robert E. Lee to Markie Williams," January 22, 1861, 引用于 Douglas Southall Freeman, *Lee's Lieutenants*(New York: Simon & Schuster, 1997), 106。

[55] Brown Pryor, *Reading the Man*, 295.

[56] *The Fremantle Diary, the Journal of Lieutenant Colonel James Arthur Lyon Fremantle, Coldstream Guards*, ed. Walter Lord(Boston: Little, Brown and Company, 1954[first published in London in 1863]).

[57] Gallagher, *Lee the Soldier*, 40.

[58] Bob Duncan, "Robert E. Lee, the King of Spades," *The Columbia Daily Herald*(Columbia, TN: February 16, 2014), http://www.columbiadailyherald. com/opinion/columns/robert-e-lee-king-spades.

[59] Gwynne, *Rebel Yell*, 384—86.

[60] Ernest B. Furgurson, *Chancellorsville 1863: The Souls of the Brave*(New York: Vintage Books, 1993), 139.

[61] 引自 General Horace Porter, "Campaigning with Grant," *The Century Magazine* (December 1896)。

[62] McPherson, *Battle Cry of Freedom*, 281.

[63] 在内战期间,94 000 名南方邦联士兵战死或伤重不治 , 而 164 000 名士兵死于不适或疾病。The Ohio State University n.d., "Statistics on the Civil War and Medicine,"

https://ehistory.osu.edu/exhibitions/cwsurgeon/cwsurgeon/statistics.

[64] Fuller, *Grant and Lee*, 125.

[65] Fuller, *Grant and Lee*, 112.

[66] Joseph T. Glatthaar, *Soldiering in the Army of Northern Virginia: A Statistical Portrait of the Troops Who Served Under Robert E. Lee*(Chapel Hill: University of North Carolina Press, 2011), 48—50.

[67] Gallagher and Waugh, *The American War*, 195.

[68] Fuller, *Grant and Lee*, 62.

[69] Brown Pryor, *Reading the Man*, 424.

[70] David W.Blight, *Beyond the Battlefield: Race, Memory and the American Civil War*(Amherst: University of Massachusetts Press, 2002), 93.

[71] Benjamin Harvey Hill. February 18, 1874. Quoted by Benjamin Harrey Hill Jr. in *Senator Benjamin H.Hill of Georgia: His Life, Speeches and Writings*(1893), 406.

第三章　创始人

[1] Bob Thomas, *Walt Disney: An American Original*(Glendale, CA: Disney Editions, 1976), 139.

[2] Nitin Nohria, Anthony J. Mayo, and Bridget Gurtler, "Walt Disney and the 1941 Animators' Strike," Harvard Business School(case study), May 8, 2014, 5.

[3] Didier Ghez, ed., *Walt's People*, vol.9(Bloomington, IN: Xlibris Corporation, 2010), 29, 141, 215.

[4] Aaron H. Goldberg, *The Disney Story: Chronicling the Man, the Mouse, and the Parks*(Philadelphia: Quaker Scribe, 2016), 10.

[5] Harry Arends(director), *Disney's Snow White and the Seven Dwarfs: Still The Fairest of Them All*(Burbank, CA: Walt Disney Studios, 2001), https://www.imdb.com/title/tt0344378/.

[6] *American Experience,* "Walt Disney's Public vs. Private Persona," October 9, 2015, https://www.youtube.com/watch?v=WE57FaPBFpY.

[7] Neal Gabler, *Walt Disney: The Triumph of the American Imagination*(New York: Random House, 2006), 155.

[8] Gabler, *Walt Disney*, 426.

[9] Gabler, *Walt Disney*, 123.

[10] Thomas, *Walt Disney: An American Original*, 96.

[11] Goldberg, *The Disney Story*, 1—3.

[12] Gabler, *Walt Disney*, 134.

[13] Gabler, *Walt Disney*, 133.

[14] Gabler, *Walt Disney*, 225.

[15] Gabler, *Walt Disney*, 134.

[16] Goldberg, *The Disney Story*, 3—4.

[17] Gabler, *Walt Disney*, 86. 华特是一位优秀的动画师，但在他职业生涯的这个阶段，他还称不上高层次的人才。

[18] Gabler, *Walt Disney*, 218.

[19] Arends, *Disney's Snow White and the Seven Dwarfs*.

[20] Anne E. Duggan, Donald Haase, and Helen Callow, eds., *Folktales and Fairy Tales: Traditions and Texts from Around the World*, 2nd ed. (Santa Barbara, CA: Greenwood, 2016), 271.

[21] Ghez, *Walt's People*, 1:93.

[22] Gabler, *Walt Disney*, 212.

[23] Tom Sito, *Drawing the Line: The Untold Story of the Animation Unions from Bosko to Bart Simpson*(Lexington: University Press of Kentucky, 2006), 108.

[24] Gabler, *Walt Disney*, 210—11.

[25] Arends, *Disney's Snow White and the Seven Dwarfs*.

[26] Nohria, Mayo, and Gurtler, "Walt Disney and the 1941 Animators' Strike," 13.

[27] Sito, *Drawing the Line*, 108.

[28] Gabler, *Walt Disney*, 211.

[29] Ghez, *Walt's People*, 1:105.

[30] Arends, *Disney's Snow White and the Seven Dwarfs*.

[31] Ghez, *Walt's People*, 1:109.

[32] Gabler, *Walt Disney*, 241.

[33] Thomas, *Walt Disney: An American Original*, 125.

[34] Gabler, *Walt Disney*, 353—54.

[35] Ghez, *Walt's People*, 1:104.

[36] Thomas, *Walt Disney: An American Original*, 111.

[37] Ghez, *Walt's People*, 1:93.

[38] Ghez, *Walt's People*, 1:111.

[39] Gabler, *Walt Disney*, 231—32.

[40] Leonard Maltin, *Of Mice and Magic: A History of American Animated Cartoons*, rev. ed. (New York: New American Library, 1987), 54.

[41] Arends, *Disney's Snow White and the Seven Dwarfs*.

[42] Maltin, *Of Mice and Magic*, 53.

[43] Gabler, *Walt Disney*, 217.

[44] Arends, *Disney's Snow White and the Seven Dwarfs*.

[45] Maltin, *Of Mice and Magic*, 53.

[46] Arends, *Disney's Snow White and the Seven Dwarfs*.

[47] Leonard Maltin, *Of Mice and Magic: A History of American Animated Cartoons*, Rev.ed(New York: New American Library, 1987), 71.

[48] Ghez, *Walt's People*, 1:80.

[49] Arends, *Disney's Snow White and the Seven Dwarfs*.

[50] Maltin, *Of Mice and Magic*, 54.

[51] Arends, *Disney's Snow White and the Seven Dwarfs*.

[52] Maltin, *Of Mice and Magic*, 51.

[53] Gabler, *Walt Disney*, 265.

[54] "Walt Disney on The Making of Snow White," CBC, December 16, 2009, www.youtube.com/watch?v=N7ZkWfDoELE.

[55] Gabler, *Walt Disney*, 416—17.

[56] Gabler, *Walt Disney*, 273.

[57] Maltin, *Of Mice and Magic*, 57.

[58] Nohria, Mayo, and Gurtler, "Walt Disney and the 1941 Animators' Strike," 5.

[59] The Oscars, "Honorary Award," www.oscars.org/governors/honorary.

[60] Maltin, *Of Mice and Magic*, 57.

[61] Goldberg, *The Disney Story*, 1.

[62] Nohria, Mayo, and Gurtler, "Walt Disney and the 1941 Animators' Strike," 5.

[63] Goldberg, *The Disney Story*, 1.

[64] Garity and Ledeen, "The New Walt Disney Studio," 10—15.

[65] W.E. Garity and J.L. Ledeen, "The New Walt Disney Studio," *Journal of the Society of Motion Picture Engineers*(January, 1941), 14.

[66] Gabler, *Walt Disney*, 323.

[67] Garity and Ledeen, "The New Walt Disney Studio," 13—15.

[68] Sito, *Drawing the Line*, 112.

[69] Gabler, *Walt Disney*, 322.

[70] Ghez, *Walt's People*, 1:130.

[71] Gabler, *Walt Disney*, 288.

[72] Maltin, *Of Mice and Magic*, 64.

[73] Ghez, *Walt's People*, 1:81—83, and Thomas, *Walt Disney: An American Original*, 165.

[74] Gabler, *Walt Disney*, 351.

[75] Gabler, *Walt Disney*, 351.

[76] Nohria, Mayo, and Gurtler, "Walt Disney and the 1941 Animators' Strike," 7.

[77] Thomas, *Walt Disney: An American Original*, 7.

[78] Sito, *Drawing the Line*, 115—17.

[79] Sito, *Drawing the Line*, 108.

[80] Ghez, *Walt's People*, 1:126.

[81] Ghez, Walt's People, 1:106.

[82] Goldberg, *The Disney Story*, 16—17.

[83] Nohria, Mayo, and Gurtler, "Walt Disney and the 1941 Animators' Strike," 7.

[84] Gabler, *Walt Disney*, 354.

[85] Ghez, *Walt's People*, 1:116.

[86] Gabler, *Walt Disney,* 364.

[87] Sito, *Drawing the Line*, 129.

[88] Gabler, *Walt Disney*, 365.

[89] Gabler, *Walt Disney*, 365.

[90] Maltin, *Of Mice and Magic*, 64.

[91] Gabler, *Walt Disney*, 359.

[92] Thomas, *Walt Disney: An American Original*, 167—68.

[93] Gabler, *Walt Disney*, 359—60.

[94] Nohria, Mayo, and Gurtler, "Walt Disney and the 1941 Animators' Strike," 9.

[95] Sito, *Drawing the Line*, 119.

[96] Gabler, *Walt Disney,* 360.

[97] Nohria, Mayo, and Gurtler, "Walt Disney and the 1941 Animators' Strike," 11.

[98] Nohria, Mayo, and Gurtler, "Walt Disney and the 1941 Animators' Strike," 10.

[99] Nohria, Mayo, and Gurtler, "Walt Disney and the 1941 Animators' Strike," 12.

[100] Ghez, *Walt's People*, 1:131.

[101] Maltin, *Of Mice and Magic*, 70.

[102] Goldberg, *The Disney Story*, 35.

[103] Gabler, *Walt Disney*, 493—94.

[104] Gabler, *Walt Disney*, 502.

[105] Gabler, *Walt Disney*, 501.

[106] Gabler, *Walt Disney*, 533.

[107] Gabler, *Walt Disney*, 531.

[108] Gabler, *Walt Disney*, 525.

[109] Gabler, *Walt Disney*, 527.

[110] Thomas, *Walt Disney: An American Original*, 273.

[111] Gabler, *Walt Disney*, 534.

[112] Goldberg, *The Disney Story*, 47.

[113] Nohria, Mayo, and Gurtler, "Walt Disney and the 1941 Animators' Strike," 13.

[114] Tilar J.Mazzeo, *The Secret of Chanel No. 5*, cond. ed. (New York: Reader's Digest, 2013), 499.

[115] Pierre Galante, *Mademoiselle Chanel*, trans. by Eileen Geist and Jessie Wood(Chicago: Henry Regnery Company, 1973), 74.

[116] Mazzeo, *The Secret of Chanel No.5*, 476—78.

[117] 据 Rhonda Garelick 所说："'德米特里是坎彭街的灰衣主教.' Claude Delay 写道，他指的是大公经常在香奈儿的画室里闲逛，看上去很高贵。香奈儿通过聘用德米特里的朋友、克里米亚前总督库图佐夫伯爵 (Count Koutouzov) 作为她的前台经理，让客户首先见到他，增强了这一效果。……香奈儿的精品店很快就成为亚历山大宫的缩影。" Rhonda K.Garelick, *Mademoiselle: Coco Chanel and the Pulse of History*(New York: Random House, 2015), 124.

[118] Mazzeo, *The Secret of Chanel No.5*, 487—90.

[119] Garelick, *Mademoiselle*, 127.

[120] Galante, *Mademoiselle Chanel*, 74.

[121] Galante, *Mademoiselle Chanel*, 67—68.

[122] Paul Morand, *The Allure of Chanel*, trans. Euan Cameron(London: Pushkin Press, 2017), 21.

[123] Mazzeo, *The Secret of Chanel No.5*, 491.

[124] Mazzeo, *The Secret of Chanel No.5*, 487--90.

[125] Mazzeo, *The Secret of Chanel No.5*, 503, 508.

[126] Mazzeo, *The Secret of Chanel No.5*, 509—10.

[127] Phyllis Berman and Zina Sawaya, "The Billionaires Behind Chanel," *Forbes*, April 3, 1989.

[128] "Inside Chanel," Chapter 1, No.5, accessed July 31, 2018, http://inside.chanel.com/en/no5/campaigns.

[129] Morand, *The Allure of Chanel*, 17—18.

[130] Morand, *The Allure of Chanel*, 24.

[131] Garelick, *Mademoiselle*, 203.

[132] Garelick, *Mademoiselle*, 4.

[133] Garelick, *Mademoiselle*, 8.

[134] Garelick, *Mademoiselle*, 12.

[135] Garelick, *Mademoiselle*, 14—17.

[136] Garelick, *Mademoiselle*, 32—36.

[137] Garelick, *Mademoiselle*, 36—38.

[138] "虽然在衰落的前夜，高级妓女仍然是巴黎时尚界公认的王后。" Galante, *Mademoiselle Chanel*, 20.

[139] Garelick, *Mademoiselle*, 47—49.

[140] Morand, *The Allure of Chanel*, 43.

[141] Morand, *The Allure of Chanel*, 34.

[142] Morand, *The Allure of Chanel*, 40.

[143] Garelick, *Mademoiselle*, 53—64.

[144] Garelick, *Mademoiselle*, 53—64, 68—70.

[145] Garelick, *Mademoiselle*, 89.

[146] Morand, *The Allure of Chanel*, 42—43.

[147] Lisa Chaney, *Coco Chanel: An Intimate Life*(New York: Viking, 2011), 107.

[148] "1916: Crazy for Chanel Sportswear," *International Herald Tribune*, reprinted March 7, 2016, https://iht-retrospective.blogs.nytimes.com/2016/03/07/1916-crazy-for-chanel-sportswear/.

[149] Garelick, *Mademoiselle*, 84—85.

[150] "Coco Chanel Was the Original Jersey Girl," *Vogue Australia*, April 9, 2010, www.vogue.com.au/fashion/news/coco-chanel-was-the-original-jersey-girl/news-story/805ae884ab158711852cf19ee817ceed?.

[151] Janet Flanner, "31, Rue Cambon," *The New Yorker*, March 14, 1931, www.newyorker.com/magazine/1931/03/14/31-rue-cambon-2.

[152] Morand, *The Allure of Chanel*, 51—52.

[153] Flanner, "31, Rue Cambon."

[154] Morand, *The Allure of Chanel*, 45—6.

[155] Marie-Louise Deray, 引自 Garelick, *Mademoiselle,* 92。

[156] Garelick, *Mademoiselle*, 92—93.

[157] Garelick, *Mademoiselle*, 91.

[158] Morand, *The Allure of Chanel*, 146.

[159] "Cécile Sorel dans Son Appartement du Quai Voltaire," *BNF*, n.d., http://gallica.bnf.fr/ark:/12148/btv1b90252856.r=cecile+sorel.langFR.

[160] 摘自 Misia Sert 对可可·香奈儿的回忆，重印于 Arthur Gold and Robert Fizdale, *Misia: The Life of Misia Sert*(New York: Morrow Quill Paperbacks, 1981), 197。

[161] Garelick, *Mademoiselle*, 154—55.

[162] Gold and Fizdale, *Misia*, 197.

[163] 参见：Joseph Barry, "Portrait of Chanel No.1," *The New York Times*, August 23, 1964, www.nytimes.com/1964/08/23/portrait-of-chanel-no-1.html?_r=1。

[164] 摘自 Misia Sert 对可可·香奈儿的回忆，重印于 Gold and Fizdale, *Misia*, 197。

[165] Gold and Fizdale, *Misia*, 197.

[166] Garelick, *Mademoiselle*, 390—91.

[167] Gold and Fizdale, *Misia*, 199.

[168] Garelick, *Mademoiselle*, 155.

[169] Barry, "Portrait of Chanel No.1."

[170] Mukti Khaire and Kerry Herman, "Coco Chanel: Creating Fashion for the Modern Woman," Harvard Business School(case study), April 16, 2016, 9.

[171] 丘吉尔致妻子的书信，引自 Garelick, *Mademoiselle*, 187—88。

[172] Khaire and Herman, "Coco Chanel: Creating Fashion for the Modern Woman," 9.

[173] "Chanel Offers Her Shop to Workers to Run, Rather Than Make Contract She Can't Keep," *The New York Times*, June 19, 1936.

[174] Garelick, *Mademoiselle*, 331—333.

[175] 关于香奈儿卷入"模特的帽子"计划的深入讨论，参见 Garelick, *Mademoiselle* 340—43。

[176] Garelick, *Mademoiselle*, 305.

[177] Garelick, *Mademoiselle*, 359.

[178] Ashley Senft, "History of Dior," February 2, 2011, http://www.fashionintime.org/history-of-dior/.

[179] Garelick, *Mademoiselle,* 370.

[180] Elsa de Berker, "The Journey of Dior's New Look from 1947 to Today," *CR,* December 2, 2015, www.crfashionbook.com/fashion/a10224424/the-journey-diors-new-look/.

[181] Garelick, *Mademoiselle,* 370—72.

[182] Garelick, *Mademoiselle,* 372—73.

[183] Flanner, "31, Rue Cambon."

[184] "Inside Chanel: The Vocabulary of Fashion," Chanel n.d., http://inside.chanel.com/en/the-vocabulary-of-fashion.

[185] Morand, *The Allure of Chanel,* 47.

[186] Ann Montgomery, *Another Me: A Memoir*(Bloomington, IN: iUniverse, 2008), 138.

[187] Montgomery, *Another Me,* 143.

[188] Morand, *The Allure of Chanel,* 73.

[189] Garelick, *Mademoiselle,* 393.

[190] Garelick, *Mademoiselle,* 393.

[191] Morand, *The Allure of Chanel,* 147.

[192] Barry, "Portrait of Chanel No.1."

[193] Garelick, *Mademoiselle,* 395.

[194] Montgomery, *Another Me,* 145.

[195] Garelick, *Mademoiselle,* 395.

[196] Morand, *The Allure of Chanel,* 171.

[197] Garelick, *Mademoiselle,* 397.

[198] Edmonde Charles-Roux, *Chanel and Her World: Friends, Fashion, and Fame,* English translation(New York: Vendome Press, 2005), 360—61.

[199] Garelick, *Mademoiselle,* 376, 379.

[200] Garelick, *Mademoiselle,* 380.

[201] Morand, *The Allure of Chanel,* 13.

[202] Morand, *The Allure of Chanel,* 175.

[203] Thomas, *Walt Disney: An American Original,* 217—18.

[204] Gabler, *Walt Disney,* 476.

[205] Thomas, *Walt Disney: An American Original,* 214—17.

[206] Jessa Crispin, "Hot Coco: The Chanel Bio Is Suddenly En Vogue," *Need to Know on PBS*(blog), September 14, 2010, www.pbs.org/wnet/need-to-know/opinion/hot-coco/3548/.

[207] Morand, *The Allure of Chanel,* 43.

第四章　天才

[1] Kameshwar C.Wali, ed., *Satyendra Nath Bose: His Life and Times (with Commentary)* (Singapore: World Scientific, 2009), xix-xx.

[2] 1921 年，英国著名哲学家伯兰特·罗素在日本巡游。当被东道主问到世界上最著名的三个人是谁，以便他们决定下一个邀请的人物时，罗素说到爱因斯坦和列宁，没有提到第三个人。参见 Albrecht Fölsing, *Albert Einstein: A Biography* (New York: Viking, 1997), 524, 48。

[3] Satyendra Nath Bose, "Satyendra Nath Bose to Albert Einstein," June 4, 1924, *The Collected Papers of Albert Einstein, Volume 14: The Berlin Years: Writings*

& *Correspondence, April 1923—May 1925*, http://einsteinpapers.press. princeton.edu/vol14-doc/501.

[4] Elias Tobenkin 写于 1921 年 3 月 26 日的一篇文章 , 刊载于 *New York Evening Post*, 引自 Fölsing, *Albert Einstein*, 428。

[5] "Einstein Online: An Interview with Diana Kormos-Buchwald," The California Institute of Technology, accessed September 13, 2017, www.caltech.edu/news/ einstein-online-interview-diana-kormos-buchwald-44998.

[6] Albert Einstein, "Albert Einstein to Satyendra Nath Bose," July 2, 1924, *The Collected Papers of Albert Einstein, Volume 14.*

[7] Satyendra Nath Bose, "Satyendra Nath Bose to Albert Einstein," January 27, 1925, *The Collected Papers of Albert Einstein, Volume 14.*

[8] Walter Isaacson, *Einstein: His Life and Universe* (New York: Simon & Schuster, 2007), 4.

[9] John S.Rigden, *Einstein 1905: The Standard of Greatness* (Cambridge, MA: Harvard University Press, 2005), 7.

[10] Albert Einstein, "On a Heuristic Point of View Concerning the Production and Transformation of Light," *Annalen Der Physik* 17 (1905): 132—48, http:// einsteinpapers.press.princeton.edu/vol2-trans/100. 革命性的一句话 : "根据这里要考虑的假设 , 从一个点光源发射出的光束的能量 , 在传播中不是连续分布在一个越来越大的空间中 , 而是由一些数量有限、局限在空间各点的能量子组成 , 这些能量子在移动时不能再分割 , 而只能作为整体被吸收或产生出来。"

[11] Rigden, *Einstein 1905*, 21.

[12] Frederic Golden, "Albert Einstein," *Time*, December 31, 1999, http://content. time.com/time/magazine/article/0,9171,993017,00.html.

[13] "Lights All Askew in the Heavens, Men of Science More or Less Agog over Results of Eclipse Observations. Einstein Theory Triumphs. Stars Not Where They Seemed or Were Calculated to Be, but Nobody Need Worry. A Book for 12 Wise Men. No More in All the World Could Comprehend It, Said Einstein When His Daring Publishers Accepted It," *The New York Times*, November 10, 1919, http://query.nytimes.com/mem/archive-free/pdf?res=9b0de3df1e38ee32a2575 3c1a9679d946896d6cf.

[14] Albert Einstein, *Autobiographical Notes*, trans. Paul Arthur Schilpp (La Salle, IL: Open Court, 1999), 9.

[15] Einstein, *Autobiographical Notes*, 9.

[16] Einstein, *Autobiographical Notes*, 9.

[17] Einstein, *Autobiographical Notes*, 15.

[18] Maja Einstein, 引自 Fölsing, *Albert Einstein*, 33。

[19] Fölsing, *Albert Einstein*, 35.

[20] Einstein, *Autobiographical Notes*, 49.

[21] Fölsing, *Albert Einstein*, 53.

[22] 爱因斯坦怀疑他的一名教授 "玩弄手段" 阻挠他获得一份学术性工作。Albert Einstein, "Albert Einstein to Marcel Grossmann," April 14, 1901, trans. Anna Beck, *The Collected Papers of Albert Einstein, Volume 1: The Early Years, 1879—1902* (English Translation Supplement), http://einsteinpapers.press. princeton.edu/vol1-trans/187.

[23] 利瑟尔两岁以后没有任何记录 , 但有一种说法是 , 她被米列娃的一个住在贝尔格莱德的朋友收养了。参见 Fölsing, *Albert Einstein*, 113—14。

[24] Hermann Einstein, "Hermann Einstein to Wilhelm Ostwald," April 13, 1901, trans. Anna Beck, *The Collected Papers of Albert Einstein, Volume 1.*

[25] Albert Einstein, "Albert Einstein to Marcel Grossmann," April 14, 1901.

[26] Albert Einstein, "Albert Einstein to Mileva Maric," April 15, 1901, trans. Anna Beck, *The Collected Papers of Albert Einstein, Volume 1.*

[27] Fölsing, *Albert Einstein,* 118.

[28] Fölsing, *Albert Einstein,* 113.

[29] 作为这个团体用心良善的一个例子，爱因斯坦对该学院的"献词"以"绝对可靠的被压迫者的大祭司"作结。Anna Beck, "Dedication, Einstein as Member of the Olympia Academy," 1903, *The Collected Papers of Albert Einstein, Volume 5: The Swiss Years: Correspondence, 1902—1914,* http://einsteinpapers.press. princeton.edu/vol5-trans/27.

[30] Fölsing, *Albert Einstein,* 99.

[31] Albert Einstein, "Albert Einstein to Conrad Habicht," May 18, 1905, trans. Anna Beck, *The Collected Papers of Albert Einstein, Volume 5.*

[32] Albert Einstein, "Max Planck as Scientist," *Naturwissenschaften* 1 (1913): 274.

[33] 这是 1922 年 12 月 24 日爱因斯坦在日本京都所作演讲的译文。Albert Einstein, "How I Created the Theory of Relativity," trans. Yoshimasa A.Ono, *Physics Today,* August 1982, 46.

[34] Einstein, "How I Created the Theory of Relativity," 46.

[35] 根据 Alexander Moszkowski 的说法，他 1921 年的书是根据与爱因斯坦的一系列对话写成的。引自 Isaacson, *Einstein: His Life and Universe,* 127。

[36] Albert Einstein, "Albert Einstein to Conrad Habicht," September 30, 1905, *The Collected Papers of Albert Einstein, Volume 5.*

[37] Rigden, *Einstein 1905,* 2.

[38] "当时我不能完全解决这个问题。我又花了八年的时间才最终得到完整的解决方案。" Einstein, "How I Created the Theory of Relativity," 46—47.

[39] Albert Einstein, "Albert Einstein to Johannes Stark," September 25, 1907, *The Collected Papers of Albert Einstein, Volume 5.* Emphasis is Einstein's own.

[40] Fölsing, *Albert Einstein,* 328.

[41] Albert Einstein, "Albert Einstein to the Prussian Academy of Sciences," December 7, 1913, *The Collected Papers of Albert Einstein, Volume 5.*

[42] Max Planck 引自 Fölsing, *Albert Einstein,* 339。

[43] Fölsing, *Albert Einstein,* 336.

[44] Albert Einstein, "Albert Einstein to Adolf Hurwitz and Family," May 4, 1914, *The Collected Papers of Albert Einstein, Volume 8: The Berlin Years: Correspondence, 1914—1918* (English Translation Supplement), http:// einsteinpapers.press.princeton.edu/vol8-trans/41. Fölsing 说，"叔叔"指的"大概是他的学术同行"。或者，如 Einstein Papers Project 的存档信件中的脚注中说，爱因斯坦指的是 Jacob Koch 和 Rudolf Einstein，他们是爱因斯坦的真实叔叔和舅父，当时住在柏林。

[45] Fölsing, *Albert Einstein,* 336.

[46] Albert Einstein, "Inaugural Lecture," July 2, 1914, *The Collected Papers of Albert Einstein, Volume 6: The Berlin Years: Writings, 1914—1917* (English Translation Supplement), http://einsteinpapers.press.princeton.edu/vol6-trans/28.

[47] 引自 Fölsing, *Albert Einstein,* 339—40。

[48] Einstein, "How I Created the Theory of Relativity," 47.

[49] Einstein, "How I Created the Theory of Relativity," 47.

[50] Albert Einstein, "Albert Einstein to Hendrik A.Lorentz," January 17, 1916, *The Collected Papers of Albert Einstein, Volume 8.*

[51] Albert Einstein, "On the Influence of Gravitation on the Propagation of Light," *Annalen Der Physik* 35 (1911), in *The Collected Papers of Albert Einstein, Volume 3: The Swiss Years: Writings 1909—1911* (English Translation Supplement), http://einsteinpapers.press.princeton.edu/vol3-trans/393 898—908.

[52] Fölsing, *Albert Einstein*, 356—58.

[53] Einstein, "How I Created the Theory of Relativity," 47.

[54] Fölsing, *Albert Einstein*, 314.

[55] Einstein, "How I Created the Theory of Relativity," 47.

[56] Albert Einstein, "Albert Einstein to Hendrik A.Lorentz," January 17, 1916, *The Collected Papers of Albert EInstein, Volume 8.*

[57] 本·古里安的助手、以色列未来的总统伊扎克·纳冯 (Yitzhak Navon) 的回忆。引自 Fölsing, *Albert Einstein*, 734。

[58] Albert Einstein 致 Abba Eban, 1952 年 11 月 18 日。引自 Fölsing, *Albert Einstein*, 733。

[59] Albert Einstein 致 Josef Scharl, 1951 年 11 月 24 日。引自 Fölsing, *Albert Einstein*, 734。

[60] "Revolution in Science; New Theory of the Universe: Newtonian Ideas Overthrown," *The Times*, November 7, 1919.

[61] "Lights All Askew in the Heavens, Men of Science More or Less Agog over Results of Eclipse Observations."

[62] 在第一次世界大战爆发时，爱因斯坦的大多数德国同事发表了一封著名的信，称为《告文明世界书》。这份文件是对德国在第一次世界大战中角色的粉饰。它的开头是："作为德国科学和艺术的代表，我们在此向文明世界抗议谎言和诽谤：我们的敌人试图玷污德国在为生存而进行的艰苦斗争中，在一场强加于她的斗争中的荣誉。"它仅仅掀起了更多的民族主义和敌对。参见 :Professors of Germany, "To the Civilized World," *The North American Review* 210, no.765 (August 1919): 284—87, https://www.jstor.org/stable/25122278?seq=1#page_scan_tab_contents. "The Ninety-Three Today," *The New York Times*, March 2, 1921, https://timesmachine.nytimes.com/timesmachine/1921/03/02/107009542.html?action=click&contentCollection=Archives&module=LedeAsset&region=ArchiveBody&pgtype=article&pageNumber=7. 爱因斯坦不仅拒绝签署，而且与他的同事和朋友格奥尔格·尼古拉 (Georg Nicolai) 签署了一份《告欧洲人书》，呼吁战争各方的欧洲人之间进行文化和科学合作，并特别呼吁"科学家和艺术家"，他们"到目前为止的表态，仅仅表明他们维持关系的愿望已经消失……这种情绪不能用民族主义激情来辩解，它与世界现在称为文化的东西不相称"。爱因斯坦总是直言不讳，他的信念对他来说总是比他当时拥有的任何工作都重要。"Manifesto to the Europeans," October 1914, in *Einstein on Politics: His Private Thoughts and Public Stands on Nationalism, Zionism, War, Peace, and the Bomb*, ed. David E.Rowe and Robert Schulmann (Princeton, NJ: Princeton University Press, 2007), 64—67.

[63] Albert Einstein, "Albert Einstein to Michele Besso," December 12, 1919, *The Collected Papers of Albert Einstein, Volume 9, The Berlin Years: Correspondence, January 1919—April 1920*, http://einsteinpapers.press.princeton.edu/vol9-trans/200.

[64] Albert Einstein, "Albert Einstein to Maurice Solovine," March 8, 1921, trans. Ann M.Hentschel, *The Collected Papers of Albert Einstein, Volume 12: The Berlin Years: Correspondence, 1921*, http://einsteinpapers.press.princeton.edu/vol12-trans/92.

[65] Fritz Haber, "Fritz Haber to Albert Einstein," March 9, 1921, trans. Ann M.Hentschel, *The Collected Papers of Albert Einstein, Volume 12.*

[66] Albert Einstein, "Albert Einstein to Fritz Haber," March 9, 1921, trans. Ann M.Hentschel, *The Collected Papers of Albert Einstein, Volume 12.*

[67] Corey Kilgannon, "No Sailor, for Sure, but He Had Relativity Down Cold," *The New York Times*, July 21, 2007, www.nytimes.com/2007/07/21/nyregion/21einstein.html.

[68] Kilgannon, "No Sailor, for Sure, but He Had Relativity Down Cold."

[69] Albert Einstein 致 Franklin Delano Roosevelt, 1939 年 8 月 2 日，收入 Einstein, *Einstein on Politics*, 359—61。

[70] "然而，到了 1944 年末，他通过 Otto Stern 了解到，原子武器的工作正在快速推进。" Rowe and Schulmann, *Einstein on Politics*, 363.

[71] Max Born and Albert Einstein, *The Born-Einstein Letters 1916—1955: Friendship, Politics and Physics in Uncertain Times*, trans. Irene Born (New York: Macmillan, 2005), 179.

[72] 引自 Abraham Pais, *Subtle Is the Lord: The Science and the Life of Albert Einstein* (Oxford: Oxford University Press, 1982), 442。

[73] Albert Einstein 致 Niels Bohr, 1949 年 4 月 4 日，引自 Fölsing, *Albert Einstein*, 553。

[74] Born and Einstein, *The Born-Einstein Letters 1916—1955*, 178—79.

[75] 引自 Fölsing, *Albert Einstein*, 741。

[76] Harold C.Schonberg, "New Job for the Protean Mr. Bernstein," *The New York Times*, December 22, 1957, 120, https://timesmachine.nytimes.com/timesmachine/1957/12/22/issue.html.

[77] "Young Aide Leads Philharmonic, Steps in When Bruno Walter Is Ill," *The New York Times*, November 15, 1943, https://timesmachine.nytimes.com/timesmachine/1943/11/15/issue.html.

[78] Olin Downes, "Bernstein Shows Mastery of the Score," *The New York Times*, November 15, 1943, https://timesmachine.nytimes.com/timesmachine/1943/11/15/88579746.html?pageNumber=40.

[79] "A Story Old and Ever New," *The New York Times*, November 16, 1943, https://timesmachine.nytimes.com/timesmachine/1943/11/16/85134894.html?pageNumber=22.

[80] 引自 Humphrey Burton, *Leonard Bernstein* (London: Faber and Faber, 1995), 117。

[81] Alex Ross, *The Rest Is Noise: Listening to the Twentieth Century* (London: Harper Perennial, 2009), 303.

[82] Leonard Bernstein and Nigel Simeone, *The Leonard Bernstein Letters* (New Haven, CT: Yale University Press, 2013), 33.

[83] 引自 Burton, *Leonard Bernstein*, 117。

[84] Humphrey Burton, *Ode to Freedom—Beethoven: Symphony No.9 Official Concert of the Fall of the Berlin Wall 1989*, DVD, 2009.

[85] John H.Mueller, *The American Symphony Orchestra: A Social History of Musical Taste* (Bloomington: Indiana University Press, 1951), 310.

[86] 引自 Mueller, *The American Symphony Orchestra*, 316。

[87] Mueller, *The American Symphony Orchestra*, 311.

[88] James Chater, "A Renaissance of Conductorless Orchestras Reveals the Limits of Traditional Leadership," *New Statesman*, July 25, 2016, https://www.newstatesman.com/culture/music-theatre/2016/07/renaissance-conductorless-orchestras-reveals-limits-traditional.

[89] Burton, *Leonard Bernstein*, 252.

[90] Donal Henahan, "Leonard Bernstein, 72, Music's Monarch, Dies," *The New York Times*, October 15, 1990, sec. B, https://timesmachine.nytimes.com/timesmachine/1990/10/15/issue.html.

[91] Burton, *Leonard Bernstein*, 253.

[92] Burton, *Leonard Bernstein*, 139.

[93] Bernstein and Simeone, *The Leonard Bernstein Letters*, 186.

[94] Burton, *Leonard Bernstein*, 135—36, 192—93.

[95] Carol J. Oja, *Bernstein Meets Broadway: Collaborative Art in a Time of War* (New York: Oxford University Press, 2014), 155. 我们也感谢 Oja 教授付出的私人时间和对伯恩斯坦作品的这些侧面的有益见解。

[96] Burton, *Leonard Bernstein*, 133—34.

[97] Burton, *Leonard Bernstein*, 136.

[98] Virgil Thomson, *Herald Tribune*, 1946, 引自 Burton, *Leonard Bernstein*, 146。

[99] Burton, *Leonard Bernstein*, 139.

[100] Leonard Bernstein 致 "Twig" Romney, Scheveningen, Netherlands, 1948 年 6 月 20 日, 收入 Bernstein and Simeone, *The Leonard Bernstein Letters*, 243。

[101] Burton, *Leonard Bernstein*, 175.

[102] Burton, *Leonard Bernstein*, 176.

[103] Leonard Bernstein 致 Helen Coates, Budapest, Hungary, 1948 年 5 月 20 日, 收入 Bernstein and Simeone, *The Leonard Bernstein Letters*, 240。

[104] 引自 Burton, *Leonard Bernstein*, 177。

[105] Burton, *Leonard Bernstein*, 162.

[106] Burton, *Leonard Bernstein*, 185.

[107] Agnes Ash, "Philarmonic Expected to Open on a High Fashion Note," *The New York Times*, October 1, 1958, https://timesmachine.nytimes.com/timesmachine/1958/10/01/81888263.html?pageNumber=41.

[108] Burton, *Leonard Bernstein*, 213.

[109] Burton, *Leonard Bernstein*, 298.

[110] Agnes Ash, "Elegant Styles Are Due at Carnegie Hall Event."

[111] Burton, *Leonard Bernstein*, 250.

[112] Burton, *Leonard Bernstein*, 284.

[113] Burton, *Leonard Bernstein*, 285.

[114] Burton, *Leonard Bernstein*, 282.

[115] Margalit Fox, "Richard Horowitz, Timpanist and Craftsman of Conductors' Batons, Dies at 91," *The New York Times*, November 11, 2015, sec. Music, www.nytimes.com/2015/11/12/arts/music/richard-horowitz-renowned-timpanist-and-craftsman-of-conductors-batons-dies-at-91.html.

[116] Burton, *Leonard Bernstein*, 283.

[117] Burton, *Leonard Bernstein*, 292.

[118] Burton, *Leonard Bernstein*, 293.

[119] Allen Shawn, *Leonard Bernstein: An American Musician* (New Haven, CT, and London: Yale University Press, 2016), 130.

[120] Leonard Bernstein, "The Absorption of Race Elements into American Music" (Harvard University, 1939), 4, Harvard Univeristy Isham Memorial Library.

[121] "The Absorption of Race Elements," 73.

[122] Leonard Bernstein 致 Shirley Bernstein, 1950 年 4 月 18 日, 收入 Bernstein and Simeone, *The Leonard Bernstein Letters*, 270。

[123] Burton, *Leonard Bernstein*, 408.

[124] Maurice Peress, *Dvořák to Duke Ellington: A Conductor Explores America's Music and Its African American Roots* (Oxford and New York: Oxford University Press, 2004), 143.

[125] Leonard Bernstein, "H.R.Haldeman Briefs President Nixon on Leonard Bernstein's *MASS*," accessed March 3, 2018, www.youtube.com/watch?v=iH6ckg4BK7k.

[126] 参见 Burton, *Leonard Bernstein*, 406, 413。

[127] Peress, *Dvořák to Duke Ellington*, 143.

[128] Peress, *Dvořák to Duke Ellington*, 146—50.

[129] Peress, *Dvořák to Duke Ellington*, 148.

[130] Peress, *Dvořák to Duke Ellington*, 148.

[131] Peress, *Dvořák to Duke Ellington*, 148.

[132] Peress, *Dvořák to Duke Ellington*, 148.

[133] John Canarina, *The New York Philharmonic: From Bernstein to Maazel* (New York: Amadeus Press, 2010), 67.

[134] Burton, *Leonard Bernstein*, 437—39.

[135] Burton, *Leonard Bernstein*, 446—47.

[136] Burton, *Leonard Bernstein*, 452.

[137] Burton, *Leonard Bernstein*, 452.

[138] 引自 Burton, *Leonard Bernstein*, 452—53。

[139] 对 Ruth Leon 的个人访谈。

[140] 引自 Shawn, *Leonard Bernstein*, 266。

[141] 对 Ruth Leon 的个人访谈。

[142] 引自 Burton, *Leonard Bernstein*, 499。

[143] 引自 Shawn, *Leonard Bernstein*, 133。

[144] Alessandra Lombardini-Parks, *Leonard Bernstein Final Concert*, accessed March 3, 2018, www.youtube.com/watch?v=6Kyr0MknQec& list=RD6Kyr0MknQec&t=2.

[145] "Leonard Bernstein Remembered by His Friends," *The New York Times*, October 21, 1990, sec. Arts, www.nytimes.com/1990/10/21/arts/leonard-bernstein-remembered-by-his-friends.html.

[146] Daniel Schwartz, "The Einstein Theory of Living," *The New York Times*, March 12, 1944, https://timesmachine.nytimes.com/timesmachine/1944/03/12/96574 583.pdf.

[147] "Leonard Bernstein Remembered by His Friends."

[148] Albert Einstein, "Albert Einstein to Conrad Habicht," May 18, 1905, trans. Anna Beck, *The Collected Papers of Albert Einstein, Volume 5*.

[149] Shawn, *Leonard Bernstein*, 89.

[150] Shawn, *Leonard Bernstein*, 135.

[151] Bernard M. Bass and Ruth Bass, *The Bass Handbook of Leadership: Theory,*

Research, and Managerial Applications, 4th ed. (New York: Free Press, 2008), 83—84.

第五章 狂热者

[1] Hector Fleischmann, *Robespierre and the Women He Loved* (London: Long, 1913), 80. 罗伯斯庇尔有"一件黑色外套，一件保养得相当好的缎子背心，一件很破的圣莫尔风格的背心……"

[2] Peter McPhee, *Robespierre: A Revolutionary Life* (New Haven, CT: Yale University Press, 2012), 48—49. "他的面部抽搐无法控制，这影响了他的眼睛，有时甚至是他的嘴巴。"

[3] McPhee, *Robespierre*, 71. "在议会中，不习惯议会程序的代表们若无其事地相互交谈或在会议厅内走动。罗伯斯庇尔的声音并不高亢，有时他的口音还会受到嘲笑，他不止一次被打断以至于被迫下台。"

[4] 引自 McPhee, *Robespierre*, 65。

[5] McPhee, *Robespierre*, 65; J.M.Thompson, *Robespierre and the French Revolution: A Study of the Ideals and the Realities of the Revolution as Revealed in the Life of Its Most Controversial Spokesman* (New York: Collier Books, 1962), 19.

[6] Ruth Scurr, *Fatal Purity: Robespierre and the French Revolution* (New York: Metropolitan Books, 2006), 25. 根据 Scurr 的说法："我们不知道罗伯斯庇尔第一次读卢梭是什么时候。很可能是他在路易勒格朗中学读的。无可争辩的是，当他读到之后，他把卢梭当成了一个思想的终身伴侣。"普鲁塔克的《名人传》中，斯巴达的立法者莱库古对罗伯斯庇尔来说也是相当重要的。在罗伯斯庇尔生活的年代，普鲁塔克是大多数受高等教育阶层人士的学养的重要组成部分。

[7] Étienne Reybaz, a speechwriter for the famous revolutionary Mirabeau, 引自 McPhee, *Robespierre*, 65。

[8] Thompson, *Robespierre and the French Revolution*, 19—20. "他是从 600 人中选出的 7 月 17 日陪同国王去巴黎的人之一，这并非偶然……。他在大会上的发言进一步显示他是王权的敌人，是抽象权利的拥护者，如《人权宣言》前几条所体现的财产自由、信仰自由和思想自由。"

[9] McPhee, *Robespierre*, 76, 97.

[10] "Declaration of the Rights of Man," August 26, 1789, Yale Law School-Avalon Project: Documents in Law, History and Diplomacy, http://avalon.law.yale.edu/18th_century/rightsof.asp.

[11] McPhee, *Robespierre*, 70. McPhee 认为："虽然《宣言》宣布了权利的普遍性和所有公民平等，但对于是否所有人都享有政治平等和法律平等却模棱两可，并对如何确保未受教育或没有财产的人能够施展自己的才能保持沉默。"

[12] Robespierre, September 11, 1789, 引自 McPhee, *Robespierre*, 72。

[13] Michael L.Kennedy, "The Foundation of the Jacobin Clubs and the Development of the Jacobin Club Network, 1789—1791," *The Journal of Modern History* 51, no.4 (December 1979): 706.

[14] McPhee, *Robespierre*, 89—92.

[15] 引自 Scurr, *Fatal Purity*, 165。

[16] Simon Schama, *Citizens: A Chronicle of the French Revolution* (New York: Vintage Books, 1989), 603—4. 根据 Schama 的说法，一年后，当许多革命者开始

戴红色帽子（红色贝雷帽）以示他们的革命热情时，罗伯斯庇尔拒绝戴。

[17] Scurr, *Fatal Purity*, 165—66.

[18] McPhee, *Robespierre*, 93.

[19] McPhee, *Robespierre*, 97.

[20] A.Jourdan, "Robespierre and Revolutionary Heroism," in *Robespierre and Revolutionary Heroism*, Colin Haydon and William Doyle, eds. (New York: Cambridge University Press, 1999), 68.

[21] Jourdan, "Robespierre and Revolutionary Heroism," 96. 用 Jourdan 的话说："对 1789 年原则的明确承诺,（并）拒绝与旧制度的人和实践妥协的人格化身。"

[22] McPhee, *Robespierre*, 95—96.

[23] Schama, *Citizens*, 604.

[24] Schama, *Citizens*, 604—9.

[25] 引自 McPhee, *Robespierre*, 123—24。

[26] Schama, *Citizens*, 605. "具有讽刺意味的是，罗伯斯庇尔也反对结盟阵营，认为政府试图利用省级警卫来吓唬他们在政治上更激进的巴黎同乡。"

[27] McPhee, *Robespierre*, 118. 出自 1792 年 4 月 27 日罗伯斯庇尔在雅各宾俱乐部的演讲。最后一句话是罗伯斯庇尔最著名的话之一。用法语说："*je suis peuple moi-même!*"（我自己就属于人民！）

[28] Schama, *Citizens*, 601.

[29] Schama, *Citizens*, 612.

[30] "The Brunswick Manifesto," in James Harvey Robinson, ed., *Readings in European History*, volume II (Boston: Ginn, 1906), 443—45, https://archive.org/details/readingsineurope02robi_0.

[31] Maxmilien Robespierre 致 Antoine Buissart, 引自 McPhee, *Robespierre*, 125。

[32] Schama, *Citizens*, 613.

[33] Schama, *Citizens*, 614—15.

[34] Scurr, *Fatal Purity*, 216.

[35] McPhee, *Robespierre*, 119.

[36] 在 1792 年间，大约有 1 533 家雅各宾俱乐部遍布整个法国。8 月份，有证据表明，至少有 340 家俱乐部在积极运作。参见 Kennedy, "The Best and the Worst of Times: The Jacobin Club Network from October 1791 to June 2, 1793," Journal of Modern History, vol.56, issue 4, December 1984, 635—66。

[37] Thompson, *Robespierre and the French Revolution*, 70.

[38] "Marie Antoinette and the French Revolution," PBS, September 13, 2006, http://www.pbs.org/marieantoinette/timeline/reign.html.

[39] *Papiers Inédits Trouves Chez Robespierre, Saint-Just, Payan, Etc. Supprimes Ou Omis Par Courtois; Precedes du Rapport de Ce Depute a La Convention Nationale*, vol.2 (Paris: Baudouin Frères, 1828).

[40] McPhee, *Robespierre*, 159.

[41] 引自 Scurr, *Fatal Purity*, 303—4。

[42] Marisa Linton, "Fatal Friendships: The Politics of Jacobin Friendship," *French Historical Studies* 31, no.1 (Winter 2008): 62—65.

[43] Marisa Linton, "Robespierre and Revolutionary Authenticity," *Annales Historiques de La Révolution Française*, no.371 (2013): 153—71.

[44] Thompson, *Robespierre and the French Revolution,* 113.

[45] Schama, *Citizens*, 831—34.

[46] Schama, *Citizens*, 834—36; Thompson, *Robespierre and the French Revolution,*

117—18; Scurr, *Fatal Purity*, 478.

[47] McPhee, *Robespierre*, 198—99.

[48] Frank Tallett, "Robespierre and Religion," in *Robespierre* (New York: Cambridge University Press, 1999), 101. 作者引用了 Gérarde Walter's *Robespierre*, Volume II Gillimard, Paris, 1946。

[49] 1792 年 11 月 9 日，《巴黎纪事报》(*Chronique de Paris*) 刊载了孔多塞伯爵对罗伯斯庇尔的记述。引自 McPhee, *Robespierre*, 138, and Scurr, *Fatal Purity*, 237。

[50] Scurr, *Fatal Purity*, 327.

[51] Schama, *Citizens*, 837.

[52] McPhee, *Robespierre*, 210; Scurr, *Fatal Purity*, 339; Thompson, *Robespierre and the French Revolution*, 109.

[53] 关于罗伯斯庇尔是如何孤立自己的，以及他为什么孤立自己的不同见解，参见 McPhee, *Robespierre*, 207—8; Scurr, *Fatal Purity*, 339; and Thompson, *Robespierre and the French Revolution*, 127。

[54] Linton, "Robespierre and Revolutionary Authenticity," 169—70. 根据 Linton 的说法："热月党人完全理解有必要粉碎罗伯斯庇尔作为一个道德高尚者的形象……（他们）编造了一系列富有想象力的故事，旨在表明罗伯斯庇尔主义者的私生活的特点是邪恶而非美德。"

[55] Scurr, *Fatal Purity*, 347.

[56] Scurr, *Fatal Purity*, 349.

[57] Scurr, *Fatal Purity*, 350—52.

[58] Scurr, *Fatal Purity*, 356—58.

[59] "Beheaded Man's Father: Revenge Breeds Revenge," CNN, June 8, 2006, www.cnn.com/2006/WORLD/meast/06/08/berg.interview/.

[60] Joby Warrick, *Black Flags: The Rise of ISIS* (New York: Anchor Books, 2016), 17.

[61] Warrick, *Black Flags*, 27.

[62] Jean Charles Brisard and Damian Martinez, *Zarqawi: The New Face of Al-Qaeda* (New York; Other Press), 2005.

[63] Warrick, *Black Flags*, 51—52.

[64] Bill Keller, "Last Soviet Soldiers Leave Afghanistan," *The New York Times*, February 16, 1989, https://partners.nytimes.com/library/world/africa/021689afghan-laden.html.

[65] McChrystal, *My Share of the Task*, 281.

[66] Warrick, *Black Flags*, 52.

[67] Warrick, *Black Flags*, 52—53.

[68] Warrick, *Black Flags*, 55.

[69] Warrick, *Black Flags*, 19.

[70] Brisard and Martinez, *Zarqawi*, 39.

[71] Warrick, *Black Flags*, 55.

[72] Warrick, *Black Flags*, 16.

[73] Warrick, *Black Flags*, 51.

[74] Wright, *The Looming Tower*, 72—73.

[75] Weaver, "The Short, Violent Life of Abu Musab Al-Zarqawi," *The Atlantic*.

[76] Warrick, *Black Flags*, 25.

[77] Weaver, "The Short, Violent Life of Abu Musab Al-Zarqawi."

[78] Weaver, "The Short, Violent Life of Abu Musab Al-Zarqawi."

[79] Weaver, "The Short, Violent Life of Abu Musab Al-Zarqawi."

[80] Wright, *The Looming Tower*, 60—62, 246—47.
[81] Colin Powell, "Remarks to the United Nations Security Council," February 5, 2003, U.S.Department of State Archive, https://2001—2009.state.gov/secretary/former/powell/remarks/2003/17300.htm.
[82] Weaver, "The Short, Violent Life of Abu Musab Al-Zarqawi."
[83] "Ex-Bin Laden Aide Sentenced to Life in Embassy Bombings," BBC, May 18, 2015, www.bbc.com/news/world-us-canada-32757609.
[84] National Commission on Terrorist Attacks upon the United States, ed., *The 9/11 Commission Report: Final Report of the National Commission on Terrorist Attacks upon the United States* (New York: Norton, 2004), 115.
[85] Weaver, "The Short, Violent Life of Abu Musab Al-Zarqawi."
[86] Warrick, *Black Flags*, 67.
[87] Weiss and Hassan *Isis: Inside the Army of Terror*, 14.
[88] Weisfuse, "The Last Hope for the Al Qai' da Old Guard?"
[89] Kilcullen, *Blood Year*, 21.
[90] Weiss and Hassan, *Isis*, 13.
[91] Gerges, *ISIS: A History*, 59.
[92] Warrick, *Black Flags*, 68.
[93] 作者与 Joby Warrick 的访谈。
[94] Warrick, *Black Flags*, 68.
[95] Saif Al-adel, *Biography of Abu Musab Al-Zarqawi*, n.d., 7.
[96] Weiss and Hassan, *Isis*, 14.
[97] Weaver, "The Short, Violent Life of Abu Musab Al-Zarqawi."
[98] Weaver, "The Short, Violent Life of Abu Musab Al-Zarqawi."
[99] Weaver, "The Short, Violent Life of Abu Musab Al-Zarqawi."
[100] Warrick, *Black Flags*, 69.
[101] Gerges, *ISIS: A History*, 109—110.
[102] Jeffrey Gettleman, "Enraged Mob in Falluja Kills 4 American Contractors," *The New York Times*, March 31, 2004, www.nytimes.com/2004/03/31/international/worldspecial/enraged-mob-in-falluja-kills-4-american.html, and McChrystal, *My Share of the Task*, 125—26.
[103] McChrystal, *My Share of the Task*, 128—31.
[104] McChrystal, *My Share of the Task*, 136.
[105] McChrystal, *My Share of the Task*, 145.
[106] 作者与 Joby Warrick 的访谈,2018 年 4 月。
[107] 作者与 Joby Warrick 的访谈。
[108] Bing West, *No True Glory: A Frontline Account of the Battle for Fallujah* (New York: Bantam Books, 2005), 159.
[109] West, *No True Glory*, 274.
[110] Louise Richardson, *What Terrorists Want: Understanding the Enemy, Containing the Threat* (New York: Random House, 2006), 118.
[111] John Burns and Jeffrey Gettleman, "Blasts at Shiite Ceremonies in Iraq Kill More than 140," *The New York Times*, March 2, 2004, www.nytimes.com/2004/03/02/international/middleeast/blasts-at-shiite-ceremonies-in-iraq-kill-more-than.html?_r=0.
[112] "Scores Killed in Iraqi Bombings," BBC, April 21, 2004, http://news.bbc.co.uk/2/hi/middle_east/3644733.stm.

[113] Kilcullen, *Blood Year*, 33—35.

[114] "Zawahiri's Letter to Zarqawi—English Translation," July 2005, https://ctc.usma.edu/harmony-program/zawahiris-letter-to-zarqawi-original-language-2.

[115] Warrick, *Black Flags*, 171.

[116] Weaver, "The Short, Violent Life of Abu Musab Al-Zarqawi."

[117] Warrick, *Black Flags*, 174.

[118] Warrick, *Black Flags*, 151.

[119] Louise Roug, "Baghdad Morgue Reports Record Figures for May," *The Los Angeles Times*, June 4, 2006, http://articles.latimes.com/2006/jun/04/world/fgiraq4.

[120] Louise Roug, "Baghdad Morgue Reports Record Figures for May."

[121] "Killings in Baghdad, 2005—2007," *Iraq Body Count*, accessed March 11, 2018, www.iraqbodycount.org/database/.

[122] McChrystal, *My Share of the Task*, 140.

[123] McChrystal, *My Share of the Task*, 171.

[124] McChrystal, *My Share of the Task*, 188, 204.

[125] "Zarqawi Letter: February 2004 Coalition Provisional Authority English Translation of Terrorist Musab Al-Zarqawi Letter Obtained by United States Government in Iraq," U.S.Department of State, February 2004, https://2001—2009.state.gov/p/nea/rls/31694.htm.

[126] Mark Oliver, "At Least 143 Killed in Iraq Explosions," *The Guardian*, March 2, 2004, www.theguardian.com/world/2004/mar/02/iraq.markoliver.

[127] Robert F.Worth, "950 Die in Stampede on Baghdad Bridge," *The New York Times*, September 1, 2006, www.nytimes.com/2005/09/01/world/middleeast/950-die-in-stampede-on-baghdad-bridge.html.

[128] Kilcullen, *Blood Year*, 29.

[129] Warrick, *Black Flags*, 202—3.

[130] McChrystal, *My Share of the Task*, 204.

第六章　英雄

[1] Edward L. Dreyer, *Zheng He: China and the Oceans in the Early Ming Dynasty, 1405—1433* (New York: Pearson Longman, 2006), 116.

[2] Frank Viviano, "China's Great Armada, Admiral Zheng He," *National Geographic*, July 2005.

[3] Zhou Qufei 译，引自 Dreyer, *Zheng He*, 109。

[4] Dreyer, *Zheng He*, 113.

[5] Viviano, "China's Great Armada, Admiral Zheng He."

[6] Dreyer, *Zheng He*, 99.

[7] Levathes, *When China Ruled the Seas*, 87.

[8] Louise Levathes, *When China Ruled the Seas: The Treasure Fleet of the Dragon Throne, 1405—1433* (New York: Oxford University Press, 1996), 64.

[9] Plutarch, *Plutarch's Lives*, ed. Arthur Hugh Clough, trans. John Dryden, vol.1 (Toronto: Random House, 1992), 1.

[10] Plutarch, *Plutarch's Lives*, vol.1, 50.

[11] John W.Dardess, *Ming China, 1368—1644: A Concise History of a Resilient Empire* (Lanham, MD: Rowman & Littlefield, 2012), 6.

[12] Levathes, *When China Ruled the Seas*, 57.
[13] Timothy Brook, *The Troubled Empire: China in the Yuan and Ming Dynasties* (Cambridge, MA: Belknap Press of Harvard University Press, 2010), 83—84.
[14] Levathes, *When China Ruled the Seas*, 57.
[15] Dreyer, *Zheng He*, 12.
[16] Brook, *The Troubled Empire*, 86.
[17] Levathes, *When China Ruled the Seas*, 57.
[18] Levathes, *When China Ruled the Seas*, 58.
[19] Dardess, *Ming China, 1368—1644*, 5.
[20] Levathes, *When China Ruled the Seas*, 63.
[21] Levathes, *When China Ruled the Seas*, 64.
[22] Levathes, *When China Ruled the Seas*, 66.
[23] Dreyer, *Zheng He*, 20.
[24] Dardess, *Ming China, 1368—1644*, 34.
[25] Levathes, *When China Ruled the Seas*, 67.
[26] Dreyer, *Zheng He*, 22—23.
[27] Levathes, *When China Ruled the Seas*, 70—71.
[28] Levathes, *When China Ruled the Seas*, 70—71.
[29] Levathes, *When China Ruled the Seas*, 72.
[30] Brook, *The Troubled Empire*, 92.
[31] Dreyer, *Zheng He*, 123.
[32] Levathes, *When China Ruled the Seas*, 78.
[33] Viviano, "China's Great Armada, Admiral Zheng He."
[34] Dreyer, *Zheng He*, 120.
[35] Dreyer, *Zheng He*, 128.
[36] Levathes, *When China Ruled the Seas*, 83.
[37] Levathes, *When China Ruled the Seas*, 73.
[38] Levathes, *When China Ruled the Seas*, 65, 87.
[39] Viviano, "China's Great Armada, Admiral Zheng He."
[40] Levathes, *When China Ruled the Seas*, 63.
[41] Levathes, *When China Ruled the Seas*, 62.
[42] Viviano, "China's Great Armada, Admiral Zheng He."
[43] Daniel J.Boorstin, *The Discoverers* (New York: Vintage Books, 1985), 192.
[44] Dreyer, *Zheng He*, 59.
[45] Boorstin, *The Discoverers*, 194.
[46] Levathes, *When China Ruled the Seas*, 113.
[47] Dreyer, *Zheng He*, 59.
[48] Dreyer, *Zheng He*, 55.
[49] Dreyer, *Zheng He*, 53.
[50] Levathes, *When China Ruled the Seas*, 102.
[51] Levathes, *When China Ruled the Seas*, 103.
[52] Levathes, *When China Ruled the Seas*, 103.
[53] Levathes, *When China Ruled the Seas*, 103.
[54] Dreyer, *Zheng He*, 76.
[55] Boorstin, *The Discoverers*, 197.
[56] Levathes, *When China Ruled the Seas*, 140—41.
[57] Levathes, *When China Ruled the Seas*, 157.

[58] Levathes, *When China Ruled the Seas*, 156.

[59] Levathes, *When China Ruled the Seas*, 159.

[60] Dreyer, *Zheng He.*

[61] Levathes, *When China Ruled the Seas*, 159—60.

[62] Levathes, *When China Ruled the Seas*, 160—65.

[63] Dreyer, *Zheng He*, 151.

[64] Dreyer, *Zheng He*, 144.

[65] Viviano, "China's Great Armada, Admiral Zheng He."

[66] 立于长乐的郑和 1431 年碑铭的译文 , 引自 Dreyer, *Zheng He*。

[67] Levathes, *When China Ruled the Seas*, 172.

[68] Boorstin, *The Discoverers*, 198.

[69] Levathes, *When China Ruled the Seas*, 174.

[70] Dreyer, *Zheng He*, 171.

[71] "Full Text of President Xi's Speech at Opening of Belt and Road Forum," *Xin Hua News,* May 14, 2017, www.xinhuanet.com/english/2017-05/14/ c_136282982.htm.

[72] Dreyer, *Zheng He*, 180—82.

[73] Matt Schiavenza, "How Humiliation Drove Modern Chinese History," *The Atlantic*(online), October 23, 2013, www.theatlantic.com/china/ archive/2013/10/how-humiliation-drove-modern-chinese-history/280878/.

[74] Geoff Wade, "The Zheng He Voyages: A Reassessment," *Journal of the Malaysian Branch of the Royal Asiatic Society* 78, no.1(2005), 37.

[75] Ankit Panda, "Sri Lanka Formally Hands Over Hambantota Port to Chinese Firms on 99-Year Lease," *The Diplomat*(December 11, 2017), https://the diplomat.com/2017/12/sri-lanka-formally-hands-over-hambantota-port-tochinese-firms-on-99-year-lease/.

[76] Paul Musgrave, Daniel Nexon, "Zheng He's Voyages and the Symbolism Behind Xi Jinping's Belt and Road Initiative," *The Diplomat*(December 22, 2017), https://thediplomat.com/2017/12/zheng-hes-voyages-and-the-symbolism-behind-xi-jinpings-belt-and-road-initiative/.

[77] Ishaan Tharoor, "Searching for Zheng: China's Ming-Era Voyager," *Time*, March 8, 2010, http://content.time.com/time/world/article/0,8599,1969939,00.html.

[78] William Wells Brown, M.D., *The Rising Son, or, The Antecedents and Advancement of the Colored Race*(Boston: A.G. Brown & Co., 1882), 539. 据自 19 世纪 50 年代中期就认识塔布曼的波士顿废奴主义者 Brown 所说 , "联邦官员……每次见到她时都会脱帽致意"。

[79] James McPherson, *Battle Cry of Freedom: The Civil War Era*(New York: Oxford University Press, 1988), 371. 根据 McPherson 的说法 , 在罗亚尔港周围的南方邦联守军逃走后 , 这群所谓违禁品 "很快成了被解放奴隶的教育和用自由劳动力种植棉花的废奴主义实验的一部分"。

[80] Sarah Bradford, *Scenes in the Life of Harriet Tubman*(Heraklion Press, n.d.), 66.

[81] 这 种 思 路 来 自 Kate Clifford Larson, *Bound for the Promised Land: Harriet Tubman, Portrait of an American Hero*(New York: One World, 2003), xvii。"她完全致力于摧毁奴隶制 , 这最终令她在内战期间来到南卡罗来纳州……"

[82] Charles Wood, "A History Concerning the Pension Claim of Harriet Tubman," June 1, 1888, 1, Accompanying Papers of the 55th Congress, National Archives,

Washington, DC, https://catalog.archives.gov/id/306575.

[83]　Franklin B. Sanborn, "Harriet Tubman," *Commonwealth*, July 17, 1863.

[84]　Larson, *Bound for the Promised Land*, 77.

[85]　Larson, *Bound for the Promised Land*, 79.

[86]　Larson, *Bound for the Promised Land*, 13.

[87]　Larson, *Bound for the Promised Land*, 15.

[88]　Sarah H.Bradford, *Harriet Tubman: The Moses of Her People*(1886), 12. 这本书于 1886 年发行，当时塔布曼六十五岁左右。

[89]　Larson, *Bound for the Promised Land*, 42.

[90]　From Emma P.Telford, "Harriet: The Modern Moses of Heroism and Visions," Cayuga County Museum, Auburn, NY, c. 1905, 引自 Larson, *Bound for the Promised Land, 43*。

[91]　Sanborn, "Harriet Tubman."

[92]　关于塔布曼头部受伤的更全面讨论，包括现代医学可能的看法，参见 Larson, *Bound for the Promised Land*, 42—45。

[93]　Larson, *Bound for the Promised Land*, 62.

[94]　Fergus M.Bordewich, *Bound for Canaan: The Epic Story of the Underground Railroad, America's First Civil Rights Movement* (New York: Amistad, 2006), 5.

[95]　Eric Foner, *Gateway to Freedom: The Hidden History of the Underground Railroad*(New York: W.W. Norton & Company, 2015), 15. Foner 写道，地下铁路不应被理解为一个"单一实体，而应被理解为使用多种方法协助逃亡者的地方团体的总称"。

[96]　Bordewich, *Bound for Canaan*, xvi.

[97]　Bradford, *Harriet Tubman: The Moses of Her People*, 15.

[98]　Bradford, *Harriet Tubman: The Moses of Her People*, 17.

[99]　Bradford, *Harriet Tubman: The Moses of Her People*, 18.

[100]　Bradford, *Scenes in the Life of Harriet Tubman*, 57. 参见 Larson, *Bound for the Promised Land*, 110. Bradford 形容这封信充满了"无关紧要的事务"。

[101]　Bradford, *Scenes in the Life of Harriet Tubman*, 56. 参见 Larson, *Bound for the Promised Land*, 110。

[102]　Larson, *Bound for the Promised Land*, 110—11.

[103]　Bradford, *Scenes in the Life of Harriet Tubman*, 58, and Larson, *Bound for the Promised Land*, 58.

[104]　John W.Blassingame, *Slave Testimony: Two Centuries of Letters, Speeches, Interviews, and Autobiographies*(Baton Rouge: Louisiana State University Press, 1977), 415.

[105]　Larson, *Bound for the Promised Land,* 54. Larson cited "The Refugee" by Benjamin Drew.

[106]　Bradford, *Scenes in the Life of Harriet Tubman*, 20.

[107]　Bradford, *Scenes in the Life of Harriet Tubman*, 35.

[108]　Larson, *Bound for the Promised Land*, 111.

[109]　Larson, *Bound for the Promised Land*, 111.

[110]　Larson, *Bound for the Promised Land*, 111.

[111]　Larson, *Bound for the Promised Land*, 111—12.

[112]　Larson, *Bound for the Promised Land*, 112.

[113]　Larson, *Bound for the Promised Land*, 111—13.

[114]　William Still, *The Underground Railroad: Authentic Narratives and First-*

Hand Accounts, ed. Ian Frederick Finseth(Mineola, NY: Dover Publications, Inc., 2007), 157.

[115] 塔布曼的营救模式演绎自 Larson, *Bound for the Promised Land*。

[116] James A.McGowan, *Station Master on the Underground Railroad: The Life and Letters of Thomas Garrett*, rev. ed.(Jefferson, NC: McFarland & Company, Inc., 2005), 117.

[117] Thomas Garrett 致 Eliza Wigham, 1855 年 12 月 16 日, 收入 McGowan, *Station Master*, 167—68。

[118] Thomas Garrett 致 Eliza Wigham, 1856 年 10 月 24 日, 收入 McGowan, *Station Master*, 171。

[119] Thomas Garrett 致 Eliza Wigham, 1856 年 12 月 27 日, 收入 McGowan, *Station Master*, 176。

[120] Thomas Garrett 致 Sarah Bradford, 1868 年 6 月 6 日, 收入 McGowan, *Station Master*, 191。

[121] Thomas Garrett 致 J.Miller McKim, 1854 年 12 月 29 日, 收入 McGowan, *Station Master*, 138。

[122] Still, *The Underground Railroad*, 157.

[123] Entry for May 14, 1856, in Sydney Howard Gay, "Record of Fugitives," 1856, 1855, 8—13, Columbia University Libraries Online Exhibitions, https://exhibitions.cul.columbia.edu/exhibits/show/fugitives/item/8845.

[124] Oliver Johnson 致 Sarah Bradford, 1886 年 3 月 6 日, 收入 Bradford, *Harriet Tubman: The Moses of Her People*, 5。

[125] Thomas Wentworth Higginson 致他的母亲, 1859 年 6 月 17 日, 收入 Mary Thatcher Higginson, ed., *Letters and Journals of Thomas Wentworth Higginson, 1846—1906* (Boston: Houghton Mifflin, 1906), 81。

[126] Brown, *The Rising Son*, 538.

[127] Foner, *Gateway to Freedom*, 4.

[128] 最低数, 是由将塔布曼直接帮助逃脱的 70 名奴隶除以总数 50 000 得出的; 最高数, 通过将塔布曼直接帮忙逃脱的奴隶数 80 名除以 10 000 得出来。十年来, 她进行了 13 次返回东海岸的奔波。从南方逃脱的奴隶总数使用的是 Foner 的上述估算。

[129] 参见 Barbara Jeanne Fields, *Slavery and Freedom on the Middle Ground: Maryland During the Nineteenth Century*(New Haven, CT: Yale University Press, 1987), 16—17。 1850 年, 有 279 名奴隶从马里兰州逃跑。我们用 70 和 80 除以 2 790 得到 3%。我们采用四舍五入是因为我们知道在 19 世纪 50 年代逃亡的奴隶数量减少了。

[130] Bradford, *Harriet Tubman: The Moses of Her People*, 51.

[131] Wood, "A History Concerning the Pension Claim of Harriet Tubman," 1.

[132] Thomas Wentworth Higginson to his mother, June 17, 1859, in Higginson, ed., *Letters and Journals of Thomas Wentworth Higginson, 1846—1906*, 81.

[133] Wood, "A History Concerning the Pension Claim of Harriet Tubman," 2.

[134] Wood, "A History Concerning the Pension Claim of Harriet Tubman," 2.

[135] "A Foray in South Carolina," *Daily National Intelligencer*, June 11, 1863.

[136] Frank Moore, ed., "A National Account from Port Royal, SC" (D.Van Nostrand, June 6, 1863), *The Rebellion Record: A Diary of American Events, with Documents, Narratives, Illustrative Incidents, Poetry, etc., Seventh Volume*.

[137] Bradford, *Harriet Tubman: The Moses of Her People*, 53.

[138] Wood, "A History Concerning the Pension Claim of Harriet Tubman," 2.

[139] Correspondent of the State Journal, "Colonel Montgomery's Raid—The Rescued Black Chattels—A 'Black She Moses' —Her Wonderful Daring and Sagacity—The Black Regiments—Col. Higginson's Mistakes—Arrival of the 54th Massachusetts, &c., &c.," *Wisconsin State Journal*, June 20, 1863, vol.XI, 137 edition.

[140] 对"作为将军的塔布曼"神话的演变的出色分析,Milton C.Sernett, *Harriet Tubman: Myth, Memory, and History*(Durham, NC: Duke University Press, 2007), 87—92。

[141] Bradford, *Scenes in the Life of Harriet Tubman*, 46—47, and "Mrs. Harriet Tubman, the Colored Nurse and Scout—The Bridge Street African M.E. Church Last Evening," *The Brooklyn Daily Eagle,* October 23, 1865, https://bklyn. newspapers.com/clip/1065316/the_brooklyn_daily_eagle/.

[142] "Mrs. Harriet Tubman, the Colored Nurse and Scout—the Bridge Street African M.E. Church Last Evening."

[143] Frederick Douglass 的信件,1868 年 8 月 29 日, 收入 Bradford, *Harriet Tubman: The Moses of Her People*, 70。

[144] Thomas Wentworth Higginson, *Cheerful Yesterdays*(Boston: Houghton Mifflin Company, 1898), 328, https://archive.org/details/cheerfulyesterd00higgg00g. Higginson 回忆道："我自己的老师是些奴隶出身的妇女, 她们在观众面前羞羞答答的。……她们被剥光衣服, 鞭打, 被粗暴对待, 并被卖给出价最高的人……或是像哈丽雅特·塔布曼一样, 她们本已逃走, 却一次又一次地逃回奴役之地, 带走亲朋好友。……面对这样的男人和女人, 还需要半点浮夸吗？"

[145] Moyers & Company, "George Lucas Tells Bill Moyers About the Mentors in His Career," Accessed July 6, 2018, www.youtube.com/watch?v=dNs7c41JbTI.

[146] Carl Jung, *The Archetypes and the Collective Unconscious*(Princeton, NJ: Princeton University Press, 1981), 6.

[147] Joseph Campbell, *The Hero with a Thousand Faces*, Commemorative Edition(Princeton, NJ: Princeton University Press, 2004), 3.

[148] John Higgs, "The Hero's Journey: The Idea You Never Knew Had Shaped 'Star Wars, ' " *Salon*, November 7, 2015, www.salon.com/2015/11/07/the_heros_ journey_the_idea_you_never_knew_had_shaped_star_wars/.

[149] Campbell, *The Hero with a Thousand Faces*, 28.

[150] "The Comic Book Industry Is on Fire, and It's About More Than Just the Movies," *Business Insider Australia*, August 27, 2014, www.businessinsider. com.au/the-comic-book-industry-is-on-fire-2014-8.

第七章　权力掮客

[1] "Tweed Talks," *New York Herald*, October 26, 1877.

[2] "Confession," *New York Herald*, October 10, 1877.

[3] Edwin G.Burrows and Mike Wallace, *Gotham: A History of New York City to 1898*(New York: Oxford University Press, 1999), 931.

[4] "Total and Foreign-Born Population, New York City, 1790—2000," n.d., NYC. gov, www1.nyc.gov/assets/planning/download/pdf/data-maps/nyc-population/ historical-population/1790—2000_nyc_total_foreign_birth.pdf.

[5] David McCullough, *The Great Bridge: The Epic Story of the Building of the Brooklyn Bridge*(New York: Touchstone, 1972), 263.

[6] Kenneth D.Ackerman, *Boss Tweed: The Corrupt Pol Who Conceived the Soul of Modern New York*(Falls Church, VA: Viral History Press, 2011), 2.

[7] "Tweed Talks."

[8] Ackerman, *Boss Tweed*, 71—72.

[9] Ackerman, *Boss Tweed*, 340.

[10] Burrows and Wallace, *Gotham*, 931.

[11] "Tweed Talks."

[12] New York City Board of Aldermen, "Tweed Ring: Report of the Special Committee of the Board of Aldermen Appointed to Investigate the 'Ring' Frauds, Together with the Testimony Elicited During the Investigation" (New York: New York City Board of Aldermen, January 4, 1878), https://ia600300.us.archive. org/22/items/reportspecialco00fraugoog/reportspecialco00fraugoog.pdf., 226.

[13] New York City Board of Aldermen, "Tweed Ring," 134.

[14] Greg Young and Tom Meyers, Fire Department of New York, *The Bowery Boys: New York City History*, n.d., http://boweryboys.libsyn.com/-161-fire-department-of-the-city-of-new-york-fdny.

[15] Burrows and Wallace, *Gotham*, 823.

[16] New York City Board of Aldermen, "Tweed Ring," 367.

[17] Terry Golway, *Machine Made: Tammany Hall and the Creation of Modern American Politics*(New York and London: Liveright, 2014), xiii.

[18] Daniel P.Moynihan, "When the Irish Ran New York," *The Reporter*, June 8, 1961.

[19] Golway, *Machine Made*.

[20] 实际数字是 45.7%。 "Nativity of the Population for the 25 Largest Urban Places and for Selected Counties: 1850," US Census Bureau, n.d., www.census.gov/ population/www/documentation/twps0029/tab21.html.

[21] Moynihan, "When the Irish Ran New York."

[22] Moynihan, "When the Irish Ran New York."

[23] Golway, *Machine Made*, 6.

[24] William L.Riordon, *Plunkitt of Tammany Hall: A Series of Very Plain Talks on Very Practical Politics*(New York: Penguin Books, 2015), 46.

[25] Riordon, *Plunkitt of Tammany Hall*, 3.

[26] Riordon, *Plunkitt of Tammany Hall*, 5.

[27] Moynihan, "When the Irish Ran New York."

[28] Ackerman, *Boss Tweed*, 18.

[29] Burrows and Wallace, *Gotham*, 823.

[30] Golway, *Machine Made*, 61.

[31] Ackerman, *Boss Tweed*, 18—19.

[32] Ackerman, *Boss Tweed*, 361.

[33] Burrows and Wallace, *Gotham*, 837.

[34] Ackerman, *Boss Tweed*, 19.

[35] Burrows and Wallace, *Gotham*, 890.

[36] Ackerman, *Boss Tweed*, 20.

[37] Ackerman, *Boss Tweed*, 25.

[38] "The Supervisors' Loan," *The New York Times*, September 11, 1863, https:// timesmachine.nytimes.com/timesmachine/1863/09/11/78706299.html.

[39] Ackerman, *Boss Tweed*, 49—50.

[40] Ackerman, *Boss Tweed*, 67.

[41] "Report of the Select Committee on Alleged New York Election Frauds, Made to the House of Representatives, Fortieth Congress, Third Session" (Washington, DC, February 23, 1869), 4, https://play.google.com/books/reader?id=w58FAAA AQAAJ&printsec=frontcover&output=reader&hl=en&pg=GBS.PA5.

[42] "Report of the Select Committee on Alleged New York Election Frauds, Made to the House of Representatives, Fortieth Congress, Third Session," 9.

[43] "Report of the Select Committee on Alleged New York Election Frauds, Made to the House of Representatives, Fortieth Congress, Third Session," 60.

[44] "Tweed Talks."

[45] "The State Capital.—The Charter Before the Senate Committee on Municipal Affairs.—Greeley Thinks It Can Be Improved and Sammy Tilden Advises Caution.— The Committee Report It to the Senate Without Amendment.—It Is Made the Special Order for To-Day and Will Undoubtedly Pass.," *The New York Herald*, April 5, 1870, sec. Page 3, Image 3 on Library of Congress website, https://chroniclingamerica.loc.gov/lccn/sn83030313/1870-04-05/ed-1/seq-3.pdf.

[46] Ackerman, *Boss Tweed*, 65.

[47] "Mr. Sweeny's Legislature—Mr. Tweed's Charter to Be Pushed Through To-Day," *The Sun*, March 30, 1870.

[48] "The State Capital.—The Charter Before the Senate Committee on Municipal Affairs." 根据 "a multitude of people thronged the rooms..."

[49] Burrows and Wallace, *Gotham*, 927.

[50] Ackerman, *Boss Tweed*, 69.

[51] William C.Hudson, "'Boss' Tweed and Governor Hoffman," in *Random Recollections of an Old Political Reporter*(New York: Cupples & Leon Company, 1911), 31, https://archive.org/stream/randomrecollecti010640mbp#page/n39/mode/2up.

[52] Hudson, "'Boss' Tweed and Governor Hoffman," 33—35.

[53] New York City Board of Aldermen, "Tweed Ring," 138.

[54] New York City Board of Aldermen, "Tweed Ring," 85—87.

[55] Ackerman, *Boss Tweed*, 72.

[56] Ackerman, *Boss Tweed*, 74—75.

[57] "Locking Out the Indians—the Most Stupendous Political Joke of the Century," *The Sun*, March 29, 1870.

[58] "Mr. Sweeny's Legislature—Mr. Tweed's Charter to Be Pushed Through To-Day," *The Sun*, March 30, 1870.

[59] "The State Capital.—The New York City Charter in the Senate.—It Passes Without Amendment by a Vote of 30 to 2.—Final Rout and Discomfiture of the Young Democracy.—Signing of the Bill by Governor Hoffman.—Passage of the Bill Regulating Elections in the Metropolis," *New York Herald*, April 6, 1870, https://chroniclingamerica.loc.gov/lccn/sn83030313/1870-04-06/ed-1/seq-3.pdf.

[60] John D.Townsend, "How Citizens Aided the Ring in 1870," in *New York in Bondage*(New York, 1901), 33, https://play.google.com/books/reader?id=Oy8b2XSG_CwC&printsec=frontcover&output=reader&hl=en&pg=GBS.PA32.

[61] "The State Capital.—The New York City Charter in the Senate."

[62] "Rejoicing in the City," *New York Herald*, April 6, 1870.

[63] Ackerman, *Boss Tweed*, 80.

[64] "A Resplendent Wedding—the Marriage of Mr. William M.Tweed's Daughter— West Twenty-Fifth Street Refulgent with the City's Aristocracy—Half a Million's Worth of Wedding Presents—a Lovely Bride and Princely Fortune," *New York Sun*, June 1, 1871.

[65] Ackerman, *Boss Tweed*, 117.

[66] "Why Attack Mr. Tweed?," *New York Times*, September 29, 1870, https:// timesmachine.nytimes.com/timesmachine/1870/09/29/83474241.pdf.

[67] *Harper's Weekly*, March 13, 1871, 引自 Ackerman, *Boss Tweed*, 136。

[68] New York City Board of Aldermen, "Tweed Ring," 174—78.

[69] Burrows and Wallace, *Gotham*, 1003—8.

[70] "The Riot of 1871—Results of Municipal Cowardice and Tardy State Action," *New York Tribune*, July 13, 1871, https://chroniclingamerica.loc.gov/lccn/ sn83030214/1871-07-13/ed-1/seq-1.pdf.

[71] Ackerman, *Boss Tweed*, 160—62.

[72] "The Secret Accounts," *New York Times*, July 22, 1871.

[73] Burrows and Wallace, *Gotham*, 1009.

[74] Ackerman, *Boss Tweed*, 181.

[75] Ackerman, *Boss Tweed*, 171.

[76] Golway, *Machine Made*, 94—95.

[77] Ackerman, *Boss Tweed*, 253—56.

[78] "The William M.Tweed Club," *New York Herald*, October 24, 1871.

[79] "Our Dishonest Politicians," *New York Times*, October 25, 1871, 1.

[80] "Fourth Senatorial District—an Enthusiastic Meeting of Mr. Tweed's Friends," *New York Herald*, October 20, 1871.

[81] Margaret Thatcher, "Article for *Sunday Express*('It's Your Freedom They Hate')," Margaret Thatcher Foundation, November 23, 1975, www. margaretthatcher.org/document/102808.

[82] Margaret Thatcher, "Speech to Finchley Conservatives," January 31, 1976, Margaret Thatcher Foundation, www.margaretthatcher.org/document/102947.

[83] Charles Moore, *Margaret Thatcher: The Authorized Biography*, vol.1(New York: Alfred A.Knopf, 2013), 326.

[84] Margaret Thatcher, *Margaret Thatcher: The Autobiography*(New York: Harper Perennial, 2013), 37.

[85] Walter Bagehot, *The English Constitution*, Project Gutenberg, accessed May 21, 2018, www.gutenberg.org/files/4351/4351-h/4351-h.htm.

[86] Adam Sisman, "Observer Review: The Prime Minister by Peter Hennessy," *The Guardian*, October 14, 2000, sec. Books, www.theguardian.com/books/2000/ oct/15/politics.

[87] Thatcher, *Autobiography*, 37.

[88] Thatcher, *Autobiography*, 38.

[89] 引自 Moore, *Margaret Thatcher,* 1:85。

[90] 引自 Moore, *Margaret Thatcher,* 1:137。

[91] Moore, *Margaret Thatcher*, 1:158—59.

[92] 引自 Moore, *Margaret Thatcher,* 1:159。

[93] Richard Vinen, *Thatcher's Britain: The Politics and Social Upheaval of the Thatcher Era*(London and New York: Pocket Books, 2010), 12.

[94] 引自 Vinen, *Thatcher's Britain,* 42。

[95] John Campbell, *The Iron Lady: Margaret Thatcher, from Grocer's Daughter to Prime Minister*(New York: Penguin Books, 2011), 49.

[96] 引自 Moore, *Margaret Thatcher,* 1:350。

[97] Moore, *Margaret Thatcher,* 1:217.

[98] 引自 Moore, *Margaret Thatcher,* 1:219。

[99] Moore, *Margaret Thatcher,* 1:166.

[100] Moore, *Margaret Thatcher,* 1:423—24.

[101] Moore, *Margaret Thatcher,* 1:220.

[102] Moore, *Margaret Thatcher,* 1:221.

[103] Moore, *Margaret Thatcher,* 1:222—23.

[104] Moore, *Margaret Thatcher,* 1:223.

[105] 引自 Vinen, *Thatcher's Britain,* 39。

[106] 引自 Vinen, *Thatcher's Britain,* 75。

[107] 引自 Vinen, *Thatcher's Britain,* 75。

[108] Julian Critchley, *A Bag of Boiled Sweets: An Autobiography*(London and Boston: Faber and Faber, 1995), 146.

[109] Bernard Donoughue, *Downing Street Diary: With James Callaghan in No.10*(London: Pimlico, 2009), 305.

[110] 引自 Moore, *Margaret Thatcher,* 1:335。

[111] Moore, *Margaret Thatcher,* 1:31.

[112] Moore, *Margaret Thatcher,* 1:329.

[113] Margaret Thatcher and James Callaghan, "House of Commons Speech[Industrial Situation]," Margaret Thatcher Foundation, January 16, 1979, www.margaretthatcher.org/document/103924.

[114] Margaret Thatcher and Robin Harris, *The Collected Speeches of Margaret Thatcher*(New York: HarperCollins, 1997), 57.

[115] Ben Jackson and Robert Saunders, ed., *Making Thatcher's Britain*(Cambridge: Cambridge University Press, 2012), 29.

[116] Margaret Thatcher, "Speech to Conservative Party Conference," Margaret Thatcher Foundation, October 10, 1975, www.margaretthatcher.org/document/102777.

[117] 引自 Jackson and Saunders, *Making Thatcher's Britain,* 32。

[118] 引自 Jackson and Saunders, *Making Thatcher's Britain,* 83。

[119] William Shakespeare, *Richard III,* ed. James R.Siemon, The Arden Shakespeare, Third Series(London: Arden Shakespeare, 2009), act 1, scene 1, lines 1—2.

[120] Dennis Barker, "Obituary: Sir Walter Walker," *The Guardian,* August 14, 2001, www.theguardian.com/news/2001/aug/14/guardianobituaries1.

[121] John Hoskyns, *Just in Time: Inside the Thatcher Revolution*(London: Aurum, 2000), 80—81.

[122] Margaret Thatcher, "Conservative Party Political Broadcast(Winter of Discontent)," Margaret Thatcher Foundation, January 17, 1979, www.margaretthatcher.org/document/103926.

[123] Moore, *Margaret Thatcher,* 1:401.

[124] "1979: Times Returns After Year-Long Dispute," BBC, November 13, 1979, http://news.bbc.co.uk/onthisday/hi/dates/stories/november/13/newsid_2539000/2539795.stm#sa-link_location=story-body&intlink_

from_url=http%3A%2F%2Fwww.bbc.com%2Fnews%2Fentertainment-arts-22120480&intlink_ts=1526916709360-sa.

[125] 引自 Geoffrey Howe, *Conflict of Loyalty*(London: Pan Books, 1995), 117。

[126] 1979 年 5 月 4 日 从 Margaret Thatcher Foundation 获 得 的 各 种 档 案 文 件，如："Germany: Cartledge minute to MT('Chancellor Schmidt's Visit: 10/11 May') [arrangements and draft programme] [declassified 2009]," "Incoming brief: Cabinet Secretary's incoming brief for new PM('Energy Issues') [declassified 2009]." and "Incoming brief: Cabinet Secretary incoming brief for MT('Rhodesia') [declassified 2009]," accessed on July 6, 2018 at https://www.margaretthatcher.org/search?dt=5&w=&searchtype=and&t=0&starty=1979&startm=5&startd=4&endy=&endm=&endd=&onedayy=&onedaym=&onedayd=。

[127] Tim Lankester, *The Politics and Economics of Britain's Foreign Aid: The Pergau Dam Affair*(London and New York: Routledge, 2013), 34.

[128] Simon Hoggart, "Wet Hopes Revive in Mrs. Thatcher's Watery Britain," *The Observer*, July 26, 1981.

[129] Thatcher, *Autobiography*, 258.

[130] Moore, *Margaret Thatcher*, 1:639.

[131] Moore, *Margaret Thatcher*, 1:529.

[132] Campbell, *The Iron Lady*, 163.

[133] Howe, *Conflict of Loyalty*, 147.

[134] Lankester, *The Politics and Economics of Britain's Foreign Aid*, 35.

[135] "Margaret Thatcher, 'The Lady's Not for Turning,' " accessed May 21, 2018, https://www.youtube.com/watch?v=rQ-MOKEFm91.

[136] Howe, *Conflict of Loyalty*, 195.

[137] Howe, *Conflict of Loyalty*, 195.

[138] Compiled by Laura Pitel, "Margaret Thatcher's Memorable Remarks," *The Times*, April 9, 2013, www.thetimes.co.uk/article/margaret-thatchers-memorable-remarks-9hq7b2mckcj.

[139] Moore, *Margaret Thatcher*, 2:193.

[140] Dennis Kavanagh, *Thatcherism and British Politics: The End of Consensus?*, Reprint Edition(New York: Oxford University Press, 2002), 270.

[141] Moore, *Margaret Thatcher*, 2:752—53.

[142] Critchley, *A Bag of Boiled Sweets*, 180—81.

[143] Moore, *Margaret Thatcher*, 2:66.

[144] 引自 Moore, Margaret Thatcher, 2:66。

[145] 引自 Moore, *Margaret Thatcher*, 2:52—53。

[146] 引自 Moore, *Margaret Thatcher*, 2:66。

[147] Moore, *Margaret Thatcher*, 2:53.

[148] Critchley, *A Bag of Boiled Sweets*, 182, 193.

[149] 例如 , 参见 Moore, *Margaret Thatcher*, 2:489。

[150] 例如 , 参见 Moore, *Margaret Thatcher*, 2:194, 495—96, 698, 702。

[151] Moore, *Margaret Thatcher*, 2:359—61.

[152] Moore, *Margaret Thatcher*, 2:410.

[153] Moore, *Margaret Thatcher*, 2:413.

[154] Moore, *Margaret Thatcher*, 2:410. 据 Lawson 回忆 , 1981 年他开始支持英国加入欧洲汇率机制 (ERM), 尽管直到 1983 年他成为财务大臣之后 , 才开始认真考虑这个问题。(与 Tim Lanklor 爵士的私人交谈。)

[155] Moore, *Margaret Thatcher*, 2:421.

[156] Moore, *Margaret Thatcher*, 2:411—13.

[157] Moore, *Margaret Thatcher*, 2:417—18.

[158] Moore, *Margaret Thatcher*, 2:419.

[159] Moore, *Margaret Thatcher*, 2:420.

[160] Moore, *Margaret Thatcher*, 2:419.

[161] Moore, *Margaret Thatcher*, 2:419—20.

[162] Moore, *Margaret Thatcher*, 2:420.

[163] Moore, *Margaret Thatcher*, 2:420.

[164] Moore, *Margaret Thatcher*, 2:421.

[165] Howe, *Conflict of Loyalty*, 574.

[166] Nigel Lawson, *Memoirs of a Tory Radical*(New York: Biteback Publishing, 2011), 422.

[167] John Campbell, *The Iron Lady: Margaret Thatcher, from Grocer's Daughter to Prime Minister*(New York: Penguin Books, 2011), 421—22.

[168] Lawson, *Memoirs of a Tory Radical*, 622.

[169] Howe, *Conflict of Loyalty*, 645—47.

[170] David Cannadine, *Margaret Thatcher: A Life and Legacy*(Oxford: Oxford University Press, 2017), 103.

[171] Thatcher, *Autobiography*, 712.

[172] Charles Moore, "Geoffrey Howe Was the Tapestry-Master of Thatcherism," *The Telegraph*, October 10, 2015, www.telegraph.co.uk/news/politics/conservative/11924424/Charles-Moore-Geoffrey-Howe-was-the-tapestry-master-of-Thatcherism.html.

[173] Geoffrey Howe, "Full Resignation Speech," https://www.youtube.com/watch?v=kvyAMjGS0KQ. "Resignation Part 2," accessed July 31, 2018, https://www.youtube.com/watch?v=Y2zOifEPLjY.

[174] Thatcher, *Autobiography*, 718.

[175] Cannadine, *Margaret Thatcher*, 109.

[176] Lawson, *Memoirs of a Tory Radical*, 263.

[177] "Margaret Thatcher—November 22, 1990(Full Speech)," accessed May 21, 2018, www.youtube.com/watch?v=uF_GXMxa-mE&t=1660s.

[178] R.W. Apple, "I.R.A. Says It Set Bomb That Ripped Thatcher's Hotel," *New York Times*, October 13, 1984, www.nytimes.com/1984/10/13/world/ira-says-it-set-bomb-that-ripped-thatcher-s-hotel.html?pagewanted=all.

[179] "1975: Tories Choose First Woman Leader," *BBC: On This Day*(blog), accessed June 9, 2018, http://news.bbc.co.uk/onthisday/hi/dates/stories/february/11/newsid_2539000/2539451.stm.

第八章　改革者

[1] Martin Luther, *Martin Luther's Table Talks*, ed. Henry F.French, abridged edition(Minneapolis: Fortress Press, 2017), 39.

[2] Diarmaid MacCulloch, *All Things Made New: The Reformation and Its Legacy*(New York: Oxford University Press, 2016), 38.

[3] Lyndal Roper, *Martin Luther: Renegade and Prophet*(New York: Random House, 2016), 378—85.

[4] Luther, *Martin Luther's Table Talks*, 6—7.

[5] 对此的简明论述 , 参见 Francis J. Bremer, *Puritanism: A Very Short Introduction*(New York: Oxford University Press, 2009), 103—9。

[6] James Simpson, *Permanent Revolution: Surviving the Long English Reformation*(Cambridge, MA: Harvard University Press, forthcoming), chapter 3. 我们十分感谢作者提供这一章的未刊稿。

[7] Simpson, *Permanent Revolution*, chapter 3.

[8] Roper, *Martin Luther*, 33—34.

[9] Brad S. Gregory, *Rebel in the Ranks: Martin Luther, the Reformation, and the Conflicts That Continue to Shape Our World* (San Francisco: Harper One, 2017), 17—18.

[10] Roper, *Martin Luther*, 41—42.

[11] Roper, *Martin Luther*, 44—45.

[12] Andrew Pettegree, *Brand Luther: How an Unheralded Monk Turned His Small Town into a Center of Publishing, Made Himself the Most Famous Man in Europe and Started the Protestant Reformation*(New York: Penguin Books, 2016), 33—34.

[13] Carlos M. N. Eire, *Reformations: The Early Modern World, 1450—1650* (New Haven, CT: Yale University Press, 2016), 88, 92—93, 基本情况可见 Pettegree, *Brand Luther*。

[14] Roper, *Martin Luther*, 130.

[15] Roper, *Martin Luther*, 80—87.

[16] Roper, *Martin Luther*, 82—83.

[17] "The 95 Theses," luther 2017. de, n.d., https://www.luther2017.de/en/martin-luther/texts-sources/the-95-theses/.

[18] 引自 Gregory, *Rebel in the Ranks*, 46。

[19] 引自 Gregory, *Rebel in the Ranks*, 43。

[20] Roper, *Martin Luther*, 83.

[21] Roper, *Martin Luther*, 108.

[22] 引自 Roper, *Martin Luther*, 85。

[23] Roper, *Martin Luther*, 85.

[24] 引自 Pettegree, *Brand Luther*, 141。

[25] Pettegree, *Brand Luther*, 120.

[26] Roper, *Martin Luther*, 157—58.

[27] Roper, *Martin Luther*, 159—60.

[28] 引自 Roper, *Martin Luther*, 445 at fn 52。

[29] Heiko Augustinus Oberman and Donald Weinstein, *The Two Reformations: The Journey from the Last Days to the New World*(New Haven, CT: Yale University Press, 2003), 92.

[30] Roper, *Martin Luther*, 165—66.

[31] Roper, *Martin Luther*, 166.

[32] 引自 Roper, *Martin Luther*, 167。

[33] Roper, *Martin Luther*, 168.

[34] 引自 Roper, *Martin Luther*, 168。

[35] 引自 Roper, *Martin Luther*, 169。

[36] 引自 Roper, *Martin Luther*, 171。

[37] 引自 Gregory, *Rebel in the Ranks*, 84。

[38] Gregory, *Rebel in the Ranks*, 84.

[39] Simpson, *Permanent Revolution*, chapter 3.

[40] 引自 Roper, *Martin Luther*, 173。

[41] 引自 Roper, *Martin Luther*, 175。

[42] 引自 Roper, *Martin Luther*, 183。

[43] Oberman and Weinstein, *The Two Reformations*, 91.

[44] Roper, *Martin Luther*, 214.

[45] 引自 Roper, *Martin Luther*, 214。

[46] Roper, *Martin Luther*, 222.

[47] Gregory, *Rebel in the Ranks*, 95—96.

[48] Roper, *Martin Luther*, 264.

[49] Roper, *Martin Luther*, 263.

[50] 引自 Franz Posset, *The Front-Runner of the Catholic Reformation: The Life and Works of Johann von Staupitz*(Aldershot, Hants, England; Burlington, VT: Ashgate, 2003), 341。

[51] Jack Kilcrease, "Katharina von Bora Luther," Lutheran Reformation, December 20, 2016, https://lutheranreformation.org/history/katharina-von-bora-luther/.

[52] Eire, *Reformations*, 200—201.

[53] Pettegree, *Brand Luther*, 238—42.

[54] 引自 Eire, *Reformations*, 208。

[55] Roper, *Martin Luther*, 250—51.

[56] Robert J. Christman, *Doctrinal Controversy and Lay Religiosity in Late Reformation Germany: The Case of Mansfeld*, Studies in Medieval and Reformation Traditions, v.157(Leiden; Boston: Brill, 2012), 19—20.

[57] 引自 Eire, *Reformations*, 209。

[58] 引自 Eire, *Reformations*, 210。

[59] 对此的全面叙述，参见 Eire, *Reformations*, 248—317。

[60] Pettegree, *Brand Luther*, 265—66.

[61] 引自 Pettegree, *Brand Luther*, 263, 着重系后加。

[62] Pettegree, *Brand Luther*, 283—86, 312—14.

[63] Eire, *Reformations*, 530—31; Pettegree, *Brand Luther*, 254.

[64] Pettegree, *Brand Luther*, 313, and H. J. Selderhuis, *Martin Luther: Spiritual Biography*(Wheaton, IL: Crossway, 2017), 309.

[65] Erik R. Seeman, *Death in the New World: Cross-Cultural Encounters, 1492—1800*(Philadelphia: University of Pennsylvania Press, 2011), 85.

[66] Joe Azbell, "Blast Rocks Residence of Bus Boycott Leader," *Montgomery Advertiser,* January 31, 1956.

[67] "Minutes of Montgomery Improvement Association Founding Meeting," December 5, 1955, 69, The Martin Luther King, Jr. Papers Project, Stanford University, http://kingencyclope dia.stanford.edu/primarydocuments/Vol3/5-Dec-1955_MIAMinutes.pdf, 5 fn 6.

[68] Taylor Branch, *Parting the Waters: America in the King Years, 1954—1963* (New York: Simon & Schuster, 1988), 128—33.

[69] Branch, *Parting the Waters*, 136.

[70] "Minutes of Montgomery Improvement Association Founding Meeting," December 5, 1955.

[71] "Minutes of Montgomery Improvement Association Founding Meeting," December 5, 1955.

[72] David J. Garrow, *Bearing the Cross: Martin Luther King, Jr., and the Southern Christian Leadership Conference*(New York: William Morrow, 1986), 22.

[73] Martin Luther King, Jr., *Stride Toward Freedom: The Montgomery Story*(Boston: Beacon Press, 1986), 44.

[74] Branch, *Parting the Waters*, 137.

[75] "Minutes of Montgomery Improvement Association Founding Meeting," December 5, 1955.

[76] Luther A. Huston, "High Court Rules Bus Segregation Unconstitutional," *New York Times*, November 14, 1956. 事实上，由于蒙哥马利公共汽车抵制运动，美国最高法院最终做出了一项裁决，该裁决"被解释为将任何要求在公共交通工具上实行种族隔离的州或市的法规宣布为非法"。《纽约时报》报道，这次抵制运动安放了"普莱西诉弗格森案 (Plessy v. Ferguson) 的墓碑"——1896 年最高法院的这起判例为种族隔离提供了法律依据。https://timesmachine.nytimes.com/timesmachine/1956/ 11/14/88483373.html.

[77] "Montgomery Improvement Association Resolution," December 8, 1955, The Martin Luther King, Jr. Papers Project, Stanford University, http:// kingencyclopedia.stanford.edu/primarydocuments/551208_006.pdf.

[78] "MIA Mass Meeting at Holt Street Baptist Church," December 5, 1955, The Martin Luther King, Jr. Papers Project, Stanford University, http:// kingencyclopedia.stanford.edu/encyclopedia/documentsentry/mia_mass_meeting_at_holt_street_baptist_church/index.html.

[79] 引自 John D'Emilio, *Lost Prophet: The Life and Times of Bayard Rustin*(Chicago: University of Chicago Press, 2003), 230—31。

[80] Garrow, *Bearing the Cross*, 57—58.

[81] Branch, *Parting the Waters*, 75—76.

[82] George Barrett, "Bus Integration in Alabama Calm, Montgomery Quiet on First Day—Slapping of Negro Woman Only Incident," *The New York Times*, December 22, 1956.

[83] 对 Ella Baker 的采访，引自 D'Emilio, *Lost Prophet*, 245。

[84] Bayard Rustin, "Rustin to King," December 23, 1956, The Martin Luther King, Jr. Papers Project, Stanford University, http://okra.stanford.edu/transcription/document_images/Vol03Scans/491_23-Dec-1956_From%20Bayard%20Rustin.pdf.

[85] "Montgomery Improvement Association Press Release, Bus Protestors Call Southern Negro Leaders Conference on Transportation and Nonviolent Integration," January 7, 1957, The Martin Luther King, Jr. Papers Project, Stanford University, http://okra.stanford.edu/transcription/document_images/Vol04Scans/94_7-Jan-1957_Montgomery%20Improvement%20Assoc.pdf.

[86] 关于金在里奇百货公司被捕和被亚特兰大市法院传讯的所有细节，引自 Bruce Galphin and Keeler McCartney, "King, 51 Others Arrested Here in New Sit-In Push," *The Atlanta Constitution*, October 20, 1960。

[87] Branch, *Parting the Waters*, 346.

[88] Ella Baker and Martin Luther King Jr., "Youth Leadership Meeting, Shaw University, Raleigh, N.C.—April 15—17, 1960," April 1960, www.crmvet.org/docs/6004_sncc_call.pdf.

[89] Galphin and McCartney, "King, 51 Others Arrested Here in New Sit-In Push." 金一家去年在那里着实花了不少钱。根据这篇文章："金在 1959 年说，他的家人在这家商店花了 4500 美元，并补充说：'除了午餐柜台，我们在所有柜台都受欢迎。'"

[90] 1960 年 6 月，两人曾在 Harry Belafonte 的纽约公寓私下会面，并在准备另一次会面。参见 Branch, *Parting the Waters*, 346—50。

[91] Branch, *Parting the Waters*, 352.

[92] Simeon Booker, "Alabama Mob Ambush Bus, Beat Biracial Group and Burn Bus, Attack Riders Forced from Bus by Smoke and Fire," *Jet*, May 25, 1961, 12—15.

[93] Branch, *Parting the Waters*, 415.

[94] "Bi-Racial Buses Attacked, Riders Beaten in Alabama," *The New York Times*, May 15, 1961.

[95] "Freedom Riders Attacked by Whites in Montgomery," *The New York Times*, May 21, 1961.

[96] "Montgomery Under Martial Law; Troops Called After New Riot; Marshals and Police Fight Mob," *The New York Times*, May 22, 1961.

[97] Claude Sitton, "Bi-Racial Riders Decide to Go On," *The New York Times*, May 24, 1961, https://timesmachine.nytimes.com/timesmachine/1961/05/24/10146 4639.pdf.

[98] Branch, *Parting the Waters*, 466—67.

[99] James Bevel, Taylor Branch interview with James Bevel, interview by Taylor Branch, May 16, 1985, Folder 535, Scan 20, Taylor Branch Papers, The Southern Historical Collection at the Louis Round Wilson Special Collections Library, University of North Carolina-Chapel Hill, https://dc.lib.unc.edu/cdm/singleitem/collection/05ddd/id/448920.

[100] Alex Poinsett, "Who Speaks for the Negro," *Jet*, July 6, 1961, pp.18—19.

[101] James Farmer, Taylor Branch interview with James Farmer, interview by Taylor Branch, November 18, 1983, Folder 611, Scan 3, Taylor Branch Papers, The Southern Historical Collection at the Louis Round Wilson Special Collections Library, University of North Carolina-Chapel Hill, https://dc.lib.unc.edu/cdm/singleitem/collection/05ddd/id/457330.

[102] John Lewis, *WBUR Here & Now*: "Rep. John Lewis Looks Back, 50 Years After March on Washington," August 20, 2013, http://hereandnow.legacy.wbur. org/2013/08/20/john-lewis-march; *Martin Luther King and the Montgomery Story*(Nyack, NY: Fellowship of Reconciliation, 1957), http://kingencyclopedia. stanford.edu/primarydocuments/Comic%20Book%201957.pdf.

[103] Sitton, "Bi-Racial Riders Decide to Go On."

[104] Poinsett, "Who Speaks for the Negro," 18.

[105] Alex Haley, "Playboy Interview: Martin Luther King, Jr.," *Playboy*, January 1965.

[106] "SCLC Salaries for Fiscal Year 1963—64," n.d., www.crmvet.org/docs/6410_sclc_staff_salaries.pdf; "SCLC Annual Report, 1962—1963," September 1963, www.crmvet.org/docs/630924_sclc_annualrpt.pdf.

[107] Branch, *Parting the Waters*, 688.

[108] Branch, *Parting the Waters*, 689.

[109] Martin Luther King Jr., *The Autobiography of Martin Luther King, Jr.*, ed. Clayborne Carson(New York: Warner Books, 1998), 172.

[110] Barnett Wright, "1963 in Birmingham, Alabama: A Timeline of Events," *AL.Com*(blog), January 1, 2013, http://blog.al.com/spotnews/2013/01/1963_ in_birmingham_alabama_a_t.html.

[111] S. Jonathan Bass, *Blessed Are the Peacemakers: Martin Luther King Jr., Eight White Religious Leaders, and the Letter from Birmingham Jail*(Baton Rouge and London: Louisiana State University Press, 2002), 90—91.

[112] "Southern Christian Leadership Conference Newsletter: Birmingham Issue," July 1963, The King Center, www.thekingcenter.org/archive/document/sclc-newsletter-july-1963.

[113] Branch, *Parting the Waters*, 420.

[114] "Statistics on Birmingham, Alabama," n.d., The King Center, www .thekingcenter. org/archive/document/statistics-birmingham-alabama; Bass, *Blessed Are the Peacemakers*, 100; "Boutwell, Albert," The Martin Luther King, Jr. Research and Education Institute, n.d., https://kinginstitute.stanford.edu/encyclopedia/ boutwell-albert.

[115] Foster Hailey, "4 Negroes Jailed in Birmingham as the Integration Drive Slows; Sit-Ins and a Demonstration Plan Fail to Materialize—Dr. King Takes Lead," *The New York Times*, April 5, 1963, https://timesmachine.nytimes.com/timesmachine/ 1963/04/05/90568484.html?pageNumber=16.

[116] Branch, *Parting the Waters*, 709—10.

[117] Branch, *Parting the Waters*, 726.

[118] "Injunction Requested by the City of Birmingham against Protests," n.d., The King Center, www.thekingcenter.org/archive/document/injunction-requested-city-birmingham-against-protests#.

[119] "Injunction from the City of Birmingham," n.d., The King Center, www. thekingcenter.org/archive/document/injunction-city-birmingham; Garrow, *Bearing the Cross*, 240; Branch, *Parting the Waters*, 727.

[120] "Injunction from the City of Birmingham," n.d., The King Center, www .thekingcenter.org/archive/document/injunction-city-birmingham.

[121] Garrow, *Bearing the Cross*, 241.

[122] Martin Luther King Jr. and Clayborne Carson, *The Autobiography of Martin Luther King, Jr.*(New York: Intellectual Properties Management in association with Warner Books, 1998), 181.

[123] King and Carson, *The Autobiography of Martin Luther King, Jr.*, 181.

[124] King and Carson, *The Autobiography of Martin Luther King, Jr.*, 182.

[125] King and Carson, *The Autobiography of Martin Luther King, Jr.*, 183.

[126] Branch, *Parting the Waters*, 735.

[127] Martin Luther King Jr., "Letter from Birmingham City Jail," May 1, 1963, The King Center, www.thekingcenter.org/archive/document/letter-birmingham-city-jail-1.

[128] King and Carson, *The Autobiography of Martin Luther King, Jr.*, 187.

[129] Branch, *Parting the Waters*, 752.

[130] Branch, *Parting the Waters*, 753.

[131] Branch, *Parting the Waters*, 755.

[132] King and Carson, *The Autobiography of Martin Luther King, Jr.*, 270, and Branch, *Parting the Waters*, 757—61.

[133] Foster Hailey, "500 Are Arrested in Negro Protest at Birmingham," *The New*

York Times, May 3, 1963, https://timesmachine.nytimes.com/timesmachine/19 63/05/03/81807492.html?pageNumber=1.

[134] Branch, *Parting the Waters*, 758.

[135] Foster Hailey, "Dogs and Hoses Repulse Negroes at Birmingham," *The New York Times*, May 4, 1963, https://timesmachine.nytimes.com/timesmachine/19 63/05/04/81808290.html?pageNumber=1.

[136] Branch, *Parting the Waters*, 758—61.

[137] King and Carson, *The Autobiography of Martin Luther King, Jr.*, 208.

[138] "Southern Christian Leadership Conference Newsletter: Birmingham Issue," July 1963, The King Center, www.thekingcenter.org/archive/document/sclc-newsletter-july-1963. 协议要求："1. 在未来 90 天内按计划好的阶段取消午餐柜台、休息室、试衣间和饮水处的种族隔离。2. 在整个伯明翰商界和工业界非歧视性地提拔和雇用黑人。……3. 该运动已安排释放所有缴保释金或提供个人担保的人。……4. 通过资深公民委员会 (Senior Citizens Committee, 城市商业领导层)，黑人和白人之间的交流将在两周内公开重启。"

[139] "Official Program for the March on Washington for Jobs and Freedom," August 28, 1963, www.crmvet.org/docs/mowprog.pdf.

[140] "March on Washington—MAHALIA JACKSON Sings Two Hymns," YouTube — Collectif James Baldwin, 2017, accessed July 31, 2018, www.youtube.com/watch?v=-hQeGDSB6Ss.

[141] "Official Program for the March on Washington for Jobs and Freedom," August 28, 1963, www.crmvet.org/docs/mowprog.pdf.

[142] Campbell Gibson and Kay Jung, "Historical Census Statistics on Population Totals by Race, 1790 to 1990, and by Hispanic Origin, 1970 to 1990, for Large Cities and Other Urban Places in the United States" (Washington, DC: U.S. Census Bureau, February 2005), www.census.gov/population/www/documentation/twps0076/twps0076.pdf; The National Park Service, "March on Washington for Jobs and Freedom," n.d., www.nps.gov/articles/march-on-washington.htm. 根据美国 National Park Service 的数据，在 25 万人的参加者中，19 万人是黑人，6 万人是白人。人口普查数据显示，1960 年美国非洲裔美国人为 1887 万，1970 年为 2258 万。

[143] Lewis, *WBUR Here & Now*: "Rep. John Lewis Looks Back, 50 Years After March on Washington."

[144] Branch, *Parting the Waters*, 879.

[145] "Official Program for the March on Washington for Jobs and Freedom," August 28, 1963, www.crmvet.org/docs/mowprog.pdf.

[146] E. W. Kenworthy, "200,000 March for Civil Rights in Orderly Washington Rally," *The New York Times*, August 29, 1963.

[147] 约翰·霍普金斯大学历史学教授 Nathan Connolly 讨论了 "向华盛顿进军" 的意义，2013 年 8 月 26 日，https://hub.jhu.edu/2013/08/26/march-on-washington-economic-justice/。Connolly 认为："这次游行有助于为当地活跃人士提供道义上的权威，使他们能够在各自的家乡州反击不太进步的势力，它使 1963 年成为关键的一年，也使游行本身成为推动全国各地地方政府转型的关键事件。"

[148] Drew Hansen, "Mahalia Jackson, and King's Improvisation," *The New York Times*, August 27, 2013, sec. Opinion, www.nytimes.com/2013/08/28/opinion/mahalia-jackson-and-kings-rhetorical-improvisation.html.

[149] Taylor Branch 对 James Farmer 的采访，收入 Branch, *Parting the Waters*, 883。

[150] Haley, "Playboy Interview: Martin Luther King, Jr."

[151] "Martin Luther King Wins the Nobel Peace Prize," *The New York Times*, October 15, 1964, https://timesmachine.nytimes.com/timesmachine/1964/10/15/11868 2825.html?action=click&contentCollection=Archives&module=LedeAsset&regi on=Archive Body&pgtype=article&pageNumber=l.

[152] Martin Luther King Jr., "Annual Report of Martin Luther King, Jr. to the Southern Chrisitian Leadership Conference," October 2, 1964. www.crmvet.org/ docs/6409_sclc_mlk_rpt.pdf.

[153] Diane Bevel, "Report, September 17—20, 1963," September 1963, www.crmvet. org/docs/6309_nash_report.pdf.

[154] Diane Nash Bevel and Jim Bevel, "Proposal for Action in Montgomery," September 20, 1963, www.crmvet.org/docs/6309_nash_actionplan.pdf.

[155] Garrow, *Bearing the Cross*, 372.

[156] Garrow, *Bearing the Cross*, 378—79.

[157] Garrow, *Bearing the Cross*, 381—85.

[158] Garrow, *Bearing the Cross*, 387.

[159] Garrow, *Bearing the Cross*, 391.

[160] Garrow, *Bearing the Cross*, 394.

[161] Garrow, *Bearing the Cross*, 391—400.

[162] Garrow, *Bearing the Cross*, 402.

[163] Jean M. White, "King Revisits Scenes of Strife, Seeking Aid," *The Washington Post*, February 17, 1968.

[164] Martin Luther King Jr., "The Other America," April 14, 1967, https://auroraforum. stanford.edu/files/transcripts/Aurora_Forum_Transcript_Martin_Luther_ King_The _Other_America_Speech_at_Stanford_04.15.07.pdf.

[165] Martin Luther King Sr., *Daddy King: An Autobiography*(Boston: Beacon Press, 2017), 2017 年版前言。马丁·路德·金的名字问题令人困惑也颇有争议。但几位历史学家同意我们在这里所说的版本，这一版本也被金的家族网站和 2017 年修订版的 *Daddy King* 前言（由老金的一位孙子、马丁·路德·金的侄子撰写）所支持。在同一本书的其他地方，老金声称他的父亲坚持他的名字一直是马丁·路德，老金的两个叔叔的名字。老金说，在他父亲去世时，他改了自己和儿子的名字，以表示尊重父亲的意愿。

[166] Luther and Carson, *The Autobiography of Martin Luther King, Jr.*, 1.

[167] "Minutes of Montgomery Improvement Association Founding Meeting," December 5, 1955, The Martin Luther King, Jr. Papers Project, Stanford University, http://kingencyclopedia.stanford.edu/primarydocuments/Vol3/5-Dec-1955_MIAMinutes.pdf.

第九章　三个神话

[1] Winston Churchill, *Painting as a Pastime*(New York: Cornerstone Library, 1965), https://gutenberg.ca/ebooks/churchillws-paintingasapastime/ churchillws-paintingasapastime-00-h-dir/churchillws-paintingasapastime-00-h.html.

[2] Daniel Allen Butler, *Distant Victory: The Battle of Jutland and the Allied Triumph in the First World War*(Westport, CT: Praeger Security International, 2006), 133.

[3] Ministry for Culture and Heritage, "Gallipoli Casualties by Country," New Zealand Government, March 1, 2016, https://nzhistory.govt.nz/media/ interactive/gallipoli-casualties-country.

[4] 引自 Roy Jenkins, *Churchill: A Biography*(New York: Plume/Penguin, 2002), 277。

[5] Churchill, *Painting as a Pastime.*

[6] 引自 William Manchester, *The Last Lion: Winston Spencer Churchill; Visions of Glory, 1874—1932* (New York: Dell, 1989), 24。

[7] Churchill, *Painting as a Pastime.*

[8] "The 1954 Sutherland Portrait," The International Churchill Society, accessed June 13, 2018, https://winstonchurchill.org/publications/finest-hour/finest-hour-148/the-1954-sutherland-portrait/.

[9] John Ezard, "Forerunner of Lost Churchill Portrait Goes on Show," *The Guardian*, June 30, 1999, www.theguardian.com/politics/1999/jul/01/ uk.politicalnews4.

[10] "Churchill's Wife Destroyed Portrait They Both Disliked," *The New York Times*, January 12, 1978, https://timesmachine.nytimes.com/timesmachine/1978/01/ 12/110762138.html?pageNumber=4.

[11] John Russell, "Graham Sutherland, Artist; Did Study Churchill Hated," *The New York Times*, February 18, 1980, https://timesmachine.nytimes.com/ti mesmachine/1980/02/18/111764065. html?action=click&contentCollection =Archives&module=LedeAsset&region =ArchiveBody&pgtype=article&page Number=51.

[12] Dink NeSmith, "Churchill's Hobby 'May Have Helped to Save Western Civilization,' " *Athens Banner-Herald*, accessed March 27, 2015, www. onlineathens.com/article/20150327/OPINION/303279993.

[13] Jenkins, *Churchill: A Biography*, 868, 882—84, and Geoffrey Best, *Churchill: A Study in Greatness*(Oxford; New York: Oxford University Press, 2003), 310—11.

[14] Rebecca Burgess and Hugh Liebert, "From Cicero to Trump, They're All in Plutarch's 'Lives,' " *Wall Street Journal*, September 1, 2017, www.wsj.com/ articles/from-cicero-to-trump-theyre-all-in-plutarchs-lives-1504303373.

[15] Hugh Liebert, *Plutarch's Politics: Between City and Empire*(New York: Cambridge University Press, 2016), 14.

[16] Thomas Carlyle, *On Heroes, Hero-Worship and the Heroic in History*, ed. Henry Duff Traill, vol. 5, *The Works of Thomas Carlyle*, 2010, 29.

[17] Justin Wolfers, "Fewer Women Run Big Companies Than Men Named John," *The New York Times*, March 2, 2015, sec. The Upshot, www.nytimes. com/2015/03/03/upshot/fewer-women-run-big-companies-than-men-named-john.html.

[18] "Does Gender Diversity on Boards Really Boost Company Performance?," Wharton School at the University of Pennsylvania, *Knowledge@Wha-rton*(blog), May 18, 2017, http://knowledge.wharton.upenn.edu/article/will-gender-diversity-boards-really-boost-company-performance/, and Robin J. Ely and Deborah L. Rhode, "Women and Leadership: Defining the Challenges," in *Handbook of Leadership Theory and Practice: An HBS Centennial Colloquium*, eds. Nitin Nohria and Rakesh Khurana(Boston: Harvard Business Press, 2010),

389.

[19] Alice H. Eagly, Leire Gartzia, and Linda L. Carli, "Female Advantage: Revisited," in *The Oxford Handbook of Gender in Organizations*, eds. Savita Kumra, Ruth Simpson, and Ronald J. Burke(Oxford: Oxford University Press, 2014), 157—59.

[20] James Heskett, "Why Does Gender Diversity Improve Financial Performance?," *HBS Working Knowledge*, November 4, 2015, http://hbswk.hbs.edu/item/why-does-lack-of-gender-diversity-hurt-performance.

[21] Daniel E. Re et al., "Looking Like a Leader: Facial Shape Predicts Perceived Height and Leadership Ability," *PLoS ONE* 8, no.12(December 4, 2013), https://doi.org/10.1371/journal.pone.0080957.

[22] Natalie Proulx, "What Makes Someone a Great Leader?," *The New York Times*, March 22, 2018, sec. The Learning Network, www.nytimes.com/2018/03/22/learning/what-makes-someone-a-great-leader.html.

[23] Anne M. Koenig et al., "Are Leader Stereotypes Masculine? A MetaAnalysis of Three Research Paradigms," *Psychological Bulletin* 137, no.4(July 1, 2011): 616—42, https://doi.org/10.1037/a0023557.

[24] Winston Churchill, "Responses to War and Colonialism, from the Speeches, May 19, 1940," Knomi, accessed May 23, 2018, www.knomi.net/fileServer/textbook/English/britishLit/data/u6_speeches_1940_se.pdf.

[25] Jenkins, *Churchill*, 590.

[26] John Mather, "Churchill's Speech Impediment Was Stuttering," The International Churchill Society, August 29, 2008, https://winstonchurchill.org/resources/ myths/churchills-speech-impediment-was-stuttering/.

[27] Plutarch, *Plutarch's Lives*, ed. Arthur Hugh Clough, Modern Library Paperback Edition, vol. 2(Toronto: Random House, 1992), 394.

第十章 领导力的再定义

[1] Steve Jones, *Revolutionary Science: Transformation and Turmoil in the Age of the Guillotine*(New York: Pegasus Books, 2017), 71—79; Seymour H. Mauskopf, "Lavoisier and the Improvement of Gunpowder Production/Lavoisier et l'amélioration de la Production de Poudre," *Revue d'histoire des Sciences* 48, no.1(1995): 95—122, https://doi.org/10.3406/rhs.1995.1223.

[2] 引自 Jones, *Revolutionary Science*, 31。

[3] Stephen Jay Gould, *The Hedgehog, the Fox, and the Magister's Pox: Mending the Gap Between Science and the Humanities*(Cambridge, MA: Belknap Press of Harvard University Press, 2011), 65.

[4] Mauskopf, "Lavoisier and the Improvement of Gunpowder Production," 119.

[5] William Doyle, "Ambiguous Aftermaths," in *Aristocracy and Its Enemies in the Age of Revolution*(Oxford: Oxford University Press, 2009), 311—39.

[6] William Thomson, "From an Unsigned Review in the Christian Remembrancer, August, 1843," in *Thomas Carlyle: The Critical Heritage*, ed. Jules Paul Siegel(London: Routledge, 2013), 171—92.

[7] Mary Ann Glynn and Rich DeJordy, "Leadership Through an Organization Behavior Lens: A Look at the Last Half-Century of Research," in *Handbook of Leadership Theory and Practice: An HBS Centennial Colloquium on Advancing*

Leadership, eds. Nitin Nohria and Rakesh Khurana(Boston: Harvard Business School Press, 2010), 122—23.

[8] Barbara Kellerman, *The End of Leadership*(New York: HarperBusiness, 2012), 43.

[9] Jason Brownlee, Tarek Masoud, and Andrew Reynolds, *The Arab Spring: Pathways of Repression and Reform*(Oxford: Oxford University Press, 2015), 10.

[10] Boris Johnson, *The Churchill Factor: How One Man Made History*(London: Hodder, 2015), 30.

[11] Kjell Stromberg, "The 1953 Nobel Prize," The International Churchill Society, accessed June 11, 2018, https://winstonchurchill.org/the-life-of-churchill/senior-statesman/the-1953-nobel-prize/.

[12] Winston S. Churchill, "The Scaffolding of Rhetoric," November 1897.

[13] Maria A. G. Witek et al., "Syncopation, Body-Movement and Pleasure in Groove Music," *PLoS ONE* 9, no.4(April 16, 2014): https://doi.org/10.1371/journal.pone.0094446.

[14] Leonard Bernstein, "Young People's Concert: The Latin American Spirit," leonardbernstein.com, accessed June 11, 2018, https://leonardbernstein.com/lectures/television-scripts/young-peoples-concerts/latin-american-spirit.

[15] Richard H. Thaler, "Prize Lecture: From Cashews to Nudges: The Evolution of Behavioral Economics," Nobelprize.org, December 8, 2017, www.nobelprize.org/nobel_prizes/economic-sciences/laureates/2017/thaler-lecture.html.

[16] Richard H. Thaler, *Misbehaving: The Making of Behavioral Economics*(New York: W. W. Norton & Company, 2015), 47.

[17] Michael Maccoby, *Narcissistic Leaders: Who Succeeds and Who Fails*(Boston: Harvard Business School Press, 2007); Charles A. O'Reilly et al., "Narcissistic CEOs and Executive Compensation," *The Leadership Quarterly* 25, no.2(April 2014): 218—31, https://doi.org/10.1016/j.leaqua.2013.08.002.

[18] Margaret Thatcher, "Remarks on Becoming Prime Minister(St. Francis's Prayer)," Margaret Thatcher Foundation, May 4, 1979, www.margaretthatcher.org/document/104078.

[19] 引自 Matthew Grimley, "Thatcherism, Morality and Religion," in *Making Thatcher's Britain*(Cambridge: Cambridge University Press, 2012), 84。

[20] "Prix de Rome," L'histoire de Jacques-Leonard Maillet, accessed June 13, 2018, http://jlmaillet.free.fr/frame.php?page=page2.

[21] Plutarch, *Lives*, 1:202.